MEMORIA IM WANDEL

OBERRHEINISCHE STUDIEN

Herausgegeben von der
Arbeitsgemeinschaft für geschichtliche
Landeskunde am Oberrhein e.V.

Band 35

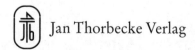 Jan Thorbecke Verlag

MEMORIA IM WANDEL.
FÜRSTLICHE GRABLEGEN IN DER FRÜHEN NEUZEIT UND IM 19. JAHRHUNDERT

Herausgegeben von
Winfried Klein und Konrad Krimm

Gedruckt mit freundlicher Unterstützung
des Landes Baden-Württemberg und
der Stadt Karlsruhe

Für die Schwabenverlag AG ist Nachhaltigkeit ein wichtiger Maßstab ihres Handelns. Wir achten daher auf den Einsatz umweltschonender Ressourcen und Materialien.

Bibliografische Information der Deutschen Nationalbibliothek
Die Deutsche Nationalbibliothek verzeichnet diese Publikation in der Deutschen Nationalbibliografie; detaillierte bibliografische Daten sind im Internet über http://dnb.d-nb.de abrufbar.

Alle Rechte vorbehalten
© 2016 Jan Thorbecke Verlag der Schwabenverlag AG, Ostfildern
www.thorbecke.de

Umschlaggestaltung: Finken & Bumiller, Stuttgart
Umschlagabbildung: Gruft der Großherzoglichen Grabkapelle im Karlsruher Fasanengarten
Repro: Schwabenverlag AG, Ostfildern
Druck: Memminger MedienCentrum, Memmingen
Hergestellt in Deutschland
ISBN 978-3-7995-7837-0

Inhalt

Vorwort 7

KONTINUITÄT UND WANDEL

Olaf B. Rader
    Von Königs- und Fürstengrablegen. Kontinuitäten und Wandel
    in der herrscherlichen Grabmemoria 11

VON DER GRUFT ZUM MAUSOLEUM

Jakob Käpplinger
    Die Grablegen der fränkischen Hohenzollern
    im 17. und 18. Jahrhundert – ein heterogenes Gesamtdenkmal 33

Rainer Knauf
    Grabdenkmale, Grüfte und Bestattungen des Hauses
    Nassau-Saarbrücken in der Saarbrücker Schlosskirche 45

Eckhart G. Franz (†)
    Grüfte und Gräber des hessischen Fürstenhauses in Darmstadt 69

Inga Brinkmann
    Adelige Mausoleen im 19. Jahrhundert 83

Patricia Peschel
    Die Grabkapelle auf dem Württemberg. Russisch-orthodoxe Kapelle
    und königliche Grablege 101

Andreas Wilts
    Neudingen und Hedingen. Die Mausoleen der Fürstenhäuser
    Fürstenberg und Hohenzollern 119

Konrad Krimm
    Rückzugsort oder fürstliches Denkmal? Das Mausoleum im
    Karlsruher Hardtwald 143

Alma-Mara Brandenburg
    Die Großherzogliche Grabkapelle in Karlsruhe.
    Überlegungen zu Hermann Hembergers Bauskulptur
    als Mittel zur Strukturierung des Innenraumes 179

VON PRUNKSÄRGEN UND EINFACHEN SÄRGEN

Andreas Ströbl
    Von der Kiste zum Sarg. Auf dem Weg zu einer
    europäischen Holzsargtypologie 207

VOM GEHÖREN UND SICH GEHÖREN

Cajetan von Aretin
    Recht und Pietät. Vom Umgang mit verstorbenen Landesfürsten 221

Winfried Klein
    Das Eigentum an Fürstengräbern in Deutschland
    unter besonderer Berücksichtigung der Fürstengruft
    in der Schloss- und Stiftskirche St. Michael zu Pforzheim 243

DEM VERFALL BEGEGNEN

Regina Ströbl
    Sie schläft... Es ist besser mit ihr geworden.
    Nord- und mitteldeutsche Gruftanlagen der Neuzeit 287

Reiner Sörries
    Nachhaltige Denkmalpflege für Grab- und Gruftanlagen 307

Literaturverzeichnis 311
Abkürzungen 327
Bildnachweis 329
Orts- und Personenregister 333
Mitarbeiterverzeichnis 341

Vorwort

Ein Band aus der Praxis für die Praxis – das ist für eine Sammlung interdisziplinärer Beiträge zu einem Thema der alteuropäischen Kulturgeschichte nicht selbstverständlich. Und trotzdem spricht aus jedem der Texte die Erfahrung des aktuellen Umgangs mit Denkmälern der Sepulkralkultur, die Entdeckung und Deutung ihrer Zeichensprache, die Schwierigkeiten ihrer Inventarisierung, die Sorge um ihre Erhaltung und Pflege, die Auseinandersetzung um den rechten Umgang mit Grablegen, um Forschungsoffenheit und Pietät.

Es war kein Zufall, dass die Karlsruher Tagung der Arbeitsgemeinschaft für geschichtliche Landeskunde am Oberrhein im Jahr 2014 ihren wichtigsten Kooperationspartner in der Verwaltung der Staatlichen Schlösser und Gärten Baden-Württemberg (SSG) gefunden hatte: Ausgangs- und Endpunkt der gemeinsamen Diskussion war die Großherzogliche Grabkapelle im Karlsruher Hardtwald, deren nun 125jährige Geschichte zu klären und deren Erhalt und Nutzung zu definieren waren. Der Dank an Schlösser und Gärten soll daher auch diesen Band eröffnen. Die SSG hat wie Vermögen und Bau Baden-Württemberg nun schon manche Tagungen der Arbeitsgemeinschaft begleitet; immer sind daraus Bände der Oberrheinischen Studien entstanden, die Kulturdenkmäler des Landes in ihrer Bedeutung, im besseren Verständnis und im größeren Kontext haben erscheinen lassen.

Der Dank gilt nicht weniger den Autorinnen und Autoren, die sich auf diese gemeinsame Diskussion eingelassen haben. Denn das Feld ist weit abgesteckt: Es reicht von der Sargtypologie bis zur Großform dynastischer Grabanlagen und vom Wandel fürstlicher Repräsentationsformen bis zur Problematik von Staats- und Familieneigentum. Einige Autoren haben sich nachträglich bereit erklärt, den Band mit weiteren Texten abzurunden; dafür sind wir besonders dankbar. Zu ihnen gehörte auch Eckhardt G. Franz mit einer Zusammenstellung der Grablegen des Hauses Hessen in Darmstadt. Kurz nach Abschluss seiner Arbeit ist er verstorben – mit Trauer gedenken wir seiner, aber auch mit Dankbarkeit für seine Lebensleistung und seine hingebungsvolle Beschäftigung mit hessischer Geschichte. Alle Beiträge, die der Tagung und die hinzugekommenen, vereinigt die Bewunderung, wohl auch der Respekt vor dem Grabdenkmal, das als Denkmal eben auch den verstehenden Betrachter voraussetzt, das als Denkmal zu erhalten ist.

Karlsruhe, im Dezember 2015   Konrad Krimm
Vorsitzender der Arbeitsgemeinschaft
für geschichtliche Landeskunde am Oberrhein

Kontinuität und Wandel

Von Königs- und Fürstengrablegen. Kontinuitäten und Wandel in der herrscherlichen Grabmemoria

VON OLAF B. RADER

Mit Inbrunst schlugen sie zu, immer und immer wieder. Männer, die sich für Revolutionäre hielten, hieben mit Beilen und Spitzhacken auf Grabplastiken und kunstvoll gearbeitete Sarkophage ein. Doch ein Tag reichte nicht aus zum Zerscherben der vielen verhassten Objekte. Zwei weitere Tage waren nötig, um alles radikal zu verwüsten. Mit dem 6. August 1793 begann in einem Gebäude, das man seit kurzem Franciade nannte, ein Zerstörungswahn, der sich zwei Monate später sogar auch auf die dort bestatteten Leichen selbst ausweitete. Nun zerrte man Gebeine, oder was von ihnen geblieben war, aus ihren Särgen. Desinfizierende Mittelchen sollten gegen die pilzgeschwängerte Moderluft der Leichenreste helfen, vor der man sich sehr fürchtete; und das wohl zu Recht[1].

Schauplatz des radikalen Zerstörungswerkes am Ende des 18. Jahrhunderts war die alte Klosterkirche von Saint-Denis in der Nähe von Paris. Mit ihren ehemals fast sechs Dutzend Grabanlagen von französischen Herrschern aus dem Zeitraum eines Jahrtausends darf der Ort als eine Art Idealtyp einer dynastischen Grablege des Abendlandes gelten[2]. Was aber sollten die Spitzhacken, die die Skulpturen, und hier besonders die Gesichter der Figuren, zerschlugen, wirklich treffen? Galten die Hiebe einer als abscheulich empfundenen Kunst? Sollten sie die individuellen Symbole einer verhassten Herrschaft zertrümmern? Oder war die Auslöschung von allgemeiner royaler Legitima-

---

[1] Vgl. J.-M. LENIAUD, Saint-Denis de 1760 à nos jours, Paris 1996; DERS., Der zweite Tod der französischen Könige oder: die *damnatio memoriae*, in: M. KRAMP (Hg.), Krönungen. Könige in Aachen. Geschichte und Mythos. Austellungskatalog, 2 Bde., Mainz 2000, hier Bd. 2, S. 690–698; ferner F. HASKELL, Die Geschichte und ihre Bilder. Die Kunst und die Deutung der Vergangenheit, München 1995, bes. S. 258ff.; F. GRAUS, Lebendige Vergangenheit. Überlieferung im Mittelalter und in den Vorstellungen vom Mittelalter, Köln-Wien 1975, S. 156f.; D. HERMANT, Destructions et Vandalisme pendent la Révolution Francais, in: Annales, Juli-August 1978, Nr. 4, S. 703–717; O. B. RADER, Grab und Herrschaft. Politischer Totenkult von Alexander dem Großen bis Lenin, München 2003, bes. S. 81ff.

[2] Vgl. M. BUR, Saint-Denis, in: Lexikon des Mittelalters 7, München 1995, Sp. 1145–1148; ferner A. ERLANDE-BRANDENBURG, Le roi est mort. Étude sur les funérailles, les sépultures et le tobeaux des rois des France jusqu'à la fin du XIIIe siècle, Genf 1975; R. SCHMITZ-ESSER, Der Leichnam im Mittelalter. Einbalsamierung, Verbrennung und die kulturelle Konstruktion des toten Körpers, Ostfildern 2014, bes. S. 322–333.

tion das eigentliche Ziel des Wütens? Und in welche memorial-politischen Zusammenhänge gehören eigentlich solcherart Verwüstungsaktionen von Grabstätten? Was sagen diese zur Funktion von Grabmälern aus?

Im Falle der berühmten französischen Königsgrablege Saint-Denis dürfte der Grund klar auf der Hand liegen: Im Laufe der Jahrhunderte waren hier mit wenigen Ausnahmen viele Könige der französischen Monarchie, ihre Gemahlinnen, viele Prinzen von Geblüt und hohe Würdenträger bestattet worden. Karolinger, Kapetinger, Valois und Bourbonen, eine Dynastie führte deutlich sichtbar die Herrscherreihe der jeweils vorhergehenden weiter. Königsfamilie knüpfte an Königsfamilie an[3]. Und es waren nicht nur die Grabmäler allein, die den Charakter des Prunkhaften vermittelten, sondern die große Anzahl der Gräber in ihrer Aufreihung, die so augenfällig störte. Die Gräberreihung evozierte nämlich den Eindruck von ewiger, unverbrüchlicher Herrschaft. Die Grabdenkmäler konnten somit sowohl als eindrucksvolle Haltepunkte einer personenbezogenen herrscherlichen Memoria wirken[4]. Doch legitimierte die lange Abfolge der Kronenträger in ihren Gräbern nicht nur jeden Monarchen individuell und im Weiteren auch dessen Dynastie, sondern sie heiligte letzten Endes die Institution des Königtums als Ganzes. Schon die Könige des Mittelalters hatten die legitimierende Wirkung solch konstruierter Erinnerungen genutzt, wie etwa König Ludwig IX. der Heilige (1226–1270), der in den 1260er Jahren die bereits vorhandenen Gräber im Sinne seiner Dynastie neu anordnen ließ[5].

So dürfte es nicht verwundern, dass sich die immer weiter radikalisierende Französische Revolution in ihrer Wut auf alles Vergangene von der Grablege in Saint-Denis besonders bedroht fühlte. Mit der Abschaffung eines feudalabsolutistischen Ständestaats und der Beförderung fundamentaler Ideen und Werte der Aufklärung gehört die Französischen Revolution ganz zweifellos zu einem der folgenreichsten Ereignisse der europäischen Geschichte und avancierte zugleich zu einem Gründungsmythos des heutigen Frankreichs und damit Europas. Doch hatte in der Zeit der Diktatur des Schreckens mit

---

[3] Vgl. J. EHLERS, Kontinuität und Tradition als Grundlage mittelalterlicher Nationsbildung in Frankreich, in: H. BEUMANN, Beiträge zur Bildung der französischen Nation im Früh- und Hochmittelalter, Sigmaringen 1983, S. 15–47, bes. S. 18; ferner GRAUS (wie Anm. 1), bes. S. 148–158; B. SCHNEIDMÜLLER, Karolingische Tradition und frühes französisches Königtum, Untersuchungen zur Herrschaftslegitimation der westfränkisch-französischen Monarchie im 10. Jahrhundert, Wiesbaden 1979.

[4] Vgl. E. PANOFSKY, Tomb sculpture. Four lectures on its changing aspects from ancient Egypt to Bernini, New York 1992, bes. S. 56f. (die deutsche Ausgabe lag mir leider nicht vor); K. BAUCH, Das mittelalterliche Grabbild. Figürliche Grabmäler des 11. bis 15. Jahrhunderts in Europa, Berlin-New York 1976; H. KÖRNER, Grabmonumente des Mittelalters, Darmstadt 1997, bes. S. 99ff.; V. M. SCHWARZ, Liturgie und Illusion. Die Gegenwart der Toten sichtbar gemacht (Naumburg, Worms, Pisa), in: W. MAIER/W. SCHMID/M. SCHWARZ (Hgg.), Grabmäler. Tendenzen der Forschung, Berlin 2000, S. 147–177, bes. S. 149ff.; T. MEIER, Die Archäologie des mittelalterlichen Königsgrabes im christlichen Europa, Stuttgart 2002.

[5] Vgl. L. VONES, Ludwig IX. (1226–1270), in: J. EHLERS/H. MÜLLER/B. SCHNEIDMÜLLER, (Hgg.), Die französischen Könige des Mittelalters von Odo bis Karl VIII. 888–1498, München 1996, S. 176–193; J. LE GOFF, Ludwig der Heilige, Stuttgart 2000, S. 240ff.; sowie EHLERS, Kontinuität (wie Anm. 3), S. 32ff., besonders siehe auch die Rekonstruktion der Grablegeordnung S. 33.

der Herrschaft der Terrors und der Guillotine zugleich auch eine enorme Zerstörungslust gegenüber historischen Gebäuden und Gegenständen um sich gegriffen[6].

Um den Jahrestages des Sturzes der Monarchie am 10. August 1793 feierlich begehen zu können, gab es neue Ideen. Bertrand Barère de Vieuzac (1755–1841), Erster der *Comité de salut public,* des sogenannten Wohlfahrtsausschusses – ein Gremium, das letztendlich als höchste Machtzentrale der jakobinischen Schreckensherrschaft wirkte – forderte in einer Sitzung des Nationalkonvents am 31. Juli 1793 nicht nur, jetzt endlich die Königin Marie-Antoinette vor Gericht zu stellen, sondern auch die Königsgrabmäler zu zerstören. Im schwülstigen Ton der Zeit erklärte er den Delegierten des Konvents die Gründe für das geplante Zerstörungswerk in Saint - Denis: »In der Monarchie dienten selbst die Grabdenkmäler dazu, die Könige zu verherrlichen. Es darf nicht zugelassen werden, dass sich der königliche Stolz und Prunk auf dieser Schaubühne des Todes aufspreizt; die Szepterträger, die so viel Leid über Frankreich und die Menschheit gebracht haben, scheinen sich noch in ihrem Grab einer längst dahingegangenen *Grandeur* zu berühmen. Die starke Hand der Republik muss rücksichtslos diese prunkvollen Epitaphe auslöschen und ohne Reue diese Mausoleen zerstören, die immer noch die schreckliche Erinnerung an die Könige wachhalten[7].« Es waren also die an die Grabdenkmaler geknüpften Erinnerungen an die Vergangenheit, die einer gewünschten Modernisierung und Zentralisierung des Staates im Wege zu stehen schienen. Nur eine radikale *damnatio memoriae* gegenüber den Königen sowie ihrer Zeichen und Symbole, so glaubte man, vermochte die Monarchie für immer zu tilgen. Schon einen Tag nach der Rede, am 14. Thermidor I des neuen Kalenders (1. August 1793), setzte ein Dekret die Zerstörungsabsicht in Kraft[8].

So klar wie hier am Beispiel Saint-Denis tritt der politische Charakter von Grabanlagen von Herrschaftsträgern selten in den Blick. Bei vielen anderen Grabdenkmälern wirkt diese Eigenschaft verborgener, ist nicht so augenfällig, ja, mitunter geradezu verschleiert. Doch ganz klar muss man festhalten: Es gab und gibt bis heute einen deutlichen Zusammenhang von Grab und Herrschaft. Dabei ist gänzlich gleichgültig, ob es sich dabei um die Bestattungsorte von Kaisern oder Königen, Päpsten oder Kardinälen, Fürsten oder Landesherren, Diktatoren, Häuptlingen oder wer auch immer in seinem Leben Herrschaft ausübte, handelt. Und deshalb sind auch alle Herrscherbegräbnisse – und damit auch die Gräber und ihre Denkmale selbst – in ihrer kulturellen Gesamtwirkung immer nur unter Einbeziehung des jeweiligen politischen Kontextes deutbar[9]. Es

---

[6] Vgl. dazu ferner J. WILLMS, Tugend und Terror. Geschichte der Französischen Revolution, München 2014, S. 452–478, zur Gräberzerstörung bes. S. 465; D. TROM, Frankreich. Die gespaltene Erinnerung, in: M. FLACKE (Hg.), Mythen der Nationen. Ein europäisches Panorama, München-Berlin ²2001, S. 129–151, bes. S. 140–145; HASKELL (wie Anm. 1), bes. 258ff.

[7] Zitiert nach WILLMS (wie Anm. 6), S. 465.

[8] Dekret Nr. 2 Unterpunkt 11 des Nationalkonvents: *Les tombeaux et mausolées des ci-devant rois, élevés dans l'église de Saint-Denis, dans les temples et autres lieux, dans toute l'étendue de la république, seront détruits le 10 août prochain.* Zitiert nach http://www.1789-1815.com/1793_08_01.htm, abgerufen am 11. Juni 2015.

[9] Vgl. J. v. UNGERN-STERNBERG, Das Grab des Theseus und andere Gräber, in: W. SCHULLER (Hg.), Antike in der Moderne, Konstanz 1985, S. 321–329; L. KOLMER (Hg.), Der Tod des Mächtigen. Kult und Kultur des Todes spätmittelalterlicher Herrscher, Paderborn 1997; V. ACKERMANN, Nationale Totenfeiern in Deutschland von Wilhelm I. bis Franz Josef

macht also gar keinen Sinn, etwa zu bemängeln – wie man es gelegentlich in der Literatur finden kann –, dass ein toter Herrscher »von der Politik vereinnahmt« und »für machtpolitische Ziele zweckentfremdet« worden wäre oder dass es einen »Mißbrauch« der Toten in der Moderne geben könne[10].

Natürlich kann man als Wissenschaftler dieses oder jenes Grabdenkmal aus dem politischen Kontext herauslösen und nur etwa als Kunstwerk oder als Beleg einer Memorialkultur bewerten, kann es in künstlerische Gesamtentwicklungen einordnen oder diese oder jene Tatsache als Befund erst einmal benennen und beschreiben. Doch in einem erweiterten historischen Kontext gesehen, ist und bleibt der exponierte Tote ganz losgelöst vom Akt des Sterbens selbst, immer auch Deutungsfolie für soziale Gruppen,

---

Strauß. Eine Studie zur politischen Semiotik, Stuttgart 1990; R. Kosellek/M. Jeismann (Hgg.), Der politische Totenkult. Kriegerdenkmäler in der Moderne, München 1994; K. Verdery, The Political Lives of Dead Bodies. Reburial and Postsocialist Change, New York 1999; O. B. Rader, Prismen der Macht. Herrschaftsbrechungen und ihre Neutralisierung am Beispiel von Totensorge und Grabkulten, in: Historische Zeitschrift 271 (2000), S. 311–346; Ders., Grab und Herrschaft (wie Anm. 1); Ders., Erinnern für die Ewigkeit. Die Grablegen der Herrscher des Heiligen Römischen Reiches, in: M. Puhle/C.-P. Hasse (Hgg.), Heiliges Römisches Reich Deutscher Nation 962 bis 1806. Von Otto dem Großen bis zum Ausgang des Mittelalters, 2 Bde., Dresden 2006, Bd. 1, S. 167–178; Ders., Neuer Sinn aus alten Knochen. Zur Konstruktion kollektiver Erinnerungen durch Gräberkulte, in: P. Eiden/N. Ghanbari/T. Weber/M. Zillinger (Hgg.), Totenkulte. Kulturelle und literarische Grenzgänge zwischen Leben und Tod, Frankfurt am Main-New York 2006, S. 23–35; Ders., Legitimationsgenerator Grab: Zur politischen Instrumentalisierung von Begräbnisanlagen, in: C. Behrmann/A. Karsten/P. Zitzlsperger (Hgg.), Grab – Kult – Memoria. Studien zur gesellschaftlichen Funktion von Erinnerung, Köln-Weimar-Wien 2007, S. 7–21; Ders., Damnatio corporis – damnatio memoriae. Zur Logik politischer Leichenschändungen, in: T. Macho/K. Marek (Hgg.), Die neue Sichtbarkeit des Todes, München 2007, S. 97–113; Ders., Aufgeräumte Herkunft. Zur Konstruktion dynastischer Ursprünge an Begräbnisstätten, in: U. Hohensee/M. Lawo/M. Menzel/O. B. Rader (Hgg.), Die Goldene Bulle. Politik-Wahrnehmung-Rezeption, 2 Bde, Berlin 2009, S. 403–430; Ders., Erinnerte Macht. Zu Symbol, Form und Idee spätmittelalterlicher Herrschergräber, in: J. Fajt/A. Langer (Hgg.), Kunst als Herrschaftsinstrument. Böhmen und das Heilige Römische Reich unter den Luxemburgern im europäischen Kontext, Berlin-München 2009, S. 173–183; Ders., Die Grablegen der Staufer als Erinnerungsorte, in: B. Schneidmüller/S. Weinfurter/A. Wieczorek (Hgg.), Verwandlungen des Stauferreiches. Drei Innovationsregionen im mittelalterlichen Europa, Mainz 2010, S. 20–33; Ders., Der umgebettete Onkel. Der Leichnam Philipps von Schwaben und Speyer, in: A. Rzihacek/R. Spreitzer (Hgg.), Philipp von Schwaben. Beiträge der internationalen Tagung anlässlich seines 800. Todestages, Wien, 29. bis 30. Mai 2008, Wien 2010, S. 59–68; Ders., Alter Stein für neue Särge. Zur Materialität ottonischer und staufischer Kaisergräber, in: W. Huschner/E. Bünz/C. Lübke (Hgg.), Italien – Mitteldeutschland – Polen. Geschichte und Kultur im europäischen Kontext vom 10. bis zum 18. Jahrhundert, Leipzig 2013, S. 385–399; Ders., Von Lorch bis Palermo. Die Grablegen der Staufer als Erinnerungsorte, in: Gesellschaft für Staufische Geschichte e.V (Hg.), Von Palermo zum Kyffhäuser. Staufische Erinnerungsorte und Staufermythos, Göppingen 2012, S. 46–63; Schmitz-Esser (wie Anm. 2), bes. S. 311–336.

[10] So etwa in einer mediävistischen Arbeit über Königsbegräbnisse; vgl. dazu R. J. Meyer, Königs- und Kaiserbegräbnisse im Spätmittelalter. Von Rudolf von Habsburg bis zu Friedrich III. Köln-Weimar-Wien 2000, S. 174; vgl. dazu auch den kritischen Kommentar bei Meier (wie Anm. 4), S. 323–338, bes. 335.

Bezugspunkt für ihr eigenes Selbstverständnis, Anlagerungsobjekt ihrer gemeinsamen Erinnerungen[11].

Und geradeso, als hätte es einer weiteren aktuellen Betätigung dieses Charakteristikums bedurft, zeigte eine spektakuläre türkische Militäraktion vom Februar 2015 die Gültigkeit dieser Eigenschaften bis heute in aller Klarheit. Durch den Zerfall der Zentralmacht in Syrien und der Ausdehnung der dschihadistischen Terrororganisation »Islamischer Staat«, geriet ein Grab in Gefahr, dass den angeblichen Großvater von Osman I., der Gründungsfigur des Osmanischen Reiches, bergen soll. Das Gelände des Grabes von Suleiman Shah (um 1178–1236) liegt nach dem Zusammenbruch des Osmanischen Reiches im heutigen Syrien, ist aber wegen der Bedeutung für die osmanische und damit türkische Geschichte 1921 vertraglich als türkisches Staatsgebiet deklariert worden. Weil der IS regelmäßig mit der Zerstörung von für die Weltkultur wichtigen Sakral- und Profanbauten auf sich aufmerksam macht, befürchtete die türkische Regierung einen Angriff und eine Verwüstung der Grabanlage und griff selbst mit militärischen Mittel ein[12].

In einer Mitternachtsaktion drangen am Abend des 21. Februar 2015 über 500 türkische Soldaten auf fast zweihundert Fahrzeugen, darunter auch viele Panzer und Panzerfahrzeuge, etwa 30 Kilometer auf syrisches Gebiet vor. Sie holten die sterblichen Überreste Suleiman Shahs und einige verehrte Gegenstände sowie deren türkische Wachsoldaten von einer Uferstelle am Euphrat ab, wohin das Grab 1973 wegen des angestauten Flusses hin verlegt worden war. Die Gebäude am Stauseeufer wurden zerstört. Die sterblichen Reste Suleimans brachte man dann nach Norden in die Türkei. Kurz vor der türkischen Grenze, ganze 180 Meter noch auf syrischem Boden, ist die nunmehr dritte Grablege geplant, die dort allerdings nicht als Dauerlösung bestehen soll.

Die »Operation Shah Firat«, also »Shah Euphrat«, zeigt einmal mehr in aller Klarheit, wie stark Leichen und deren Grabstätten für das Selbstverständnis von sozialen Gruppen bis hin zu Nationen oder Religionsgemeinschaften wirken können. Da die historische Figur des Suleiman Shah, die die Grabstelle bergen soll, für die arabische Geschichtskultur ohne Belang ist, für die türkische allerdings von höchster Bedeutung, unterstreicht das auch deutlich den Zuschreibungscharakter von Grabstätten ganz prinzipiell. Nicht alle Leichen sind also zu allen Zeiten für alle wichtig. Zudem hat diese Militäraktion insofern eine überaus pikante Note, da mit der Türkei ein NATO-Land Akteur geworden ist und ein Angriff auf die Grabstätte als auch auf das dort stationiertes türkisches Militär den NATO-Bündnisfall hätte auslösen können. Plötzlich wären

---

[11] Vgl. C. v. Barloewen (Hg.), Der Tod in den Weltkulturen und Weltreligionen, München 1996, darin besonders Ders., Der lange Schlaf. Der Tod als universelles Phänomen der Weltkulturen und Weltreligionen, S. 9–91; J. Assmann, Der Tod als Thema der Kulturtheorie. Todesbilder und Totenriten im Alten Ägypten, Frankfurt am Main 2000, darin besonders T. H. Macho, Tod und Trauer im kulturwissenschaftlichen Vergleich, S. 89–120; vgl. ferner T. H. Macho, Todesmetaphern. Zur Logik der Grenzerfahrungen, Frankfurt am Main ²1990; Ders., Der zweite Tod. Zur Logik doppelter Bestattungen, in: Paragrana 7, 2 (1998), S. 43–60.

[12] Vgl. auch für das folgende Sebnem Arsu, Turkish Military Evacuates Soldiers Guarding Tomb in Syria, in: New York Times vom 22. Februar 2015 digital, abgerufen am 23. Februar 2015; Wikipedia-Artikel Tomb of Suleyman Shah, abgerufen am 4. Juni 2015.

vielleicht niederländische, polnische oder deutsche Soldaten in Kämpfe verwickelt worden, als deren Anlass letztendlich eine orientalische Leiche des hohen Mittelalters gegolten hätte. Bevor ich im Folgenden einige Beispiele benenne, wie Grabanlagen Königen und Fürsten konkrete Herrschaftsansprüche formulieren und Herrschaftslegitimation bekräftigen konnten und dabei gelegentlich sogar auch zur Begründung und Stabilisierung von Gemeinschaftsbewusstsein benutzt wurden, wie sie Kontinuitäten versinnbildlichten oder auch die Brüche von Herrschaft selbst verdeutlichen können, mögen noch einige wenige Bemerkungen und Stichworte zum theoretischen Hintergrund und den vielen kulturellen Aspekten der Gräber angerissen werden.

Die Funktion des Herrschergrabes

Grabmäler von exponierten Herrschern oder hervorragenden Personen kennzeichnen zuallererst einmal den Verwahrort der jeweiligen sterblichen Überreste und dienen der persönlichen Memoria der Verstorbenen. Sie sind daher als Erinnerungszeichen an eine Person zu verstehen und das vollständig losgelöst von der jeweiligen Form und Gestalt des Grabes. Als willkürlich gewählte Beispiele könnten drei ganz verschiedene Typen von Kaisergrabmälern in China, Rom und Paris herangezogen werden. Obwohl diese Imperatorengräber in völlig verschieden Dimensionen und Formen existieren, haben sie doch eines gemeinsam: durch Zuschreibungen sind sie Fixpunkte der Erinnerung geworden, und zwar an einen als kaiserlich verstandenen oder sich gebenden Herrschaftsträger[13].

Da sich aber vergangene Ereignisse nicht von allein in Erinnerungen verwandeln können, sondern Produkt eines geistigen Aneignungsprozesses sind, der aus einem kollektiven Bedürfnis nach Sinnstiftung hervorgeht, sind dafür auch tatsächliche Haltepunkte der Memoria nötig. Im letzten Jahrhundert ist seit Maurice Halbwachs in vielfältigen Forschungsansätzen die Funktionsweise und Bedeutung der Memoria als einer kulturellen Erinnerungstechnik von Gesellschaften erkannt worden. Diese spielt auch bei Totenkulten und Grabdenkmalen eine ganz hervorgehobene Rolle. Denn, wie eben schon angerissen wurde, sind neben der Erinnerung an die dort begrabene Person deren Grabmäler in politisch-legitimatorischer Hinsicht von immenser Wichtigkeit. Dass die Repräsentation von Personengruppen, eines Königreichs, einer Dynastie, verschiedener Herrschaftsinstitutionen, über lange Jahrhunderte überhaupt von protostaatlichen Strukturen, an Grabanlagen geknüpft waren, mag vielleicht schnell einleuchten. Dass aber die Tatsache, dass Gräber über den Zeitpunkt des Begräbnisses hinaus prospektiv von Bedeutung sind, weil Herrschaft sowohl Herkunft brauchte als auch Zukunft wünschte, wird erst durch diachrone Beobachtungen deutlich sichtbar und klar[14].

---

[13] Vgl. P. J. E. Davies, Death and the Emperor. Roman Imperial Funerary Monuments from Augustus to Marcus Aurelius, Cambridge 2000; R. Ciarla (Hg.), Krieger für die Ewigkeit. Die Terrakotta-Armee des ersten Kaisers von China, Vercelli 2011; ferner Rader, Erinnern (wie Anm. 9); Ders., Grab und Herrschaft (wie Anm. 1), S. 53–56.

[14] Vgl. M. Halbwachs, Das Gedächtnis und seine sozialen Bedingungen, Frankfurt am Main 1985; ferner K. Schmid/J. Wollasch (Hgg.), Memoria. Der geschichtliche Zeugniswert des

Wie eine bestimmte Herkunft und eine erwünschte Zukunft als Basis von Herrschaft dienstbar gemacht werden kann, ließ sich nirgends so augenfällig inszenieren, wie an den Begräbnisorten der Träger von tatsächlicher oder auch nur symbolischer Herrschaft oder, ganz besonders erfolgversprechend, denen der mythischen Gründerfiguren. Ein Remus-Grab im Garten, ein Theseus-Sarkophag auf der Agora, ein Markus-Reliquienschrein in der Hauptkirche: Für die Ursprünge von sozialen Gruppen waren mit exponierten Gräbern deutliche Haltepunkte der Memoria geschaffen worden. Alle diese Grabanlagen sollten – und das war im Grunde eigentlich ihre wichtigste Aufgabe – durch die symbolische Aufladung und Gedächtniskonstruktion eine fortwährende Erinnerung für die auf sie bezogene soziale Gruppe bewirken und somit den inneren Zusammenhalt der den Toten memorierenden Gruppe stärken. Gräber wurden und werden durch die Bezugnahme von sozialen Gruppen zugleich zu tatsächlichen Erinnerungsorten[15].

Indem mit den Grabanlagen die Herkunft einer bestimmten Herrschaftssituation inszeniert werden konnte, symbolisierten sie für ebendiese Dauer und Ewigkeit. Zudem ließ sich mit ihnen eine Abgrenzung gegenüber anderen sozialen Gruppen und damit zugleich die Hervorgehobenheit der eigenen Personengruppe oder einer Dynastie unterstreichen. Darüber hinaus konnten die Gräber an den »Prismen der Macht«, also in Krisensituationen von Herrschaft jeglicher Art, überaus effizient legitimationsgenerierend wirken. Aufwändige Suche und Expeditionen nach Leichen, spektakuläre Kommando- und Militäraktionen fanden wegen ihnen statt, ja mitunter brach man ganze Kriege vom Zaun, um sie in die eigene Verfügungsgewalt zu bekommen. Sterbliche Reste von in den Gräbern verwahrten Personen, und waren deren Partikel auch noch so klein, stiegen mitunter zu tatsächliche und heißbegehrten Garanten von Herrschaft auf. Daher waren also die großen Investitionen in aufwendige Grabanlagen seit den Pharaonen nicht einfach verschleudertes Vermögen, sondern im Gegenteil gut angelegtes Kapital. Sowohl auf die Konstruktion der Vergangenheit bezogen, als vielmehr auch in die zu gestaltende Zukunft angelegt, verwandelte es sich nämlich in symbolisches Kapital, ein wirksames Medium innerhalb der Herrschaftsverhältnisse[16].

---

liturgischen Gedenkens im Mittelalter, München 1984; D. GEUENICH/O. G. OEXLE (Hgg.), Memoria in der Gesellschaft des Mittelalters, Göttingen 1994; O. G. OEXLE (Hg.), Memoria als Kultur, Göttingen 1995; darin DERS., Memoria als Kultur, S. 9–78; P. NORA, Zwischen Geschichte und Gedächtnis, Berlin 1990, S. 26; A. ASSMANN/D. HARTH (Hgg.), Mnemosyne. Formen und Funktionen der kulturellen Erinnerung, Frankfurt am Main 1991; J. ASSMANN, Das kulturelle Gedächtnis. Schrift, Erinnerung und politische Identität in den frühen Hochkulturen, München 1992; A. ASSMANN, Erinnerungsräume. Formen und Wandlungen des kulturellen Gedächtnisses, München 1999; DIES., Erinnerung/Gedächtnis, in: Metzler Lexikon Religion. Gegenwart-Alltag-Medien, Bd. 2, Stuttgart/Weimar 1999, S. 280–287; E. FRANÇOIS/H. SCHULZE (Hgg.), Deutsche Erinnerungsorte, 3 Bde., München 2001, bes. Bd. 1, S. 11–24.

[15] Vgl. ferner O. B. RADER, Profaner Wandel und geheiligte Ordnung. Die numinose Kraft von Heiligenreliquien in gesellschaftlichen Umbruchprozessen, in: DERS. (Hg.), Turbata per aequora mundi. Dankesgabe an Eckhard Müller-Mertens, Hannover 2001, S. 271–302;

[16] Vgl. E. CASSIRER, Der Begriff der symbolischen Form im Aufbau der Geisteswissenschaften, in: DERS., Wesen und Wirkung des Symbolbegriffs, Darmstadt ⁸1994; P. BOURDIEU, Zur Soziologie der symbolischen Formen, Frankfurt am Main 1970; DERS., Die feinen Unterschiede.

Die Papstgräber in Rom

Auf die Zukunft gerichtet, bedeutet, dass es mit Hilfe der Grabmäler auf einen Statuserhalt oder günstigstenfalls auf eine Statuserweiterung einer Familie oder sozialen Gruppe ankommen konnte. Ganz besonders gute Analysebedingungen in dieser Hinsicht besitzen die hauptsächlich in Rom versammelten Papstgräber der Frühen Neuzeit; ja man könnte geradezu von einer exklusiven Laborsituation sprechen. Diese besondere Stellung innerhalb von Herrschergrabmälern ergibt sich aus dem Umstand, dass es sich beim Papsttum im Grunde um eine Wahlmonarchie handelt. Deshalb gab es auch keine dynastische Kontinuität, wie sie die anderen Herrscher in Europa für sich nutzen konnten. Die Besonderheit der apostolischen Sukzession – augenscheinlich durch die räumliche Nähe der Papstgräber zum legendären Petrusgrab – trat in den Augen der Amtsinhaber dahinter zurück. Diese für sie schreckliche Konstruktionsschwäche führte dazu, dass nach Tode eines jeden Pontifex dessen *entourage*, seine nahen und fernen Verwandten oder von ihm begünstigte Personen, manchmal sogar auch die von ihm erhobenen Kardinäle, von den gerade eben erst mühsam erkämpften und oft erkauften Ämter und Stellungen, also den Positionen innerhalb der europäischen Herrschaftshierarchie, ins sprichwörtliche Nichts rutschten. Die Zeit und der Tod, das waren unerbittliche Zernichter jeglicher Papst- und Nepotenmacht; und das wussten die Tiaraträger natürlich auch. Nach jeder Amtszeit begann deshalb für alle beteiligten Familien das Spiel um Macht und Einfluss von neuem[17].

Aus diesen Gründen treten gerade bei den Papstgräbern in Rom die besondere politische und gesellschaftliche Bedeutung der Grabmalskunst deutlicher hervor als anderswo, weil diese neben der Erinnerung an den Verstorbenen vor allem der Selbstdarstellung jener herrschenden Eliten diente, aus denen Päpste hervorgegangen waren. Manchmal gelang es den Pontifices selbst, sich mit Kunst aus den Krisen ihrer Zeit zu retten. Oft waren es jedoch die Nachfahren, die ihren sozialen Abstieg durch aufwändige Grabmäler »ihres« Papstes verhindern oder zumindest verschleiern wollten. Mitunter ließ man sich auf regelrechte Bilderkriege ein, um politische Programme zu artikulieren. Wie hoch der symbolische Wert eines Papstgrabmals für die Zeitgenossen jeweils war, ließe sich bei Krisensituationen im Grunde bis auf den letzten Scudo beziffern.

Ein Beispiel: Nach dem Tode des Papstes Urban VIII. Barberini (1623–1644) musste die von Schaltstellen der Macht und den Geldquellen verdrängten Mitglieder der Familie Barberini, der Veruntreuung angeklagt und des Besitzes beraubt, sogar ins Exil nach Frankreich unter den Schutz des Kardinals Mazarin (1602–1661) ausweichen. Zum Glück hatte Urban schon zu Lebzeiten den bedeutendsten Bildhauer der Zeit, Gian-

---

Kritik der gesellschaftlichen Urteilskraft, Frankfurt am Main 1982; DERS., Über die symbolische Macht, in: Österreichische Zeitschrift für Geschichtswissenschaft 8 (1997) S. 556–564; RADER, Legitimationsgenerator Grab (wie Anm. 9), bes. S. 11ff.

[17] Vgl. auch für das folgende H. BREDEKAMP/V. REINHARDT (Hgg. in Zusammenarbeit mit A. KARSTEN und P. ZITZLSPERGER), Totenkult und Wille zur Macht. Die unruhigen Ruhestätten der Päpste in St. Peter, Darmstadt 2004; A. KARSTEN/P. ZITZLSPERGER (Hgg.), Tod und Verklärung, Grabmalskultur in der Frühen Neuzeit, Köln 2004; ferner C. BEHRMANN/A. KARSTEN/P. ZITZLSPERGER (Hgg.) (wie Anm. 9); siehe ferner die Ergebnisse zu einzelnen Grabdenkmälern der Päpste und Kardinäle unter http://www.requiem-projekt.de.

lorenzo Bernini (1598–1680), engagiert, um für sich ein spektakuläres Grabdenkmal schaffen zu lassen. Die nach dem Tode ihres Gönners politisch nun ohnmächtige Familie hielt, allen voran Francesco Barberini (1597–1679), der ehemalige Kardinalnepot des Papstes, an diesem Auftrag fest. Obwohl sich die Barberini dabei finanziell vollständig übernahmen, wollten sie unbedingt zur Neutralisation dieses »Prismas der Macht« auch die Legitimationskraft der Gräber mobilisieren. Und der kunstpolitischer Coup gelang, zumal sich durch französischen Druck auch die politische Situation zugunsten der Barberini gewandelt hatte: Berninis geniale künstlerische Leistung hatte eine Formensprache erschaffen, die dem Grabmal die Fiktion einer Souveränität Urbans über den Tod hinaus verlieh. Diese, so schien es, hatte bei der Enthüllung 1647 in Anwesenheit des sich wohlwollend-erstaunt gebenden Nachfolgers, Innozenz X. Pamphili (1644–1655), letztendlich die Rehabilitierung der Familie und ihre Reintegration in die Römische Gesellschaft ermöglicht. Innozenz hatte mit den lobenden Worten über das Grabmal symbolisch auch den Pontifikat des Dargestellten akzeptiert. Der Aufwand für das Grabmal hatte sich mehr als gelohnt. Am Tiber summten die Bienen, Wappentier der Barberini, nun wieder deutlich hörbarer. Viele der Papstgräber der Frühen Neuzeit haben sich so als besonders hohe Trumpfkarten im Spiel der Legitimtionsstrategien von fürstlicher Herrschaft in Europa erwiesen[18].

Zwei Kaisergräber

Bevor ich mich durch die an Grablegen augenfällig werdenden Kontinuitäten und Diskontinuitäten von einigen Fürstenfamilien zuwenden werde, greife ich noch kurz auf zwei spätmittelalterliche Herrschergrablegen zurück. In beiden Fällen kann man nämlich auch hier das Bestreben besonders klar erkennen, mit den Grabdenkmälern eine bestimmte Herkunftskonstruktion zu visualisieren. Der erste Fall ist zugleich auch eines der am besten überlieferten Begräbnisrituale eines Herrschers des mittelalterlichen Römisch-deutschen Reiches und betrifft die Bestattung Kaiser Karls IV. (1346–1378), der väterlicherseits aus dem Hause Luxemburg stammte. Karl, Enkel Kaiser Heinrich VII. (1308–1313), war wie sein Vater Johann von Luxemburg (1310–1346) König von Böhmen. Mit aufwendigen Zeremonien, die Parallelen zu zeitgenössischen Bestattungsritualen in Frankreich, Polen oder Ungarn aufweisen und deren Augenzeuge Karl wahrscheinlich teilweise sogar selbst gewesen war, ist der Herrscher 1378 im Prager Veitsdom

---

18 Vgl. C. Behrmann, Reanimation eines Papstes im Grabe. Berninis Grabmal Urbans VIII. Papstrepräsentation, Klientelismus und symbolisches Kapital, in: Karsten/Zitzlsperger (Hgg.) (wie Anm. 16), S. 49–67; L. Freiherr von Pastor, Geschichte der Päpste seit dem Ausgang des Mittelalters, Bd. 13,2: Geschichte der Päpste im Zeitalter der katholischen Restauration und des Dreißigjährigen Krieges Grogor XV. und Urban VIII. (1621–1644), Freiburg im Breisgau 1929, bes. S. 932–935 über das Grabmal; ebenda Bd. 14,1: Geschichte der Päpste im Zeitalter des fürstlichen Absolutismus von der Wahl Innozenz' X. bis zum Tode Innozenz' XII. (1644–1700), Freiburg im Breisgau 1929, S. 39–57 über die »barberinischen Händel«; ferner Karsten, A., Bernini. Der Schöpfer des barocken Rom, München 2006, bes. S. 123–129; Ders., Künstler und Kardinäle. Vom Mäzenatentum römischer Kardinalnepoten im 17. Jahrhundert, Köln-Weimar-Wien 2003.

zur letzten Ruhe gebettet worden. Der Dom war ein Neubau, den man anstelle eines älteren Vorgängerbaus unmittelbar nach der Erhebung des Bistums Prag zum Erzbistum 1344 zu errichten begonnen hatte. Und hier, in seinem neuen Dom, wollte Karl auch bestattet werden. Damit brach der Kaiser wie schon seine unmittelbaren Vorgänger mit Begräbnistraditionen, die sich zum einen auf die alte salisch-staufische Königsgrablege in Speyer bezogen hatten. Zudem wandte er sich auch von den Grablegen ab, die für seine eigene luxemburgische Familie eine Rolle spielten, wie etwa Clairefontaine oder das Münster in Luxemburg[19].

Doch das Konzept, das Karl für sich selbst plante und auch umsetzen ließ, war viel spektakulärer, als die Idee einer einfachen neuen Stiftergrablege. Er wollte nämlich im Zentrum des Chores so bestattet werden, dass sich die Chorkapellen um ihn herum zu gruppieren schienen. Zudem plante er, dass gleich die gesamte Kathedrale als ein immerwährender Memorialraum für ihn und seine Vorfahren dienen sollte. Doch wurden die väterlichen luxemburgischen Vorfahren dabei vollständig ignoriert und nur die mütterlichen přemyslidischen berücksichtigt. Dafür ließ er seine böhmischen Amtsvorgänger aus ihren alten Gräbern erheben, in neue Grabdenkmäler, die zum Teil aus der Dombauhütte der Parler stammten, einhüllen, und in die Chorkapellen des neuen Doms umbetten. Damit gelang es ganz augenfällig, das Gedächtnis an die Přemysliden mit den Memorialleistungen für sich selbst zu verbinden. Man könnte auch sagen, dass es ihm damit um eine Art Systematisierung der Memoria, um die Verklammerung des eigenen Andenkens mit denen an die böhmischen Vorgänger bis hin zu Wenzel dem Heiligen gegangen war. Ich bin Böhme und deshalb legitimer Herrscher dieses Landes, hieß die Botschaft. Die neue Anordnung der Grabmäler mit ihren neu geschaffenen Denkmälern offenbarte nun für alle sichtbar eine Kontinuitätslinie von přemyslidischer Herrschaft, die in Karl ihren Vollender fand. Dergleichen hatte im 13. Jahrhundert – ich erwähnte es eingangs – schon einmal in Saint-Denis stattgefunden, als der französische König Ludwig IX. der Heilige (1226–1270) die Gräber seiner Vorgänger im Königsamt neu anordnen ließ. Auch hier erschien der regierende König wie ein herrlicher Vollender eines gottgewollten genealogischen Konzepts, das die Kapetinger so ganz selbstverständlich aus Karolingern hervorgehen ließ. Und eine solche für alle sichtbare schlüssige Herkunft hatte eben auch Kaiser Karl IV. bei seinen Planungen im Sinn gehabt, denn nur zu gut kannte er die französische Königsgrablege aus seiner Jugend in Paris.

---

[19] Vgl. dazu auch für das folgende RADER, Erinnern für die Ewigkeit (wie Anm. 9), S. 167–178; DERS., Aufgeräumte Herkunft (wie Anm. 9), S. 403–430; DERS., Erinnerte Macht (wie Anm. 9), S. 173–183; ferner A. MERHAUTOVÁ (Hg.), Katedrála sv. Víta v Praze, Prag 1994; B. BAUMÜLLER, Der Chor des Veitsdomes in Prag. Die Königskirche Kaiser Karls IV. Strukturanalyse mit Untersuchung der baukünstlerischen und historischen Zusammenhänge, Berlin 1994; M. V. SCHWARZ, Felix Bohemia Sedes Imperii. Der Prager Veitsdom als Grabkirche Kaiser Karls IV. in: DERS. (Hg.), Grabmäler der Luxemburger. Image und Memoria eines Kaiserhauses 1997, S. 123–156; M. C. SCHURR, Die Baukunst Peter Parlers. Der Prager Veitsdom, das Heiligkreuzmünster in Schwäbisch Gmünd und die Bartholomäuskirche zu Kolin im Spannungsfeld von Kunst und Geschichte, Ostfildern 2003; zum Veitsdom vgl. S. 52–88 und S. 144–154 sowie den Nachweis der breiten tschechischen Spezialliteratur in den Anmerkungen S. 171–180.

Vom dem dann tatsächlich errichteten Grabdenkmal für Kaiser Karl IV. wissen wir allerdings fast nichts mehr, denn in den Jahren 1420 oder 1421 ging ein Bildersturm der Hussiten über das Grabmal hinweg. Im Jahr 1590 sind seine Gebeine zudem in eine Gruft verlagert worden, über der sich heute das Habsburger-Mausoleum mit den Gräbern der Kaiser Ferdinand I. (1503/1556–1564) und Maximilian II. (1527/1564–1576) erhebt. Hier lagen die Gebeine des Kaisers Karl nun in einer Reihe mit denen anderer böhmischer Herrscher. Heute erscheint die Grabanlage Karls IV. in einem neuen politischen Zusammenhang, denn als nach dem Ersten Weltkrieg das Habsburgerreich zerfiel und aus seinen Bruchstücken eine ganze Reihe von Nationalstaaten hervor gingen, die ihre Eigenständigkeit in der Vergangenheit suchen und finden wollten, bemühte sich auch die tschechische Nation um neue nationale Symbole. Da sich im Laufe der Jahrhunderte der luxemburgische Kaiser Karl tatsächlich in einen böhmischen Nationalhelden verwandelt hatte, ließ der erste Staatspräsident Thomás Garrigue Masaryk (1850–1937) bei der Herrichtung der Prager Burg zum Präsidentensitz in den 1920er Jahren auch die Grabanlage im Veitsdom neu gestalten[20]. Mitte der 1930er Jahre wurden dann die Gebeine Karls IV. und seiner vier Frauen zeremoniell in neue Sarkophage umgebettet. Noch heute kann man das Grabdenkmal des Römisch-deutschen Kaisers und böhmischen Königs dort sehen, das von einer nicht unerheblichen kühlen und windschnittigen Lokomotivenästhetik der Moderne geprägt ist. Doch die bis in die Gegenwart anhaltende Prominenz des Herrschers täuscht darüber hinweg, dass seine Politik zu erheblichen Teilen mit verantwortlich für die Hussitenstürme war, die ein halbes Jahrhundert nach ihm wie eine Furie über Mitteleuropa fegten und sich auch – wie eine späte Rache – an seiner ursprünglichen Grabanlage austobten.

Das andere Beispiel, das ich noch kurz anreißen möchte, betrifft den »letzten Ritter«, Kaiser Maximilian I. (1459/1493–1519). Er plante für sich eine noch opulenter ausgestattete Grablege, als die Karls IV. in Prag, in seiner Hofkirche in Innsbruck. Schon zu Lebzeiten Maximilians begann man einen in Bronze gegossenen Kondukt von vermeintlichen mythischen Vorfahren anzufertigen, die das Grab umstehen sollten. Unter den erdachten Erzvorfahren – im doppelten Sinne des Wortes – trugen einige so klangvolle Namen wie Iulius Caesar, Theoderich, König Artus, Chlodwig und Karl der Große. Mit der phantastischen Imagination gewünschter Genealogien versuchte der Kaiser zu zeigen, dass es sich bei ihm nicht nur um den Vollender einer Dynastie, wie etwa bei Karl IV. oder Ludwig IX., sondern sogar um denjenigen handelte, der die edelsten Häuser Europas insgesamt in sich vereint hatte. Fast ein Jahrhundert wurde an dem Innsbrucker Grabmal, das nach kaiserlicher Selbstaussage dem *ewigen Gedechtnus* dienen sollte, gearbeitet. Doch der ursprüngliche Gesamtplan konnte nie realisiert werden und das Grab blieb schließlich leer, weil man Maximilian schon zuvor in Wiener Neustadt begraben hatte. Wunsch und Realität blieben höchstselten deckungsgleich[21].

---

[20] Vgl. auch für das folgende: PRAGUE CASTLE ADMINISTRATION (Hg.), The Story of Prague Castle, Prag 2003, S. 446–468, bes. S. 468; RADER, Aufgeräumte Herkunft, (wie Anm. 9), S. 403–430.

[21] Vgl. P. SCHMID, Sterben – Tod – Leichenbegängnis König Maximilians I., in: L. KOLMER (Hg.) (wie Anm. 9), S. 185–215; ferner H. RAMISCH (Hg.), Das Grabmal Kaiser Ludwigs des Bayern in der Münchner Frauenkirche, Regensburg 1997, hier bes. S. 11–24 mit einer Typolo-

Betrachtet man allerdings eine Memorialanlage solchen Ausmaßes, wie etwa die Innsbrucker Hofkirche oder den Veitsdom in Prag, dann darf man sich auch fragen: Wo beginnt eigentlich das Grabdenkmal? Irgendwo zwischen dem Zinnsarg, dem Sarkophag, dem dazugehörenden Figurenensemble, dem Chor, der Gesamtkirche, vielleicht sogar einem ganzen Gebäudekomplex wären Grenzen zu ziehen, deren Willkürlichkeit sie aber lediglich zu Anhaltspunkten macht, einen Erinnerungsraum zu strukturieren. Kilian Heck hat in einem Buch das Problem umrissen und zugleich deutlich gemacht, wie heraldische Zeichen diese Gliederungsfunktion von Grabdenkmälern teilweise übernehmen[22].

Seelenheil und Gedächtnis der Reichsfürsten

Beim Blick auf Totenfeiern und Begräbnisse, ja überhaupt der Gräberkulte der Vergangenheit gilt auch für das Mittelalter und die Frühe Neuzeit, dass es auch bei den Fürsten um zwei fundamentale Dinge ging: Die Sicherung des Seelenheils im Jenseits und die des Gedächtnisses im Diesseits. Dafür sind die Erinnerungen an den jeweils Verblichenen immer in ein Netzwerk von Gemeinschaftsstiftungen, Familiendistinktionen, Herrschaftsrepräsentationen und Statusbekräftigungen eingewoben worden. Doch welche Mittel kamen unter anderem zum Einsatz, um das Gedenken an den Rang der verstorbenen Person und damit der ganzen Familie zu sichern? Nach der Erhebungswelle in der Regierungszeit Kaiser Karls IV. gab es ungefähr 130 Reichsfürsten. In einer Studie ist vor fast einem Jahrzehnt versucht worden, den Bogen zwischen Seelenheil und Gedächtnis im Spätmittelalter auf Reichsfürstenebene genauer zu beschreiben. Dafür ist auf die Beispiele von vier im Ansehen sehr unterschiedlichen reichsfürstlichen Familien zurückgegriffen worden: die Wettiner, die Landgrafen von Hessen, die Grafen und späteren Herzöge von Württemberg und die gefürsteten Grafen von Henneberg-Schleusingen. Natürlich hatte der jeweilige Rang der Fürsten eine fundamentale Bedeutung auch hinsichtlich der Begräbnispraktiken und Grabdenkmalsgestaltung besessen. Denn die Wettiner mit dem Besitz gleich mehrerer reichsfürstlicher Fahnenlehen und mehreren Königskandidaten waren die ranghöchsten, die Henneberger als »Fürstengenossen« nicht einmal vollwertige Reichfürsten, also die rangniedrigsten der vier. Schon die vier ausgewählten und im Rang sehr unterschiedlichen Familien zeigen, dass weder eine Typologie erkennbar ist, noch dass es ein idealtypisches Reichfürstenbegräbnis gab[23].

Durch die Untersuchungen der vier wird aber klar, dass nicht nur das Grabmal sowie Testamentserrichtungen und Stiftungen, sondern die jeweiligen Trauerfeierlichkeiten in ihren Details, die sich aus den Testamenten, aber auch aus Rechnungen und regelrechten

---

gie der Kaisergrablegen; E. CLEMENS, Luxemburg-Böhmen, Wittelsbach-Bayern, Habsburg-Österreich und ihre genealogischen Mythen im Vergleich, Trier 2001, zum Grabmal Maximilians I. bes. S. 293ff.

[22] Vgl. K. HECK, Genealogie als Monument und Argument. Der Beitrag dynastischer Wappen zur politischen Raumbildung der Neuzeit, Berlin-München 2002.

[23] Vgl. auch für das folgende C. BABENDERERDE, Sterben, Tod, Begräbnis und liturgisches Gedächtnis bei weltlichen Reichsfürsten des Spätmittelalters, Ostfildern 2006.

Begräbnisordnungen ablesen lassen, für die Rekonstruktion der Begräbnisrituale von großer Bedeutung sind. Denn mitunter ergab sich das Problem, dass sich deutliche Differenzen zwischen den jeweiligen persönlichen Vorstellungen über das eigene zukünftig zu gestaltende Begräbnis und den dann eingetretenen Abläufen, die sich ja unabhängig von Individualwünschen auch an Sachzwängen fürstlicher Stellung und kirchlicher Liturgie zu orientieren hatten, ausprägten. Zu den liturgischen Höhepunkten gehörte nicht nur das Begräbnis, sondern auch das etwa vier Wochen später stattfindende Begängnis, der sogenannte »Dreißigste«. Dem Begängnis, das aus Seelmessen, Prozessionen, Messopfern und einer Reihe weiterer hochsymbolischer Handlungen bestand, kam zudem eine eigenständige Funktion hinsichtlich der Rechtsstellung des Toten zu. So könnte man fast formulieren, dass das Begängnis und nicht die Bestattung der Gebeine die eigentliche Totenfeier für den jeweiligen Fürsten war.

Die Wittelsbacher in der Pfalz

Ein Beispiel anderer Art gibt die Grablege des rudolfinischen Zweigs der Familie der Wittelsbacher ab, die seit 1214 die Pfalzgrafschaft bei Rhein innehatten. Die politischen Entwicklungen des Mittelalters ergaben auch deutliche Konsequenzen für deren Grablege in Heidelberg: Im Jahr 1400 gelang es Pfalzgraf Ruprecht III., das langgehegte Ziel der Königswürde zu erreichen. Die Ausgestaltung der Residenz- und seit einigen Jahren auch Universitätsstadt und die Wahl der Heiliggeistkirche als zukünftiger Grablegeort offenbaren den enormen Bedeutungszuwachs als Folge diese Rangaufstiegs. Dazu gehörte auch die Umwandlung der zentralen gelegenen Kirche in ein Kollegiatstift, die als *capella regia* eine architektonische Neugestaltung durch einen seinerzeit »modernen« Chor erfuhr. Einmalmehr zeigt sich hier, wie Totenrituale und Gräberkulte sowohl einer Vergangenheits- als auch einer Zukunftsinszenierung dienen sollten. Zunächst das Prag Kaiser Karls IV. im Blick, lag mit der Königserhebung Ruprechts natürlich Speyer als Referenzort nahe – und zugleich auch vor der Haustür. Dass mit König Ruprecht I. (1400–1410) sowohl der Beginn als auch schon wieder das Ende eines pfälzisch-wittelsbachischen Königtum – zumindest bis zum Winterkönig Friedrich V. (1596–1632) – gekommen war, konnte der neue König am allerwenigsten ahnen[24]. Gelang nun den Fürsten, wenn schon nicht ihre Herrschaften als Könige und Regenten, so doch wenigstens ihre Gräberkontinuitäten in die Ewigkeit zu retten? Werfen wir, um das zu illustrieren, noch einige Blicke auf prominente deutsche Dynastien und deren Grablegen. Sie dürfen neben der Historiographie im Sinne einer Familiengeschichtsschreibung auch als Fundamente dynastischer Repräsentation gelten[25].

---

[24] Vgl. T. HUTHWELKER, Tod und Grablege der Pfalzgrafen bei Rhein im Spätmittelalter (1327–1508), Heidelberg 2009; ferner W. E. WAGNER, Universitätsstift und Kollegium in Prag, Wien und Heidelberg. Eine vergleichende Untersuchung spätmittelalterlicher Stiftungen im Spannungsfeld von Herrschaft und Genossenschaft, Berlin 1999.

[25] Vgl. P. JOHANEK, Die Schreiber und die Vergangenheit. Zur Entfaltung einer dynastischen Geschichtsschreibung an den Fürstenhöfen des 15. Jahrhunderts, in: H. KELLER/K. GRUBMÜLLER/N. STAUBACH (Hgg.), Pragmatische Schriftlichkeit im Mittelalter. Erscheinungsformen und Entwicklungsstufen, München 1992, S. 195–209; J.-M. MOEGLIN, Dynastisches

Das Haus Hohenzollern

Im ehemaligen Domstift Cölln, heute nahe dem historischen Zentrum von Berlin, ruhen über einhundert sterbliche Überreste fürstlichen Daseins in der Grablege der Hohenzollern[26]. Haben wir hier eigentlich eine dynastische Grablege der Familie als Markgrafen von Brandenburg vor uns? Das Stift, so zeigt sich schnell, war nur einer der vielen Begräbnisplätze der Markgrafen von Brandenburg, in deren Tradition die Hohenzollern ja standen[27]. Der hier vorliegende Band behandelt noch weitere Begräbnisstätten der Familie der Hohenzollern, in den Beiträgen von Jakob Käpplinger unter anderem über Heilsbronn und Ansbach sowie Andreas Wilts über Hedingen, doch konzentriere ich mich hier nur auf die brandenburgischen Grablegen. War der Dom vielleicht Begräbnisplatz der Markgrafen als Amtsinhaber, also unabhängig der jeweiligen Familienzugehörigkeit? Auch das ist nicht der Fall: Schon die askanischen Markgrafen wählten verschiedene Klöster zu ihren Bestattungsorten, unter denen sich die Zisterzienserklöster Lehnin und Chorin deutlich hervorheben. Die Wittelsbacher, die Luxemburger und die frühen Hohenzollern hingegen fanden ihre letzte Ruhe vornehmlich in ihren Stammlanden. Sie zeigen so noch nach Jahrhunderten ihrer Nachwelt, dass die Mark für sie immer ein Nebenland ihrer Herrschaft geblieben war[28].

Bewußtsein und Geschichtsschreibung. Zum Selbstverständnis der Wittelsbacher, Habsburger und Hohenzollern im Spätmittelalter, in: Historische Zeitschrift 256 (1993), S. 593–635; B. MARQUIS, Meißnische Geschichtsschreibung im späten Mittelalter (ca. 1215–1420), München 1998; B. STUDT, Das Land und seine Fürsten. Zur Entstehung der Landes- und dynastischen Geschichtsschreibung in Hessen und Thüringen, in: I. BAUMGÄRTNER/W. SCHICH (Hgg.), Nordhessen im Mittelalter. Probleme von Identität und überregionaler Integration, Marburg 2001, S. 171–196 mit weiterer Literatur.

[26] Vgl. auch für das folgende R. HOTH, Die Gruft der Hohenzollern im Dom zu Berlin, München ²1995; K. ANDERMANN, Kirche und Grablege. Zur sakralen Dimension von Residenzen, in: DERS. (Hg.), Residenzen. Aspekte hauptstädtischer Zentralität von der frühen Neuzeit bis zum Ende der Monarchie, 1992, S. 159–187, bes. S. 175; K.-H. AHRENS, Residenz und Herrschaft. Studien zu Herrschaftsorganisation, Herrschaftspraxis und Residenzbildung der Markgrafen von Brandenburg im späten Mittelalter, Bern u. a. 1990, S. 302–307; O. B. RADER, Denkmal, Gräber, Wunderblut. Gebrochenes Gedächtnis und Geschichte am Beispiel der Mark Brandenburg, in: P. MORAW (Hg.), Akkulturation und Selbstbehauptung. Studien zur Entwicklungsgeschichte der Lande zwischen Elbe/Saale und Oder im späten Mittelalter, Berlin 2001, S. 391–413, bes. S. 400ff.

[27] Zur Geschichte der Mark vgl. J. SCHULTZE, Die Mark Brandenburg, 5 Bde., Berlin ²1989; I. MATERNA/W. RIBBE (Hgg.), Brandenburgische Geschichte, Berlin 1995.

[28] Die Bestattungsplätze der Markgrafen von Brandenburg: Albrecht der Bär (wahrsch. Hauskloster Ballenstedt), Otto I. (Kloster Lehnin); Otto II. (wahrsch. Kloster Lehnin); Albrecht II. (Kloster Lehnin); Johann I. (Kloster Mariensee/Chorin); Otto III. (Kloster Strausberg); Johann II (Kloster Chorin); Otto IV. (Kloster Chorin); Woldemar (Kloster Chorin); Heinrich das Kind (wahrsch. Prenzlau); Ludwig I. d. Ä. (Dom München); Ludwig II. der Römer (Franziskanerkloster Berlin); Otto (Kloster Seligenthal); Karl IV. (St. Veit Prag); Wenzel (St. Veit Prag); Jobst von Mähren (St. Veit Prag); Sigismund (Grosswardein); Friedrich I. (Kloster Heilsbronn); Friedrich II. Eisenzahn (Kloster Heilsbronn); Albrecht Achilles (Kloster Heilsbronn); Johann Cicero (Kloster Lehnin, ab 1545 Domstift Cölln); Joachim I. Nestor (Kloster Lehnin, ab 1545 Domstift Cölln); Joachim II. Hector (Domstift Cölln); Johann Georg (Domstift Cölln); Joachim Friedrich (Domstift Cölln); Johann Sigismund (Domstift Cölln); Friedrich Wilhelm (Domstift Cölln); Friedrich III./I. (Domstift Cölln);

Erst die Kurfürsten Johann Cicero (1455–1499) sowie Joachim I. Nestor (1484–1535) versuchten mit ihren Bestattungsplätzen wieder an das Kloster Lehnin anzuknüpfen. Deutlich können wir hier den Wunsch spüren, eine askanische Traditionslinie wiederzubeleben und fortführen zu wollen. Im Jahre 1536 gab es aber einen neuen Bruch. Kurfürst Joachim II. bestimmte das Domstift in Cölln zur Grablege der Familie und ließ ein Jahrzehnt später den Vater und wahrscheinlich auch den Großvater aus Lehnin dorthin umbetten[29]. Nun hatte man wenigstens die beiden frühesten in der Mark bestatteten Hohenzollern in die eigene Residenz geholt. Die Gesamtbilanz: Von den über dreißig Markgrafen von Brandenburg fanden einige außerhalb des märkischen Sandes ihre letzte Ruhe. Doch sind auch die fünfundzwanzig in der Mark bestatteten Markgrafen auf sieben verschiedene Begräbnisplätze verteilt worden. Von einer oder sogar d e r Grablege der Markgrafen von Brandenburg kann man also nicht sprechen.

Mitte des 18. Jahrhunderts ergab sich noch einmal eine Chance für einen zentralen Bestattungsort der Hohenzollern, denn die Grablege wurde von ihrem alten Platz am Stadtschloss in den neuen Dom am Lustgarten verlegt. Der Dom mit den Gräbern der Hohenzollern hätte nun bis zum Ende der Monarchie und auch darüber hinaus die Hohenzollerngrablege bleiben und damit als einer der zentralen Gedächtnis- und Erinnerungsorte Preußens wirken können. Doch auch dazu ist es nicht gekommen. Die Herrscher der Mark, später Preußens und noch später des Deutschen Reiches schufen mit der Grablege im nun Berliner Dom nur im Ansatz so etwas, was Machtträger andernorts schon lange hatten: Einen hochwirksamen identitätsstiftenden Memorialfokus. Das französische Königtum besaß einen solchen bis zur großen Revolution mit Saint-Denis. Und die englische Monarchie hat mit Westminster Abbey – zugleich Krönungs- und bis weit ins 18. Jahrhundert Grabkirche – so etwas eigentlich noch heute[30].

Friedrich Wilhelm II. (1744–1797) war der letzte preußische König, der in der Hohenzollerngruft im Dom beigesetzt wurde. Seine Nachfolger ruhen hingegen in Charlottenburg, Potsdam oder Doorn. Die Tradition einer zentralen preußischen Grablege brach wieder ab. Der Berliner Dom wurde auch nie zu einer Art deutschem Nationaldenkmal stilisiert, wie der Kölner Dom etwa, obwohl es in den 1840er Jahren Überle-

---

Friedrich Wilhelm I. (Garnisonskirche Potsdam, heute Mausoleum Potsdam), Friedrich II. (Garnisonskirche Potsdam, heute Sanssouci), Friedrich Wilhelm II. (Domstift Cölln), Friedrich Wilhelm III. (Mausoleum Charlottenburg), Friedrich Wilhelm IV. (Friedenskirche Potsdam), Wilhelm I. (Mausoleum Charlottenburg); Wilhelm II. (Doorn).

[29] Unklar bleibt bis heute, ob mit dem Grabmal Johann Ciceros auch dessen Gebeine überführt worden sind. Das um 1530 in Nürnberg geschaffene bronzene Tischgrabmal stellt daher vielleicht ebenso ein Kenotaph dar, wie das Marmordenkmal Kaiser Friedrichs III., dessen sterbliche Reste im Mausoleum Potsdam ruhen.

[30] Vgl. R. B. Dobson, Westminster, in: Lexikon des Mittelalters 9, München 1998, Sp. 34–37; Schmitz-Esser (wie Anm. 2), S. 322–333. Zu den englischen Grablegen des Mittelalters: A. Fehrmann, Grab und Krone. Königsgrabmäler im mittelalterlichen England und die posthume Selbstdarstellung der Lancaster, München, Berlin 2008. Der meines Wissens letzte in Westminster bestattete König war der 1760 verstorbene Georg II. Von diesem Zeitpunkt an sind bis heute sechs der acht gekrönten Häupter in Windsor bestattet worden.

gungen dazu gegeben hat[31]. Die Konfessionswechsel in Brandenburg haben zudem tiefgreifende Veränderungen in den Begräbnisritualen und Memorialpraktiken nach sich gezogen. Heute beherbergt der Berliner Dom fast 100 Grabmäler ausschließlich der Hohenzollern. Die Grablege ist somit keine dynastieübergreifende Funeralstätte eines Herrschaftsgebietes, sondern vollständig auf die Familie gerichtet. In ihrer Grundidee, sowohl Entstehung als auch stilistischer Ausgestaltung, ähnelt die Domgrablege in Berlin der Kapuzinergruft in Wien, der Grablege der späteren Habsburger[32].

Aus Anlass des 500jährigen Regierungsjubiläums der Nürnberger Burggrafenfamilie in der Mark Brandenburg formulierte Otto Hintze 1915, dass »der preußische Staat […] eine Schöpfung der Hohenzollern« sei. Die Grablege der Hohenzollern im Dom konnte das allerdings nur bedingt ikonographisch belegen[33]. Doch gab es dafür andere Formen, wie etwa die 32 Figurengruppen der Sieges- oder, wie die Berliner seinerzeit liebevollrespektlos sagten, der »Puppenallee«. Die um 1900 geschaffene Anlage sollte die Markgrafen von Brandenburg von Albrecht dem Bären bis hin zu Wilhelm I. als Ahnengalerie aus Stein und Träger von Geschichte einer Öffentlichkeit vor Augen führen[34]. Die Figuren waren somit eigentlich ein ikonischer »Ersatzbeleg«[35] der fehlenden Zentralgrablege der Markgrafen und hatte buchstäblich »Geschichtsunterricht für das Volk zu sein – zu einer Zeit, als solch übersteigertes dynastisches Bewusstsein längst vom Geist auch der Normalgesellschaft überholt« zu sein schien[36].

Das Haus Wettin

Die schon erwähnten Wettiner, Markgrafen von Meißen, Herzöge von Sachsen, Kurfürsten und Könige von Polen, später Könige von Sachsen, haben noch mehr solcher Diskontinuitäten in der Bestattungspraxis zu bieten[37]. Hier, wie bei den Hohenzollern, der gleiche Befund: eine diffuse Grablegesituation. Diese Diskontinuitäten bei der Begräbnisplatzwahl sind ebenfalls durch Familienaufspaltungen, Statuserhöhungen und

---

[31] Vgl. T. NIPPERDEY, Nationalidee und Nationaldenkmal in Deutschland im 19. Jahrhundert, in: Historische Zeitschrift 206 (1968), S. 529–585, bes. S. 548f.; DERS., Der Kölner Dom als Nationaldenkmal, in: Historische Zeitschrift 233 (1981), S. 595–613.

[32] Zu den Konfessionswechseln vgl. F. ESCHER, Das Kurfürstentum Brandenburg im Zeitalter des Konfessionalismus, in: I. MATERNA/W. RIBBE (Hgg.) (wie Anm. 26), S. 231–290, bes. S. 268–275 und S. 288ff.; zur Grablege der Habsburger vgl. M. HAWLIK-VAN DE WATER, Die Kapuzinergruft. Begräbnisstätte der Habsburger in Wien, Wien ²1993.

[33] O. HINTZE, Die Hohenzollern und ihr Werk, Berlin ⁸1916, S. 1.

[34] Vgl. U. LEHNERT, Der Kaiser und die Siegesallee. Réclame Royale, Berlin 1998; Rader, Denkmal (wie Anm. 26), S. 396ff.

[35] RADER, Denkmal (wie Anm. 26), S. 411.

[36] T. NIPPERDEY, Deutsche Geschichte 1866–1918, Bd. 1: Arbeitswelt und Bürgergeist, München ³1993, S. 739.

[37] Vgl. R. KÖTZSCHKE/H. KRETZSCHMAR, Sächsische Geschichte. Werden und Wandlungen eines deutschen Stammes und seiner Heimat im Rahmen der deutschen Geschichte, 2 Bde., Dresden 1935, ND Frankfurt am Main 1965; K. CZOK (Hg.), Geschichte Sachsens, Weimar 1989; K. BLASCHKE, Der Fürstenzug zu Dresden. Denkmal und Geschichte des Hauses Wettin, Leipzig-Jena-Berlin 1991; DERS., Geschichte Sachsens im Mittelalter, Berlin 1990; Rainer Groß, Geschichte Sachsens, Leipzig 2000.

Konfessionswechsel enorm gefördert worden. Die Wettiner wählten anfangs, wie die Hohenzollern und viele anderer Familien dieser Zeit, Klöster zu ihrer Grablege: zuerst das Kloster auf dem Petersberg bei Halle, später das Kloster Altzella. Seit Mitte des 15. Jahrhunderts war der Dom zu Meißen Begräbnisplatz. Nach der Reformation wurde das der Freiberger Dom. Nachdem die Dynastie 1697 zum Katholizismus übergetreten war, wurden die Wettiner bis 1932 in der katholischen Hofkirche in Dresden bestattet. Nur der erste wettinische König von Polen und Großfürst von Litauen, August II., der Starke (1697–1733), begab sich in die Begräbnistradition seines Königreiches. Hier haben wir es also mit einem Begräbnisort qua Amt zu tun und nicht der Dynastie. Er ruht nämlich dort, wo auch die anderen Könige von Polen liegen, auf dem Wawel in Krakau[38].

Das Haus Mecklenburg-Schwerin

Gab es denn überhaupt keine Fürstenfamilie im Heiligen Römischen Reich Deutscher Nation, die eine zentrale Grablege ausgebildet, und dann auch weiter daran festgehalten hat? Obwohl die geschilderte Praxis der Hohenzollern und Wettiner eigentlich als Regel aufzufassen ist, gab es auch Ausnahmen. Schon bald nach seiner Gründung im Jahre 1171 entwickelte sich das Zisterzienserkloster Doberan zur der zentralen dynastischen Grablege für die Linie Mecklenburg-Schwerin des späteren mecklenburgischen Herzogshauses. Den Beginn der Bestattungen dort markiert der Slawenfürst Pribislaw (gest. 1178), der sich nach der Taufe 1167 Heinrich nannte und somit den ersten christlichen Stammahnen darstellt. Den Endpunkt setzt Johann Albrecht von Mecklenburg-Schwerin, der 1920 in Doberan bestattet wurde[39]. Insgesamt haben hier 59 Angehörige der Familie ihre letzte Ruhe gefunden. Obwohl die Nebenlinien der Dynastie im 14. Jahrhundert kurzfristig weitere, meist residenznahe, Begräbnisstätten, wie etwa in Güstrow, Malchow, Röbel, Rostock und Sternberg nutzten, konnte sich die Abtei Doberan dennoch zu dem herausragenden Kristallisationspunkt einer Memoria der mecklenburgischen Dynastie entwickeln und das bis in das 20. Jahrhundert hinein bleiben. Im Laufe der Jahrhunderte entstand dort ein Erinnerungsraum mit 48 mittelalterlichen und 11 frühneuzeitlichen Grablegen und Grabdenkmalen sowie einer Ahnengalerie von Fürsten- und Herzogsporträts. Sie zeigt Herrscher des Hauses vom 12. bis ins 19. Jahrhundert. Selbst die Reformation, die in protestantischen Reichsteilen meist deutliche Bruchlinien in Begräbniskontinuitäten erzeugte, ließ das Ansehen Doberans gegenüber der Residenzstadt Schwerin nicht sinken, obwohl in der dortige Schelfkirche St. Nikolai eine Reihe von fürstlichen Leichen bestattet wurden, über die Regina Ströbl in diesem Band schreibt[40].

---

[38] Vgl. U. Borkowska, The Funeral Ceremonies of the Polish Kings from the Fourteenth to the Eighteenth Centuries, in: Journal of Ecclesiastical History 36 (1985), S. 513–534.
[39] I. S. Minneker/D. W. Poeck, Herkunft und Zukunft. Zu Repräsentation und Memoria der Mecklenburgischen Herzöge in Doberan, in: Mecklenburgische Jahrbücher 114 (1999), S. 17–47; vgl. ferner I. Minneker, Vom Kloster zur Residenz. Dynastische Memoria und Repräsentation im spätmittelalterlichen und frühneuzeitlichen Mecklenburg, Münster 2007.
[40] Vgl. Minneker/Poeck (wie Anm. 39), S. 28f.

Mit dem Umbruch der Reformation erlebte zwar auch die mecklenburgische Sepulkraltopographie tiefgreifende Veränderungen. Doch konnte Doberan über die Epochenschwelle hinaus, die andernorts oft zur Verlegung dynastischer Grablegen geführt hatte, seine herausragende Stellung als traditionsreichster Bestattungsort der Mecklenburger Fürsten wahren. Und das klappte durch einen Trick: Es gelang in Doberan, die liturgisch fundierte Memoria mit einer profanierten Erinnerungskultur zu verbinden, mitunter teilweise sogar zu ersetzen. Das ehemalige Hauskloster der Niklotiden wurde nach der Reformation immer mehr zu einem Museum der Herrscherfamilie umgeformt. Als das zentrale Objekt einer herrschaftlichen Selbstvergewisserung der Herzogsfamilie konnte die Klosterkirche in Doberan deshalb weiterwirken, weil die Genealogie der Dynastie nicht nur allein in den Gräbern, sondern nun auch immer wieder in Form von Texten und Bildern sichtbar gemacht wurde. In Doberan stellten Grabmonumente und weitere Objekte der Sepulkralkultur geradezu Entwicklungsstufen einer liturgischen Memoria dar und sind so zu Bausteinen einer historisch fundierten und zugleich auf die Zukunft gerichteten Traditionspflege geworden.

Begräbnis im Landschaftsgarten

Eine ganz besondere Form von Diskontinuität in den fürstlichen Begräbnisgepflogenheiten der Frühen Neuzeit hatte mit etwas auf den ersten Blick Ungewöhnlichem zu tun: dem Landschaftsgarten. In der 2. Hälfte des 18. und zu Beginn des 19. Jahrhundert kamen die Mächtigen der Welt, Könige, Zaren und Fürsten, aber auch nordamerikanische Präsidenten oder Feldherren auf den Einfall, ihre letzte Ruhestätte nicht mehr wie bisher in Kirch- und Friedhofsgrüften, sondern in den Gärten und Parks ihrer jeweiligen Schlösser errichten zu lassen. Inga Brinkmann, Alma-Mara Brandenburg und Konrad Krimm berichten davon in diesem Band. Das hatte zumindest insofern eine Tradition, da Grabmale und Grabdenkmale schon länger bei der Inszenierung von Landschaft überaus prominente Bestandteile geworden waren und künstlerisch ausgetüftelte Landschaftsgärten geradezu zu »Leitmedien« für die Statuspräsentation und Statusabsicherung avancierten. Doch hatte man zuvor in Folge einer neuzeitlichen Rezeption und Transformation der Antike meist nur mythischen Gestalten Tumuli aufschütten oder Pyramiden errichten lassen. Ein Remus-Grab oder eine Vergil-Gruft im eigenen Gartenreich, das war schon etwas Besonderes. Nun wollte man aber selber dort unter den großen Eichen, auf der Insel oder in Sichtbeziehung zu diesem oder jenem Gebäude oder Objekt begraben liegen. Durch diese »Strategien des Überdauerns«, wie Anette Dorgerloh das Phänomen benennt, sollten die Memorialleistungen aus den dunkel-muffigen Kirchen in arkadische Landschaften verlegt werden und durch gemütsbewegende Ansichten gleichsam wie in Gemälden Lorrains oder Poussins die Erinnerung an den Toten besonders stimmungshaft heraufrufen[41].

---

[41] Vgl. dazu A. DORGERLOH, Strategien des Überdauerns. Das Grab- und Erinnerungsmal im frühen deutschen Landschaftsgarten, Düsseldorf 2012; A. DORGERLOH/M. NIEDERMEIER/M. BECKER (Hgg.), Grab und Memoria im frühen Landschaftsgarten, Paderborn 2015, Zitat »Leitmedium« S. 7; ferner M. NIEDERMEIER, Das Gartenreich Dessau-Wörlitz als kulturelles

Wie sich diese Memorialtechniken wandelten und welche Grabdenkmalsformen dabei eine Rolle spielten, lässt sich gut am Beispiel des Dessau-Wörlitzer Gartenreichs belegen. Hier hatte Leopold III. Friedrich Franz, Fürst und später Herzog von Anhalt-Dessau (1740/1758–1817), eine Reihe von realen und fiktiven Grabanlagen errichten lassen, darunter sogar ein Skaldengrab, ein Columbarium und eine Nachahmung der Rousseau-Insel, dem Begräbnisplatz des Philosophen in Ermenonville. Doch auch seine eigene Grablege entstand dort in einem Mausoleum, das in die Sockelzone des Turmes der Kirche von Jonitz integriert wurde. Ein aufgesetzter Obelisk auf dem Kirchturm sollte schon von weit her die Besonderheit des Ortes anzeigen. Pikanterweise war der Fürst damit nun nicht mehr in seinem Garten bestattet, sondern nicht nur symbolisch in den Schoß der Kirche zurückgekehrt[42].

Weil sich Pyramiden seit der Antike als eine besonders überzeugende Form in der Verbindung von Tod und Dauerhaftigkeit der Erinnerungen etabliert hatten, waren sie besonders beliebte Objekte bei der Gestaltung des Landschaftsgartens geworden. In vielen Gartenreichen entstanden Grabpyramiden und setzten dort prominente Haltepunkte der Totenmemoria. So hatte etwa Hermann Fürst von Pückler-Muskau (1785–1871) aus seinem Besitz in Branitz bei Cottbus eine Erinnerungslandschaft geschaffen, die auch – wohl durch seine ausgedehnten Orientreisen beeinflusst – eine sogenannte »Pyramidenebene« umfasste. Deren Mittelpunkt bildete eine Erdpyramide, die wie eine Insel inmitten des »Tumulussees« aufragt und die zukünftige Grabstätte des Fürsten werden sollte[43].

Mit den Gräbern der preußischen Königin Luise in Charlottenburg oder dem Gräberfeld der Humboldts in Berlin gibt es weitere Beispiele für eine Einbeziehung von Gräbern in die Landschaftsgärten ihrer Zeit. Im 20. Jahrhundert erlischt die »Mode« wieder, sich in seinem eigenen Garten bestatten zu lassen. Auch so prominente Belege, wie etwa die Gruft für Carin Göring (1888–1931) in Carinhall aus der Mitte der 1930er Jahre oder die Bestattung Lady Diana Spencers (1961–1997) auf einer kleinen Insel inmitten eines Sees auf dem Gelände von Althorp House, dem Familiensitz der Spencers, stellen lediglich Negationen einer Tradition dar. Diese Grabdenkmäler sind weniger als Bestandteil eines größeren Gartenkunstwerkes zu sehen, eher als die Ablehnung eines christlichen Friedhofs als Ruhestätte.

---

und literarisches Zentrum um 1780, Dessau 1995; DERS., Semantik. Ikonographische Gartenprogramme, in: S. SCHWEIZER/S. WINTER (Hgg.), Gartenkunst in Deutschland. Von der Frühen Neuzeit bis zur Gegenwart. Geschichte – Themen – Perspektiven, Regensburg 2012, S. 327–352; DERS., Gedächtniskonstruktionen – Pyramiden und deutsche Adelsgenealogien in Literatur und Gartengestaltung, in: Pückler-Pyramiden-Panorama. Neue Beiträge zur Pücklerforschung, Cottbus 1999, S. 54–74; siehe auch die angegebene Literatur im Beitrag von Inga Brinkmann im vorliegenden Band S. 83 Anm. 3.

42 Vgl. DORGELOH, Strategien (wie Anm. 41), besonders S. 205–252.
43 Vgl. DORGELOH, Strategien (wie Anm. 41), besonders S. 331–349.

Schluss

Herkunft von Herrschaft konstruieren, Legitimität vor aller Augen sichtbar machen, Erinnerungen, mitunter auch Gebetsgedächtnissen, einen Haltepunkt geben, das alles haben die hier behandelten Grablegen mehr oder minder zu leisten vermocht. Was sie aber nicht konnten, war, Herrschaft tatsächlich eine ewige Zukunft zu sichern. Museale Aufmerksamkeit hat oft die Erinnerungshaftung und die Legitimitätskonstruktionen verdrängt. Und so zeigt auch hier wieder Saint-Denis beispielhaft, welche Konsequenzen die Zerstörung der Königsgräber letztendlich hatten. Nachdem die Legitimationssäulen des französischen Königtums zu Boden gesunken waren, blieb auch das Wiedererstarken der Legitimationskraft ihrer Grablege aus. Obwohl man Fragmente der Grabmalskulpturen im Musée des Monuments Français zusammensammeln und sogar später die Grablege aus den Resten wiederherstellen konnte, diente sie bei der Bestattung König Ludwigs XVIII. (1814/15–1824) nun einem anachronistischen Ritual als entleerte Kulisse[44]. Die Idee der monarchischen Unsterblichkeit, des auf ewigen Bestand gerichteten Erinnerungsortes Saint-Denis, hatte sich wie alles Irdische, letztendlich doch als sterblich erwiesen.

---

[44] Vgl. HASKELL (wie Anm. 1), S. 260ff.; A. L. VON ROCHAU, Geschichte Frankreichs, Bd. 1, Leipzig 1858, S. 159f.

Von der Gruft zum Mausoleum

Die Grablegen der fränkischen Hohenzollern im 17. und 18. Jahrhundert
– ein heterogenes Gesamtdenkmal –

VON JAKOB KÄPPLINGER

Herrlich, schön und hell erbauet, [...] mehr einem schönen Saal, als einer Grufft zu vergleichen[1]. Mit diesen Worten schildert Eberhard Rudolph Roth in seinen 1723 in Ulm publizierten *Memorabilia Europae*, ein handlicher Führer zu deutschen Städten, die Fürstengruft der Markgrafen von Brandenburg-Ansbach unter der Stadtpfarrkirche St. Johannis in Ansbach. Offensichtlich, das zeigt auch andere Reiseliteratur dieser Zeit, war das Grabgewölbe von »touristischem« Interesse und wurde daher derart positiv und einladend umschrieben. Heute präsentieren sich Fürstengrüfte des 17. und 18. Jahrhunderts überwiegend in einem anderen Licht – abgesehen von exponierten Attraktionen wie der Wiener Kapuzinergruft und der Berliner Hohenzollerngruft sowie wenigen anderen museal erschlossenen Grablegen. Im Zuge wandelnder Memoria und nicht zuletzt mit dem Niedergang des Adels entfiel vielerorts die Nutzung der Fürstengrüfte des Barock und es trat ein Verfall ein, der teilweise erst im fortgeschrittenen 20. Jahrhundert durch denkmalpflegerisches Engagement aufgehalten wurde. Der hohe finanzielle Umfang einer zeitgemäßen Konservierung und angemessenen Präsentation sowie die mitunter gordische Komplexität von Verantwortlichkeiten erschweren eine flächendeckende Sicherung dieser Kulturdenkmale.

Das vorangestellte Zitat Eberhard Rudolph Roths ist allerdings auch vor der historischen Realität zu relativieren. Denn im zweiten Viertel des 18. Jahrhunderts war die Ansbacher Grablege St. Johannis in einem wenig repräsentativen Zustand. So hatte etwa die Begutachtung eines markgräflichen Inspektors um 1740 ergeben, dass die Särge *sehr confus durcheinander gesetzt* waren. Eine platzmehrende Neuordnung sollte ermöglichen, *die särge viel beßer zu unterscheiden und ehender auf verlangen zu finden*[2] (Abb. 1).

---

[1] E. R. ROTH, Memorabilia Europae [...], Ulm 1723, S. 27. Die hier publizierten Ausführungen stellen in verkürzter Form Ergebnisse der Dissertation des Verfassers dar. Allein bei Zitaten sind Nachweise gesetzt. Im Gesamten ist daher zu verweisen auf J. KÄPPLINGER, Die Särge der fränkischen Hohenzollern zu Ansbach und Bayreuth (1603–1791). Studien zum Prunksarg des Barock, Regensburg 2015.
[2] Nichtedierte Quelle aus: Staatsarchiv Nürnberg, Geheimregistratur, Bamberger Zugang, Rep. 103 a III, Nr. 94.

Abb. 1   Ansbach, Gruft der Stadtpfarrkirche St. Johannis, Anfang 20. Jhdt.

Weitgehend unklar ist, wie herrschaftliche Grüfte im 17. und 18. Jahrhundert, abgesehen von der rein funktionalen Aufnahme von Särgen, genutzt wurden. Wie konkret dienten sie als statusrelevante Vorzeigeobjekte? Boten sie den Raum für eine andauernde und frequentierte Zurschaustellung der Särge? Wurde die reiche Ausstattung der Särge in der Öffentlichkeit, als offizielle Station im Rahmen eines Staatsbesuchs oder im engen Familienkreis rezipiert? Wer verantwortete die Pflege und Instandhaltung?

Das Gruftgewölbe unter dem Chor von St. Johannis war von 1664 bis zum Umzug der Särge in die Gruft der benachbarten ehemaligen Hof- und Stiftskirche St. Gumbertus (1976–2012) Grablege der Markgrafen von Brandenburg-Ansbach. Untrennbar verbunden mit den Ansbacher Fürstengrüften sind die Pendants des verbrüderten Markgraftums Brandenburg-Kulmbach/Bayreuth. Wie im Titel angekündigt, bestechen die Grablegen des Mikrokosmos Brandenburg-Ansbach/Bayreuth durch eine ausgesprochene Heterogenität was sowohl die Historie und Ausrichtung der Gruftanlagen als auch die angewandten Typen und Detailformen der Särge betrifft. Im Verein verstärken die markgräflichen Grabstätten des heutigen Mittel- und Oberfrankens manchen Aspekt, zum Teil wirken sie komplementär zueinander. In ihnen widerspiegeln sich bemerkenswert viele Facetten herrschaftlicher Grablegen des Barock – und dies bezogen auf die Grabbauten wie auf die Särge. So sind an den vorwiegend gut erhaltenen Markgrafensärgen die Entwicklungsgeschichte der herrschaftlichen Sarggestaltung des Barock und eine Vielzahl überregionaler Motive des Barocksargs nahezu idealtypisch erfahrbar. Deutlich stehen die Grablegen in enger Verbindung zueinander, sind nur im Verbund gänzlich zu würdigen und zeugen zusammen mit den Grablegen der Brandenburg-preußischen Hohenzollern von einer gemeinsamen, Identität stiftenden Grablegengestaltung der hohenzollerschen Großdynastie der Kurfürsten und Markgrafen von Brandenburg.

Insgesamt umfasst der fränkische Denkmalbestand fünf Grablegen mit insgesamt 57 Bestattungen zwischen 1643 und 1791. In diesen knapp eineinhalb Jahrhunderten war die Grablegung des Markgrafen und die seiner Familienangehörigen der Endpunkt eines höchst umfangreichen Funeralbrauchtums. Als Schlusspunkt dieses Zeremonialgefüges wurde in der Regel der hölzerne, vergleichsweise schlichte und kurz nach Ableben zu Verfügung stehende Innensarg in einen aufwendig gestalteten, meist metallenen und wesentlich später vollendeten Übersarg eingesetzt und in das Erbbegräbnis eingestellt.

Im Folgenden werden die Grablegen des Hauses Brandenburg-Ansbach/Bayreuth vorgestellt, worunter in den knapp zwei Jahrhunderten zwischen Antritt (1603) und Abtritt der jüngeren Hohenzollernlinie (1791) sieben Stätten fallen: Heilsbronn, Ansbach (2), Kulmbach, Bayreuth (2) und Himmelkron. Den Titel leicht einschränkend soll sich allerdings ausschließlich auf die Grablegen der Landesherrscher konzentriert und Nebenlinien nicht berücksichtigt werden.

Heilsbronn

Im Zuge der Inthronisierung der jüngeren Linie fränkischer Markgrafen im Jahr 1603 ereignete sich die Spaltung des althergebrachten Erbbegräbnisses in der ehemaligen Zisterzienserkirche Heilsbronn. Während Heilsbronn weiterhin Grablege der Markgrafen von Brandenburg-Ansbach blieb, sollte die Linie Brandenburg-Kulmbach (später -Bayreuth) in der dortigen Residenzstadt bestattet werden. Für die Entscheidung um eine Teilung der traditionellen und Gründung einer neuen Grablege dürfte in erster Linie die Systemrelevanz einer Grablege innerhalb der Residenzstadt den Ausschlag gegeben haben. Denn neben Hofhaltung und Verwaltung ist auch die Grablege des Herrschergeschlechts zentraler Bestandteil einer frühneuzeitlichen Residenz, liefert sie doch konkret den Nachweis der Herkunft und damit eine Grundlage des dauerhaften Herrschaftsanspruchs. Diese darin gegebene Bedeutung beansprucht in erster Linie die Gestaltung der Grablege als Verkörperung der Dynastiehistorie.

Der erste Todesfall der jüngeren Linie Brandenburg-Ansbach ereignete sich 1625, als Markgraf Joachim Ernst (1583–1625) einem Schlaganfall erlag. Die Beisetzung erfolgte zwei Monate später in Heilsbronn. Der Sarg wurde in die Gruft unter dem Grabmal beigesetzt, einem kleinen tonnengewölbten Raum, dessen Zugang überpflastert und nicht sichtbar war.

Nur wenige Jahre später ereilte die Klosterkirche das große Unglück. Im Herbst 1631 durchzogen Soldatentrupps aus dem Heer Tillys das Umland und fielen über das Kloster her. Des Markgrafen *zinnerner Sarg [wurde] mit Beilen aufgehauen, vom Leichnam der Ring und andrer fürstlicher Ornat abgezogen und der Leichnam unverwahrt liegen gelassen*[3], wie ein Zeitzeuge berichtet.

---

[3] Der Zeitzeugenbericht ist zitiert nach G. MUCK, Geschichte von Kloster Heilsbronn von der Urzeit bis zur Neuzeit. Band 3, Nördlingen 1880, Nachdruck Neustadt/Aisch 1993, S. 53–55.

Der Schock über die rohe Verwüstung muss schwer gewogen haben. Vor dem Hintergrund, dass die Kulmbacher Linie eigene Residenznahe Grabstätten errichtet hatte, wurde auch ein neues Erbbegräbnis innerhalb der Residenzstadt Ansbach gegründet, in erster Linie aufgrund dessen hohen legitimierenden und repräsentativen Charakters. Begünstigend kamen die ökonomischen Vorteile von örtlicher Nähe und schützender Stadtbefestigung hinzu.

Ansbach

Angesichts der baulichen Situation in Ansbach entschied man sich bei der Einrichtung einer Fürstengruft für die ehemalige Stiftskirche St. Gumbertus, die nicht zuletzt durch die enge Verbindung zur markgräflichen Kanzlei den Status einer Hofkirche besaß. Nachweislich wurden der Unterbau des spätgotischen Hochchors und die westlich direkt anschließende romanische Krypta im 17. und 18. Jahrhundert als Grabstätte der Markgrafen bezeichnet. Etwas kurios allerdings war die tatsächliche Nutzung der Substruktionen zu Mitte des 17. Jahrhunderts. Während das befensterte Gruftgewölbe den Ansbacher Metzgern als Fleischkammer diente, waren in der abgetrennten tiefer liegenden Krypta die Särge der Adelsfamilie derer von Solms-Mansfeld und bis 1665 auch markgräfliche Särge aufgestellt. Ungeachtet der damit verbundenen Fragen um den Unterhalt oder die Sicherung der Gebäudeteile konnten beide Räumlichkeiten gemäß ihrer höchst unterschiedlichen Funktionen separat betreten werden.

Mit der Aufnahme von markgräflichen Särgen war im Jahr 1665 die ohnehin in Länge und Höhe reduzierte Krypta mit dreizehn gräflichen und fünf markgräflichen Metallsärgen voll belegt. Damit war die langfristige und zugleich adäquate, das heißt in erster Linie dynastisch vollständige und homogene Einrichtung des landesherrschaftlichen Erbbegräbnisses nicht gegeben. Es wurde ein Gruftgewölbe in der nahen Stadtpfarrkirche St. Johannis errichtet und die Grablege dorthin überführt (*Abb. 1*). Bis zum Ende des Fürstentums nahm es die verstorbenen Hohenzollern auf.

Anfang der 1970er Jahre veranlasste der renovierungsbedürftige Zustand der Fürstengruft von St. Johannis samt ihrer Särge das Bayerische Staatsministerium für Unterricht und Kultus, die Grablege in die Gruftanlage der Gumbertuskirche zu verlegen (*Abb. 2*). Für den als Präventivmaßnahme angeordneten Heizungseinbau und nicht zuletzt für die museale Präsentation schien der Unterbau des Gumbertuschores prädestiniert. Seit Beginn der Überführung 1976 durchlief die Mehrheit der Särge Restaurierungswerkstätten in München und Würzburg. Mit der Überführung der letzten Särge im September 2012 sind die 25 in Ansbach bestatteten Mitglieder der Markgrafenfamilie heute wieder vereint.

Kulmbach, Bayreuth und Himmelkron

Mit dem Regierungsantritt Markgraf Christians von Brandenburg-Kulmbach (1581–1655) im Jahr 1603 wurde die Grablege Heilsbronn von der Kulmbacher Linie nicht fortgeführt. In besagtem Jahr bereits wurde die Verlegung der Residenz von Kulmbach

Abb. 2   Ansbach, Gruft der ehem. Stiftskirche St. Gumbertus

nach Bayreuth beschlossen. Ein verheerender Stadtbrand 1605 ließ Christian zurück auf die Kulmbacher Plassenburg ziehen. Diesen Umständen geschuldet, verliefen die Anfänge der Kulmbach-Bayreuther Grablege uneinheitlich und es entstanden in beiden Städten Fürstengrüfte.

Die Bayreuther Stadtpfarrkirche zur Heiligen Dreifaltigkeit konnte nach dem Brand keiner Grablegung dienen. Diese Interimsfunktion übernahm die Kulmbacher Petrikirche, wozu 1606 eine Gruft im Langhaus errichtet wurde. In ihr wurden vier unbejahrt verstorbene Kinder des Markgrafen beigesetzt. Nachdem der Wiederaufbau der Bayreuther Stadtkirche abgeschlossen war, wurde im Mai 1620 ein mit der Geburt verstorbener Prinz in deren neuen, großräumigen Gruft unter dem Chor beigesetzt (*Abb. 3*). Dass dann jedoch des Markgrafen Bruder Johannes (1597–1627) acht Jahre später wieder in einer zweiten Gruft in der Kulmbacher Kirche bestattet wurde, muss im Zusammenhang mit einem erneuten Bayreuther Kirchenbrand 1621 oder mit Truppendurchzügen stehen. Auch diese zweite Kulmbacher Gruft scheint durch ihre kleinen Ausmaße in dem Bewusstsein errichtet worden zu sein, dass schon bald das designierte Erbbegräbnis in Bayreuth genutzt werden würde – wie es dann auch geschah. Heute ruhen in der Gruft der Bayreuther Stadtkirche 26 Angehörige der markgräflichen Familie. Die Grüfte und Särge in Kulmbach sind vergangen.

1734 war die Fürstengruft Bayreuth vollständig belegt, die zwingende Erweiterung der Grablege erfolgte jedoch nicht. Stattdessen ließ Markgraf Georg Friedrich Karl (1688–1735) ein neues Erbbegräbnis in die etwa fünfzehn Kilometer nördlich von Bay-

Abb. 3   Bayreuth, Gruft der Stadtpfarrkirche zur Heiligen Dreifaltigkeit

Abb. 4   Himmelkron, Grablege im östlichen Joch der sog. Ritterkapelle, Blick nach Norden

Abb. 5   Bayreuth, Mausoleum der Schlosskirche

reuth gelegene, ehemalige Zisterzienserabtei Himmelkron einrichten (*Abb. 4*). In der westlich an die Kirche angrenzenden sogenannten Ritterkapelle, dem mittelalterlichen Unterbau des Nonnenchores, liegen neben Georg Friedrich Karl sein Vater und zwei Brüder. Zu verstehen ist die Stätte als Grablege der jungen »Weferlinger-Linie« der Markgrafen von Brandenburg-Bayreuth, einer Nebenlinie die 1726 an die Regierung kam.

In bewusster Abgrenzung zu Himmelkron und dessen Abgeschiedenheit steht das Mausoleum in der 1753–56 errichteten Schlosskirche Bayreuth (*Abb. 5*), Ruhestätte des Markgrafenpaares Wilhelmine (1709–1758) und Friedrich (1711–1763) mit der gemeinsamen Tochter. Im Gegensatz zu dem Erbbegräbnis in der Stadtkirche offenbart sich hier eine individuelle und auf die Einzelperson, bzw. auf das Regentenpaar beschränkte Grabstätte im tendenziell öffentlichen Raum, ein auf Außenwirkung angelegtes Mausoleum mit freiem Blick auf die Särge. Einen Schritt weiter noch ging Friedrichs Nachfolger Markgraf Friedrich Christian (1708–1769). Er ließ zu Lebzeiten an der Dorfkirche seines Geburtsortes Weferlingen ein prächtiges Mausoleum anbauen (*Abb. 6*). Indes wurde er in Himmelkron beigesetzt.

Die Historie der markgräflichen Grabstätten Ober- und Mittelfrankens lässt die entscheidenden Entwicklungsstufen zwischen der mittelalterlichen Begräbnisstätte und der monumentalen Grabarchitektur des 19. Jahrhunderts deutlich nachzuvollziehen – beginnend mit kleinen Grabkammern unter Grabmälern (Heilsbronn), daran anschließend großdimensionierte, mehrere Generationen aufnehmende Grufträume unter den Chören der Hauptkirchen der Residenzstädte bis hin zu oberirdischen und individuel-

Abb. 6   Weferlingen, Markgräfliches Mausoleum an der Südseite der Kirche St. Lamberti

len, auf einen kleinen Personenkreis limitierten Grabstätten. Himmelkron gibt sich noch als intime Anlage für einen Familienzweig zu verstehen, die Schlosskirche Bayreuth dann als zugängliches Grabmal mit Schaufassade allein für das Regentenpaar und schließlich der Memorialbau in Weferlingen als ein in die Ferne wirkendes, nahezu autonomes und dominant an die örtliche Kirche angesetztes Mausoleum. Und auch die heutige Situation bietet ein vielschichtiges Bild was den Erhaltungszustand und das Raumbefinden betrifft. Während die vorwiegend restaurierten Ansbacher Särge öffentlich zu besichtigen sind, befindet sich die geschlossene Gruft der Bayreuther Stadtkirche weitgehend im Originalzustand.

Die fränkischen Markgrafensärge

In Anlehnung an den verwandten Berliner Kurfürsten- und späteren Königshof in Berlin, der erwiesenermaßen großen Anteil sowohl an den Anfängen als auch am Niedergang des prunkvollen Übersargs besaß, entstanden in den fränkischen Fürstentümern zwischen 1640 und 1790 Särge, die angesichts ihres großen Formenspektrums und ihrer vielfach hohen Qualitäten bisweilen in der ersten Riege barocker Prunksärge stehen. Es ist zu betonen, dass sich an diesem regionalen und zugleich auffallend qualitätvollen Einzelbestand der Särge der jüngeren Linie der hohenzollernschen Markgrafen ohne große Lücken die wesentlichen Entwicklungsstränge und Kriterien des herrschaftlichen Prunksargs nachzeichnen lassen.

In der ersten Hälfte des 17. Jahrhunderts wurden metallene Übersärge in Zentraleuropa vorwiegend und nahezu ausschließlich graphisch ausgestattet. Die Sechskant- oder Vierkantkörper tragen Gravuren biblischen und biographischen Inhaltes, wie etwa die Särge von Markgräfin Sophie (1594–1651) in Ansbach und von Markgraf Christian (1581–1603) in Bayreuth. Unter einer steigenden Individualisierung und der Tendenz von schriftlicher hin zu bildlicher Ausstattung werden in der Folge die Särge zunehmend plastisch ausgestaltet. Die Entwicklung schreitet dabei von Applikationen im Relief – beispielsweise die Särge von Markgräfin Erdmuthe Sophia (1644–1670) in Bayreuth und von Markgraf Albrecht (1620–1667) in Ansbach – über flächendeckende Verkleidung des Sargkerns durch mitunter vollplastische Figuren – etwa bei den Särgen der Markgrafen Christian Ernst (1644–1712) in Bayreuth und Johann Friedrich (1654–1686) in Ansbach – bis hin zu vollplastisch-szenisch ausgestatteten Monumenten. Parallel zu dem formalen Wandel weicht der Grundton einer christlichen Frömmigkeit gänzlich der Glorifizierung und Apotheose des Verstorbenen. Als der prächtigste Sarg der fränkischen Hohenzollern ist der vergoldete Sarg des Ansbacher Markgrafen Wilhelm Friedrich (1686–1723) zu würdigen, dessen Fertigstellung erst 1739 erfolgte (*Abb. 7*). In erster Linie gründet das Werk in den örtlichen Traditionen, etwa bezüglich der lebensgroßen Putti mit dem Bildnismedaillon. Daneben hatten auch Prunksärge des preußischen und dänischen Königshauses direkten Einfluss in der Formfindung. Generell sind Form und Stil der fränkischen Särge vielfach mit der Sarggestaltung des europäischen Hochadels verknüpft.

Auf der Höhe seiner kunstvollsten Gestaltung schließt die Entwicklung des metallenen Prunksargs in Zentraleuropa abrupt. Zwischen 1713 (Berlin) und 1790 (Wien) lassen sich regionale Kulminationspunkte feststellen. Auf die prächtigsten Sargmonumente folgen vergleichsweise schlichte Särge. In Ansbach werden die nach Wilhelm Friedrich Verstorbenen in mit schwarzem Samt verkleideten Holzsärgen bestattet. Aus Bayreuth kennen wir diesen Wandel auch, doch werden einige der dortigen Markgrafen in marmornen Särgen beigesetzt. Dies geschah augenscheinlich vor dem Hintergrund markgräflicher Förderung der landeseigenen Steinmanufaktur, der Marmorfabrik in St. Georgen bei Bayreuth.

Die barocke Fürstengruft mit Prunksarg

In besonderer Weise weist die Entwicklung der Grablegen zwischen dem 16. und 18. Jahrhundert Analogien zu der Ausbildung des Prunksargs auf. Um 1600 entsteht das Phänomen Prunksarg aus funktionalem Sarg und Grabdenkmal, respektive Innensarg und Übersarg. Zwei Jahrhunderte später ist diese Verbindung wieder aufgehoben, stehen Funktionssarg und Sargdenkmal zumeist nebeneinander. Die mobile Totentruhe und das monumentale Gedächtnismal werden abermals zu zwei eigenständigen Aufgaben und Körpern. Das entscheidende Wesensmerkmal von großräumigen Fürstengrüften, die mit Beginn der Frühen Neuzeit auftreten, ist ihr idealer Wert angesichts der Vollständigkeit des Herrschergeschlechts. Die Zusammenführung der Toten, die körperliche Versammlung der im Einzelsarg als Individuen gewürdigten Mitglieder, stärkt

Abb. 7 Ansbach, St. Gumbertus, Sarg des Markgrafen Wilhelm Friedrich († 1723)

die Reputation der Dynastie und sichert damit die Legitimation ihrer Herrschaft. Verständlicherweise geht die Reputationskraft einer Fürstengruft um 1650/1700 einher mit der hochwertigen, standesgemäßen Gestaltung ihrer Särge. Abgesehen von der eingangs angesprochenen realen Situation in einem verschlossenen Gruftraum konkretisieren die prunkvollen Übersärge diesen gedanklichen Gehalt eines Erbbegräbnisses. Mit der Verlagerung der Bestattung in die Natur und ins Private, außerhalb des Sakralraums und außerhalb dynastischer Erbbegräbnisse, wird der Sarg wieder zum unsichtbaren (hölzernen) Funktionssarg einerseits oder zum öffentlichen (steinernen) Sargdenkmal andererseits. Um 1800 scheinen die Richtwerte für Exklusivität und Rang der Grabstätte zuvorderst die (sichtbare) Öffentlichkeit und Individualität von Grabbau und Grabsituation zu sein.

Der Bestand fränkischer Markgrafensärge darf wegen seiner Vielfalt, seiner Beispielhaftigkeit für die allgemeine Entwicklung und seiner vor allem an Einzelwerken hervortretenden Qualität als überregional bedeutsam gewertet werden. Sonderfälle wie Innensärge für nie verwirklichte Übersärge, Särge für niederen Adel, eine Herzurne oder Fremdbestattungen erweitern das Spektrum der Markgrafengrüfte in Ansbach, Bayreuth und Himmelkron. Ihr, auf den Gruftraum, den Sargbestand oder auf einzelne Monumente bezogen, deutlich erkennbarer Rang innerhalb der barocken Sepulkralkultur, bildet die Grundlage für die Interpretation der »Fürstengruft mit Prunksärgen« als eines zentralen, einenden Charakteristikums der Hohenzollerndynastie. Mit den markgräflichen Grablegen besitzt Franken ein bedeutendes Kulturdenkmal, das einerseits durch das einende Moment der Dynastie und andererseits durch die wechsel- und facettenreiche Historie, Gestaltung und Ausstattung als heterogenes Gesamtdenkmal zu würdigen ist.

Grabdenkmale, Grüfte und Bestattungen des Hauses Nassau-Saarbrücken in der Saarbrücker Schlosskirche

VON RAINER KNAUF

Die Saarbrücker Schlosskirche stellt die jüngste und letzte dynastische Grablege des Grafen- bzw. Fürstenhauses Nassau-Saarbrücken dar. Als solche geriet sie in den 1990er Jahren erneut in den Blickpunkt der Öffentlichkeit, als man den letzten regierenden, im Exil verstorbenen Fürsten Ludwig von Nassau-Saarbrücken (1745/1768–1794) aus Usingen sowie den Grafen Gustav Adolph von Nassau-Saarbrücken (1632/1659–1677) aus Straßburg hierher, an die ihnen ursprünglich zugedachte Stätte, überführen ließ[1]. Die nachstehende Skizze sucht die Memoria im Kirchenraum, wie sie sich in den großen gräflichen und fürstlichen Grabdenkmalen manifestiert, mit den Ergebnissen der anlässlich der Überführungen getätigten Untersuchungen zu den Grüften in der Kirche wie auch zu den Leichnamen bzw. Bestattungen zu verknüpfen, Veränderungstendenzen in der Memoria vom Barock zum Frühklassizismus aufzuzeigen und den grundlegenden Wandel in der Memoria ab Ende des 18. Jahrhunderts am Beispiel des Erbprinzen Heinrich, der die Herrschaft des Fürstentums Nassau-Saarbrücken nicht mehr antreten konnte, zu belegen. Angesichts mittlerweile unzähliger Studien zu Tod und Sterben im Mittelalter und der frühen Neuzeit wie auch zur – im Rahmen der Memoria-Forschung interdisziplinär aufgearbeiteten – Inszenierung von Gräbern kann die Memoria einer kleinen Herrschaft wie Nassau-Saarbücken dabei natürlich nur einen weiteren Mosaikstein liefern, der zur vertiefenden Detailkenntnis beiträgt.

---

[1] Die Überführungen wurden von der saarländischen Landesregierung unter Ministerpräsident Oskar Lafontaine gefördert. Fürst Ludwigs Leichnam wurde am 4. Oktober 1995 in seine Heimat nach Saarbrücken überführt und am 23. November 1995 in der Schlosskirche in der Gruft seines Vaters, des Fürsten Wilhelm Heinrich, beigesetzt, was Ministerpräsident Lafontaine als »wohlverstandener saarländischer Identitätsfindung dienend« begründete. S. E. KLITSCHER, In memoriam Wilhelm Heinrich (1718–1768) und Ludwig von Nassau-Saarbrücken (1745–1794). Eine Dokumentation, Saarbrücken o. J. [1996], hier S. 64; s. auch Text des vorliegenden Beitrags nach Anm. 46. – Graf Gustav Adolphs Leichnam wurde am 26. März 1998 nach Saarbrücken überführt und am 26. August 1998 in der Schlosskirche beigesetzt, wo es bereits ein Grabdenkmal für ihn gab. Mit der Überführung wollte man den letzten Willen des Grafen erfüllen und v. a. die bis dahin unwürdige »Aufbewahrung« seines Leichnams beenden, s. Anm. 12 mit Literaturhinweisen.

Die Saarbrücker Schlosskirche

Der Bau der heute im Stadtteil Alt-Saarbrücken am Schlossberg situierten Saarbrücker Schlosskirche wurde vermutlich unter Graf Johann III. von Nassau-Saarbrücken (1423/1442–1472) vom für die Seelsorge zuständigen, nahe gelegenen Stift St. Arnual, dem damaligen kirchlichen Zentrum an der Saar, begonnen. Eine bereits existierende Kapelle an gleicher Stelle ging in Teilen wohl in dem Neubau auf. Die Fertigstellung zog sich mindestens bis in die späten 1470er Jahre hin. Die Kirche wurde in spätgotischen Formen als kreuzrippengewölbter einschiffiger vierjochiger Saal mit einjochigem Chor mit 5/8-Schluss errichtet, mit Glockenturm an der Südwestecke und Sakristei und Taufkapelle am 3. und 4. Joch der Nordseite. Erst 1517 erhielt sie durch Graf Johann Ludwig (1472/1490–1545) einen Taufstein und erst 1549 erlaubte das Stift St. Arnual auf Drängen von Graf und Bürgerschaft, dass der die Schlosskirche betreuende »Kirchherr« auch in Saarbrücken wohnen durfte. Damit kann man Saarbrücken gegen Ende der vorreformatorischen Zeit den Rang einer Pfarrei – und der Schlosskirche den Rang einer Stadtpfarrkirche – zuerkennen, die allerdings bis zur Reformation in Abhängigkeit des Stifts St. Arnual stand.

Das Kirchengebäude erfuhr im Lauf der Zeit zahlreiche Veränderungen, bedingt u. a. durch die Einführung der Reformation 1575, Brand 1677, wiederholte Umbau- und Wiederherstellungsarbeiten im 19. Jahrhundert, weitgehende Zerstörung im Zweiten Weltkrieg und purifizierenden Wiederaufbau 1952 bis 1958 unter Leitung des Architekten Rudolf Krüger, der das Innere mit Ergänzungen in der Formensprache der Zeit erneuerte. Neben den erhaltenen herrschaftlichen Grabdenkmalen prägten nun v. a. die neuen, von Georg Meistermann entworfenen Fenster, die neuen Prinzipalstücke Altar, Taufstein und Kanzel nach Entwürfen des Schweizer Bildhauers Albert Schilling sowie eine neue Orgel den Kirchenraum. Die Kirche wurde bis 1982 von der evangelischen Kirchengemeinde Alt-Saarbrücken genutzt, anschließend von der Musikhochschule des Saarlandes. Seit 2004 bildet sie, mittlerweile profaniert, als »Museum in der Schlosskirche« eine Abteilung des Saarlandmuseums (Stiftung Saarländischer Kulturbesitz)[2].

Die Schlosskirche als nassau-saarbrückische Grablege

Die Grafen von Nassau-Saarbrücken gehörten zu den kleinen Reichsständen. Ihre Behauptung gegenüber den stärkeren Nachbarn, den Herzögen von Lothringen, den Kurfürsten von Trier und den in Zweibrücken regierenden Wittelsbachern ließ ihnen keinen

---

[2]   Zur Geschichte der Schlosskirche zuletzt ausführlich R. MELCHER, Die Saarbrücker Schlosskirche. Kirche und Museum, Saarbrücken 2009; s. außerdem (Auswahl): H.-W. HERRMANN, Saarbrücken und St. Johann von den Anfängen städtischen Lebens bis zum Niedergang im 30jährigen Krieg, in: R. WITTENBROCK (Hg.), Geschichte der Stadt Saarbrücken, Bd. 1, Saarbrücken 1999, S. 199ff.; F. KLOEVEKORN, Geschichte der Evangelischen Kirchengemeinde Alt-Saarbrücken, Saarbrücken 1961, v. a. S. 222ff., 242ff.; W. ZIMMERMANN, Die Kunstdenkmäler der Stadt und des Landkreises Saarbrücken, Düsseldorf 1932, S. 77ff.; A. RUPPERSBERG, Geschichte der evangelischen Gemeinde Alt-Saarbrücken, Saarbrücken 1924, v. a. S. 178ff.

Raum, gestaltend in die große Politik einzugreifen[3]. In ihrer sepulkralen Memoria wollten sie gleichwohl nicht nachstehen, wovon aufwendige Grabdenkmale zeugen. In der Kirche des bereits genannten Stifts St. Arnual, der Stiftskirche im heute gleichnamigen Saarbrücker Stadtteil, die seit 1456 für sieben Generationen Grablege des Hauses Nassau-Saarbrücken war, bilden die Grabmale der Grafenfamilie – in Gruppen zusammengefasste Wanddenkmale und zwei Tumben mit lebensgroßer Darstellung von insgesamt 16 Mitgliedern der Grafenfamilie – ein beeindruckendes Ensemble und zählen zu den bedeutenden Kunstwerken im süddeutschen Raum[4]. Für die Saarbrücker Schlosskirche, ab 1651 gräfliche Grablege, gilt Vergleichbares, wie noch auszuführen sein wird.

Wenige Monate nach der letzten nassau-saarbrückischen Bestattung in der Stiftskirche im Jahr 1635, jener von Georg Friedrich (1633–1635), dem elften Kind des Grafenpaares Wilhelm Ludwig (1590/1627/1640) und Anna Amalia (1595–1651), musste die gräfliche Familie infolge der Wirren des Dreißigjährigen Kriegs nach Metz fliehen. Graf Wilhelm Ludwig starb dort 1640 in ärmlichen Verhältnissen. Erst über ein Jahr später konnte seine Witwe Anna Amalia zurückkehren, zunächst nach Ottweiler, schließlich wieder nach Saarbrücken. Als sie 1651 starb, wurde sie – der allgemeinen Überlieferung zufolge als erstes Mitglied des Hauses Nassau-Saarbrücken – in der Schlosskirche beigesetzt, welche nun bis zum Ende der Fürstenzeit als dynastische Grablege diente. Das Motiv für den Wechsel der Grablege sieht Melcher im Zusammentreffen von »dynastisch-politische[n] mit praktischen Gründen«, ohne dies jedoch zu konkretisieren[5]. Die Einführung der Reformation war nicht ausschlaggebend, sie lag zu diesem Zeitpunkt bereits ein dreiviertel Jahrhundert zurück.

Nicht auszuschließen ist, dass Anna Amalias Gemahl, Graf Wilhelm Ludwig, aus Metz überführt und ebenfalls in der Schlosskirche beigesetzt wurde. Das ist aus dem 1998 wiederentdeckten, 1664 verfassten und 1671 ergänzten Testament seines Sohnes Graf Gustav Adolph zu schließen, in dem dieser seine Universalerben dazu verpflichtete, dass sein *Leichnamb in der Stadtkirchen zu Saarbrücken neben Meines Herrn Vaters undt Frau Mutter seel. Leichnambs, ohne Pracht [...] jedoch meinem Standt nach, bestattet undt zu seiner Ruh gebracht* werde[6]. Ein Grabmal wurde dem gräflichen Paar, offenbar wegen der immer noch ärmlichen Verhältnisse, allerdings nicht gesetzt.

---

[3] HERRMANN (wie Anm. 2), S. 208.
[4] Zu den Grabmalen in der Stiftskirche s. P. VOLKELT, Grabmäler in der Stiftskirche St. Arnual, in: H.-W. HERRMANN (Hg.), Die Stiftskirche St. Arnual in Saarbrücken, Köln 1998, S. 461–488; M. SCHÖNDORF, Bemerkungen und Beobachtungen zur Restaurierung der polychromen Grabmäler und der Spuren alter Wandfassungen in der Stiftskirche St. Arnual, in: ebd. S. 303–344; ZIMMERMANN (wie Anm. 2), S. 159ff.
[5] MELCHER (wie Anm. 2), S. 99. – Angemerkt sei, dass Fürst Ludwig von Nassau-Saarbrücken eineinhalb Jahrhunderte später seinen Sohn Ludwig Albrecht Graf von Ottweiler (19.6.1775–13.4.1784), erstes und uneheliches von sieben Kindern, die er mit Katharina Kest, der späteren Gräfin von Ottweiler hatte, nicht in der Schlosskirche, sondern in der Stiftskirche beisetzen ließ, s. StA Sbr., EvKB Sbr. 4, S. 1284 [Paginierungsfehler, eigentlich 1384], Nr. 19.
[6] Hess. HSA Wiesbaden, Abt. 130 II, Nr. 811, S. 2 (Bestand des herzogl. Nassauischen Hausarchivs, Depositum S. K. H. Großherzog Jean von Luxemburg), zit. nach: E. KLITSCHER, In memoriam Gustav Adolph (1632–1677). Gustav Adolph von Nassau-Saarbrücken: Heimkehr nach 320 Jahren. Eine Dokumentation, Saarbrücken o. J. [1998], S. 20, s. ebd. S. 31. – Älteren Annahmen zufolge war Graf Wilhelm Ludwig um 1641 überführt und in der evangelischen

In einer vorangegangenen Veröffentlichung hat der Verfasser den Versuch einer Auflistung der gesicherten und vermuteten Beisetzungen des Hauses Nassau-Saarbrücken in der Schlosskirche unternommen[7]. Neben dem Grafenpaar Wilhelm Ludwig und Anna Amalia sowie den in den 1990er Jahren überführten Grafen Gustav Adolph und Fürsten Ludwig können demnach im Einzelnen folgende Beisetzungen benannt werden:
- Philipp Wilhelm (1671–1671), vierter Sohn des Grafen Gustav Adolph, beigesetzt am 20. September 1671
- Gustav Adolph, dritter Sohn des Grafen Gustav Adolph (1667–1683)
- Anna Amalia (1623–1695), Tochter des Grafen Wilhelm Ludwig, beigesetzt am 4. Juli 1695
- Eleonora Clara (1632–1709), Witwe des Grafen Gustav Adolph
- Ludwig Crato (1663/1677–1713), Graf von Nassau-Saarbrücken, beigesetzt am 17. Februar 1713
- Friedrich Karl (1718–1719), Sohn des Grafen Karl Ludwig, beigesetzt am 13. Januar 1719
- Ludwig Karl (1720–1721), Sohn des Grafen Karl Ludwig
- Friedrich August (1748–1750), Sohn des Fürsten Wilhelm Heinrich, beigesetzt am 9. September 1750
- Wilhelm Heinrich (1718–1768), Fürst von Nassau-Saarbrücken, beigesetzt am 29. Juli 1768
- Wilhelmine Sophie (1751–1780), Gemahlin des Fürsten Ludwig, beigesetzt am 20. Juli 1780

Vermutet werden kann zudem die Beisetzung in der Schlosskirche bei einigen früh verstorbenen Kindern des Grafenhauses:
- N. N. (geb. 1672, gest. vor 1678), fünfter Sohn des Grafen Gustav Adolph
- Eleonora Dorothea (1701–1702), Tochter des Grafen Ludwig Crato
- Ludwig (1709–1710), Sohn des Grafen Ludwig Crato
- Christiana (1711–1712), Tochter des Grafen Ludwig Crato.

Aus dem Jahr 1829 ist noch das Vorhaben belegt, das Herz der Schwester des Fürsten Ludwig, Wilhelmine Henriette Marquise de Soyecourt, in der Saarbrücker Schlosskirche beizusetzen[8]. Diese hatte zu Lebzeiten noch, um 1826/27, gewünscht, in der Gruft ihres Vaters beigesetzt zu werden. Als sie am 21. September 1829 auf Schloss la Grave bei Libourne nahe Bordeaux verstarb, wurde sie jedoch auf dem katholischen Friedhof von Bonzac bei Libourne, unweit Bordeaux, bestattet. Lediglich das Herz sollte in die Saarbrücker Schlosskirche überführt werden. Ob dies tatsächlich geschah, ist nach derzeitigem Kenntnisstand nicht auszuschließen, gesicherte Indizien hierfür sind bislang jedoch nicht bekannt.

Kirche in Ottweiler beigesetzt worden, s. u. a. W. ZIMMERMANN, Die Kunstdenkmäler der Kreise Ottweiler und Saarlouis, Düsseldorf 1934, S. 83.

[7] R. KNAUF, Die Saarbrücker Schlosskirche als Grablege, in: Monatshefte für Evangelische Kirchengeschichte des Rheinlandes 57 (2008), S. 199–220, (online: www.vrkg.de/veroeffentlichungen/jahrbuch), ebd. S. 202f. detaillierte Nachweise zum Folgenden.

[8] S. ausführlich ebd. S. 204.

Grabdenkmale

Sichtbarer Ausdruck der herrschaftlichen Grabeskirche und damit landesherrschaftlich-dynastischer Repräsentation sind bzw. waren die großformatigen Grabdenkmale, die zwischen 1699 und 1772 für nassau-saarbrückische Regenten errichtet wurden und zu den herausragenden Kunstwerken im Kirchenraum zählen: das des Grafen Gustav Adolph und seiner Gemahlin Eleonore Clara, jenes des Grafen Ludwig Crato und seiner Gemahlin Philippine Henriette, das des Grafen Karl Ludwig und seiner Gemahlin Christiane sowie schließlich jenes des Fürsten Wilhelm Heinrich[9].

Epitaph des Grafen Gustav Adolph

Das Epitaph für Graf Gustav Adolph und seine Gemahlin Eleonore Clara war 1699 von deren Sohn Graf Ludwig Crato in Auftrag gegeben worden bei dem Bildhauer Jacques Pierrard de Coraille, einem Hugenotten, der seit den 1690er Jahren für das Haus Nassau-Saarbrücken tätig war. Coraille sollte zudem eine gemauerte Gruft für 12 Särge anlegen. Im Folgejahr wurde das Denkmal im Chor der Schlosskirche errichtet. Das fast sieben Meter hohe sandsteinerne Epitaph an der Nordwand des Chors ist dreigeteilt: Den Sockel bildet ein Sarkophag mit der Darstellung von Chronos mit Sanduhr – Personifikation der (verrinnenden) Zeit, im Barock mit dem Tod gleichgesetzt –, seitlich eingerahmt von Kindern mit erhobener bzw. gesenkter Fackel, Sinnbild des Dualismus von Leben und Tod. Auf dem Sarkophag vor mit Säulen in zwei Teile gegliedertem Wand- bzw. Inschriftenfeld ruht links die – als Fortentwicklung mittelalterlicher Gisants zu interpretierende – Liegefigur des Grafen in voller Rüstung, mit Allongeperücke, den Feldherrnstab in der Rechten, sich auf einen Prunkhelm stützend. Haltung und Rüstung verweisen, im Dienst des offiziellen Totengedenkens, auf den herrschaftlichen Status und den hohen militärischen Rang des Grafen. Vor dem Grafen, auf der rechten Seite, kniet die Gräfin Eleonore Clara in Witwentracht, begleitet von einem Hündchen, Reminiszenz an mittelalterliche Grabmalgestaltungen. Mit zum Gebet erhobenen Händen, quasi als Priant, wendet sie sich einem Kruzifix zu, das – heute fehlend – ursprünglich im Rücken bzw. links vom Grafen stand. Den Abschluss bildet eine seitlich von den von Löwen gehaltenen Wappen der Dargestellten flankierte, von Trophäen hinterfangene Personifikation des Ruhmes, einen Lorbeerkranz über den Grafen haltend und die Fanfare blasend, die die Kriegstaten des Grafen verherrlicht, im sepulkralen Kontext aber auch als Engel des jüngsten Gerichts gedeutet werden kann. Die lateinische Inschrift[10] nennt Namen, Titel und Lebensdaten der Dargestellten, hebt den ehrenvollen

---

[9] Die Grabmale in der Schlosskirche sind mehrfach beschrieben und gewürdigt worden, Quellen- und Literaturauswahl: Landesdenkmalamt Saarland, Objektakten Schlosskirche BE Ic 3.1; MELCHER (wie Anm. 2), S. 99–162; C. TREPESCH, Zum Leben und Werk des Bildhauers Jacques Pierrard de Coraille (um 1670–1724/25), in: ZGS 46 (1998), S. 25–66, v.a. S. 36–44 u. 49–55; H. HEYDT (Hg.), Die Schlosskirche zu Alt-Saarbrücken und die Glasfenster von Georg Meistermann, Saarbrücken 1993, S. 25ff.; P. VOLKELT, Das Grabdenkmal des Fürsten Wilhelm Heinrich in der Schloßkirche zu Saarbrücken, in: ZGS 16 (1968), S. 282–312; ZIMMERMANN (wie Anm. 2), S. 82–89; RUPPERSBERG (wie Anm. 2), S. 182ff.
[10] Zuletzt dokumentiert bei MELCHER (wie Anm. 2), S. 114 u. 116.

Abb. 1 Chornordseite mit Kanzel und den Epitaphen für Graf Gustav Adolph und Graf Karl Ludwig, um 1930

Tod des Grafen auf dem Schlachtfeld sowie die Tugendhaftigkeit der Gräfin hervor und verweist auf die Denkmalsetzung durch den Sohn. Trepesch bewertete das Grabmal als wichtigstes »Beispiel für eine umfassende Zusammenstellung barocker Sepulkralikonographie in der Saargegend […], das die Toten im Typus von Gisant und Priant zeigt und zugleich die Personifikation des Todes in Gestalt von Chronos einbezieht« und so den Bogen vom Bild des Toten zur Allegorie des Todes spannt[11].

Das Denkmal wurde seit Ende des 19. Jahrhunderts mehrfach restauriert und ist heute steinsichtig belassen, was nicht dem ursprünglichen Erscheinungsbild entspricht, wie Farbreste am bekrönenden linken Wappen im Depot des Saarlandmuseums – am Grabmal durch Kopie ersetzt – belegen. In der Nachkriegszeit wurde das Grabmal zwecks Erweiterung des Altarraumes weiter in den Chor verschoben. Der Leichnam des

---

[11] Trepesch (wie Anm. 9), S. 44.

1677 bei Straßburg tödlich verwundeten Grafen Gustav Adolph wurde 1998 aus Straßburg nach Saarbrücken überführt und im Sockel des Grabmals beigesetzt[12].

Epitaph des Grafen Ludwig Crato

Ein weiteres großformatiges, 9,20 Meter hohes, reich gegliedertes Wanddenkmal aus Sandstein, Stuckmarmor und Terrakotta errichtete Coraille um 1713 an der Nordwand des Langhauses für den am 17. Februar jenes Jahres in der Kirche beigesetzten Grafen Ludwig Crato und dessen Gemahlin Philippine Henriette. Auftraggeber war Ludwig Cratos Bruder Karl Ludwig, der ihm in der Herrschaft nachgefolgt war. Das mehrteilige, hohe Sockelgeschoss besteht aus einem auf Postament stehenden Sarkophag mit von Löwen gehaltenem Allianzwappen und einer Inschriftenplatte mit reicher Profilrahmung darüber, flankiert von Engeln, die Schilde mit Ahnenwappen, typischen Elementen bei Epitaphen des 16. und 17. Jahrhunderts, halten. Darüber folgt, im Zentrum des Denkmals, wie beim Epitaph Gustav Adolphs, die barocke Inszenierung des Herrschers: In einer Säulen-Ädikula steht – merkwürdig vereinzelt wirkend – das gräfliche Ehepaar: links Ludwig Crato, in Rüstung und Mantel, mit Allongeperücke, in lässiger Pose mit übergeschlagenem Bein an ein Postament gelehnt, auf dem sein Helm liegt, die Rechte mit dem Feldherrnstab im Herrschergestus erhoben; rechts, durch eine große Lücke von ihrem Mann getrennt, die Gräfin, in langem Kleid, Umhang und Schleier, mit angewinkeltem rechten Arm auf die linke Seite hin konzentriert. »Insgesamt ist die Darstellung, dem offiziellen Charakter gemäß, dem Primat des Machtspruches des Grafenhauses unterworfen, der im Grabmal verdeutlicht wird«[13].

Personifikationen der Eloquentia (Beredsamkeit) und der Abundantia (Wohlstand) flankieren die Ädikula, Hinweise auf die besonderen Verdienste des Grafen um Bildung und Wohltätigkeit. Ludwig Crato hatte u. a. das »Stpendium Ludovicianum«, ein Stipendium für Studierende, sowie eine Pfarrwitwenkasse eingerichtet und 1709 zur Linderung der Hungersnot seiner Untertanen Früchte ankaufen und austeilen lassen[14]. Den

---

[12] Graf Gustav Adolph wurde am 7. Oktober 1677 in der Schlacht am Kochersberg schwer verwundet und starb zwei Tage später in Straßburg. Er wurde zunächst in der Straßburger Pfarrkirche Alt St. Peter beigesetzt, dann in das Kloster St. Nicolas in Undis und 1690 in die Straßburger St.-Thomas-Kirche überführt, wo der mumifizierte Leichnam 1802 »wiederentdeckt« und 1831 durch den Mediziner Ernest-Alexandre Lauth (1803–1837) »restauriert« wurde. Bis 1990 konnte man den Leichnam in der Andreaskapelle von St. Thomas unter einer Glasplatte »besichtigen« und per Geldeinwurf beleuchten. Dieser unwürdige Zustand wurde mit der Überführung in die Depots des Historischen Museums von Straßburg beendet. Die Überführung nach Saarbrücken erfolgte am 26. März 1998, die Beisetzung in der Schlosskirche am 26. August 1998. Literaturauswahl hierzu: KLITSCHER (wie Anm. 6); J. M. LE MINOR, L'anatomiste E. A. Lauth (1803–1837) et les momies de l'église Saint-Thomas à Strasbourg, in: Journal Méd. Strasbourg 21 (1990), 9, S. 559ff.; R. SAAM, Thomaskirche zu Straßburg. Letzte Ruhestätte eines Saarbrücker Grafen, in: Saarbrücker Bergmannskalender 1981, S. 66–68; L. SCHNEEGANS, L'église de Saint-Thomas à Strasbourg et ses monuments. Essai historique et descriptif, Strasbourg 1842.

[13] TREPESCH (wie Anm. 9), S. 52f.

[14] F. KÖLLNER, Geschichte des vormaligen Nassau-Sarbrück'schen Landes und seiner Regenten, Saarbrücken 1841, S. 413.

Abb. 2 Epitaph für Graf Ludwig Crato, 1961

Abschluss des Denkmals bildet ein Trophäengesprenge, in dessen Mitte die Personifikation des Ruhmes thront, die einen Lorbeerkranz über den zu verherrlichenden Grafen hält. Die lateinische Inschrift[15] fordert den Leser in direkter Ansprache zur Trauer um die Dargestellten auf und nennt deren Namen, Titel und Tugenden sowie das Todesdatum des Grafen – seine Gemahlin Philippine Henriette überlebte ihn um fast 38 Jahre und starb in Bergzabern, wo sie auch beigesetzt wurde. Auch das Grabmal Ludwig Cratos wurde mehrfach restauriert und ist heute, entgegen seines ursprünglichen Erscheinungsbilds, steinsichtig belassen.

Epitaph / Kenotaph des Grafen Karl Ludwig

Rechts neben dem Epitaph Gustav Adolphs stand im Chor das Kenotaph für den Grafen Karl Ludwig von Nassau-Saarbrücken (1665/1713–1723), den Bruder Ludwig Cratos, und seine Familie. Karl Ludwig, seit 1721 auch Mitregent von Nassau-Idstein-Wiesbaden, starb 1723 in Idstein und wurde in der Idsteiner Stadtkirche (heute Unionskirche) beigesetzt[16]. Gleichwohl stiftete seine Gemahlin Christiane ein Denkmal für die Saarbrücker Schlosskirche. Es handelte sich um ein neun Meter hohes Wanddenkmal aus Stuckmarmor in Form einer Ädikula auf hohem, mehrfach gestuften Inschriftensockel

---

[15] Zuletzt dokumentiert bei MELCHER (wie Anm. 2), S. 138f.
[16] Zu den Beisetzungs- und Trauerfeierlichkeiten s. LA Sbr., Best. N-Sbr II, Nr. 2271, p. 305–307.

Abb. 3 Epitaph für
Graf Karl Ludwig,
um 1930

und mit kolossaler Wappenkartusche im gesprengtem Segmentgiebel. In triumphaler architektonischer Muschelnische mit flankierenden Ahnenwappen standen das gräfliche Ehepaar – ähnlich beziehungslos wie am Epitaph Ludwig Cratos, Karl Ludwig auch in vergleichbarer Pose wie dieser – sowie seine beiden (Klein-)Kinder. Das Sarkophagmotiv der vorangehenden Epitaphe wurde ausgespart, was im Kontrast zu den anderen gräflichen Grabdenkmalen in der Kirche den Charakter eines Kenotaphs noch unterstrichen haben mag. Die lateinischen Inschriften[17] berichteten im Wesentlichen

---

[17] Zuletzt dokumentiert bei MELCHER (wie Anm. 2), S. 144–147, der auch die in der Literatur vorherrschende Interpretation eines Schriftzuges »HOTTEN« als Künstlersignatur verwirft, s. ebd. S. 147.

von Leben und Taten des Grafen, der u. a. als unerschrockener Kämpfer gegen die Türken gerühmt wurde, und forderten den Leser auf, nach dem Vorbild des Grafen zu handeln. Dessen Ruhm wurde zudem durch starke Bezugnahme auf die dynastischen Verbindungen und seine daraus abgeleitete Exzellenz herausgestellt. Die Inschrift nannte ferner seine Lebensdaten wie auch die der beiden Söhne und informierte über Herkunft und Geburtsdatum der Gräfin. Diese stiftete ihrem Gemahl auch in der Idsteiner Stadtkirche ein Epitaph, dessen Inschrift den auf den Grafen bezogenen Inschriftenpassagen am Saarbrücker Denkmal weitgehend entspricht[18]. Gräfin Christiane wurde ebenfalls nicht in Saarbrücken bestattet. Sie heiratete 1728 den Landgrafen Friedrich III. von Hessen-Homburg und wurde nach ihrem Tod 1761 in der Landgrafen- bzw. Fürstengruft der Schlosskirche (Bad) Homburg vor der Höhe beigesetzt[19]. Zumindest aber die im Kleinkindalter verstorbenen Söhne des Paares, Friedrich Karl und Ludwig-Karl, die auch auf dem Denkmal verewigt waren, fanden, wie oben dargelegt, ihr Grab in der Saarbrücker Schlosskirche. Das Denkmal hatte also nicht nur die Funktion eines Kenotaphs für das gräfliche Paar, sondern war tatsächlich auch Grabmal für seine Kinder.

Im Zweiten Weltkrieg erlitt es die stärksten Schäden unter den Sepulkraldenkmalen der Schlosskirche. Während alle übrigen wiederhergestellt wurden, entbrannte um seinen Erhalt eine heftige Diskussion, bis es die Kirchengemeinde 1957 eigenmächtig abbauen ließ. Die erhaltenen Reste wurden eingelagert und mittlerweile eingehend untersucht und katalogisiert[20]. Die immer wieder geforderte Rekonstruktion des Denkmals scheint aber mit der Eröffnung des Museums in der Schlosskirche in weite Ferne gerückt.

Grabmal des Fürsten Wilhelm Heinrich

Für den 1768 verstorbenen Fürsten Wilhelm Heinrich ließ seine Witwe, Fürstin Sophie Charlotte Erdmuthe, um 1772 ein Grabmal in Rokokoformen durch den Saarbrücker Hofbildhauer Johann Philipp Mihm, vermutlich nach Entwurf des nassau-saarbrückischen Generalbaudirektors Friedrich Joachim Stengel, errichten. Das etwa 3,70 Meter hohe Stuckmarmor-Denkmal zeigt auf einem von Löwen getragenen und mit Bahrtuch versehenen Sarkophag die Personifikationen der Justitia (Gerechtigkeit) und Prudentia (Klugheit), die dem Verstorbenen huldigen. Eine sandsteinerne Urnenvase zwischen den beiden Allegorien trägt dessen Silhouette als Steingutrelief, das vermutlich in der nassau-saarbrückischen Porzellanmanufaktur Ottweiler gefertigt wurde. Die Rückseite

---

[18] K. H. Schmidt, Grüfte und Sarkophage in der Unionskirche zu Idstein, in: Nassauische Annalen 107 (1996), S. 79–95, hier S. 82f. Auch der Zinnsarg des Grafen Karl Ludwig in Idstein, der noch zwei hölzerne Innensärge birgt und 1993 restauriert wurde, trägt eine fast wortgleiche Inschrift, Verfasser war vermutlich der Idsteiner Superintendent Dr. Johann Christian Lange, s. ebd. S. 83.

[19] S. www.royaltyguide.nl/countries/germany/badhomburghohe/landgrafgruft.htm Nr. 64, mit Foto des Holzsargs (Abruf 02.02.2015).

[20] D. Wollschläger, Das Stuckmarmor-Grabdenkmal des Grafen Karl Ludwig von Nassau-Saarbrücken (nach 1723). Erfassung der Technologie und der Schadensphänomene, Überlegungen zur Konservierung, in: Zeitschrift für Kunsttechnologie und Konservierung 14 (2000), H. 1, S. 37–76.

Abb. 4 Grabmal des Fürsten Wilhelm Heinrich, 1996

Abb. 5 Inneres, Lithographie von J. Tempeltey nach einer Zeichnung von J. Birth, um 1860

der Urnenvase zeigt die Silhouette der Fürstin. Eine weiße, sich um den Urnenschaft windende Schlange kann als Verweis auf die Weisheit, Tugendhaftigkeit und auch Klugheit des Fürsten gedeutet werden. Die lateinische Inschrift auf dem Bahrtuch nennt Namen, Titel und Lebensdaten des Fürsten und weist seine Gemahlin als Stifterin des Denkmals aus. Kartuschen auf den Seiten des Sarkophags rühmen die Gerechtigkeit, Klugheit und Friedenskunst des Fürsten und heben seine Größe als Baumeister und sein diese Größe noch übersteigendes Ansehen in der Bürgerschaft hervor. Eine Inschrift auf der Rückseite kündet von der Renovierung des Denkmals 1826 auf Veranlassung der Fürstentochter Wilhelmine Henriette, Gräfin von Soyecourt, welche offenbar damit auch den Wunsch verband, nach ihrem Ableben in der Gruft ihres Vaters beigesetzt zu werden (vgl. o. Text zu Anm. 8).

Das Grabmal Wilhelm Heinrichs markiert, bezogen auf die Grabdenkmale in der Schlosskirche, nicht nur einen Wandel in der Konzeption, vom Wanddenkmal zum Freidenkmal, und im Stil, vom Barock hin zum Frühklassizismus, sondern, teilweise damit einhergehend, auch einen Wandel in der Memoria: Der Verzicht auf dynastische Wappenreihen und das übliche militärische Gepränge der barocken Grabdenkmale, ebenso die bescheideneren Größenverhältnisse und das kleinformatige Konterfei des Fürsten anstelle einer ganzfigurigen Darstellung lassen die herrscherliche Repräsentation nun, im letzten Drittel des 18. Jahrhunderts, in den Hintergrund treten. Als Vertreter des aufgeklärten Absolutismus, worauf auch die Inschrift indirekt verweist, erscheint Wilhelm Heinrich durch das fast heiter-farbige Grabmal, welches das Individuelle vor dem Offiziellen betont, der Nachwelt – nicht nur zeitlich – näher als seine Vorgänger. Allerdings stand das Grabmal ursprünglich in der Mitte des Chores, also direkt über der Gruft, die Wilhelm Heinrich hier anlegen ließ und damit das Zentrum des Kirchenraumes seinem Repräsentations- wie Memorialanspruch unterordnete, was die »Bescheidenheit« des Denkmals im Vergleich zu den barocken Wanddenkmalen wieder relativiert – ohnehin hatte sich Wilhelm Heinrich mit dem Umbau Saarbrückens zur barocken Residenz ein viel größeres Denkmal geschaffen.

1842 wurde das Grabmal zugunsten des Altares entfernt und am Ende des Chores, später dann an der Südwand des Chores aufgestellt und nach dem Zweiten Weltkrieg von den Verantwortlichen für den Wiederaufbau, die es als »miserabel« bewerteten und sogar entfernen wollten, zeitweilig ins Untergeschoss des Turmes »abgeschoben«. 1986/87 wurde es wieder in den Chor, zentral an die Rückwand, versetzt und 1995/96 restauriert[21].

Zusammenfassend kann man die Grabdenkmale in der Schlosskirche als einen Teil des komplexen barocken Totenkultes deuten, der – wie andernorts vielfach vergleichbar – in den Dienst der Machtrepräsentation gestellt wurde. Sie waren »klarer Ausdruck des Selbstverständnisses und des Anspruches der Herrschenden von Nassau-Saarbrücken im 18. Jahrhundert«, so Melcher[22], der zutreffend konstatiert, dass die drei barocken Denkmale auf der Kirchennordseite in der Zusammenschau ein großes Familienmonument, nämlich der jüngeren Linie Nassau-Saarbrücken, darstellten: »Der Sohn Ludwig Crato setzt den Eltern ein Denkmal, sein Bruder Karl Ludwig wiederum ihm. Die dynastischen Ansprüche sind unverkennbar, die auch persönliche Nähe und enge Verwandtschaft der Hauptpersonen in diesem Konzert barocker Funeralrepräsentation von einiger Einmaligkeit.« Die drei Denkmale – das des Vaters zentral gelegen, flankiert von denjenigen der beiden ihm in der Herrschaft nachfolgenden Söhne – führten »so jederzeit den engen dynastischen Zusammenhalt und nicht zuletzt auch die Sicherung und Erweiterung des Herrschaftsbereiches vor Augen.« Auch hieraus erklärt sich, warum sich das Grabmal Wilhelm Heinrichs, der aus der gefürsteten Grafenlinie Nassau-Usingen stammte, an welche Nassau-Saarbrücken 1728 gefallen war, sich formal wie auch in seiner Platzierung abhob.

Grüfte

Die Bestattungen des Hauses Nassau-Saarbrücken erfolgten in mehreren Grüften im Kirchenboden. Gesichert ist derzeit nur noch die Existenz der Gruft des Fürsten Wilhelm Heinrich, etwa mittig im Westteil des Chores, in welche 1995 auch sein Sohn Fürst Ludwig überführt wurde. Eine Bodenplatte mit kleinem eingetieftem Kreuz markiert die mit einer – vermutlich an dieser Stelle zweitverwendeten – Metallplatte verschlossene Einstiegsstelle. Ein schmaler Schacht führt nach etwa einem halben Meter in einen ton-

---

[21] Hierzu KLITSCHER (wie Anm. 1), S. 8ff.
[22] MELCHER (wie Anm. 2), S. 103, die folgenden zwei Zitate ebd. S. 104.

nengewölbten, annähernd quadratischen, aus Backstein gemauerten Raum mit rund 2,40 Meter Seitenlänge und 1,66 Meter lichter Höhe. Die Seitenwände und ein Teil des Gewölbes sind mit einem gelblichen Kalkmörtel verputzt, der unverputzte Teil des Gewölbes war demnach erst nach Einbringung des Sarges aufgemauert worden. Weitere Bestattungen waren offenbar nicht vorgesehen – sie hätten jeweils eine aufwendige Öffnung des Gruftgewölbes durch dessen Teilzerstörung und anschließende Neuaufmauerung erfordert. Ebensowenig waren wohl Besuche am Sarg des Fürsten vorgesehen, denn der Zugang in die alles andere als repräsentative Grabkammer war nur unter erschwerten Umständen, mit einer Leiter durch einen schmalen Einstieg, möglich. Mehrfach sind allerdings Öffnungen der Gruft im 19. und 20. Jahrhundert belegt[23].

Eine fast identische Gruft erhielt auch Wilhelm Heinrichs Schwiegertochter, Fürstin Wilhelmine Sophie, die Gemahlin des Fürsten Ludwig, die am 20. Juli 1780, drei Tage nach ihrem Tod, hier beigesetzt wurde. Die Gruft liegt den Quellen und der Literatur zufolge neben der von Wilhelm Heinrich, im Chor »rechts am Pfeiler« – gemeint ist im vorderen Teil des Chores an der Nordseite – mit Zugang von oben »in ungefährer Höhe der Kanzel«[24]. Sie ist ebenfalls gewölbt und hat etwa die gleiche Größe wie die Gruft Wilhelm Heinrichs, 2,50 Meter im Quadrat bei einer Höhe von etwa 1,75–1,80 Meter. Adolph Köllner erinnerte sich, dass »das Gewölbe für fremden Zugang nicht völlig geschlossen, endlich ganz offen geblieben [sei], so daß mancher Unfug in demselben verübt worden sein soll«[25]. Auch diese Gruft wurde im 19. und 20. Jahrhundert mehrfach geöffnet[26], zuletzt wohl im Oktober 1953, als man im Zuge des Wiederaufbaus der Kirche an der Erneuerung des Bodens arbeitete. Ob die Gruft damals verfüllt wurde oder ob sie noch besteht, ist derzeit nicht bekannt[27].

Das Vorhandensein weiterer Grüfte für Beisetzungen des Saarbrücker Grafenhauses ist in der Schlosskirche anzunehmen, wenngleich ihre Lage, Anzahl und Zuordnung derzeit nicht genau bestimmbar sind. Schumann vermutete 1938 »noch drei weitere Gewölbe unter dem Kirchenboden«, und zwar für die Gräfin Anna Amalia und ihre Familie, für die Gräfin Eleonora Clara sowie für ihren Sohn, Graf Ludwig Crato, dessen Grabgewölbe sich dicht vor seinem Grabdenkmal an der Nordwand befinden soll[28]. Wie bereits erwähnt, wurde anlässlich der von Ludwig Crato veranlassten Errichtung des Epitaphs für seine Eltern Gustav Adolph und Eleonora Clara der Bildhauer Coraille 1699 verpflichtet, auch eine Gruft für zwölf Särge zu mauern[29]. Die entsprechende Stelle im

---

[23] KNAUF (wie Anm. 7), S. 205ff.
[24] C. SCHUMANN, Fürstengräber in der Schloßkirche. Eine Gruft wurde geöffnet, in: Saarbrücker Landeszeitung Nr. 180, 6.7.1938; KÖLLNER (wie Anm. 14), S. 473: »Sie [...] ruhet in einem Gewölbe, das zur rechten Hand bei dem Altar am Pfeiler befindlich ist.«
[25] A. KÖLLNER, Geschichte der Städte Saarbrücken und St. Johann, 2 Bde., Saarbrücken 1865, Bd. 1, S. 410.
[26] KNAUF (wie Anm. 7), S. 210f.
[27] Das Fraunhofer Institut Dresden hat festgestellt, »daß sich unter dem Boden der Schlosskirche kein ausreichend großer Hohlraum für eine Gruft befindet«, s. Nassauer Nachrichten, Session 1996/97, Die kritische Seite, S. 23.
[28] SCHUMANN (wie Anm. 24).
[29] Akkord vom 29.10.1699 zur Errichtung des Grabmals von Graf Gustav Adolph von Nassau-Saarbrücken [...], LA Sbr., Best. N-Sbr II, Nr. 2271, p. 151f., s. TREPESCH (wie Anm. 9), S. 36f., Transkription des Akkords ebd. S. 66.

Abb. 6   Einstieg zur Gruft des Fürsten Wilhelm Heinrich, November 1995

Abb. 7   Gruft des Fürsten Wilhelm Heinrich, November 1995

Akkord, *une Cave au dessus pour douze bierres*, spricht für eine Lage unter bzw. vor dem Grabmal, das hieße also – auch bei Berücksichtigung der Tatsache, dass das Denkmal Gustav Adolphs in der Nachkriegszeit wenige Meter nach Osten verschoben wurde – im Chor auf der Nordseite, in unmittelbarer Nähe zu den Grüften Wilhelm Heinrichs und Wilhelmines. Es ist natürlich auch denkbar, dass Ludwig Crato in dieser Gruft beigesetzt wurde – wozu sonst hätte er 1699 veranlasst, ein Gewölbe für zwölf Särge herzurichten? – und die von Schumann angenommene dritte Gruft nicht existiert. Gegen die Situierung im Chor spricht allerdings die Angabe Adolph Köllners, der zur Lage der gräflichen Grabgewölbe den allerdings nur vagen Hinweis »vor dem Altar« gibt und im Unterschied dazu für die Gruft Wilhelm Heinrichs »im besonderen Gewölbe im Chor«[30] vermerkt, jedoch diese auch für die Gruft der Fürstin Wilhelmine zutreffende Tatsache nicht nennt. Klärung können hierbei letztendlich nur eingehende Bodenuntersuchungen erbringen.

Bei Bauarbeiten im Jahr 1907 fand man »unter dem Raum vor der Sakristei«, also unter der nördlichen Kapelle, ein weiteres Gruftgewölbe, das größtenteils mit Bauschutt gefüllt war, aber auch die »Reste eines Sarges nebst einigen Knochen« barg[31]. »Wer aber hier begraben worden, ist nicht bekannt. Ebenso fanden sich unter den Bänken rechts vom Haupteingang an vier Stellen Reste von Särgen und Menschenknochen. Die letzteren wurden in einem Kästchen in der letztgenannten Gruft beigesetzt.« Da es sich bei diesen Resten offenbar um Bestattungen im Boden handelt und nicht in eigens errichteten Grüften, könnte es sich um die Bestattungen von Adeligen oder von Pfarrern handeln. Hierfür spricht auch die Lage der Gräber beim Haupteingang, die auf die, der Hierarchie des Bauwerks entsprechend, im Verhältnis zum Grafen- bzw. Fürstenhaus niedrigere soziale Stellung der Bestatteten schließen lässt. 1953 wurde im Zuge der Bodenerneuerung die Gruft unter der nördlichen Kapelle wieder geöffnet und ihr Inhalt untersucht, wobei sich – der Angabe von 1907 entsprechend – Sarg- und Bestattungsreste fanden, die fotografisch dokumentiert wurden[32]. Die Aufnahmen zeigen, soweit erkennbar, einen tonnengewölbten Raum, darin Schutt mit umherliegenden Knochen, auf mittlerer Höhe im Schutt den noch partiell erhaltenen Unterteil eines Sarges mit Schädel und Knochenresten sowie im Gruftmauerwerk eine vermauerte Spolie mit Blattzier und Steinmetzzeichen.

Zusammenfassend lässt sich sagen, dass es in der Saarbrücker Schlosskirche mehrere Grüfte mit Beisetzungen des Hauses Nassau-Saarbrücken gibt (bzw. gab). Sie befinden sich im Chor oder vor dem (ehemaligen) Altar, also in traditionell privilegierter Lage[33].

---

[30] KÖLLNER (wie Anm. 25), Bd. 2, S. 380f. – TREPESCH (wie Anm. 9), S. 37 Anm. 34, deutet aus Köllners Angaben, dass in der von Coraille errichteten Gruft acht Mitglieder des Grafenhauses beigesetzt worden seien, was jedoch so keineswegs daraus hervorgeht.
[31] [A.H.] JUNGK, Aus der Schlosskirche, in: Saarbrücker Zeitung Nr. 194 v. 18.7.1907, auch zum Folgenden.
[32] KNAUF (wie Anm. 7), S. 213–215, mit Abbildungen.
[33] Die Besetzung des Chors als exklusivstem Ort der Kirche verdeutlicht die gesellschaftliche Vorrangstellung der Landesherrschaft, s. z. B. M. SCHMIDT, Tod und Herrschaft. Fürstliches Funeralwesen der Frühen Neuzeit in Thüringen, Erfurt 2002, S. 14. – Zur Funktion des protestantischen Kirchenraumes »als Ort der Sichtbarmachung ständischer Bezüge und Hierarchien« am Beispiel des Herrschaftsstandes grundlegend R. WEX, Ordnung und Unfriede. Raumprobleme des protestantischen Kirchenbaus im 17. und 18. Jahrhundert in Deutschland, Braunschweig 1984, v. a. S. 139 (Verortung der Grablege); s. auch U. SCHÜTTE, Sakraler

Es handelt sich um gemauerte, tonnenüberwölbte quadratische bzw. rechteckige Räume, also um eher nüchterne Zweckräume im Boden, denen jeglicher Schmuck fehlt; sie sind im Kirchenraum nicht wahrnehmbar, sind nicht für Besuch ausgerichtet und erfüllen keine Repräsentationsfunktionen. Ähnlich war es zuvor auch schon in der gräflichen Grablege in der St. Arnualer Stiftskirche der Fall gewesen, wo für Bestattungen der Grafenfamilie zwei größere, schlichte Grüfte und mehrere Erdgräber unter dem Kirchenboden, nahe bei den prächtigen Grabdenkmalen im Kirchenraum, angelegt worden waren, die also auch im Kirchenraum nicht wahrnehmbar waren und keine Repräsentationszwecke zu erfüllen hatten[34]. Dass es dort, wie auch in der Schlosskirche, für das Haus Nassau-Saarbrücken keinen gemeinsamen Gruftraum gab, war wohl bedingt durch Vollbelegungen, Wechsel der dynastischen Linie beim Sukzessionsfall und auch Generationsunterschiede.

Eine klare Funktionstrennung zwischen Grabdenkmal und Gruftraum, wie sie hier für Saarbrücken konstatiert wird, ist jedoch nicht immer gegeben; als Gegenbeispiel sei etwa die Evangelische Stadtkirche in Darmstadt genannt, unter deren Chor mit den aufwendigen Grabdenkmalen der Landgrafen sich die reich stuckierte Landgrafengruft mit zum Teil prächtigen Särgen befindet[35]. Die Tendenz, den eigentlichen Grabräumen Hauptrepräsentationsfunktion zuzuordnen, ist u. a. in nördlichen protestantischen Ländern wie Dänemark, Schweden und auch Norddeutschland zu beobachten. Hier bildete sich nach der Reformation ein Begräbnispomp von ungeheurem Ausmaß heraus, der zahlreiche ebenerdige Herrschaftsgrablegen an Kirchen entstehen ließ, die durch Gitter vom Kircheninnern aus einzusehen sind und gerade deshalb besonders prächtige Särge und Sarkophage enthalten und entsprechend aufwendig ausgestaltet sind[36].

Anmerkungen zu den Begräbnis- und Trauerfeierlichkeiten

Der höfische Totenkult – also das Bestattungs- und Trauerzeremoniell mit all seinen Elementen wie Konservierung und Aufbahrung, Beisetzung, Castrum doloris, Leichenprozession, kirchliche Feier und Gedenkmessen, Leichenschmaus, Landestrauer, Memorialschrifttum und Grabdenkmalen – ist europaweit längst an zahlreichen Beispielen

---

Raum und die Körper der Fürsten. Schloßkapellen und genealogisches Denken in den thüringischen Territorien um 1700, in: K. HECK/B. JAHN (Hgg.), Genealogie als Denkform in Mittelalter und Früher Neuzeit, Tübingen 2000, S. 123–135.

[34] Zu den Grüften in der Stiftskirche s. E. ROTH, Die spätmittelalterlichen und neuzeitlichen Grabungsbefunde, in: H.-W. HERRMANN (Hg.), Die Stiftskirche St. Arnual in Saarbrücken, Köln 1998, S. 155–175.

[35] M. LEMBERG, god erbarme dich über mich/bruder des begere ouch ich. Die Grablegen des hessischen Fürstenhauses, Marburg 2010, v. a. S. 141–153; K. SIMON, Die Grablege der Landgrafen von Hessen-Darmstadt in der evangelischen Stadtkirche von Darmstadt: Überlegungen zu Programm und Ausstattung, 2 Bde., Magisterarbeit, Wiesbaden 1999.

[36] Hierauf hat bereits vor über 40 Jahren Rudolf Zöllner hingewiesen: R. ZÖLLNER, Stein- und Metall-Särge schleswig-holsteinischer Adliger in der St. Jürgen-Kirche zu Gettorf. Ein Untersuchungsbericht anläßlich der Kirchen-Renovierung 1972/73 und ein Beitrag zur Geschichte des Adels-Sarges in Schleswig-Holstein, in: Nordelbingen 43 (1974), S. 180–215, v. a. S. 180f. mit zahlreichen Beispielen in den Anmerkungen.

untersucht worden, die entsprechende Forschungsliteratur mittlerweile unübersehbar groß[37]. Zusammenfassend kann man konstatieren, dass der höfische Totenkult letztlich nahezu überall als Instrument der Herrschaftslegitimierung sowie Herrschaftssicherung nach innen und außen diente, wenngleich in unterschiedlichem Maße und in variierenden Formen, auch in Abhängigkeit der jeweiligen Zeitumstände. In diesen Kontext reihen sich auch die Begräbnis- und Trauerfeierlichkeiten des Hauses Nassau-Saarbrücken ein, die für mehrere Mitglieder der Familie überliefert sind. Die eigentliche Beisetzung des entseelten Körpers trat dabei in den Hintergrund zugunsten späterer offizieller Zeremonien – was wiederum das Verhältnis von Gruft zu Grabdenkmal gewissermaßen widerspiegelt. In der Regel fand die Beisetzung »in aller Stille« abends oder früh morgens und meist im engeren Personenkreis statt. Im Abstand von etwa vier Wochen folgte dann die offizielle Trauerfeier und wenig später ein Gedenkgottesdienst mit Leichenpredigt. Bedingt nach Status oder zeitlichen Umständen konnten natürlich Unterschiede zutage treten. Einige Beispiele seien angeführt:

- Anna Amalia, die im Alter von 71 Jahren verstorbene Tochter des Grafen Wilhelm Ludwig, wurde *den 4ten July* [1695] *abends in der Stattkirch allhier begraben*[38].
- Beim Grafen Ludwig Crato erfährt man aus dem Kirchenbuch lediglich, dass er am 17. Februar 1713, drei Tage nach seinem Tod, *beygesetzet worden*[39] sei. Die Leichenpredigt wurde am 21. März 1713 gehalten[40].
- Friedrich August, der zweijährig verstorbene Sohn des Fürsten Wilhelm Heinrich wurde am 9. September 1750 *in der Stille Abends um 10 Uhr unter Begleitung der geistlichen und einiger Cavalier durch Hn Cantzley Directoris Moesers zu seiner Ruhestätte gebracht, und in die herrschaftl. Gruft hierselbst in der Kirche hingeleget*[41].
- Die Beisetzung von Fürst Wilhelm Heinrich fand am 29. Juli 1768, fünf Tage nach seinem Tod, statt: *Nachdem der entseelte Leichnam balsamiert, ist derselbe d. 29ten Eiusdem darauf fuer Abendszeit in die auf dem Chor in unserer Kirche bey dem Schloß zubereitete Gruft unter dem Conduct von Adligen, die ihn getragen, und der gantzen Dienerschaft, eingesencket worden: worauf ich Superintendent bey der Gruft eine kurtze Rede auf hohen Befehl gehalten, und ein dazu von mir aufgesetztes Gebet zur Erinnerung unserer Sterblichkeit und einst seligen Endes gesprochen und vorgelesen*[42]. Herrmann zufolge geschah die Beisetzung abends um 22.30 Uhr[43]. Die Trau-

---

[37] S. hierzu z. B. den instruktiven Beitrag von M. PAPENHEIM, Der Tod des Herrschers in der politischen Kultur Alteuropas: einige Überlegungen, in: C. KAMPMANN/M. PAPENHEIM (Hgg.), Der Tod des Herrschers. Aspekte der zeremoniellen und literarischen Verarbeitung des Todes politischer Führungsfiguren, Marburg/Lahn 2009, S. 7–14.
[38] StA Sbr., EvKB Sbr. 3, fol. 363r, Nr. 4.
[39] StA Sbr., EvKB Sbr. 3, fol. 377v, Nr. 2; KÖLLNER (wie Anm. 14), S. 416.
[40] KÖLLNER (wie Anm. 14), S. 401.
[41] StA Sbr., EvKB Sbr. 4, S. 1175, Nr. 20; s. auch KÖLLNER (wie Anm. 14), S. 381.
[42] StA Sbr., EvKB Sbr. 4, S. 1257; s. auch KNAUF (wie Anm. 7), S. 203.
[43] S. H.-W. HERRMANN, Trauerrede auf den Tod des Fürsten Wilhelm Heinrich von Nassau-Saarbrücken, in: Saarheimat 12 (1968), H. 7, S. 183–186, hier S. 183, ebd. das folgende, dort wiedergegebene Zitat. Herrmann stützt sich hierbei auf die *Gottliebsche Chronik zum J. 1768*, Handschrift des Hist. Vereins für die Saargegend in der Stadtbücherei Saarbrücken, Landeskundliche Abt. H 7, sowie auf die *Trauerrede auf den Tod des Fürsten Wilhelm Heinrich von Nassau-Saarbrücken* vom Fürstl. Nassau-Saarbrückischen Geheimrat und

erfeier mit Trauerkondukt und einer den Verstorbenen würdigenden Trauerrede von Kammerpräsident von Günderode erfolgte am 28. August 1768, *wobei die fürstliche Regierung und sämtliche Collegia in tiefster Trauer den Zug aus dem Schloß nach der Kirche nahmen. Die ungemein schöne Ordnung, welche bei der Dienerschaft und den Conduct Zierenden beobachtet wurde, war sehr auffallend. Die Infanterie paradierte mit schwarz verhüllten Borten und Kokarden vom Schloß an beiden Seiten bis zur Kirche*, wo ein Castrum doloris zu Ehren des verstorbenen Fürsten errichtet worden war. Die Trauerfeier wurde durch den Choral »Wenn ich einmal soll scheiden«, ein Gedicht auf den Verlust des Fürsten sowie mehrmalige refrainartige Wiederholung der Verse Jeremia 5, 15–16, umrahmt. *Nach Verlauf von 6 Wochen* nach der Beisetzung wurde dann *die Gedächtnüß Predigt morgens hierselbst und im gantzen Lande gehalten*[44].

- Die letzte Beisetzung des Hauses Nassau-Saarbrücken in der Schlosskirche war die der Fürstin Wilhelmine Sophie, Gemahlin des Fürsten Ludwig, die am 17. Juli 1780 verstorben war. Ihr *entseelter Leichnam* [wurde] *den 20ten d. M.* [20.7.1780] *des Nachts um 11 Uhr in hiesige Schloßkirche, unter ansehnlicher Begleitung, gebracht und da beigesetzt, woselbst dann so gleich eine Kurze Leichenrede auch gehalten worden ist. Den 14t. Augusti war das feierliche Leichenbegängnis, wobei in der Schloßkirche eine Trauermusik aufgeführet und eine Lobrede gethan wurde. Endlich ward am 13.t Trinit, am 20 t Augusti auch die Leichenpredigt gehalten und die Personalien verlesen*[45]. Von der letzten fürstlichen Trauerfeier in Saarbrücken, dem Leichenbegängnis am 14. August 1780, nachmittags 3 Uhr, berichtet Ruppersberg: »Die Kreiskompagnie, die Jagdhusaren und die Bürgerschaft beider Städte mit Ober- und Untergewehr bildeten Spalier und zwar die Husaren von dem Vestibül bis zur Balustrade des Schlosses, die Kreiskompagnie bis zur Hauptwache, die Bürger bis zur Schlosskirche. Dort hielten Rittmeister Zimmermann und Leutnant von Wolfsgarten die Ehrenwache. Nach dem Militär folgt[e] das gesamte Jägerkorps unter dem Oberforstmeister Schmidt und Forstmeister Schnell, sodann die lutherische, reformierte und katholische Geistlichkeit, der erste Bürgermarschall (Hoftapezier Bron). Das Stadtgericht, Stadtamtmann Schmidt und Hofsekretär Andrä, der zweite Bürgermarschall (Verwalter Reuter von der Kohlwage), darauf die übrigen Bedienten, ein adeliger Marschall (Herr v. Köppel), die Beamten und der Parentator (Trauermarschall) in Mantel und Schleppe. Nach diesem folgten drei adelige Marschälle: Herr von Dürckheim, Herr von Döben und Herr von Bode. Dahinter wurden die Insignien und Orden von den beiden Herren von Fürstenrecht getragen. Daran schlossen sich die Vertreter der gnädigen Herrschaft (einzeln hinter einander): Der Graf von Leiningen-Westerburg für Serenissimi hochfürstliche Durchlaucht; der Herr von Warsberg für serenissimae viduae, Fürstin Sophie, hochfürstliche Durchlaucht; der Graf von Wartenberg für den Erbprinzen; der Herr von Duportal für die Erb-

---

Kammerpräsidenten Hieronymus Maximilian von Günderode, Handschrift des Hist. Vereins für die Saargegend in der Stadtbücherei Saarbrücken, Landeskundliche Abt. 62.6 u. H 6.

[44] StA Sbr., EvKB Sbr. 4, S. 1257, nach der Gottliebschen Chronik (wie Anm. 43), am 4. September.

[45] StA Sbr., EvKB Sbr. 4, S. 1244 [Paginierungsfehler, eigentlich 1344], Nr. 19.

prinzessin; der Herr von Trebra für den Fürsten von Rudolstadt; der Oberstleutnant von Mandel für die Herzogin von Holstein, der Obermajor von Mandel für die Prinzessin Henriette. Hinter diesen folgte der General von Chamborant nebst den übrigen fremden Kavalieren und Offizieren. Der Rest der Kreiskompagnie schloß den Zug«[46].

- Bei Fürst Ludwig von Nassau-Saarbrücken, der, vor den französischen Revolutionstruppen 1793 aus Saarbrücken geflüchtet, am 2. März 1794 mit fast fünfzig Jahren im Exil in Aschaffenburg verstarb, sind keine größere Feierlichkeiten bekannt. Da eine Überführung nach Saarbrücken damals nicht möglich war, wurde er am 5. März 1794 frühmorgens in aller Stille in der Familiengruft der Fürsten von Nassau-Usingen in der Usinger Laurentiuskirche beigesetzt. Amtmann Lautz berichtete hierüber: *Der Wagen wurde an diesem Morgen gegen fünf Uhr in aller Stille aus dem Schloß an die Kirche gefahren, [...] der Sarg von den acht Hofhandwerksleuten herunter auf die Bahre gehoben, mit dem Leichentuch bedeckt, dann von dem hiesigen Stadtschultheißen und den Zwölf Gerichtsschöffen in schwarzen Kleidern und Mänteln übernommen, unter Begleitung des Herrn Stallmeisters Diehl, Herrn Inspektors und erstem Stadtpfarrer Heidenreich und meiner, des Beamten, durch die Kirche in die fürstliche Gruft hinunter getragen, und neben die übrige Leichen des hochfürstl. Nassauischen Hauses beigesetzt. Nun wurden die zwei in einanderstehende Särge geöf[f]net, und der in weißem Leinenhemd eingekleidete fürstliche Leichnam, nachdem Ihn der adhibite Chirurgus Heimberg wieder in gehörige Anordnung und Lage gebracht hatte, [...] in stiller Ehrfurcht eine kurze Zeit betrachtet, sofort von den Handwerksleuten beide Särge wieder zugeschraubt, und damit der höchst seelig Entschlafene zu seiner ungestörten Ruhe bis zu dessen dereinstig fröhlichen Auferstehung gebracht. Nun verrichtete Herr Inspector Heidenreich ein kurzes Gebät mit lauter Stimme, nach dessen Endigung sämtliche anwesende Personen sich aus der Gruft begaben und diese gehörig zugeschlossen*[47]. Die weiteren Teile des Trauerzeremoniells entfielen, für eine Herrschaftslegitimierung sowie Herrschaftssicherung waren sie obsolet geworden. Damit spiegelte die Beisetzung des Fürsten Ludwigs im Exil in aller Stille gewissermaßen auch das Ende des Fürstentums Nassau-Saarbrücken wider.

Archäologische und medizinische Untersuchungen

Im Zusammenhang mit den Überführungen des Fürsten Ludwig 1995 und des Grafen Gustav Adolph 1998 in die Saarbrücker Schlosskirche wurden u. a. in archäologischer, paläopathologischer und zahnmedizinischer sowie textilgeschichtlicher Hinsicht

---

[46] A. Ruppersberg, Geschichte der ehemaligen Grafschaft Saarbrücken, 2. Teil, Saarbrücken, 2. vermehrte Aufl. 1910, S. 314f.
[47] Hess. HSA Wiesbaden, Abt. 130 II, Nr. 1107 (Bestand des herzogl. Nassauischen Hausarchivs, Depositum S. K. H. Großherzog Jean von Luxemburg), Acta: *Die Beisetzung des am 2ten Merz 1794 in Aschaffenburg verstorbenen regierenden Herrn Fürsten Ludwig von Nassau-Saarbrücken [...] in der fürstl. Familien Gruft zu Usingen d. 5 Merz 1794*. Das EvKB Usingen, 1794, Eintrag Nr. 8, bestätigt die Darstellung.

Untersuchungen durchgeführt. Zu einer geplanten Veröffentlichung der Ergebnisse in einem Sammelband kam es leider nicht. Der komplexe Themenbereich – verwiesen sei in dem Zusammenhang etwa auf die Arbeiten der auch im vorliegenden Sammelband vertretenen Gruftforscher Dana Vick und Andreas Ströbl – kann hier nur stichpunktartig mit dem konkreten Bezug zum Haus Nassau-Saarbrücken angedeutet werden[48].

Särge, Sargbeigaben

Üblich war die Gruftbeisetzung im Doppelsarg. Die Fürsten Wilhelm Heinrich und Ludwig erhielten jeweils einen asymmetrisch aus Eichenbrettern gefügten Außensarg in Dachtruhenform mit höherem und breiterem Kopfteil, mit schlichter Profilzier, gedrechselten Füßen und Metallbeschlägen und einen mit Seide ausgeschlagenen, außen mit schwarzem Stoff bzw. Samt bezogenen Innensarg aus Tannen- (Wilhelm Heinrich) bzw. Eichenholz. Samtbezüge findet man häufig bei Särgen dieser Zeit, auch bei Außensärgen. Unklar ist noch, welche Symbolik sich mit den Farben des Bezugs – häufig rot oder schwarz, auch violett – verband.

Der in Saarbrücken beigesetzte Fürst Wilhelm Heinrich wie auch sein in Usingen zur Ruhe gebetteter Sohn Fürst Ludwig trugen ein Totengewand aus gelblicher Seide (Wilhelm Heinrich) bzw. weißem Leinen, einen ärmellosen Umhang mit offener Rückseite, dessen Ränder jeweils beidseitig unter Arme und Rücken des Leichnams geschoben und am Sargpolster festgesteckt waren, dazu jeweils hohe weiße Strümpfe. Die Schuhbekleidung fiel zumindest beim Fürsten Wilhelm Heinrich vermutlich einem Grabraub zum Opfer, aber auch im Sarg Ludwigs fehlten Schuhe. Als Sargbeigaben konnten bei beiden Fürsten u. a. Heu und Hobelspäne, welche die Leichenflüssigkeiten binden sollten, festgestellt werden, sowie verschiedene Duftpflanzen bzw. Kräuterpolster, die wohl v. a. den Leichengeruch überdecken sollten[49].

---

[48] Der Verfasser stützt sich im Folgenden auf eigene Aufzeichnungen, die er damals bei Sichtung der Gruft in der Schlosskirche, der Särge und Leichname von Graf Gustav Adolph und den Fürsten Wilhelm Heinrich und Ludwig sowie einem Vortrag des involvierten Gerichtsmediziners Dieter Buhmann im Februar 1997 in der Fachrichtung Kunstgeschichte an der Universität des Saarlandes angefertigt hat, außerdem auf online veröffentlichte Teilergebnisse, die unter www.zeitensprung.de (Abruf 11.02.2015) einsehbar sind: C. BERNARD, Schloßkirche Saarbrücken. Die Bestattung des Fürsten Wilhelm Heinrich von Nassau-Saarbrücken; DIES., Die Bestattung des Fürsten Ludwig von Nassau-Saarbrücken; DIES., Die Untersuchung der Gruftbestattungen der Fürsten Wilhelm Heinrich und Ludwig von Nassau-Saarbrücken (erschienen in: H. WITTMER, Historischer Verein Pirmasens e. V. (Hg.), Jahrbuch 2013, S. 61–68); D. BUHMANN, Die medizinischen Untersuchungsergebnisse des Leichnams des Fürsten Wilhelm Heinrich von Nassau-Saarbrücken; DERS., Die zahnmedizinischen Untersuchungsergebnisse des Leichnams des Fürsten Wilhelm Heinrich von Nassau-Saarbrücken; außerdem KLITSCHER (wie Anm. 1) und KLITSCHER (wie Anm. 6).

[49] Ergebnisse der Analyse dieser beigegebenen Duftpflanzen liegen dem Verfasser nicht vor; sie könnten evtl. auch pflanzenikonographische Aussagen und das Aufzeigen von Bezügen zur Kräuter- und Heilkunde am Nassau-Saarbrücker Hof (Tabernaemontanus) bzw. in der Umgebung (Hieronymus Bock) ermöglichen.

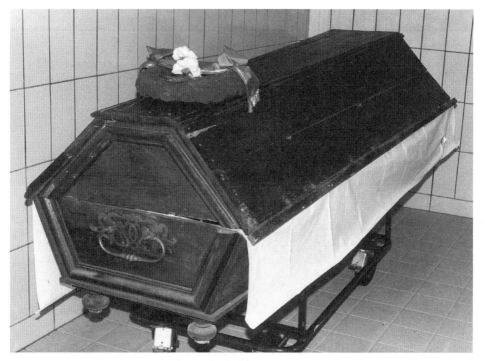

Abb. 8 Sarg des Fürsten Ludwig während der Zwischenlagerung im Fundleichenraum des Saarbrücker Hauptfriedhofs, November 1995

Bei Fürst Ludwig fanden sich – wie beispielsweise auch bei der ebenfalls im Hessischen verstorbenen Reichsgräfin Marianne von der Leyen[50] – lose Bänder, die vermutlich ursprünglich über dem Leichnam am Sarg verspannt waren, wie man sie auch bei Untersuchungen von Särgen in anderen Grüften, beispielsweise der Grablege der hessischen Adelsfamilie von Stockhausen in Trendelburg[51] festgestellt hat. Diese u. a. als vom Aberglaube beeinflusste Abwehrmaßnahme gegen »Wiedergänger« gedeuteten Bänder waren

---

[50] Karlsberg Brauerei AG (Hg.), Marianne von der Leyen. Überführung des Sarges mit den Erdenresten der Reichsgräfin Marianne von der Leyen aus der Gruft der Pfarrkirche St. Cäcilia in Heusenstamm in die Krypta der Schloßkirche Blieskastel. Dokumentation 28.–30.08.1981, Homburg 1984, S. 30f. Marianne von der Leyen, bis 1793 Regentin in der Saarbrücken nahe gelegenen Herrschaft Blieskastel, war am 9. Juli 1804 in Frankfurt/Main verstorben und in Heusenstamm beigesetzt worden. Am 28. August 1981 wurde ihr Leichnam, der in zwei Holzsärgen ruht, der innere davon mit dunkelrotem Samt bespannt, nach Blieskastel überführt und am 29. August in der dortigen Schlosskirche beigesetzt.

[51] S. A. LINNEBACH, Übersärge aus Holz von der Barock- bis zur Biedermeierzeit aus der Grablege der Familie von Stockhausen in der evangelischen Kirche zu Trendelburg, in: Zentralinstitut und Museum für Sepulkralkultur (Hg.), Vom Totenbaum zum Designersarg. Zur Kulturgeschichte des Sarges von der Antike bis zur Gegenwart, Kassel 1993, S. 43–64, hier. S. 59–62.

Abb. 9   Sarg des Grafen Gustav Adolph während der Zwischenlagerung bei einem Saarbrücker Bestattungsunternehmen, Mai 1998

bei der hessischen Adelsfamilie bei den männlichen Verstorbenen in Zickzack-Form, bei den weiblichen Verstorbenen – wie bei Marianne von der Leyen – über Kreuz verspannt. In welchen Regionen der Brauch üblich war[52] und ob tatsächlich eine geschlechtsspezifische Bindung hierbei besteht, ist allerdings noch unklar.

Auch Graf Gustav Adolph war 1677 in einem Doppelsarg, außen Eiche, innen Tanne, beigesetzt worden. Erhalten ist lediglich das Unterteil des Außensargs, mit aufgemaltem nassauischem Wappen an den Stirnseiten und je zwei Metallringen, wohl zur Führung von Seilen, und ornamental verzierten, schmalen, geschwungenen Beschlägen an den stumpf abgewinkelten Seiten. Im Zug der Preparierung der Mumie 1831 (s. Anm. 12) wurde ein Zinksarg als Innensarg angefertigt, der wesentlich höher als der untere Teil des Außensargs war und oben mit zwei Glasplatten abgedeckt wurde. Einziger Bestandteil der Sargausstattung ist ein weißes, stark vergilbtes Kissen mit Spitzenrändern, auf dem das Haupt des Grafen ruht, angeblich mit Melisse oder anderen wohlriechenden Kräutern gefüllt. Die Kleider, in die der Leichnam gehüllt ist, wurden 1831 neu angefertigt im Stil des ausgehenden 17. Jahrhunderts, ein Rock, Weste und knielange Beinklei-

---

[52] Anfang Mai 1999 sah der Verfasser bei der Besichtigung der damals noch stark vandalierten, ungeordneten Gruft der Berliner Parochialkirche eher zufällig einen Sarg mit Zickzackbändern, was aber nur bedingt auf die Verbreitung des Brauchs schließen lässt, da es sich um einen überführten Leichnam handeln könnte.

der aus grau-braunem Tuch, Lederstiefeletten mit hohen Absätzen und gemslederne Handschuhe, ferner eine Halskrause und eine spitzenbesetzte Mütze aus silbrigem Stoff.

Anatomische Befunde

Von den anatomischen Befunden seien hier nur wenige signifikante herausgegriffen. Beim Leichnam Wilhelm Heinrichs wurde festgestellt, dass die – von einer Perücke verdeckte – Schädelkalotte post mortem sauber abgetrennt und das Gehirn entnommen wurde – ein Befund, der u. a. auch bei Bestattungen des Hauses Nassau in der Unionskirche zu Idstein zutrifft[53]. Um den Verwesungsgeruch zu mindern, war die Bauchhöhle mit allerlei aromatischen Kräutern ausgefüllt worden – wohl Teil der Einbalsamierung, wie sie im Kirchenbuch vermerkt ist (s. o.). Bei Fürst Ludwig, der im Sarg übrigens noch kleine goldene Ohrringe mit eingraviertem »W« trug, vermutlich ein Geschenk seines Vaters Wilhelm Heinrich, wurden Reste einer »konservierenden« Behandlung festgestellt, offenbar Erfordernis des längeren Leichentransportes vom Sterbeort Aschaffenburg zur Usinger Gruft. Auch hier war die Bauchhöhle mit Geruchspflanzen gefüllt. Ob die Eingeweide entnommen wurden, konnte in beiden Fällen nicht restlos geklärt werden. Spezielle Maßnahmen für eine langfristige Konservierung konnten bei beiden Leichnamen nicht nachgewiesen werden[54].

Die zahnmedizinischen Untersuchungen am Leichnam Wilhelm Heinrichs brachten u. a. den Befund einer Zinnplombe an einem Backenzahn im Oberkiefer, die wahrscheinlich der Pariser zahnmedizinischen Schule, wohl einem Schüler des bekannten Zahnarztes Pierre Fauchard, zuzuschreiben ist – Wilhelm Heinrich hielt sich ja häufig und für längere Zeiten am französischen Hof auf[55]. Bei Fürst Ludwig wurde ein extrem vorstehender Unterkiefer festgestellt, was die eigenartige Form des geschlossenen Mundes auf einigen zeitgenössischen Porträts erklärt.

Kuriosum am Rande: Im Leichnam Graf Gustav Adolphs wurde die Kugel gefunden, die ihn bei der Schlacht am Kochersberg im Oktober 1677 tödlich verwundet hat.

---

[53] SCHMIDT (wie Anm. 18) hat in der Idsteiner Gruft einige Beobachtungen festgehalten, die man auch bei den Särgen und Leichnamen von Saarbrücker Grafen bzw. Fürsten wiederfindet, neben der sauber abgetrennten Schädelkalotte zählen dazu die Samtbespannung des Innensarges, Hobelspäne im Innern oder Seidenschleifen, um nur wenige Beispiele zu nennen.

[54] Dem Thema »Einbalsamierung und Leichenerhaltung« widmet sich neuerdings in extenso R. SCHMITZ-ESSER, Der Leichnam im Mittelalter. Einbalsamierung, Verbrennung und die kulturelle Konstruktion des toten Körpers, Ostfildern 2014, S. 165–310; hierzu u. a. auch R. SÖRRIES (Hg.), Geschichte und Tradition der Mumifizierung in Europa (Kasseler Studien zur Sepulkralkultur Band 18), Kassel 2011.

[55] Dieter Buhmann stellte bei seinem Vortrag im Februar 1997 (s. Anm. 48) fest, es sei die älteste Leiche in Deutschland, bei der ein solcher Befund bislang festgestellt worden sei.

Wandel der Memoria ab dem ausgehenden 18. Jahrhundert

Mit dem Ende des Fürstentums 1793 verlor die nassau-saarbrückische Grablege in der Schlosskirche ihre Funktion als »grundlegender Bestandteil für die Inszenierung der Landesherrschaft«[56]. Dies erkannte wohl auch Erbprinz Heinrich (1768–1797), der nach dem Tod seines ins Exil geflüchteten Vaters Fürst Ludwig 1794 nur noch die Nachfolge für die Nebenherrschaft Jugenheim antreten konnte. In seinem am Jahresende 1796, wenige Monate vor seinem frühen Tod verfassten Testament[57] verzichtete er ausdrücklich auf ein fürstliches Erbbegräbnis, worin eine deutliche Absage an den zerbröckelnden Absolutismus gesehen wird[58], und wünschte sich stattdessen ein mit Fichten besetztes Grab auf dem Saarbrücker Halberg, der Stätte seiner Kindheit[59]. Die Entscheidung, die auch von der philosophischen Naturbetrachtung Rousseaus beeinflusst scheint – das Grab in der freien Natur bzw. im Landschaftsgarten lag im Zug der Zeit – bedeutete den bewussten Verzicht »auf die Legitimität stiftende Kraft der dynastischen Grablege herkömmlicher Art«[60], die allerdings de facto schon nicht mehr gegeben war. Dementsprechend – das wurde auch nochmal bei der Tagung »Memoria im Wandel« deutlich – vollzogen in den folgenden Jahrzehnten, teilweise gar erst in jüngster Zeit, viele Adelshäuser den Schritt weg vom kirchlichen Erbbegräbnis hin zu privaten, bürgerlichen Grabformen in unterschiedlichen Ausprägungen. Wie Oexle bereits vor über 40 Jahren konstatierte, verloren die Toten damit ihren – bislang mit der Memoria verbundenen – Status als Rechtssubjekt und (teilweise) auch als Subjekt sozialer Beziehungen: Memoria meinte »nun nur noch ›Andenken‹, nur noch ›Erinnerung‹«[61].

---

[56] SCHMIDT (wie Anm. 33), S. 14.
[57] Erbprinz Heinrich von Nassau-Saarbrücken erlag am Morgen des 27. April 1797 den Folgen eines Reitsturzes. Er wurde in der Uniform eines Kavallerieoffiziers in einem Doppelsarg am 5. Mai in der Gruft der Gottesacker-Kapelle des Friedhofs von Cadolzburg früh morgens in aller Stille und ohne Prunk beigesetzt. Sein Leichnam wurde am 7. Juli 1976 nach Saarbrücken überführt und, dem Testament entsprechend, am 27. November 1976 auf dem Saarbrücker Halberg beigesetzt. S. u. a. E. KLITSCHER, Zwischen Kaiser und französischer Krone, Saarbrücken ⁴1997, S. 181ff.; P. VOLKELT, Der Historische Verein und die Denkmalpflege seit 1950, in: ZGS 37 (1989), S. 190–216, hier S. 202–204, mit Hinweis auf: Dokumentation zur Öffnung der Gruft in der evang.-luth. Friedhofskirche in Cadolzburg am Montag, 5. Juli 1976 (Masch.-MS. mit Fotos); KÖLLNER (wie Anm. 14), S. 492ff.
[58] KLITSCHER (wie Anm. 57), S. 190.
[59] Wenige Jahre zuvor hatte sich Friedrich der Große mit seinem Wunsch nach einem Grab auf den Terrassen des Schlosses Sanssouci als erster Monarch für eine Beisetzung außerhalb eines Sakralraumes entschieden, »eine Entscheidung, die zweifellos als revolutionär gelten darf«, so K. ANDERMANN, Kirche und Grablege. Zur sakralen Dimension von Residenzen, in: DERS. (Hg.), Residenzen. Aspekte hauptstädtischer Zentralität von der frühen Neuzeit bis zum Ende der Monarchie, Sigmaringen 1992, S. 159–187, hier S. 181.
[60] ANDERMANN (wie Anm. 59), S. 187.
[61] O. G. OEXLE, Memoria und Memorialbild, in: K. SCHMID / J. WOLLASCH (Hgg.), Memoria. Der geschichtliche Zeugniswert des liturgischen Gedenkens im Mittelalter, München 1984, S. 384–440, hier S. 386.

Grüfte und Gräber des hessischen Fürstenhauses in Darmstadt

VON ECKHART G. FRANZ (†)

In der hessischen Landesteilung von 1567 erhielt der jüngste Sohn des Landgrafen Philipp des Großmütigen (1504–1567) die sogenannte Obergrafschaft Katzenelnbogen*. Als Georg I. (1547–1596) wurde er Begründer der landgräflichen Linie Hessen-Darmstadt des Hauses Hessen[1]. Den Anstoß zur Anlage einer ersten Fürstengruft unter dem Chor der lutherischen Stadtkirche der nunmehrigen Residenz Darmstadt gab wohl der frühe Tod des ersten Sohnes Philipp Wilhelm, der 1576 im Alter von nurmehr vier Monaten verstarb. Ein Marmor-Epitaph mit der Figur des Jungen, der bereits den Orden zum Goldenen Vließ trägt, steht an der Nordwand des Chors (Abb. 1)[2].

Beherrschendes Monument im Chor der Darmstädter Stadtkirche ist bis heute das von Landgraf Georg I. nach dem Tod seiner 1587 nach der Geburt des zehnten Kindes verstorbenen Frau Magdalena zur Lippe (1552–1587) bei dem Mainzer Meister Peter Osten aus Ypern in Auftrag gegebene Alabaster-Grabmal. Es zeigt im Zentrum die Familie unter dem Erlöser am Kreuz, umrahmt von 32 Ahnenwappen und flankiert von den Statuen des Ehepaares (Abb. 2)[3]. Das bescheidenere Grabmal der Landgräfin Eleonore geb. Württemberg (1552–1618), der mehr als zwei Jahrzehnte nach ihrem Ehemann verstorbenen zweiten Frau Georgs I., das ihr inzwischen regierender Stiefsohn Ludwig

---

* Vor der Drucklegung ist Prof. Dr. Eckhart G. Franz unerwartet und zum Schmerz für alle, die ihn gekannt haben, verstorben. Sein Beitrag zu diesem Band war abgeschlossen; er hatte ihn selber angeregt, um den Themenkreis der Karlsruher Tagung von 2014 abzurunden. Auch die Abbildungen lagen vor; für die Verifizierung ihrer Signaturen in den Beständen des Stadtarchivs und Staatsarchivs Darmstadt danken wir Dr. Rainer Maaß/Staatsarchiv Darmstadt.
1 Eine umfassende Gesamtdarstellung für das Haus Hessen gibt die Arbeit von M. LEMBERG, Die Grablegen des hessischen Fürstenhauses (Veröffentlichungen der Historischen Kommission für Hessen 71), Marburg 2010.
2 Für Grabmäler und Grüfte in der Darmstädter Stadtkirche G. HAUPT, Die Bau- und Kunstdenkmäler der Stadt Darmstadt, Darmstadt 1952, S. 139–155; M. KNODT, Evangelische Stadtkirche in Darmstadt. München/Zürich 1980, S. 18–43. – Für das Kinder-Epitaph Philipp Wilhelms HAUPT S. 145; KNODT, S. 30f.; auch LEMBERG (wie Anm. 1), S. 141f. (mit Abb.).
3 KNODT (wie Anm. 2), S. 18–27; HAUPT (wie Anm. 2), S. 139–144 (mit Abb., beide mit Transkription der Texte); auch LEMBERG (wie Anm. 1), S. 143–146.

Abb. 1 Epitaph des Erbprinzen Philipp Wilhelm im Chor der Stadtkirche, nach 1576

(1577–1626) von dem Mainzer Bildhauer Nikolaus Dickhart arbeiten ließ, wurde von der Südseite des Chors erst später ebenfalls an die Nordwand verlegt[4].

Landgraf Ludwig V. »der Getreue« ließ zwar wie vordem sein Vater schon nach dem Tod seiner Frau Magdalena geb. Brandenburg (1582–1616) oder sogar schon zu ihren Lebzeiten ein wohl von Philipp Uffenbach konzipiertes Epitaph für seine Familie fertigen, das an der Stirnseite des künftigen *hinteren Gewölb* aufgerichtet wurde, in dem das Ehepaar auch beigesetzt wurde[5]. Ludwig V. ließ jedoch zur Erweiterung des eng gewordenen *Fürstlichen Ruhe-Kämmerleins* anschließend unter dem Chorhaupt der Kirche ein etwas größeres *vorderes Chorgewölbe* errichten, für das eine gesonderte Treppe und ein unterirdischer Gang zum Schloss angelegt wurden. Wichtiger und weitgehend erhalten sind die in Ludwigs Auftrag angelegten, zu Teil figürlich gestalteten und farbig gefassten Stuckdecken in beiden Gewölben (*Abb. 3*)[6]. Eine Besonderheit sind die im vorderen Gewölbe aufgehängten vergoldeten Kapseln mit den Herzen der fernab in habsburgischen Diensten, in Barcelona und Wien verstorbenen Landgrafen-Brüder Georg gen. *Gibraltar-Schorsch* (1669–1706) und Philipp (1671–1736), der Gouverneur von Mantua war[7].

---

[4] KNODT (wie Anm. 2), S. 28f.; HAUPT (wie Anm. 2), S. 139–144 (mit Abb., beide mit Transkription der Texte); auch LEMBERG (wie Anm. 1), S. 147f. (mit Abb.)
[5] HAUPT (wie Anm. 2), S. 151–153; KNODT (wie Anm. 2), S. 37.
[6] Für die »Fürstengruft« und ihre Ausgestaltung; KNODT (wie Anm. 2), S. 36–42 (mit Abb.); HAUPT (wie Anm. 2), S. 149–153; auch LEMBERG (wie Anm. 1), S. 149–153.
[7] HAUPT (wie Anm. 2), S. 150f.; KNODT (wie Anm. 2), S. 41f. (mit Abb.).

Abb. 2 Epitaph des Landgrafen Georg I. und seiner Frau Magdalena in der Stadtkirche, nach 1587

Abb. 3 Hinteres Gewölbe unter dem Chor der Stadtkirche, nach 1576

Nach dem nach vom Vater der zuletzt genannten Brüder, Landgraf Ludwig VI. (1630–1676) geplanten, erweiternden Umbau der Stadtkirche, der erst 1687/88 von seiner Witwe Elisabeth Dorothea geb. Sachsen-Gotha (1640–1709) verwirklicht wurde, gab es eine dritte, zusätzliche Fürstengruft unter dem südlichen Seitenschiff der Kirche. In ihr wurden dann bis ins frühe 19. Jahrhundert die meisten Angehörigen des Fürstenhauses beigesetzt[8]. Eine Ausnahme bildete die sogenannte *Große Landgräfin* Karoline geb. Pfalzgräfin von Zweibrücken (1721–1774), deren Ehemann Landgraf Ludwig IX. (1719–1790) fernab in seiner Soldatenstadt Pirmasens begraben ist. Karoline wurde auf eigenen Wunsch im Boskett des nach ihren Ideen neu gestalteten Darmstädter Herrngartens beigesetzt. Ihr Grab ist durch den vom befreundeten Preußen-König Friedrich II. gestifteten Grabstein mit der Inschrift *Femina sexu, Ingenio vir* zu einer Attraktion besonderer Art geworden (*Abb. 4a–b*)[9].

Der 1826 begonnene Bau der Mausoleen für die nunmehrige Großherzogs-Familie auf der Rosenhöhe oberhalb der Stadt führte 1910 zu einer Umgruppierung der Grablegen, womit die Aufstellung der Särge in den sonst unverändert erhaltenen Grüften der Stadtkirche neu geregelt wurde; davon wird später zu berichten sein. Als Interim wirkt im Rückblick die Beisetzung mehrerer Prinzen des Hauses auf Darmstadts öffentlichen Friedhöfen. Schon 1802 wurde der nächstjüngere Bruder Landgraf Ludwigs X., der mit dem Reichsdeputationshauptschluss im Jahr darauf erster Großherzog werden sollte, der in Darmstadt verstorbene ehemalige Chef des französischen Regiments »Royal Hesse-Darmstadt« Landgraf Friedrich (1759–1802) auf dem später aufgelassenen älteren Friedhof an der Stadtkirche beigesetzt. Sein Vetter Friedrich August (1759–1808), bis zur Revolution ebenfalls französischer Regimentschef, der mit seiner morganatischen *Frau von Friedrich* in Groß-Gerau lebte, fand sein Grab unter einem selbst-entworfenen Monument auf dem Friedhof des Darmstädter Vororts Griesheim. Der Leichnam seines recht eigenwilligen Bruders Ludwig Georg Carl (1749–1823) wurde zunächst neben der vorverstorbenen Lebensgefährtin *von Adlersberg* auf einer 1821 als *Louis Landgraf* erworbenen Grabstelle auf dem später aufgelassenen Friedhof auf dem Kapellplatz beigesetzt, 1828 aber in ein Doppelgrab auf dem neuangelegten, heute *Alten Friedhof* an der Nieder-Ramstädter Straße umgebettet. Der jüngste Großherzogs-Bruder Landgraf Christian (1763–1830) konnte zwei Jahre später bereits in dem dort neu eingerichteten fürstlichen Erbbegräbnis beigesetzt werden (*Abb. 5*), in das 1852 auch die Überreste seines ein Halbjahrhundert zuvor verstorbenen Bruders Friedrich überführt wurden[10]. Das Konzept des Erbbegräbnisses wurde wohl nicht weitergeführt, da die beiden 1856

---

[8] Knodt (wie Anm. 2), S. 42f.

[9] Vgl. Lemberg (wie Anm. 1), S. 210–213 (mit Abb.); Haupt (wie Anm. 2); S. 268f.; dazu auch M. A. Panzer, Die Große Landgräfin Caroline von Hessen-Darmstadt, Regensburg 2005, S. 240–244; J. R. Wolf, »Femina sexu – Ingenio vir«. Die »große Landgräfin« Henriette Karoline und ihr Kreis, in: Hessen in der Geschichte. Festschrift E. G. Franz (Arbeiten der Hess. Hist. Kommission NF 11) Darmstadt 1996, S. 130–133.

[10] Lemberg (wie Anm. 1), S. 233; für Landgraf Ludwig Georg Carl StAD (Staatsarchiv Darmstadt) Abt. D 4 Nr. 442/12; für Prinz Christians Beisetzung StAD Abt. D 4, Nr. 574/10; biografische Angaben für die genannten Prinzen wie für die übrigen Mitglieder des Fürstenhauses in E. G. Franz (Hg.), Haus Hessen. Biografisches Lexikon (AHK NF 34), Darmstadt 2012.

Abb. 4a–b Grabmal der Landgräfin Karoline, der *Großen Landgräfin*, im Herrngarten, nach 1774

Abb. 5 Grabmal des Landgrafen Christian auf dem Alten Friedhof, 1830

Abb. 6 Epitaph der Großherzogin Mathilde in der Ludwigskirche (nach 1862, Leo von Klenze)

verstorbenen Brüder Großherzog Ludwigs II. (1777–1848), die Prinzen Georg und Emil, zumindest vorläufig wieder in der Südgruft der Stadtkirche beigesetzt wurden[11].

Von den Grablegen des Hauses ausgenommen blieben die katholischen Familienmitglieder. Hatte man für die beiden Anfang des 18. Jahrhunderts auswärts verstorbenen Landgrafen-Brüder Georg und Philipp, wie bereits dargestellt, nur die nach Darmstadt überführten Herz-Kapseln in die Stadtkirchen-Gruft nach Darmstadt überführt, so gab es inzwischen mit dem Rundbau der von Oberbaudirektor Georg Moller errichteten, 1827 eingeweihten St. Ludwigs-Kirche auf dem stadtbeherrschenden Riedesel-Berg auch in Darmstadt eine katholische Kirche. Als Demonstration der landesherrlichen Toleranz fanden Aufbahrung und Trauerfeier für den 1830 verstorbenen ersten Großherzog Ludwig I. von Hessen und bei Rhein (1753–1830) in der dem römischen Pantheon nachempfundenen Rotunde der Ludwigs-Kirche statt. In der Ludwigs-Kirche bestattet wurde 1862 die katholisch gebliebene Großherzogin Mathilde (1813–1862), die Tochter König Ludwigs I. von Bayern, deren von Leo von Klenze entworfenes Grabmal beim Bombenangriff 1944 so schwer beschädigt wurde, dass die Liegefigur der Fürstin

---

[11] Beisetzungsakten in StAD Abt. D 4 Nr. 625/4 und 632/10; für den Kapellplatz-Friedhof Stadtarchiv Darmstadt XVII 13a.

Abb. 7 Epitaph der Prinzessin Elisabeth im Alten Mausoleum auf der Rosenhöhe (1831, Christian Rauch)

nicht wiederhergestellt werden konnte (*Abb. 6*)[12]. Auch das Epitaph des 1808 in Rom konvertierten Landgrafen Friedrich (1788–1867), des ältesten der drei von Ludewig I. legitimierten, wohl außerehelichen Söhne Großherzogin Luises, der nach einem abenteuerlichen Leben in Paris verstarb, wurde auf eigenen Wunsch nach Darmstadt überführt und mit einem weiteren Epitaph in der Ludwigs-Kirche beigesetzt, das ebenfalls durch die Bomben des letzten Krieges zerstört wurde[13].

Als Großherzogin Wilhelmine (1788–1836), die badische Cousine und Frau Großherzog Ludwigs II., in dem von ihr seit 1810 zum Reduit ausgebauten Parkgelände der *Rosenhöhe*, des vormaligen *Busenbergs*, vom bereits genannten Oberbaudirektor Moller ein Mausoleum für ihre 1826 erst fünfjährig auf einer Schweiz-Reise verstorbene Tochter Elisabeth errichten ließ, konnte sie nicht ahnen, das sie damit den Grundstein für die künftige Grablege des Großherzogshauses legte. Im Sommer 1831 wurde die zunächst in der überfüllten Fürstengruft der Stadtkirche beigesetzte Elisabeth in die mit der Aufstellung der von Mollers Bildhauer-Freund Christian Rauch entworfenen, liegenden Grabfigur fertiggestellte Mausoleums-Kapelle umgebettet (*Abb. 7*)[14]. Fünf Jahre später

---

[12] LEMBERG (wie Anm. 1), S. 167–172 (mit Abb.); C. SCHNEIDER, Die Friedhöfe in Darmstadt, Darmstadt 1991, S. 126–129 (mit Abb.); für den Bau der St. Ludwigskirche M. FRÖLICH/ H. G. SPERLICH, Georg Moller. Baumeister der Romantik, Darmstadt 1959, S. 161–169.

[13] LEMBERG (wie Anm. 1), S. 172–175 (mit Abb.); dazu FRANZ, Biogr. Lexikon (wie Anm. 10), S. 344f.

[14] FRÖHLICH/SPERLICH (wie Anm. 11), S. 170–173; LEMBERG (wie Anm. 1), S. 233–235 (mit Abb.); R. MAASS, Gartenkunst im Osten Darmstadts. Die Anfänge der Rosenhöhe, in: Kunst in Hessen und am Mittelrhein NF 7, Darmstadt 2012, S. 81–83; S. A. DAHLINGER, Die

Abb. 8   Erweiterungsbauten des Alten Mausoleums auf der Rosenhöhe
(1869/70, Christian Wagner)

fand auch Großherzogin Wilhelmine auf ihrer Rosenhöhe die letzte Ruhe. 1848 wurde der verwitwete Ehemann, Großherzog Ludwig II., der unter dem Druck der März-Revolution zugunsten seines Sohnes auf die Regierungsausübung verzichtet hatte, auf der Rosenhöhe mit seiner Frau wiedervereint.

Großherzog Ludwig III. (1806–1877) veranlasste 1869/70 eine von dem Darmstädter Architekten Christian Wagner geplante Erweiterung des Mausoleums auf der Rosenhöhe durch zwei zusätzliche Grabkapellen, die durch Kolonnaden mit dem Moller'schen Mittelbau verbunden sind (*Abb. 8*), um – wie es heißt – eine angemessene Grabstätte für seinen Großvater, Großherzog Ludewig I., und seinen Onkel Prinz Emil zu schaffen[15]. Auch die meisten der in den Folgejahrzehnten verstorbenen Mitglieder der Familie, darunter Großherzog Ludwig III. selbst, sein Bruder Karl und dessen Frau Elisabeth, sowie der Neffe und Nachfolger Ludwig IV. und seine Frau Alice wurden zunächst hier beigesetzt[16].

Darmstädter Rosenhöhe. Führung durch Geschichte und Botanik, Darmstadt 2014, S. 21f.; E. WEBER, Auf der Rosenhöhe zu Darmstadt. Die Mausoleen und Gräber der großherzoglich hessischen Familie (Notizen zur Ortsgeschichte 17), Egelsbach 2005, S. 7f.

[15]   Nur knapp: HAUPT (wie Anm. 2), S. 280; LEMBERG (wie Anm. 1), S. 236; für Prinz Emils vorläufige Beisetzung in der Stadtkirche oben, Anm. 11.

[16]   Dazu die einschlägigen Akten in StAD/Großherzogl. Haus- und Familienarchiv; für Prinz Karl und Frau Abt. D 23, Nr. 18/7.

Abb. 9 Erinnerungskreuz für Großherzogin
Wilhelmine auf Schloss Heiligenberg bei
Jugenheim, nach 1836

Im späterem *Alten Mausoleum* fand zunächst auch der jüngste Bruder Großherzog Ludwigs III., Prinz Alexander (1823–1888), der durch seine morganatische Ehe mit der vom Großherzogs-Bruder zur *Fürstin von Battenberg* erhobenen polnischen Gräfin Julie Hauke zum Stammvater der Familie Battenberg/Mountbatten wurde, seine zumindest vorläufige Ruhestätte. Alexander, der nach eindrucksvoller militärischer Karriere in russischen und österreichischen Diensten seit 1862 in Darmstadt und auf dem einst von Großmutter Wilhelmine erworbenen Schloss Heiligenberg an der Bergstraße oberhalb Jugenheim gelebt hatte, wurde 1894, ein Jahr vor dem Tod seiner Witwe Julie, in das in deren Auftrag errichtete Mausoleum auf dem Heiligenberg überführt. Das Ehepaar wurde aus der nunmehrigen Kapelle um 1900 zu dem unweit stehenden, landbeherrschenden goldenen Erinnerungs-Kreuz für Großherzogin Wilhelmine umgebettet (*Abb. 9*)[17]. Erbe von Heiligenberg war der älteste Sohn, der britische Admiral Prinz Ludwig von Battenberg (1854–1921), der wie vor ihm sein Bruder Heinrich in Whippingham auf der Isle of Wight begraben ist, während man ihren 1893 in Graz verstorbenen Bruder Sandro, den vormaligen Fürsten von Bulgarien, nach Sofia »heimgeholt« hatte[18].

---

[17] LEMBERG (wie Anm. 1), S. 236; dazu der ortsgeschichtliche Band: Jugenheim, der Heiligenberg und die Battenberger, Jugenheim 2008.
[18] E. WEBER, Battenberg-Mountbatten. Jugenheim an der Bergstraße, Schloss Heiligenberg (Notizen zur Ortsgeschichte 19), Egelsbach 2006, S. 12–20.

Abb. 10   Neues Mausoleum auf der Rosenhöhe (1905/10, Karl Hofmann)

Die Parkanlage auf der Darmstädter Rosenhöhe war nach dem Tod Großherzogin Wilhelmines – mit Ausnahme des zum Hausvermögen erklärten Mausoleums-Bereichs – zunächst ihrem Sohn Prinz Karl (1809–1877) und seiner Frau Elisabeth, nach beider Tod Großherzog Ludwig IV. (1837–1892) und seinem Bruder Wilhelm zugefallen, der sich noch 1894 das im letzten Krieg zerstörte *Palais Rosenhöhe* bauen ließ[19]. Mit dem kinderlosen Tod der beiden letzten Karls-Söhne Wilhelm und Heinrich 1900 wurde alleiniger Eigentümer der Höhe ihr Neffe, der seit 1892 regierende Großherzog Ernst Ludwig (1868–1937), der nach der grundlegenden Erneuerung der gesamten Parkanlage unweit des künftig Alten Mausoleums in den Jahren 1905–1910 als endgültige Ruhestätte für seine Eltern durch den Architekten Karl Hofmann das nach dem romanischen Grabmal der Kaiserin Galla Placidia in Ravenna konzipierte *Neue Mausoleum* errichten ließ (*Abb. 10*)[20]. Die Ausstattung mit Goldmosaiken, Bronzetür und Marmorverkleidung (*Abb. 11*) umrahmt die Sarkophage für Ludwig IV. (von Künstlerkolonie-Mitglied Ludwig Habich) und seine bereits 1878 verstorbenen Frau Alice, die Tochter der britischen Königin Victoria (von Joseph Edgar Boehm in London). Neben den Eltern finden sich im Neuen Mausoleum auch die vom Frankfurter Bildhauer Augusto Varnesi gear-

---

[19] DAHLINGER (wie Anm. 13), S. 24f.
[20] DAHLINGER (wie Anm. 13), S. 28f. (mit Abb.); WEBER (ebd.), S. 10f.; auch C. SCHNEIDER (wie Anm. 11), S. 120–123 (mit Abb.).

Abb. 11 Neues Mausoleum, Inneres

beiteten Sarkophage der 1873/78 als Kleinkinder vor der Mutter verstorbenen Geschwister Friedrich und Marie.

Die Einweihung des Neuen Mausoleums 1910 bot den Anlass für eine grundlegende Neuordnung der Grablegen des Fürstenhauses. Von Großherzog Ernst Ludwig persönlich geplant, wurden (soweit nicht bereits vorher geschehen) alle Familienmitglieder der großherzoglichen Zeit des 19. Jahrhunderts in den erweiterten Grabkammern des Alten Mausoleums auf der Rosenhöhe zusammengeführt, mit Ausnahme der Eltern, für die das Neue Mausoleum geschaffen war[21]. Die in den Gruftgewölben der Stadtkirche verbliebenen Särge der älteren Landgrafen-Zeit wurden neu geordnet, wobei die Gruft unter dem Südschiff der Kirche ebenso wie das Erbbegräbnis auf dem Alten Friedhof aufgegeben wurden.

Für das bei den Darmstädtern beliebte *Prinzesschen*, die ebenfalls als Kind verstorbene eigene Tochter Elisabeth (1895–1903) aus der geschiedenen ersten Ehe Großherzog Ernst Ludwigs, hatte der Vater unweit der Mausoleen ein (wie das Epitaph Ludwigs IV.) von Ludwig Habich gestaltetes *Grab im Park* einrichten lassen (*Abb. 12*)[22]. Das geschah im Vorgriff auf die eigenen Intentionen, wie sie in einem der Gedichte Ernst Ludwigs überliefert sind:

---

[21] LEMBERG (wie Anm. 1); S. 153; KNODT (wie Anm. 2); S. 40f.
[22] LEMBERG (wie Anm. 1), S. 236f. (mit Abb.); DAHLINGER (wie Anm. 13), S. 30f.

Abb. 12 Grabmal für *Prinzesschen* Elisabeth auf der Rosenhöhe (nach 1903, Ludwig Habich)

Es war mein Wunsch und letzte Bitte: soll scheiden ich aus dieser Welt,
Lasst mich nicht in der Ahnen Mitte, lasst ruhen mich im freien Feld.
In meinem Garten möchte ich liegen, hier grüßt der Himmel frei herab,
die Schwalben hin und wider fliegen, die Sterne blicken auf mein Grab[23].

Der 1918 von der November-Revolution entthronte letzte Großherzog von Hessen und bei Rhein ist am 9. Oktober 1937 in Schloss Wolfsgarten bei Langen verstorben. Noch vor seiner Beisetzung ist die Lufthansa-Maschine, mit der Großherzogin-Witwe Eleonore und Erbgroßherzog Georg Donatus (1906–1937) mit seiner Frau Caecilie und den Söhnen Ludwig und Alexander zur Hochzeit des jüngeren Großherzogs-Sohnes Ludwig mit Margaret Geddes nach London fliegen wollten, bei Ostende gegen einen Schornstein geprallt und abgestürzt, ohne Überlebende. Den Wünschen Ernst Ludwigs entsprechend wurde auf der Rosenhöhe nach der Rückführung der verunglückten Familie, die mit großem Trauergeleit auf die Höhe gebracht wurde, unweit der Mausoleen und des Prinzesschen-Grabes eine besondere Gräber-Zeile geschaffen wurde (*Abb. 13*). Ihr zu Füßen fanden auf der anderen Wegseite auch der überlebende zweite Großher-

---

[23] Abdruck LEMBERG (wie Anm. 1), S. 236.

Abb. 13   Gräber für Großherzogin Eleonore, Erbgroßherzog Georg Donatus und dessen Familie auf der Rosenhöhe, nach 1937

zogs-Sohn Prinz Ludwig (1908–1968), mit dem der Mannesstamm des Hauses Hessen-Darmstadt erloschen ist, und seine Witwe Margaret, die ihn um fast drei Jahrzehnte überleben sollte, ihre letzte Ruhe[24].

---

[24]   DAHLINGER (wie Anm. 13), S. 31–34; WEBER (ebd.), S. 12–14 (beide mit Abb., nur knapp LEMBERG (wie Anm.1), S. 238.

Adelige Mausoleen im 19. Jahrhundert

VON INGA BRINKMANN

Während des 19. Jahrhunderts ist mit der Verbreitung von kirchenunabhängig in Landschaftsgärten errichteten Mausoleen ein neues Phänomen adeliger Begräbniskultur zu beobachten, das sich besonders aufgrund der Verschiebung des Totengedächtnisses an einen profanen Ort gravierend von vormodernen Traditionen unterscheidet[1]. Wenn gewählte Kirchentypen auch variieren konnten – mittelalterliche Hausklöster oder Residenzstifte, Jesuiten- und Kapuzinerniederlassungen oder residenzstädtische, protestantische Pfarrkirchen in der Frühen Neuzeit –, blieb die Bindung an den Kirchenraum doch entscheidendes Kriterium für die Einrichtung einer Grablege[2]. Kurz nach 1800 begannen einzelne Adelsgeschlechter in Anknüpfung an die Gartengrabbewegung des 18. Jahrhunderts mit jener überkommenen Tradition zu brechen und bestatteten zunächst einzelne verstorbene Familienmitglieder in eigens dafür errichteten Mausoleumsbauten in ihren Schlossgärten[3]. Was oftmals wohl ursprünglich als individuelles

---

[1] Einige der hier behandelten Mausoleen finden auch Erwähnung bei P. PINNAU, Gruft, Mausoleum, Grabkapelle. Studien zur Sepulkralarchitektur des 19. und 20. Jahrhunderts mit besonderer Rücksicht auf Adolf von Hildebrand, München 1992; B. EVERS, Mausoleen des 17.–19. Jahrhunderts. Typologische Studien zum Grab- und Memorialbau, Berlin 1983. Beide Autoren nehmen jedoch vorwiegend architektonische Aspekte in den Blick, während Funktion und Ausstattung kaum berücksichtigt werden.

[2] Dazu zusammenfassend K. ANDERMANN, Kirche und Grablege. Zur sakralen Dimension von Residenzen, in: DERS. (Hg.), Residenzen. Aspekte hauptstädtischer Zentralität von der Frühen Neuzeit bis zum Ende der Monarchie, Sigmaringen 1992, S. 159–187., besonders S. 170–181.

[3] Zur Gartengrabbewegung A. DORGERLOH, Strategien des Überdauerns. Das Grab- und Erinnerungsmal im frühen deutschen Landschaftsgarten, Düsseldorf 2012; DIES., Zwischen Vergänglichkeit und Dauer. Grab und Erinnerung in der Gartenkunst des 18. Jahrhunderts, in: Zeitschrift des deutschen Vereins für Kunstwissenschaft 56/57 (2002/2003), S. 194–210; S. WINTER, Memorialort und Erinnerungslandschaft. ›Naturbegräbnisse‹ des Adels in der Landgrafschaft Hessen-Kassel im späten 18. Jahrhundert, in: E. CONZE/A. JENDORFF/ H. WUNDER (Hgg.), Adel in Hessen. Herrschaft, Selbstverständnis und Lebensführung, Marburg 2010, S. 471–498; DERS., Grabmalkultur und Gartenkunst um 1800, in: Grabkultur in Deutschland, hrsg. von ARBEITSGEMEINSCHAFT FRIEDHOF UND DENKMAL/MUSEUM FÜR SEPULKRALKULTUR, KASSEL, Berlin 2009, S. 35–65; DERS., »Gerne gebe ich meinen Lebensodem der wohltätigen Natur zurück«. Bestattungsformen, Begräbnisriten und Grabkulte in Gärten und Parks des 18. Jahrhunderts, in: S. SCHWEIZER (Hg.), Gärten und Parks als Lebens- und Erlebnisraum. Funktions- und nutzungsgeschichtliche Aspekte der Gartenkunst

Begräbnis für nur eine Person und eventuell den Ehegatten geplant war, wurde im Verlaufe des 19. und noch zu Beginn des 20. Jahrhunderts häufig zu einer dynastischen Grablege erweitert. Es erfolgten Vergrößerungen der Mausoleen durch Anbauten, um weitere Verstorbene aufnehmen zu können. Teilweise nahm man sogar Überführungen aus älteren, kirchlichen Erbbegräbnissen vor. Formal griff man vor allem in der ersten Hälfte des 19. Jahrhunderts auf das Schema des antiken Tempels zurück, während später auch historistische, neugotische oder neuromanische Anlagen entstanden, die oftmals an längs oder zentral ausgerichtete Kirchenbauten erinnern. Zur inneren Ausstattung gehören üblicherweise sarkophagähnliche monumentale Grabdenkmäler, die die Verstorbenen als Liegefiguren auf dem Totenbett zeigen und in einer Art Gedächtnishalle aufgestellt sind, während sich im Untergeschoss zumeist eine Gruft mit den Särgen befindet.[4] Darüber hinaus erfolgte vielfach die Aufstellung von Altarblöcken, auf welche die Grabmonumente ausgerichtet wurden. Aus der geschilderten Konstellation ergeben sich Fragen nach den jeweiligen Bedingungen und Motivationen für die Einrichtung der Mausoleen, ihrer Funktion sowie der eventuellen Anbindung an vormoderne Traditionen, die im Folgenden an einigen Beispielen diskutiert werden sollen.

Als frühestes Beispiel und traditionsbildendes Vorbild wird üblicherweise das 1810 durch Heinrich Gentz im Schlosspark Charlottenburg errichtete Mausoleum für die preußische Königin Luise (1776–1810) angesehen (*Abb. 1 und 2*)[5]. Die Hauptfassade zeigt sich als von vier Säulen getragener dorischer Portikus, während der Innenraum in seiner ursprünglichen Gestaltung durch eine Gedächtnishalle mit einem Grabdenkmal von der Hand Christian Daniel Rauchs sowie einen darunter liegenden Gruftraum zur Aufnahme des Sarges gebildet wurde. Als Standort hatte man einen der Lieblingsplätze Luises im Charlottenburger Schlosspark gewählt, nämlich am Ende einer »dunklen Tannenallee, die sie ihres schwermütigen Charakters wegen mochte«, was den Grabbau zu einem höchst individuellen, persönlichen Denkmal werden lässt[6]. Jenem äußerst pro-

---

in Früher Neuzeit und Moderne, Worms 2008, S. 125–136; DERS., Zwischen Kirche und Friedhof. Der Landschaftsgarten als Bestattungs- und Erinnerungsort um 1800, in: C. DENK/J. ZIESEMER (Hgg.), Der bürgerliche Tod. Städtische Bestattungskultur von der Aufklärung bis zum frühen 20. Jahrhundert, Regensburg 2007, S. 132–143.

[4] Die eventuelle weitere künstlerische Gestaltung der Mausoleen, etwa durch Mosaiken oder Wandmalereien, kann im Folgenden keine Berücksichtigung finden, sollte aber bei zukünftigen Untersuchungen mit einbezogen werden.

[5] Siehe Die Bauwerke und Kunstdenkmäler von Berlin. Schloss Charlottenburg, bearb. von M. KÜHN, Berlin 1970, S. 167; P. O. RAVE, Das Mausoleum zu Charlottenburg, Berlin 1970; C. A. WIMMER, Gartendenkmalpflege. Die Gärten des Charlottenburger Schlosses, Berlin 1984, 55–79; P. DEMANDT, Luisenkult. Die Unsterblichkeit der Königin von Preußen, Köln/Weimar/Wien 2003, S. 35–44; DERS., Das Mausoleum. Vom Tempel privater Erinnerungen zum preußischen Nationaldenkmal, in: Luise. Leben und Mythos einer Königin. Begleitpublikation zur Ausstellung im Schloss Charlotenburg, Berlin, 06.03.–30.05.2010, hrsg. von der STIFTUNG PREUSSISCHE SCHLÖSSER UND GÄRTEN BERLIN-BRANDENBURG, Potsdam 2010, S. 66–95. Zur Vorbildlichkeit z.B. ANDERMANN (wie Anm. 2), S. 175f. und 183.

[6] Aufzeichnungen Friedrich Wilhelms III., zitiert nach KÜHN (wie Anm. 5), S. 167. Dabei blieb es allerdings nicht, folgten doch bis zum Ende des 19. Jahrhunderts Erweiterungen des Baus um zusätzliche Beisetzungen zu ermöglichen: 1841 und 1889 wurden jeweils querschiffartige Kapellen mit Apsis angebaut, um König Friedrich Wilhelm III. (†1840), bzw. Kaiser Wilhelm I. (†1888) und Kaiserin Augusta (†1890) zu bestatten und mit Grabdenkmälern zu ehren.

Abb. 1 Charlottenburg, Mausoleum für Königin Luise von Preußen († 1810), Heinrich Gentz, 1810

Abb. 2 Charlottenburg, Mausoleum, Längsschnitt, 1810

Abb. 3 Ludwigslust, Mausoleum für Helena Pawlowna († 1803), 1804–1806

Abb. 4 Grabkapelle auf dem Württemberg, Giovanni Salucci, 1820–1824

minenten Projekt vorausgegangen waren allerdings bereits zwei heute wenig bekannte Mausoleen im Schlosspark zu Ludwigslust, damaliger Hauptresidenz der Herzöge von Mecklenburg-Schwerin[7]: 1804 bis 1806 ließ Erbprinz Friedrich Ludwig (1778–1819) für seine Gemahlin Helena Pawlowna (1784–1803) einen viereckigen Bau mit dorischem Portikus errichten, der im Innern in ein Vestibül und einen überkuppelten Zentralraum aufgeteilt war (*Abb. 3*)[8]. Letzterer nahm zwei Marmorsarkophage für die Ehegatten auf. 1809 folgte ein architektonisch deutlich schlichter gestaltetes Mausoleum auf viereckigem Grundriss für Herzogin Louise (1756–1808), welches ihr Gemahl, der spätere Großherzog Friedrich Franz I. (1756–1837), errichten ließ[9].

Bis zur Mitte des 19. Jahrhunderts entstanden weitere vergleichbare Anlagen, jeweils in klassizistischem Stil und teilweise in direkter Anlehnung an die vorgestellten frühen Beispiele: Die als monumentale Rotunde mit darunter liegendem Gruftraum angelegte Grabkapelle auf dem Württemberg wurde zwischen 1820 und 1824 anlässlich des Todes Katharina Pawlownas (1788–1819), zweiter Gemahlin König Wilhelms I. (1781–1864) von Württemberg und Schwester der schon genannten Helena Pawlowna errichtet (*Abb. 4*)[10]. Hier wählte man, wohl auf Wunsch der Verstorbenen, den Hügel, auf dem sich das württembergische Stammschloss befunden hatte und in dessen Sichtweite das königliche Landhaus Bellevue lag[11]. Im Darmstädter Park Rosenhöhe ließ Herzogin Wilhelmine von Hessen (1788–1836) von 1826 bis 1831 anlässlich des Todes ihrer fünfjährigen Tochter Elisabeth († 1826) ein Mausoleum, bestehend aus einer überkuppelten Vorhalle und einem rechteckigen Kapellenraum mit marmornem Grabmal, errichten (*Abb. 5 und 6*)[12]. Die

---

[7] Ludwigslust als Hauptresidenz der Herzöge von Mecklenburg-Schwerin von 1764–1837, siehe dazu Handbuch der Deutschen Kunstdenkmäler. Mecklenburg-Vorpommern, bearb. von H.-C. FELDMANN, München/Berlin 2000, S. 316.

[8] Helena Pawlowna war die zweite Tochter des Zaren Paul I. von Russland. Zum Mausoleum siehe Die Kunst- und Geschichtsdenkmäler des Grossherzogtums Mecklenburg-Schwerin, III. Band, bearb. von F. SCHLIE, Schwerin 1899, S. 265ff. Zur ursprünglichen Ausstattung auch Zeitung für die elegante Welt 6 (1806), Sp. 265–267.

[9] SCHLIE (wie Anm. 8), S. 267f.; FELDMANN (wie Anm. 7), S. 320. Nähere Informationen zur Gestaltung des Innern fehlen.

[10] H. SCHUKRAFT, Die Grablegen des Hauses Württemberg, Stuttgart 1989, S. 133–141; K. J. PHILIPP, »Teutschgotischer« versus »ächt antiker« Geschmack. Die Planungsgeschichte der Grabkapelle auf dem Württemberg bei Stuttgart im Jahr 1819/20, in: A. DORGERLOH (Hg.), Klassizismus – Gotik. Karl Friedrich Schinkel und die patriotische Baukunst, München/Berlin 2007, S. 261–277.

[11] »Wie man sagte, war es der Wunsch der Königin Katharina, ihre Ruhestätte einst auf dem schönen Berghügel zu finden, der die Überreste des Stammschlosses Wirtemberg trug und ihr in dem königlichen Sommersitze Bellevue mit jedem Strahl entgegenwirkte«, Württembergisches Jahrbuch (1821), S. 185, zitiert nach Beschreibung des Oberamtes Cannstatt, Stuttgart 1895, S. 623. Das Landhaus Bellevue war der Vorgänger des ab 1824 durch Wilhelm I. erbauten Schlosses Rosenstein, siehe dazu H. FECKER, Stuttgart, die Schlösser und ihre Gärten. Das Werden der Schlösser und Gärten von der gräflichen Residenz bis zur Internationalen Gartenausstellung, Stuttgart 1992, S. 82. Die Grabkapelle auf dem Rothenberg wird als sehenswertes Ausflugsziel auch in K. BÜCHELE, Stuttgart und seine Umgebungen für Einheimische und Fremde, Stuttgart 1858, S. 352f. beschrieben.

[12] Siehe dazu R. MAASS, Gartenkunst im Osten Darmstadts: Die Anfänge der Rosenhöhe, in: Kunst in Hessen und am Mittelrhein N. F. 7 (2012), S. 77–91; B. KÜMMEL, Christian Daniel Rauch, Ausführungsmodell zum Grabmal der Prinzessin Elisabeth von Hessen-Darmstadt,

Abb. 5   Darmstadt, sog. Altes Mausoleum, Georg Moller, 1826–1831 (Mittelteil)

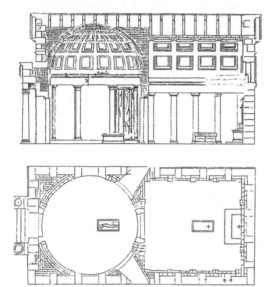

Abb. 6   Darmstadt, sog. Altes Mausoleum, Grundriss und Längsschnitt, Georg Moller, 1826–1831

1827–1828, in: DIES./B. MAAZ (Hg.), Christian Daniel Rauch Museum Bad Arolsen, Berlin 2002, S. 188f.; DENKMALTOPOGRAPHIE der Bundesrepublik Deutschland. Kulturdenkmäler in Hessen. Stadt Darmstadt, Kassel 1994, S. 387–400; M. FRÖLICH, Das Mausoleum auf der Rosenhöhe, in: DIES./H.-G. SPERLICH, Georg Moller. Baumeister und Künstler der Romantik, Darmstadt 1959, S. 170–173; M. FRÖLICH, Mollers Mausoleum und Rauchs Kindergrabmal auf der Rosenhöhe zu Darmstadt, in: Georg Moller zum Gedächtnis (Sonderdruck aus dem im Eduard Roether Verlag Darmstadt stammendem Adreßbuch der Stadt Darmstadt 1952/53), S. XXIV–XXX. Auch die Erbauerin Wilhelmine wurde nach ihrem Tod am 30. Januar 1836 im Mausoleum beigesetzt, ebenso weitere Familienangehörige (MAASS a.a.O, S. 87f.). Der Bau um zwei seitliche Kapellen 1870 durch Heinrich Wagner erweitert (FRÖLICH, Das Mausoleum, S. 170).

Abb. 7 Hannover, Mausoleum für Königin Friederike von Hannover († 1841), Ludwig Friedrich Laves, 1842–1847

Rosenhöhe war ab 1817 als private Gartenanlage auf Veranlassung Herzogin Wilhelmines entstanden, zudem hatte sie dort ein Landhaus als Sommersitz errichtet[13]. Von 1842 bis 1847 folgte schließlich das sogenannte Welfenmausoleum im Berggarten des Schlossparks Herrenhausen, für dessen Errichtung der Tod der Königin Friederike von Hannover (1778–1841), Schwester Luises von Preußen, Anlass gab (*Abb. 7 und 8*)[14]. Die Gestaltung als viereckiger Bau mit dorischem Portikus, der im Innern mit zwei Marmorgrabmälern sowie darunter liegendem Gruftraum ausgestattet ist, erfolgte in enger Anlehnung an das Vorbild im Schlosspark Charlottenburg[15].

Etwa ab den 1850er Jahren ist in zweierlei Hinsicht ein Wandel zu beobachten: Zum einen entstanden nun auch Mausoleumsbauten in neugotischen oder neuromanischen Formen, was Konsequenzen etwa für die räumliche Disposition mit sich brachte. Zum anderen zielte man in einigen Fällen bereits von Beginn an auf die Begründung eines Begräbnisses auch für Familienmitglieder künftiger Generationen und stellte so den dynastischen Aspekt stärker ins Zentrum. So richtete beispielsweise Leopold III. zur Lippe-Detmold (1821–1875) 1853 ein Mausoleum am Büchenberg ein und ließ unmittelbar die Särge seines Vaters Leopold II. (1796–1851) und seines Bruders Karl (1832–1834)

---

[13] FRÖLICH (wie Anm. 12), S. 170; MAASS, (wie Anm. 12), S. 79 f. Die Anlage erfolgte durch den badischen Gartenarchitekten Johann Michael Zeyher, der auch den Schwetzinger Schlossgarten gestaltete hatte, Denkmaltopographie Darmstadt, S. 387.

[14] U. BOECK, Das Mausoleum, in: M. VON KÖNIG (Hg.), Herrenhausen. Die Königlichen Gärten in Hannover, Göttingen 2006, S. 207–209; D. LANGE, Das Mausoleum im Berggarten, in: G. KOKKELINK/H. HAMMER-SCHENK (Hgg.), Laves und Hannover. Niedersächsische Architektur im 19. Jahrhundert, Hannover 1989.

[15] BOECK (wie Anm. 14); LANGE (wie Anm. 14). Selbst die Grabmäler wurden ebenso wie die Charlottenburger bei Rauch in Auftrag gegeben.

Abb. 8 Hannover, Inneres des Mausoleums für Königin Friederike von Hannover († 1841), Ludwig Friedrich Laves, 1842–1847

Abb. 9 Detmold, Mausoleum der Fürsten zur Lippe-Detmold, 1853

aus der seit dem 17. Jahrhundert genutzten Grablege in der Detmolder Marktkirche dorthin überführen (*Abb. 9*)[16]. Als Grabbau diente hier eine neugotisch umgestaltete Grotte aus dem ersten Jahrzehnt des 18. Jahrhunderts, Überbleibsel der barocken Gartenanlage am Friedrichstaler Kanal[17]. Auch das 1894 bis 1898 in der Nähe des Schlosses Georgium errichtete Mausoleum der Herzöge von Anhalt-Dessau, das ähnlich der Grabkapelle auf dem Württemberg der Villa Rotonda als Vorbild verpflichtet ist, war anscheinend von vornherein als Familiengrablege geplant (*Abb. 10*)[18]. Der Idee einer über Generationen hinweg zu nutzenden Grablege folgt auch das jüngste der hier behandelten Beispiele, nämlich das 1915 fertiggestellte neuromanische Mausoleum der Fürsten von Schaumburg-Lippe im Schlosspark zu Bückeburg (*Abb. 11 und 12*)[19]. Aber auch Separierungs- oder Individualisierungstendenzen sind im späten 19. und frühen 20. Jahrhundert noch zu beobachten: Mit dem 1889–1896 anlässlich des Todes Prinz Ludwig Wilhelms von Baden (1865–1888) in neugotischen Formen errichteten Mausoleum im Karlsruher Hardtwald[20] und dem an das Grabmal der Galla Placida in Ravenna angelehnten Neuen Mausoleum für Ludwig IV. von Hessen (1837–1892) und seine Gemahlin Alice auf der Darmstädter Rosenhöhe (1905–1910) entstanden Grabbauten für einen sehr engen, intimen Personenkreis (*Abb. 13 und 14*)[21].

In vielen der hier zur Rede stehenden Mausoleen fanden freistehende, in der Gedächtnishalle errichtete Grabdenkmäler Verwendung, die den Verstorbenen in Lebensgröße als Liegefigur auf einer Marmorkline über einem sarkophagähnlichen Unterbau zeigen. Jene an ein Totenbett erinnernde Form geht zurück auf Christian Daniel Rauch, der 1811 bis 1814 mit dem Monument für Königin Luise von Preußen in Charlottenburg den Prototyp schuf (*Abb. 15*)[22]. Als direkte Nachfolger aus der Hand desselben Künstlers entstanden die Denkmäler für Prinzessin Elisabeth von Hessen in Darmstadt (1827–1831)[23], König Friedrich Wilhelm III. von Preußen in Charlottenburg

---

[16] O. WEERTH, Die herrschaftliche Gruft in der Kirche zu Detmold, in: Mitteilungen aus der lippischen Geschichte und Landeskunde 9 (1911), S. 209.

[17] Die Parkanlage (angelegt 1701–1704) verband das Detmolder Residenzschloss mit dem heute nicht mehr existierenden Landsitz Friedrichstal, siehe dazu A. RUPPERT, Friedrichstaler Kanal Detmold (Lippische Kulturlandschaften 14), Detmold 2009.

[18] Denkmälerverzeichnis Sachsen-Anhalt, Sonderband, Dessau-Wörlitzer Gartenreich, bearb. von H. KLEINSCHMIDT und T. BUFE, Halle 1997, S. 96.

[19] Siehe dazu Handbuch der deutschen Kunstdenkmäler, Niedersachsen, bearb. von G. WEISS, München 1992, S. 312. Ein Verzeichnis der in Bückeburg Bestatteten bei W. GERNTRUP, Das Mausoleum im Schlosspark, Gifkendorf 2010, S. 53.

[20] K. ANDERMANN, Das großherzogliche Mausoleum im Fasanengarten, in: Kat. Residenzen im Kaiserreich. Karlsruhe um 1890, bearb. von K. KRIMM und W. RÖSSLING, Karlsruhe 1990, S. 62–65; Handbuch der Deutschen Kunstdenkmäler. Baden-Württemberg I. Die Regierungsbezirke Stuttgart und Karlsruhe, bearb. von D. ZIMDARS, München/Berlin 1993, S. 411.

[21] DENKMALTOPOGRAPHIE (wie Anm. 12), S. 396.

[22] J. VON SIMSON, Christian Daniel Rauch, Berlin 1996, Kat. 27, S. 64–69, zur Bekanntheit des Denkmals, z.B. durch Gipsabgüsse etc., Kat. 38. 1+2, S. 81–84. DEMANDT, Luisenkult (wie Anm. 5), besonders S. 45–69. Bereits SCHUKRAFT (wie Anm. 10), S. 146, verweist auf die hier beginnende Tradition mit einer starken, europaweiten Verbreitung bis ins frühe 20. Jahrhundert hinein.

[23] SIMSON (wie Anm. 22), Kat. 157, S. 253–255.

Abb. 10 Dessau, Mausoleum der Herzöge von Anhalt-Dessau, Franz Schwechten, 1894–1898

Abb. 11 Bückeburg, Mausoleum der Fürsten von Schaumburg-Lippe, Paul Baumgarten, 1911–1915

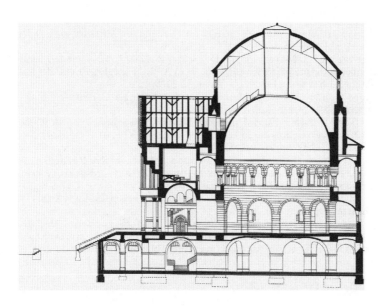

Abb. 12 Bückeburg, Mausoleum, Längsschnitt

Abb. 13   Darmstadt, sog. Neues Mausoleum, Karl Hofmann, 1905–1910

Abb. 14   Darmstadt, Inneres des sog. Neuen Mausoleums, Karl Hofmann, 1905–1910

(1841–1846)[24] sowie Königin Friederike (1842–1847)[25] und König Ernst August in Hannover (1852–1855)[26]. Während der zweiten Hälfte des 19. und beginnenden 20. Jahrhunderts folgten weitere Umsetzungen, etwa in Karlsruhe mit den Monumenten für Prinz Ludwig Wilhelm von Baden, Großherzog Friedrich I. und seine Gemahlin Luise[27], Kaiser Wilhelm I. (1797–1888) und seine Gemahlin Augusta in Charlottenburg (fertiggestellt 1894)[28] sowie Großherzog Ernst Ludwig von Hessen und seine Gemahlin Alice im Neuen Mausoleum in Darmstadt (1905–1910)[29].

Mit der Wahl jener Form des Grabmonuments vollzieht sich eine Abkehr von den gängigen hochadeligen Begräbnistraditionen des 18. und beginnenden 19. Jahrhunderts: Üblicherweise bestattete man in über Generationen hinweg genutzten Gruftanlagen, in

---

[24]   SIMSON (wie Anm. 22), Kat. 263, S. 391–393.
[25]   SIMSON (wie Anm. 22), Kat. 266, 1+2, S. 396–399.
[26]   SIMSON (wie Anm. 22), Kat. 307+308, S. 450–453.
[27]   Ausgeführt von Hermann Volz, siehe ZIMDARS (wie Anm. 20), S. 411.
[28]   Ausgeführt von Erdmann Encke, siehe KÜHN (wie Anm. 5), S. 180f.
[29]   Ausgeführt von Ludwig Habich, 1905–10, siehe DENKMALTOPOGRAPHIE (wie Anm. 12), S. 396. Weitere, hier nicht relevante Beispiele: Kurfürst Wilhelm II. von Hessen († 1847) und seine Gemahlin Emilie († 1843), Reichenbach-Mausoleum, Hauptfriedhof Frankfurt am Main, Eduard Schmidt von der Launitz, bis 1865 (siehe M. LEMBERG, Die Grablegen des hessischen Fürstenhauses, Marburg 2010, S. 185ff.); Kaiser Friedrich III. von Preußen († 1888), Kaiser-Friedrich-Mausoleum an der Potsdamer Friedenskirche, Reinhold Begas, 1892 (siehe I. GUNDERMANN, Beisetzungen der Hohenzollern im 18. und 19. Jahrhundert, in: Die Gruft der Hohenzollern im Berliner Dom, hrsg. von der Oberpfarr- und Domkirche zu Berlin, Berlin 2005, S. 27–70, hier S. 42f.); Herzog Wilhelm Eugen († 1877), Herzogin Wera († 1912), Königin Olga († 1892), König Karl von Württemberg († 1891), Stuttgarter Schlosskirche, Gruft, Adolf Donndorf, 1899–1902 (SCHUKRAFT, wie Anm. 10, S. 146).

Abb. 15   Grabmonument Königin Luises von Preußen († 1810), Christian Daniel Rauch, 1811–1814

welchen mehr oder weniger aufwändig gestaltete Prunksarkophage aufgestellt wurden[30]. Eine zusätzliche Ehrung der Verstorbenen durch Freigrabmäler im Kirchenraum erfolgte zumeist nicht. Zudem fehlen direkte Vorbilder im Bereich der Sepulkralskulptur[31]: Sarkophage wurden üblicherweise eher mit Porträtmedaillons des Verstorbenen versehen – so z. B. diejenigen für Sophie Charlotte (1668–1705) und Friedrich I. von Preußen (1657–1713) in Berlin[32]. Die Tradition monumentaler Tumben mit Liegefiguren war bereits gegen 1600 weitgehend erloschen – als späte Beispiele sei hier auf die Grabmäler der Markgrafen Georg Friedrich I. (1539–1603) und Joachim Ernst (1583–1625)

---

[30] So etwa in der Hohenzollerngruft zu Berlin, siehe dazu Oberpfarr- und Domkirche zu Berlin (wie Anm. 29), der Kapuzinergruft in Wien, siehe dazu M. HAWLIK-VAN DE WATER, Die Kapuzinergruft. Begräbnisstätte der Habsburger in Wien, Freiburg/Basel/Wien ²1993, oder die Wettinergruft in der katholischen Hofkirche zu Dresden, siehe dazu G. SCHLECHTE, Die Gruft des Sächsischen Königshauses Wettin in der Kathedrale Sankt Trinitatis – Hofkirche zu Dresden, Dößel 2004.

[31] DEMANDT, Luisenkult (wie Anm. 5), S. 57–69, weist zu Recht auf ein Fehlen konkreter Vorbilder in der Grabmalskunst und eine Verbindung zu zeitgenössischen Werken, wie Antonio Canovas Paolina Borghese als Venus Victrix (1804–1808) hin.

[32] Zu den Prunksarkophagen siehe H. BÖRSCH-SUPAN, Die Prunksarkophage Sophie Charlottes und Friedrichs I. von Andreas Schlüter, in: Oberpfarr- und Domkirche zu Berlin (wie Anm. 29), S. 106–123.

Abb. 16   Heilsbronn, ehem. Abteikirche, Grabmonument Markgraf Georg Friedrichs d. Ä. von Brandenburg († 1603)

von Hohenzollern in Heilsbronn verwiesen (*Abb. 16*)[33]. Möglicherweise bezog man sich mit der verwendeten Form des Grabdenkmals bewusst auf die Praxis der Aufbahrung Verstorbener auf dem Totenbett, wofür auch die verschiedentlich zu beobachtende zusätzliche Aufstellung monumentaler, steinerner Kandelaber spricht[34]. Jene Konstellation erinnert auffallend an Totenbildnisse des späten 17. und 18. Jahrhunderts, die als Druckgraphik oder Gemälde den adeligen Leichnam auf dem von Kerzenleuchtern umstellten

---

[33]   G. SCHUHMANN, Die Hohenzollern-Grablegen in Heilsbronn und Ansbach, München/Zürich 1989, S. 24–32.
[34]   So z. B. in Charlottenburg, siehe SIMSON (wie Anm. 22), Kat. 39, und Hannover.

Paradebett zeigen[35]. Bei den Grabmälern handelte es sich nach dieser Lesart um eine steinerne Inszenierung eines zentralen Elementes des Trauerzeremoniells.

Das Begräbnis im Mausoleum und die Verwendung des vorgestellten Grabmalstyps bildete zudem nicht nur einen Bruch mit wichtigen, aus dem 18. Jahrhundert überkommenen Traditionen, es bot zugleich neue, ansonsten nicht verfügbare Möglichkeiten der besonderen Hervorhebung und Inszenierung einzelner Verstorbener: Durch die Errichtung einzelner Freigrabmäler in darüber hinaus weitgehend leeren Gedächtnishallen konnte eine Fokussierung auf die betreffenden Personen erreicht werden, die bei Beisetzungen in über viele Generationen genutzten Gruftanlagen kaum zu erzielen war und in ihrer visuellen Wirkung an weit ältere Traditionen, wie etwa das Stiftergrabmal im Kirchenraum erinnert – abermals sei hier auf die bereits angeführten Hohenzollerngrabmäler in Heilsbronn verwiesen.

Neben den Grabmonumenten zählen auch Altäre zur Ausstattung praktisch aller hier behandelten Mausoleen, wobei dieses Phänomen seinen Ursprung nicht Charlottenburg nahm, wo man zunächst gänzlich ohne christlich-kirchliche Elemente auskam. Die Errichtung einer Apsis mit Altar erfolgte hier erst im Zuge der Erweiterung 1841/42, welche Friedrich Wilhelm IV. (1795–1861) anlässlich des Todes seines Vaters veranlasste[36]. Im 1831 fertiggestellten Mausoleum für Prinzessin Elisabeth in Darmstadt hingegen war von vornherein die Aufstellung eines Altares vorgesehen, auf den das marmorne Grabmal ausgerichtet werden sollte[37]. Die Mausoleen in Hannover, Karlsruhe, Bückeburg und vermutlich auch Detmold wurden ebenfalls bereits mit Altarbauten geplant, dasjenige für Helena Pawlowna in Ludwigslust erfuhr zu einem vom derzeitigen Kenntnisstand nicht näher bestimmbaren Zeitpunkt einen nachträglichen Einbau[38]. Üblicherweise richtete man die Grabmäler axial auf den Altar aus, wobei die Blickrichtung der Liegefiguren variieren konnte. Hinsichtlich der Ausstattung zeigt sich somit eine deutliche Annäherung an den Kirchenraum, mit der man möglicherweise das Fehlen der sakralen Dimension, das mit der Einrichtung von Begräbnissen im profanen Bereich des Schlossgartens einherging, ausgleichen wollte.

Mit den skizzierten Phänomenen verbinden sich verschiedene Probleme, vor allem hinsichtlich der Funktion der Mausoleumsbauten sowie der für deren Umsetzung rele-

---

[35] So z.B. Kaiser Leopold I. († 1705), siehe M. Hawlik-van de Water, Der schöne Tod. Zeremonialstrukturen des Wiener Hofes bei Tod und Begräbnis zwischen 1640 und 1740, Wien/Freiburg/Basel 1989, S. 54, Abb. 54, oder Herzog August von Sachsen-Merseburg († 1715), siehe C. Kunde, Die Sammlungen barocker Totenbildnisse der Residenzen Merseburg und Zeitz, in: V. Czech (Hg.), Fürsten und Land. Höfische Pracht in den sächsischen Sekundogenituren Weißenfels, Merseburg und Zeitz, Berlin 2009, S. 172–211, S. 204, Abb. 14.

[36] Kühn (wie Anm. 5), S. 178f.: »Dem alten Bau wurde eine überhöhte, querschiffartige Kapelle mit einer erhöhten Altarapsis angefügt, welche – recht bezeichnend für das religiöse Empfinden des Königs – den antiken Tempel ins christliche umdeutete«. In diesem Zuge drehte man die Grabmäler um, so dass die Liegefiguren auf den Altar ausgerichtet waren, siehe Demandt, Mausoleum (wie Anm. 5), S. 86f.

[37] Frölich, Das Mausoleum (wie Anm. 12), S. 171, sowie den dort abgebildeten Grundriss. Anders als geplant wurde das Grabmal dann allerdings nicht in der eigentlichen Grabkapelle vor dem Altar aufgestellt, sondern im Vorraum, wo es eine ursprünglich geplante, jedoch nicht ausgeführte allegorische Skulptur ersetzte, siehe ebd.

[38] Es wurde zunächst ohne Altar errichtet, siehe Schlie (wie Anm. 8), S. 266 und Abbildung.

vanten Rahmenbedingungen. Insbesondere die kirchenunabhängige Errichtung auf profanem Gelände bei gleichzeitiger – zumindest formaler – Annäherung an den Kirchenraum, unter anderem durch die Errichtung von Altären, muss zu Nachfragen anregen. Da Informationen zur konkreten Nutzung, etwa für Erinnerungsfeiern, ebenso wie für den Ablauf der Beisetzungen bislang fehlen, können an dieser Stelle lediglich allgemeinere Überlegungen zur Problematik erfolgen, die anhand künftiger weiterer Forschungen überprüft und konkretisiert werden müssten.

Eine wichtige Rolle für Funktion und Nutzung spielt die konfessionelle Zugehörigkeit der betreffenden Adelsgeschlechter. Dass es sich bei den hier zur Rede stehenden, kirchenunabhängig errichteten Mausoleen um ein Phänomen des protestantischen Adels handelt, ist bereits bemerkt worden. Als Grund wurde dabei jeweils eine spezifisch evangelische »Tendenz zur Säkularisierung, ja zur ›Privatisierung‹« oder zur »Loslösung des Grabbaus vom christlichen Kultus« angenommen[39]. In katholischen hochadeligen Kreisen blieb man dagegen häufig bereits bestehenden dynastischen Grablegen in kirchlichem Kontext treu – verwiesen sei hier stellvertretend auf die bereits seit dem frühen 17. Jahrhundert genutzte Gruft der Habsburger bei der Wiener Kapuzinerkirche[40] sowie die Wettinergruft in der katholischen Hofkirche zu Dresden[41]. Allerdings sind auch hier gelegentlich Individualisierungstendenzen zu beobachten, etwa wenn König Ludwig I. von Bayern (1786–1868) in der von ihm gestifteten Benediktinerabteikirche St. Bonifaz in München anstatt in der traditionellen Grablege in der dortigen Theatinerkirche beigesetzt wird[42].

Weniger etwaige konfessionsspezifische Geisteshaltungen, sondern vielmehr von der Bekenntniszugehörigkeit abhängige religiöse und kirchlich-institutionelle Rahmenbedingungen dürften das Auftreten kirchenunabhängiger Mausoleumsbauten in Kreisen des protestantischen Hochadels bedingen. Denn seit Einführung der Reformation hatte die Begräbnisstätte ihre liturgische Funktion – von der eigentlichen Beisetzung einmal abgesehen – verloren, während diese auf katholischer Seite gerade innerhalb des Adels auch noch im 19. und 20. Jahrhundert einen zentralen Ort des gottesdienstlichen Toten-

---

[39] ANDERMANN (wie Anm. 2), S. 182: »Alle diese eben geschilderten Brüche mit dynastischen Grablegentraditionen sind in evangelischen Häusern geschehen; sie haben mit den durchweg religiös begründeten Traditionsbrüchen der Habsburger und Wittelsbacher nur wenig gemein. Und in der Tat scheint die Bereitschaft, sich außerhalb von Sakralräumen bestatten zu lassen, die Tendenz zur Säkularisierung, ja zur ›Privatisierung‹ der Grablege ein Spezifikum in der Geschichte evangelischer Dynastien zu sein«. PINNAU (wie Anm. 1), S. 24: »Freistehende Mausoleen (und damit sind also ausdrücklich Bauten mit Begräbnisfunktion gemeint, nicht Kenotaphe) scheinen in jener frühen Zeit weder in Frankreich noch in Italien gebaut worden zu sein, wohl aber in den protestantischen Gebieten Deutschlands seit dem letzten Viertel des 18. Jahrhunderts. Offensichtlich hat die Konfessionszugehörigkeit hierbei die entscheidende Rolle gespielt, und zwar gerade in der Phase der Loslösung des Grabbaus aus dem Bereich des christlichen Kultus, als die Mausoleumsbauten und -entwürfe übereinstimmend keine Altäre vorsahen.«
[40] Siehe dazu HAWLIK-VAN DE WATER (wie Anm. 30).
[41] SCHLECHTE (wie Anm. 30).
[42] Siehe dazu H. GLASER, Der Tod der Königin Therese von Bayern und das Grabmalprojekt König Ludwigs I. in St. Bonifaz in München, in: W. AUGUSTYN/I. LAUTERBACH (Hgg.), Rondo. Beiträge für Peter Diemer zum 65. Geburtstag, München 2010, S. 183–198.

gedächtnisses bildete. Die Feier von Seelenmessen erforderte jedoch die Anbindung der Grabstätte an die Kirche, da Messfeiern nur im geweihten Sakralraum – Kirche, Kapelle oder Oratorium – möglich waren, der unter jeweils spezifischen Bedingungen mit besonderen Anforderungen an seine Nutzung eingerichtet werden musste[43]. Die Einrichtung eines adeligen Begräbnisses am profanen Ort des Schlossgartens musste dementsprechend an den geltenden kirchlichen Reglementierungen scheitern. Auf Seiten des protestantischen Adels war man aufgrund des Ausfalls jener strengen Vorgaben wesentlich freier, so dass die Errichtung von Mausoleen in Landschaftsgärten mit den sich daraus ergebenden Möglichkeiten für die Memoria durchaus infrage kam.

Hier stellt sich nun die Frage, wie die formale Annäherung der Mausoleumsbauten an den Kirchenraum – vor allem durch die Errichtung von Altären – zu bewerten sein könnte. Eine funktionale Erklärung für dieses Phänomen scheint zu fehlen, da eventuelle am Ort abgehaltene Erinnerungsfeiern auch ohne einen Altar hätten stattfinden können. Ein solcher wäre in jenem protestantischen Umfeld lediglich für eine Abendmahlsfeier notwendig gewesen, von welcher Begräbnis und Totengedächtnis allerdings seit Einführung der Reformation abgekoppelt waren. Der Wunsch nach einer liturgisch voll funktionsfähigen Kapelle dürfte dementsprechend weniger als Grund für die Aufrichtung der Altäre infrage kommen[44]. Zu überlegen wäre, ob nicht eventuell gezielt auf das Schema des im Kirchenraum auf den Altar ausgerichteten mittelalterlichen und frühneuzeitlichen Tumbengrabmals, wie es beispielsweise für Stifter geläufig war, mit seinen repräsentativen Implikationen zurückgegriffen wurde. Tatsächlich ist eine Hinwendung zu den vormodernen Begräbnissen des eigenen Geschlechts während des 19. Jahrhunderts zu beobachten, wenn beispielsweise König Friedrich Wilhelm IV. von Preußen ab 1840 die Grablege seiner fränkischen Ahnen in der ehemaligen Abteikirche

---

[43] Für das 19. Jahrhundert erläutert dies P. Hartmann, Repertorium Rituum. Übersichtliche Zusammenstellung der wichtigsten Ritualvorschriften für die priesterlichen Functionen, 2 Bde, Paderborn 1873³, hier Bd. 2, S. 19–23, unter Verweis auf die betreffenden Beschlüsse des Tridentinischen Konzils sowie ergänzende Dekrete: »Die Benediction des Ortes geschieht entweder vom Bischofe, [...] eine Consecration aber [...] vom Diöcesanbischofe [...]. Unter einer Kirche im eigentlichen Sinne versteht man jede selbständige Cathedral-, Collegiat-, Regular- und Pfarrkirche [...]. Eine öffentliche Kapelle oder ein öffentliches Oratorium ist ein mit Erlaubnis des Bischofs errichtetes und ausschließlich dem hl. Dienste für immer zum allgemeinen Gebrauche bestimmtes, geweihtes Bethaus [...]. Ein Privatoratorium [...] ist ein mit apostolischer Vollmacht im Innern eines Privathauses zur zeitweiligen Celebration zu Gunsten eines oder einzelner Hausbewohner eingerichtetes [...] Local [...]. Ausnahmsweise darf an den Sonn- und Festtagen auf einem altare portatile mit päpstlicher und bischöflicher Erlaubnis außerhalb der Kirche celebrirt werden und zwar im freien Felde: a) für die im Lager liegenden Soldaten [...]; b) für Wallfahrer [...]; c) auf dem Schiffe [...]; d) wenn die Kirche mit Einsturz droht [...]; e) Ex privilego darf für Prinzen und Prinzessinnen von königlichem Geblüte in ihren Sälen sowohl, wenn sie krank, als wenn ihre Leichen dort ausgestellt sind, celebrirt werden.«

[44] Lediglich bei dem Mausoleum für Helena Pawlowna in Ludwigslust sowie der Grabkapelle auf dem Württemberg handelt es sich um tatsächlich gottesdienstlich genutzte Räume. Beide dienten als orthodoxe Kapellen, da Helena und Katharina als Töchter des russischen Zaren jener Konfession angehörten. Zur Kapelle in Ludwigslust siehe Schlie (wie Anm. 8), S. 265, sowie Zeitung für die elegante Welt 6 (1806), Sp. 265ff. (18. März 1806); zum Württemberg siehe R. Stephan, Die Grabkapelle auf dem Württemberg, Schwetzingen [1997], S. 9ff.

zu Heilsbronn instand setzen lässt, die über entsprechende Grabmonumente mit Liegefiguren verfügte[45]. Derselbe Auftraggeber veranlasste 1841/42 eine erste Erweiterung des Charlottenburger Mausoleums, bei der nicht nur ein Altar errichtet, sondern gleichzeitig das Grabmonument Luises im Raum gedreht wurde, so dass die Liegefigur nun ihren Blick auf diesen richtete.

Handelte es sich bei der in den hier zur Rede stehenden Mausoleen beobachtbaren Kombination aus Altar und Grabmonument mit Liegefigur tatsächlich um ein Wiederaufgreifen vormoderner, ursprünglich mittelalterlicher Traditionen, wäre dies vor allem auch als Strategie adeliger Selbstdarstellung zu werten: Ein religiöser Kontext wird visuell inszeniert und mit ihm auch auf die weltlich-repräsentativen Aspekte, die ein im Kirchenraum hervorgehobenes Grabmonument traditionell beinhaltete, verwiesen.

---

[45] Bereits Friedrich Wilhelm III. hatte sich für die Grablege interessiert, SCHUHMANN (wie Anm. 33), S. 35ff. Die Unternehmungen sind Teil einer größer angelegten Kampagne zur Erforschung der Geschichte der Hohenzollern, die sich u. a. niederschlug in R. GRAF STILLFRIED, Monumenta Zollerana. Urkundenbuch zur Geschichte des Hauses Hohenzollern, 8 Bde, Berlin 1852–1866; DERS., Alterthümer und Kunstdenkmale des erlauchten Hauses Hohenzollern, 3 Bde, Berlin 1839–1867; DERS., Kloster Heilsbronn. Ein Beitrag zu den Hohenzollerischen Forschungen, Berlin 1877, zur Grablege S. 92–184.

Die Grabkapelle auf dem Württemberg.
Russisch-orthodoxe Kapelle und königliche Grablege

VON PATRICIA PESCHEL

Hintergrund

Als am 09. Januar 1819 die württembergische Königin Katharina Pawlowna (1788–1819) überraschend starb, war die Trauer und Anteilnahme sowohl am Königlichen Hof, als auch in der gesamten Bevölkerung über die Landesgrenze hinweg sehr groß (*Abb. 1*)[1]. Katharina hatte erst im Januar 1816 den späteren württembergischen König Wilhelm I. (1781/1816–1864) geheiratet und sich innerhalb kürzester Zeit wegen ihrer zahlreichen wohltätigen Stiftungen hohes Ansehen bei den Untertanen erworben (*Abb. 2*)[2]. Anstatt die Verstorbene, wie am württembergischen Hofe üblich, in der Gruft unter der Stuttgarter Stiftskirche oder derjenigen von Schloss Ludwigsburg zu bestatten, entschloss sich Wilhelm I. für seine verschiedene Gattin eine eigene Grablege erbauen zu lassen[3]. Seine Wahl fiel auf den sogenannten Württemberg, den Stammsitz der Württemberger seit dem späten 11. Jhd. oberhalb des heutigen Stuttgart-Untertürkheim (*Abb. 3*).

Unter König Friedrich I. von Württemberg war die Stammburg bzw. das dortige Herrenhaus ab 1797 um ein offenes Belvedere erweitert worden, das einen weiten Ausblick in das davor liegende Neckartal bot und rasch zum Lieblingsplatz der verewigten Königin avancierte. Aufgrund der seltenen Nutzung soll das gesamte Areal, d.h. die Stammburg mit allen Nebengebäuden, zu Beginn des Jahres 1819 jedoch in keinem guten baulichen Zustand mehr gewesen sein[4]. Angesichts der besonderen Beziehung der ver-

---

[1] Zum Leben und Tod von Katharina Pawlowna vgl. D. JENA, Katharina Pawlowna. Großfürstin von Russland – Königin von Württemberg, Regensburg 2003, dort mit weiterführender Literatur und Quellenverzeichnis. Archivalien zur Heirat und zum Leben am Württembergischen Hof im Landesarchiv Württemberg, Hauptstaatsarchiv Stuttgart (HStA), Bestand G 270.

[2] Zu König Wilhelm I. von Württemberg vgl. P. SAUER, Reformer auf dem Königsthron. Wilhelm I. von Württemberg, Stuttgart 1997, dort mit weiterführender Literatur und Quellenverzeichnis.

[3] Zur Bestattungskultur am württembergisch Hof vgl. H. SCHUKRAFT, Die Grablegen des Hauses Württemberg, Stuttgart 1989.

[4] Zur Grabkapelle auf dem Württemberg allgemein vgl. R. STEPHAN, Die Grabkapelle auf dem Württemberg, Schwetzingen 1997; Oberfinanzdirektion Stuttgart Referat Staatliche Schlösser und Gärten (Hg.), Rußland in Württemberg. Russisches Kirchengerät aus der Grabkapelle auf dem Rotenberg, Stuttgart 1991.

Abb. 1 Johann Heinrich Tischbein,
Königin Katharina Pawlowna von Württemberg,
Großfürstin von Russland, um 1814

Abb. 2 Joseph Karl Stieler,
König Wilhelm I. von Württemberg,
um 1816

storbenen Gattin zu diesem Ort gab der König im Mai 1819 den Befehl zur Schleifung des kompletten Stammsitzes, um dort die Grablege für Katharina zu errichten. Als Bestattungsort und vorläufige Ruhestätte diente indes die Stiftskirche in Stuttgart, wo der italienische Baumeister Giovanni Salucci (1769–1845) zunächst ein Trauergerüst für die Verstorbene gefertigt hatte, ehe sie vorläufig in der Gruft unter dem Chor der Kirche bestattet wurde (*Tafel 1*)[5].

---

[5] Salucci war 1817 an dem württembergischen Hofe gekommen und bereits ein Jahr später als Hofbaumeister etabliert und fertigte für den König eine Vielzahl von Entwürfen für öffentliche und private Bauten. Vgl. zu Salucci: K. PHILIPP, Die Grabkapelle auf dem Rotenberg, in: Oberfinanzdirektion Stuttgart Referat Staatliche Schlösser und Gärten (Hg.), Giovanni Salucci. Hofbaumeister König Wilhelms I. von Württemberg, Stuttgart 1995, S. 31–44. W. SPEIDEL, Giovanni Salucci der erste Hofbaumeister König Wilhelms I. von Württemberg, Stuttgart 1936, S. 46ff. Speidel verweist auch auf archivalische Quellen, die heute nicht mehr auffindbar sind.
Einen genauen Ablauf der Trauerfeierlichkeiten in der Stiftskirche finden sich in die »Anordnungen in Betreff der Beisetzung der verewigten Königin Katharina Pawlowna von Württemberg Majestät«, HStAS, E 14 Bü 37.

Abb. 3   Grabkapelle auf dem Württemberg, Stuttgart-Rotenberg

Wilhelm I. ordnete somit am 2. Mai 1819 an: (...) *das Stammschloß Württemberg mit den daran befindlichen Nebengebäuden unter sorgfältiger Sammlung der eigentlichen Reste der Vorzeit, abbrechen und an dessen Stelle mit bewahrender Wiederverwendung dieser Reste eine Kapelle erbauen zu lassen (...)*[6]. Parallel zu dem Beginn der Abbrucharbeiten auf dem Stammsitz, ließ der König über seine Gesandten in Rom und Berlin nach geeigneten Künstlern suchen, die Entwürfe für die geplante Kapelle fertigen sollten.

Zur Gestaltung der Kapelle hatte sich Wilhelm I. offensichtlich schon selbst Gedanken gemacht, wie aus einer Anfragen an den württembergischen Gesandten von Pull in Berlin hervorgeht: *(...) daß S.K.M. die Absicht haben, auf dem rothen Berge bei Stuttgart die Grabstätte unserer verewigten Königin und eine Kapelle in teutsch-gothischen*

---

[6]   Zitiert nach SPEIDEL (wie Anm. 5), S. 50. Vgl. auch HStAS, E 14 Bü 285 Anbringen des königlichen Oberhofmeisteramtes an den König die Erbauung einer Kapelle auf dem Rotenberg, insbesondere den Abbruch der gegenwärtig auf demselben befindlichen Gebäude betreffend vom 28. August 1819. Ebd. Anbringen des königlichen Oberhofbaumeisteramtes an den König in Betreff des vorzunehmenden Bauwesens auf dem Rotenberg vom 1. April 1820, darin eine Übersicht über die veranschlagten Baukosten und die Bauplanung.

*Geschmack errichten zu lassen (...)*⁷. Ferner hieß es in dem königlichen Auftrag: *(...) Die Kapelle, die auf dem Stammschloß des Hauses Württemberg zu errichten ist, soll der allerhöchst. Aufgabe Sr. Kgl. zufolge im Style der deutschen Baukunst die Form eines griechischen Kreuzes und nach griechisch-katholischen Ritus eingerichtet seyn (...)*⁸.

Nachdem der württembergische Gesandte, Legionsrat Kölle, in Rom von dortigen einheimischen Baumeistern abgeraten hatte, konzentrierte sich die Suche auf »teutsche« Künstler, die in der dortigen Künstlerkolonie anzutreffen waren⁹. Hierzu zählten z. B. die Stuttgarter Architekten Gustav Friedrich von Hetsch und Johann Michael Knapp, ferner Leo Klenze und Joseph Thürmer, sowie der Berliner Künstler Ludwig Theodor Liemann, die allesamt unter dem Einfluss der Nazarener standen und den neo-gotischen Baustil bevorzugten.

So war es auch nicht überraschend, dass diese sich ebenfalls vehement für die Errichtung der geplanten Kapelle im neo-gotischen bzw. »teutschen« Stil aussprachen bzw. von der scheinbaren Vorlieben des Königs für diese Stilrichtung begeistert waren; so äußerte sich der Architekt Knapp: *(...) Ew. Kgl. Majestät wage ich auf das Gerücht, daß das Denkmal der höchstseligen Königin nicht in Deutscher Art und Weise ausgeführt werden solle, folgendes allutgst. vorzustellen. Das Wirken der Höchstseligen Königin war das Wirken des Evangeliums (...), daher die Freude, mit welcher der Befehl Ew. Majestät, das Christliche Denkmal im Christlichen Style zu errichten, aufgenommen wurde. Das erhabene Gemüt Ew. Majestät hat besser als Alle anderen gefühlt, daß die Formen, unter denen die Griechen und Römer die Venus, den Jupiter etc. angebetet haben und über die die Welt das Urteil dadurch ausgesprochen, daß es dieselben zu aller Arten Gebäude und Garten-Anlagen etc. gebraucht hat, nicht für unseren Vater im Himmel, zur Behausung dienen könnten, noch zum Denkmal für Jemanden, der vor Allen, seinen Willen erfüllt hat, und sein Ebenbild war (...)*¹⁰.

Ungeachtet dieser vordergründigen Sympathie des Königs für eine neogotische Kapelle, hatte der Hofbaumeister Salucci schon zu diesem Zeitpunkt einen klassizistischen Gegenentwurf für die Grabkapelle eingereicht, obwohl er mit seiner antikisierenden Gestaltung des Trauergerüsts bereits Kritik geerntet hatte, da es in der Anlehnung an den antiken Götterkult mit *(...) Opferaltären, Dreifüßen und fackeltragenden Genien (...)* geschmückt war. Dies schien nicht dem christlichen Glauben der Verschiedenen angemessen und Salucci als italienischer Baumeister auch nicht zum Kreis der gewünschten »teutschen« Künstler zu passen.¹¹

Von den ausgewählten »teutschen« Künstlern reichten jedoch nur Thürmer und Knapp Entwürfe für die Kapelle ein, die im November 1819 (Thürmer) und im Mai 1820 (Knapp) in Stuttgart eintrafen. Salucci hatte jedoch schon im Frühjahr 1819 und im Juni

---

7 Zitiert nach SPEIDEL (wie Anm. 5), S. 51. Dort ist auch der vollständige Brief zitiert.
8 Zitiert nach SPEIDEL (wie Anm. 5), S. 51.
9 So urteilte Kölle in einem Schreiben an den König über die italienischen Baumeister: *Die römischen Baumeister sind so elend, daß ich fürchten muß, für einen Lügner gehalten zu werden, wenn ich ihre Werke so darstellen wollte, wie sie mir und jeden unbefangenen Kunstfreund erscheinen (...)* Zitiert nach SPEIDEL (wie Anm. 5), S. 50.
10 Zitiert nach SPEIDEL (wie Anm. 5), S. 47. Lt. Speidel soll Knapp dem Schreiben vom 21. Mai 1820 seinen Entwurf für die Grabkapelle beigelegt haben.
11 Zitiert nach SPEIDEL (wie Anm. 5), S. 46f.

1819 die ersten Entwürfe und ein Holzmodell für das Bauwerk eingereicht. Während Thürmer und Knapp die besagten neogotische Entwürfe vorlegten, konzentrierte sich Salucci auf einen klassizistischen Entwurf, der im ersten Modell eine ambitionierte Grablege für alle Mitglieder des württembergischen Königshauses – nicht nur für Königin Katharina – mit einem von außen angelegten Zugang in die Gruft und einer darüber stehenden Kapelle in Form eines säulenumrahmten Rundbaus nach den Vorbildern des antiken römischen Pantheons und dem Panthèon francais (Sainte-Geneviève) in Paris vorsah[12]. Da diese Ausführung das vom König veranschlagte Budget weit überschritten hätte, musste Salucci seinen Plan nochmals überarbeiten[13]. Dies geschah offensichtlich sehr rasch, so dass bereits im August 1819 der Auftrag endgültig an Salucci vergeben wurde, ehe noch im November des gleichen Jahres bzw. im Mai 1820 die neogotischen Entwürfe von Thürmer und Knapp eingetroffen waren[14]. Die Hintergründe des Königs für diesen offensichtlichen Sinneswandel sind nicht belegt und bis jetzt auch noch nie hinterfragt worden. Eine reine Zeitersparnis oder »Ungeduld« des Regenten, dem vielleicht der Eingang der neogotischen Entwürfe zu lange dauerte, scheint ein zu dünner und vager Beweggrund zu sein, um eine derartig kurzfristige und weitreichende Änderung zu erklären.

Saluccis Kapelle – Baugeschichte und Gestalt

Nachdem der königlichen Bau- und Gartendirektion am 17. März 1820 mitgeteilt worden war, *(...) daß die Form des vom Hofbaumeister Salucci projektierten Gebäudes auf dem Rothenberg den allerhchst. Beyfall erhalten habe und das Bauwesen nach dem vorgelegten Plan ausgeführt werden soll (...)*, sollte am 21. Mai 1820, dem Geburtstag der verstorbenen Königin, die Grundsteinlegung erfolgen[15]. Wegen einer kurzfristigen Erkrankung des Königs musste der Termin jedoch um eine Woche auf den 29. Mai 1820 verschoben werden. In den folgenden Monaten wurde mit Hochdruck gearbeitet, um den Kapellenbau voranzubringen[16].

Am Morgen des 5. Juni 1824 konnten dann die sterblichen Überreste der Königin *(...) unter dem Geläut der Glocken in einem feyerlichen Zug auf den Rothenberg geleitet und in der für sie erbauten Kapelle mit den nach dem Ritual der griechischen Kirche vorgeschriebenen Feyerlichkeiten beigesetzt (...)* werden[17].

---

[12] Vgl. STEPHAN (wie Anm. 4), S. 14/15; PHILIPP (wie Anm. 5), S. 31f. ; 36f., dort auch der detaillierte Ablauf der eingereichten Entwürfen.
[13] Wilhelm I. hatte für den Kapellenbau insgesamt 300 000 Gulden budgetiert, während die ersten von Salucci vorgelegten Pläne die Kosten um das Doppelte und Dreifach überstiegen hätten. Vgl. SPEIDEL (wie Anm. 5), S. 54.
[14] Vgl. SPEIDEL (wie Anm. 5), S. 51f.
[15] Zitiert nach SPEIDEL (wie Anm. 5), S. 55.
[16] Die Darstellung aller Details zum Bauverlauf und die einzelnen Bauschritte mit allen beteiligten Handwerkern würden den Rahmen der vorliegenden Arbeit sprengen und werden im Folgenden nur aufgenommen, wenn sie für die Gesamtdarstellung des Kapellenbaus notwendig sind. Die detailreichste Ausführung zum Bauverlauf findet sich bei SPEIDEL (wie Anm. 5), S. 57ff.
[17] Schwäbische Chronik, 1824, S. 355, zitiert nach SPEIDEL (wie Anm. 5), S. 65f.

Abb. 4   Grabkapelle auf dem Württemberg

Nach Saluccis zuletzt überarbeitetet Plänen war ein Rundbau mit einem im Grundriss eingeschriebenen griechischen Kreuz, vier säulengerahmten Portiken und massivem Kuppeldach errichtet worden. Der Zugang zur darunter liegenden Gruft ist von außen nicht einsehbar, sondern verbirgt sich zwischen zwei Mauerringen, die den Grundriss der Kapelle bilden. Mehrere schmale Wendeltreppen führen vom Kapellenraum hinunter in die Gruft bzw. hoch in das Dachgeschoss. Eine breite Freitreppe umrahmt von gusseisernen Feuerschalen führt vom Rundweg hoch auf den Berg direkt zum Eingang der Kapelle (Abb. 4).

Auf der Rückseite der Kapelle auf dem Portikus gen Osten – direkt hinter dem Altarbereich – befindet die Widmung »Seiner/vollendeten, ewig geliebten Gemahlin/ Catharina Paulowna/Großfürstin von Rußland/hat/diese Ruhestätte erbaut/Wilhelm/ König von Württemberg/im Jahre 1824.« (Abb. 5; weitere Inschriften finden sich über dem Nordportal mit »Selig sind die Toten, die in dem Herrn ruhen« (Off. Joh. XIV, 13) und dem Südportal mit »Wir haben einen Gott, der da hilft, und den Herrn, der vom Tode errettet« (Psalm 68, 21). Über dem Hauptportal hatte Salucci zunächst die lateinische Inschrift »D. O. M. Divae Catharinae Dicatum« vorgesehen, auf Befehl Wilhelms wurde diese jedoch durch ein Zitat aus der Leichenpredigt ersetzt: »Und die Liebe höret nimmer auf« (1. Kor. 13, 8) (Abb. 6). Außer den Inschriften zieren nur aus Sandstein gehauene Lorbeerkränze über Nischen, die ursprünglich mit Skulpturen geschmückt werden sollten, die Außenfassade. Während der gesamte Bau aus Sandstein gefertigt ist, sollte die Kuppel aus Kostengründen zunächst als Holzkonstruktion gefertigt werden, ebenso waren die Türen und Fenster aus Holz geplant. Salucci gelang es jedoch durch Einsparungen die Kuppel in massiver Bauweise und die Fenster und Türen in Gusseisen ausführen zu können[18]. Gekrönt wird die Kapelle durch ein nach dem Entwurf Saluccis gefertigtes, vergoldetes lateinisches Kreuz.

---

[18]   Erstmals wurden in Württemberg damit komplette Türen und Fenster aus Gusseisen in der Wasseralfinger Eisenhütte hergestellt. Vgl. STEPHAN (wie Anm. 4), S. 16, dort auch alle weiteren Ausführungen zum Bauwerk.

Abb. 5 Inschrift an der Ostseite

Im Innenraum empfängt den Eintretenden ein Kapellenraum, der mit der darunterliegenden Gruft durch eine runde Öffnung im Boden verbunden ist, welche durch ein gusseisernes Gitter verschlossen ist (*Tafel 2*). Die Gestaltung des Innenraums war durch seine Funktion als russisch-orthodoxe Kapelle bestimmt: hierbei trennt die sogenannte Ikonostase, eine mit Ikonen und Bildern geschmückte (Holz-)Wand, den dahinterliegenden Altarraum vom übrigen Kapellenraum ab. In der Grabkapelle hat Salucci den Innenraum ganz in Weiß gehalten und allein durch ein rundes, verglastes Scheitelfenster in der Kuppel beleuchtet, während die Nischen in den Kreuzarmen fensterlos sind. Die von außen sichtbaren kleinen Fenster belichten die zwischen den beiden Mauerringen liegenden Nebenräume der Kreuzarme, d.h. die Treppe in die Gruft bzw. in das Dach, sowie die beiden Nebenräume hinter der Ikonostase, wo die Paramente und liturgischen Objekte aufbewahrt wurden. Gegliedert ist der Raum durch einen umlaufenden Kranz von sechzehn Säulen und Pilastern mit korinthischen Kapitellen, die die vier Kreuzarme vom übrigen Raum abtrennen. In den Wandflächen sind nochmals vier Nischen eingelassen, worin sich Skulpturen der vier Evangelisten befinden[19]. Die Kuppel ist mit plas-

---

[19] Diese wurden von Johann Heinrich Dannecker (Evangelist Johannes), seinem Schüler Theodor Wagner (Evangelist Lukas), sowie den Bildhauern Johann Leeb (Evangelist Matthäus) und Nepomuk Zwerger (Evangelist Markus) ausgeführt, bei beiden letzten jedoch nach Entwürfen von Bertel Thorvaldsen.

Abb. 6 Inschrift über dem Eingang an der Westseite

tischen, stuckierten Rosetten in einzeln eingesetzten Kassetten durchgehend verziert und sitzt auf einem schmucklosen Gebälk oberhalb der korinthischen Säulenkapitelle auf. Der aus rotem und weißem polierten Sandstein bestehende Fußboden bildet – abgesehen von der Ikonostase – den einzigen Kontrast zum sonst farblosen Innenraum. Ähnlich wie der Innenraum allein durch das Opaion, d. h. die Öffnung, in der Kuppel beleuchtet wird, erhält auch der darunter liegende Gruftraum allein durch die vergitterte Öffnung im Kapellenboden eine Lichtquelle. Die Gruft nimmt den Grundriss der Kapelle auf, indem die vier Nischen in den Kreuzarmen jeweils mit einem Tonnengewölbe überfangen wurden und darin Platz für die Sarkophage boten (*Tafel 3*). Bereits im Vorfeld hatte Wilhelm I. bestimmt, dass außer der verstorbenen Königin Katharina auch er selber sowie die beiden Töchter aus der gemeinsamen Ehe dort bestattet werden sollte, so dass die vier Nischen genau für vier Sarkophage Raum geboten hätten (*Abb. 7*). Da Wilhelm I. aber nach seinem Tod im Doppelsarkophag von Katharina mitbestattet wurde und nur die jüngste Tochter Maria, verheiratete Gräfin von Neipperg, ebenfalls in der Gruft ihre letzte Ruhestätte fand, sind heute nur zwei der vier Nischen belegt (*Abb. 8*)[20].

---

[20] Das königliche Paar hatte zwei gemeinsame Töchter Marie (1816–1887) und Sophie (1818–1877). Während Marie 1840 den württembergischen Grafen Alfred von Neipperg heiratet und bis zu ihrem Tod in Stuttgart bleibt, heiratet Sophie 1839 den Kronprinzen Wilhelm der

Abb. 7   Gruft mit Doppelsarkophag für Königin Katharina und König Wilhelm I. von Giovanni Salucci

Der Gruftraum ist in der Ausführung ansonsten völlig schmucklos, wobei Salucci in seinen Plänen eine reiche Verzierung der Decke und der Wände mit Festons, Girlanden, Genien und Inschriften vorsah (*Abb. 9*). Auf Geheiß des Königs wurden diese Arbeiten aber reduziert bzw. gar nicht ausgeführt. Der Doppelsarkophag für Katharina und Wilhelm I. wurde nach einem Entwurf von Salucci nach antiken Vorbildern vom italienischen Bildhauer Vincent Bonelli aus Carrarmarmor in Einzelteilen gefertigt und vor Ort zusammengesetzt. An der Stirnseite des Sarkophags finden sich mit Blumen- und Fruchtgirlanden sowie Festons ähnliche Zierformen, wie sie auch für den Schmuck der Wände in der Gruft vorgesehen waren. Auf dem Sarkophag rahmen diese die Tafel mit den Namen und Lebensdaten der Verstorbenen und die schlafenden württembergischen Wappentiere Hirsch und Löwe, welche jeweils eine Lanze halten auf deren Enden eine Eule und ein Adler sitzt, als Symbole für Klugheit und Wachsamkeit. Der Deckel ist in Anlehnung an einen antiken Tempelgiebel mit Tympanon und Akroterien an den Ecken gestaltet und mit zwei Sternen im Lorbeerkranz sowie zwei verlöschenden Öllampen als Allegorien des Todes verziert. Auf den Längsseiten finden sich hingegen nur das Allianzwappen von Württemberg und Russland, während die Rückseite gänzlich ungeschmückt ist. Salucci hatte ursprünglich ferner vorgesehen, dass der Sarkophag noch von

---

Niederlande und wird nach ihrem Tod in der königlichen Familiengruft in Delft bestattet. Vgl. SAUER (wie Anm. 2), S. 131 ff.

Abb. 8 Gruft mit dem Sarkophag für
Prinzessin Marie von Württemberg,
verh. Gräfin von Neipperg,
von Viktor Cappeller

Abb. 9 Entwurf für die Gruft
nach Salucci, um 1820

einer silbernen Königskrone gekrönt würde, was aber ebenfalls nicht zur Ausführung gelangte.

Mit dem Tod der älteren Tochter Marie von Neipperg am 4. Januar 1887 und ihrer Bestattung in der Kapelle am 24. Juni 1890 wurde in der zweiten Nische ein weiterer Sarkophag aufgestellt. Dieser wurde vom Nürnberger Bildhauer Viktor Cappeller gefertigt und versuchte, den antikisierenden Stil des Bonelli-Sarkophags bzw. der Kapelle aufzunehmen, indem er ihn in Form eines antiken Ruhebetts anfertigte. Dieser steht mit der Längsseite zur Gruft und ist an der »Schauseite« mit zwei allegorischen Figuren geschmückt, wobei an der linken Seite ein Knabe mit einem Ruhmeshorn und rechts ein Mädchen mit einem Lorbeerkranz die Namenstafel mit den Lebensdaten der Verstorbenen flankieren. An den Stirnseiten ist der Sarkophag außerdem jeweils mit einem knienden, kreuzhaltenden Mädchen verziert[21]. Die übrigen beiden Nischen verblieben nach Aufstellung des letzten Sarkophags zunächst leer, da, wie bereits erwähnt, aufgrund des königlichen Testaments keine Bestattungen von weiteren Familienmitgliedern vorgenommen werden durften. Bereits ab 1907 war die Kapelle bzw. die Gruft für Besucher zugänglich; die leeren Nischen wurden jedoch erst anlässlich des 900-jährigen Jubiläums des Hauses Württemberg 1983 mit Büsten der übrigen württembergischen Könige Friedrich I., Karl I. und Wilhelm II. und mit Büsten von König Wilhelm I. und Königin Katharina bestückt.

---

[21] Zur Ausführung und Aufstellung des Sarkophags vgl. HStAS E 14 Bü 84, Schreiben des Oberhofrats Taubenheim an König Karl I. vom 27. Juni 1890. Darin der Verweis, dass die Verstorbene bis dahin in einem Sarg aufgebahrt war und nach Aufstellung des Sarkophags direkt (bzw. zusammen) mit dem Sarg darin bestattet wurde. Lehnt sich Capeller in der Gestaltung an den königlichen Doppelsarkophag an, so kommt er in der Ausführung qualitativ jedoch nicht an Bonellis bzw. Saluccis Arbeit heran, da zum Beispiel die Figuren an Längs- und Stirnseite sehr flach und die Körper ohne genaue Berücksichtigung der menschlichen Anatomie ausgeführt sind. Hierin zeigt sich der Dualismus zwischen der Kunst des frühen 19. Jhd., die sich stärker am Studium der antiken Originale orientierte, und des Historismus, der eine Annäherung an die jeweils zitierten Stilformen sucht.

Unterhalb der Kapelle wurden zudem noch zwei weitere Gebäude von Salucci geplant und ausgeführt: ein Priesterhaus und ein Psalmistenhaus[22]. Hierbei handelt es sich um ein größeres, eingeschossiges Wohnhaus für einen russisch-orthodoxen Geistlichen und seine Familie, sowie einem angrenzenden kleineren Haus für zwei Sänger, die zusammen mit dem Geistlichen täglich für das Seelenheil der Verstorbenen beten und singen sollten.

Vorgaben durch den russisch-orthodoxen Glauben Katharina Pawlownas

Aufgrund der Abstammung und der Zugehörigkeit der verstorbenen Königin zum russisch-orthodoxen Glauben, waren die religiösen Vorgaben – wie schon eingangs erwähnt – von vornherein beim Kapellen-Neubau auf dem Württemberg zu berücksichtigen. Denn trotz der Heirat mit einem protestantischen Regenten blieb Katharina wie alle russische Fürstinnen an ihren orthodoxen Glauben gebunden und es war Voraussetzung für jede eheliche Verbindung, dass die weiblichen Mitglieder des Zarenhauses bei einer Heirat mit einem andersgläubigen Gatten ihren Glauben beibehalten und ausüben durften. Bei der Vermählung mit dem Zarenhaus hingegen mussten die einer anderen Konfession zugehörigen Bräute den russisch-orthodoxen Glauben annehmen[23].

Eine derartige russisch-orthodoxe Kapelle ist somit durch eine vorgegebene Gliederung bestimmt: Der Innen- bzw. Gemeinderaum wird durch die Ikonostase, eine mit Ikonen und Bildern geschmückte Trennwand, von dem dahinterliegenden Altarraum bzw. Allerheiligsten, zu dem nur die Geistlichen Zutritt haben, abgetrennt[24]. In der Grabkapelle wurden sie nach einem Entwurf von Salucci ganz in Weiß mit vergoldeten, geschnitzten Ornamenten gefertigt, wobei über der mittleren Tür – der sog. Königspforte – die göttliche Dreieinigkeit in Form des Auge Gottes auf dreieckigem Grund dargestellt ist, die von zwei schwebenden Engeln mit einem Sternenkranz gekrönt wird (*Tafel 4*). Die Türen sind nach streng hierarchischen Regeln mit Gemälden und Ikonen bestückt: auf der mittleren Tür bzw. Königspforte die Darstellung der Verkündigung mit dem Verkündigungsengel auf der linken und Maria auf dem rechten Türflügel, darunter zwei kleinere Gemälde mit den vier Aposteln; rückwärtig ist auf dem linken Türflügel Maria als Mondsichelmadonna umgeben von Putti dargestellt und auf dem Rechten als Pendant Christus als Welterlöser (*Tafel 5–6*). Die äußere linke Tür ist mit

---

[22] Zur Erbauung des Priesterhauses vgl. HStAS E 14 Bü 285, Anbringen des Oberhofmeisteramtes an Wilhelm I. wegen der Erbauung des Priesterhauses auf dem Rotenberg vom 23. März 1821.

[23] Daher richtete sich Katharina in ihren Wohnräumen in Stuttgart – zunächst im Kronprinzenpalais und später im Neuen Schloss Stuttgart – jeweils eine private orthodoxe Kapelle ein, die mit liturgischen Ausstattungsobjekten aus Russland bestückt war, während die Messen von einem orthodoxen Geistlichen zelebriert wurden, der im Gefolge Katharinas bei ihrer Heirat mit nach Stuttgart gekommen war. Vgl. STEPHAN (wie Anm. 4), S. 9/10.

[24] Einen kurzen Überblick über die russisch-orthodoxe Liturgie findet sich in: K. H. Otto/ A. Koljada, Alexandrowka und die Alexander-Newski-Gedächtniskirche, Potsdam 2004, S. 28f.

dem Portrait des heiligen Alexander Newskij, einem Nationalheiligen Russlands, und die äußere rechte Tür mit der Heiligen Maria Magdalena als reuige Sünderin versehen (*Tafel 7–8*). Gerahmt werden beiden Seiten der äußeren Türen von Ikonen und einem kleineren textilen Bildnis der heiligen Katharina.

Gegenüber der Ikonostase, über der Eingangstür, befindet sich ein weiteres, bedeutendes Ausstattungsobjekt: ein dreieckiges Gemälde mit der Darstellung des Heiligen Abendmahls, das einst die private Kapelle Katharinas in Twer und im Neuen Schloss Stuttgart schmückte (*Tafel 9*). Auch unter den übrigen liturgischen Objekten aus dem späten 18. und frühen 19. Jahrhundert befinden sich Werke aus dem einstigen Privatbesitz der Königin, die diese aus Twer bzw. bei ihrem Einzug nach Stuttgart mitbrachte[25]. Hierzu zählt neben zahlreichen Ikonen auch ein vollständiges Abendmahlsgeschirr, welches aber ebenso wie ein Großteil der Ikonen nur zu hohen Feiertagen verwendet wurde[26].

Durch die Verbindung von vollständig »funktionsfähiger« Kapelle und darunterliegender Ruhestätte war die Verstorbene auch nach ihrem Tod noch in die liturgischen Handlungen eingebunden, da ein Geistlicher und zwei Sänger verpflichtet wurden, jeden Tag für das Seelenheil der Verschiedenen zu beten und zu singen. Durch die vergitterte Öffnung im Kapellenboden waren sowohl die Gebete und Gesänge aus dem Kapellenraum in der Gruft, als auch solche aus der Gruft in der Kapelle zu hören. Die Gruft verfügt dabei über eine ausgewöhnlich gute Akustik, so dass die dortigen Gesänge um ein vielfaches verstärkt in der gesamten Kapelle wiederhallen.

Vorbilder und Ausführung

Mit der Errichtung dieser Grabkapelle war augenscheinlich eine adäquate Ruhestätte für die verstorbene russische Großfürstin und württembergische Königin geschaffen worden. Daneben gilt die Grabkapelle bis heute als Sinnbild der innigen Beziehung zwischen dem jungen Königspaar und der großen Trauer Wilhelm I. um die früh verstorbene Gattin. Trotz der scheinbar eindeutigen Historie dieses Bauwerks lohnt es sich, die Grabkapelle sowohl in ihrem historischen als auch in sepulkralen Kontext genauer anzuschauen.

Zum besseren Verständnis der Kapelle bietet sich ein direkter Vergleich ähnlicher Grablegen für russischstämmige, verstorbene Gattinnen deutschsprachiger Adliger an. Beispielhaft hierfür ist in erster Linie das Mausoleum für die Großfürstin Helena Pawlowna (1784–1803), einer Schwester Katharinas, die mit dem Erbprinzen Friedrich Ludwig von Mecklenburg-Schwerin (1778/1816–1819) verheiratet war[27]. Nach ihrem frühen

---

[25] Katharina war in erster Ehe mit dem kaiserlich-russischen Gouverneur von Twer, Herzog Georg von Oldenburg, verheiratet gewesen und hatte sich daher im Schloss von Twer eine Kapelle eingerichtet. Vgl. Oberfinanzdirektion Stuttgart (Hg.), 1991, S. 7/8.
[26] Zur Übersicht der liturgischen Objekte aus Katharinas Besitz vgl. Ebd., S. 12.
[27] Zum Mausoleum vgl.: »Mausoleum, Helenen Paulownen, Großfürstin von Rußland, vermählte Erbprinzessin von Mecklenburg-Schwerin, errichtet.«, in: Zeitung für die elegante Welt, Nr.33 (1806), S 265–267.

Abb. 10   Joseph Ramée, Ansicht und Grundriss für die Grablege der Helena Pawlowna, Prinzessin von Mecklenburg-Schwerin und Großfürstin in Russland, im Schlosspark von Ludwigslust, 1806

und unerwarteten Tod war sie zunächst im Gewölbe unter der Kanzel der Schlosskirche von Ludwigslust beigesetzt worden, ehe sie 1806 in das für sie erbaute Mausoleum überführt wurde. Dieses wurde im Schlosspark von Ludwigslust von Joseph Christian Lillie und Joseph Ramée im neoklassizistischen Stil in Form eines antiken Tempels mit rechteckigem Grundriss und vorgelagerten Portikus errichtet. Dessen runder Innenraum erschloss sich hinter einem kleinen Vestibül mit Säulen in dessen Mitte zwei Marmorsarkophage standen, wobei neben dem für Helena Pawlowna bestimmten auch ein Sarkophag für ihren Gatten Friedrich Ludwig vorgesehen war, wo dieser nach seinem Tod 1819 auch beigesetzt wurde (*Abb. 10*). Vom Vestibül führte eine Treppe in das Obergeschoss, wo sich eine kleine russisch-orthodoxe Kapelle mit einer bildverzierten Iko-

---

I. VON BÜLOW, Joseph Christian Lillie (1760–1827) – ein Architektenleben in Norddeutschland, München/Berlin 2007.

Abb. 11 Weimar, Fürstengruft mit angrenzender russisch-orthodoxer Kapelle

nostase befand. Dreimal im Jahr wurde dort ein Gottesdienst durch einen aus der russischen Botschaft in Berlin angereisten orthodoxen Priester abgehalten[28].

Auch für eine weitere Schwester Katharinas, die Großfürstin Alexandra Pawlowna (1783–1801) vermählt mit dem österreichischen Erzherzog und ungarischen Palatin Joseph Anton von Habsburg (1776–1847), war nach ihrem frühen Tod eine eigene orthodoxes Grabkapelle in Üröm nahe Budapest erbaut worden (*Tafel 10*)[29]. Ähnlich wie im Falle Katharinas wollte auch Großfürstin Alexandra ursprünglich in Üröm ein Sommerschloss errichten lassen und erst nach ihrem Tod wurde der Wunsch der Verstorbenen bei der Ortswahl zur Errichtung der Kapelle wieder aufgegriffen[30]. Innerhalb eines Jahres wurde

---

[28] 1897 wurde die Kapelle umgestaltet und zusätzlich als Grablege für zwölf weitere Familienmitglieder der großherzoglichen Familie genutzt. Vgl. http://www.orthodoxie-in-deutschland.de/03_textsammlung/bote_roka/kirchen_mecklenburg_vorpommern.html.

[29] Vgl. H. Ortenburg, Üröm und die Grabkapelle daselbst, die letzte Ruhestätte Ihrer k. H. der verewigten Erzh. Großfürstin Alexandra Pawlowna, Pest 1860.

[30] Sowohl die Wahl eines Parks bzw. parkähnlichen Anlage der Grablege in Ludwigslust als auch in Üröm stehen damit in der Tradition der Gartengräber. Vgl. A. Dorgerloh, Gartengräber – Legitimationslinien einer neuen Gestaltungsaufgabe, in: Landesamt für Denkmalpflege (Hg.), Monumente im Garten – der Garten als Monument. Stuttgart 2012. S. 51–58.

die letzte Ruhestätte ebenfalls in Form eines antiken Tempels auf rechteckigen Grundriss mit vorgelagerter kleiner Freitreppe aus Sandstein mit Marmorverzierungen errichtet. Bereits 1803 konnte der Leichnam der Verstorben überführt werden. Im Inneren wird die Kapelle trotz des rechteckigen Grundrisses durch ein »Rondell« gegliedert, indem in die vier Ecken einzelne Räume mit konkaven Wänden eingerichtet sind (*Tafel 11*). Der runde Kapellenraum wird wiederum von einer Ikonostase mit sehr reichem Bilderschmuck verziert, während die darunterliegende Gruft mit Kuppelgewölbe durch eine neben dem Eingang liegende kleine Treppe erschlossen wird. Die Verstorbene ruht dort auf einem kleinen Podest in einem mit roter Samtdecke bedeckten Sarg (*Tafel 12*). Auch in diesem Fall wurden regelmäßig durch einen russischen Geistlichen und mehreren Sängern, die in Häusern in dem nahegelegen Dorf lebten, Gottesdienste zum Seelenheil der Verstorbenen abgehalten. In ihren Ausmaßen ist die Kapelle in Üröm deutlich kleiner als die Stuttgarter Variante, in ihrer Ausstattung jedoch weitaus aufwendiger und reicher bestückt, z. B. mit einem Deckengemälde im Kapellenraum und zahlreichen Ikonen und Bilder an der Ikonostase und im gesamten Raum[31].

Während diese beiden Beispiele in ihrer Ausführung und Ausmaßen einander ähneln, so weicht die Grabkapelle für eine weitere Schwester, Großfürstin Maria Pawlowna (1786–1859), verheiratete Großherzogin von Sachsen-Weimar-Eisenach, von dem bisherigen Schema ab (*Abb. 11*). Diese hatte selbst testamentarisch verfügt, dass über ihrem Grab eine orthodoxe Kapelle errichtet werden sollte. Gleichzeitig wünschte sie jedoch auch neben ihrem verstorbenen Mann, Großherzog Carl Friedrich (1783/1828–1853) bestattet zu sein, der bereits in der zwischen 1823 und 1828 errichteten Weimarer Fürstengruft auf dem dortigen historischen Friedhof ruhte[32]. Daher wurde die Kapelle direkt an der Ostwand der Fürstengruft angesetzt und ein Durchbruch in die südliche Gruftgewölbewand geschaffen. Ihr Sarg wurde dann in dem Gang zwischen Fürstengruft und orthodoxer Kapelle gestellt, so dass sie sowohl – wie es ihr russisch-orthodoxer Glaube verlangte – in einer russischen Kapelle beigesetzt war und gleichzeitig neben ihrem Mann ruhen konnte. Der Weimarer Oberbaudirektor Carl Heinrich Ferdinand Streichhan errichtete die Grabkapelle im Auftrag ihres Sohnes, Großherzog Carl Alexander, zwischen 1860 und 1862, aber im Gegensatz zu den Grablegen ihrer Schwestern nicht im klassizistischen Stil, sondern nach dem Vorbild der orthodoxe Kirche mit deutlich erkennbarer Apsis im Osten und einer zentralen und vier seitlich flankierenden Kuppeln in Kerzenform. Im Inneren befindet sich wiederum der relativ kleine Innenraum mit Ikonostase und dahinterliegenden Altar in der östlichen Apsis, während eine Wendeltreppe in die darunter liegenden Gruft führt. Die Innenausstattung ist ähnlich aufwendig gestaltet wie in den beiden Kapellen in Üröm und Ludwigslust: mit Malereien sakraler Motiven in den Kuppel- bzw. Gewölbezwickeln und farbig gefassten, geometrischen Einlagen in rot und grün an Wänden und Boden, sowie zahlreichen Ikonen an der Ikonostase und den Wänden (*Tafel 13*).

---

[31] Vgl. ORTENBURG (wie Anm. 28), S. 13–18 mit einer sehr ausführlichen Darstellung der Innenausstattung der Kapelle und Abbildungen.

[32] Vgl. A. ARCHIMANDRIT, Die Kirche der Apostelgleichen Maria Magdalena zu Weimar – Studien zu ihrer Geschichte, in der Reihe: Quellen und Studien zur orthodoxen Theologie 38, Erlangen 1999; dort mit weiterführender Literatur.

Bereits anhand dieses kurzen Abriss an vergleichbaren Grablegen russischer Großfürstinnen aus dem engsten Umfeld Katharinas wird deutlich, wie sehr eine Errichtung der Stuttgarter Grabkapelle im zunächst angestrebten neogotischen Stil aus dem Rahmen der bereits existierenden Grablegen bzw. Kapellen im familiären Umfeld Katharinas gefallen wäre[33]. Aufgrund der stilistischen bzw. architektonischen Nähe kann davon ausgegangen werden, dass wahrscheinlich auch Salucci die beiden Grablegen der 1801 und 1803 verstorbenen Schwestern der Königin aus Beschreibungen kannte, da der überarbeitete und letztendlich ausgeführte Entwurf für die Stuttgarter Kapelle Ähnlichkeiten mit den Grablegen in Ludwigslust und Üröm aufweist. So findet sich in der Stuttgarter Ausführung nicht nur der Rückgriff auf Baugedanken der Antike bzw. des Klassizismus, sondern auch Analogien in der Ausführung mit dem über (wie in Üröm) bzw. unter (wie in Ludwigslust) der Grablege liegenden Kapellenraum, dem nicht repräsentativen Zugang zur Gruft bzw. zur Grablege, dem runden, von außen in dieser Form nicht erkennbaren Innenraum sowie der Lage in einem eher ländlichen Rahmen mit persönlichen Bezug zur Verstorbenen. Die Stuttgarter Kapelle unterscheidet sich hingegen in ihren Ausmaßen, was jedoch angesichts des Ranges der Bestatteten und der Tatsache, dass es als Grablege der gesamten königlichen Familie (Wilhelm sowie die beiden gemeinsamen Töchter) geplant war, verständlich ist. Die beabsichtigte Anlage als »Familiengruft« kann auch der Grund dafür sein, dass die Kapelle erst ab 1907 für die Öffentlichkeit zugänglich war[34].

Scheint es auf den ersten Blick auch befremdend, dass Wilhelm I. die Kapelle als Familiengrablege plante und somit als protestantischer Regent erst- und einmalig in Württemberg in einem russisch-orthodoxen Gotteshaus bestattet wurde[35], so zeigen doch die Beispiele in Ludwigslust und Weimar, dass es nicht ungewöhnlich war, dass russische

---

[33] Bereits seit dem 18. Jhd. entstanden russische Kapellen im deutschsprachigen Raum zunächst als private Hauskapellen von russischen Prinzessinnen oder Gesandten, die sich in ihren Residenzen bzw. Wohnstätten eigene Kapellen einrichteten Ab Mitte des 19. Jhd. wurden auch vermehrt Kapellen in bestehenden Gebäuden in den von russischen Gästen bevorzugten Kurorten wie Baden-Baden oder Wiesbaden eingerichtet. Zur Entwicklung der russischen Kirche im deutschsprachigen Raum vgl. A. Nowikoff, 400 Jahre Haus Romanow – die Zarenkirchen in Deutschland, Bad Ems 2013; G. Feige, Die Orthodoxen Kirchen in Deutschland von den Anfängen bis zur Gegenwart, in: Orthodoxes Forum. Zeitschrift des Instituts für Orthodoxe Theologie der Universität München, 10. Jahrgang, Heft 1, 1996, S. 201–230; T. Meyer (Hg.), 1000 Jahre christliches Russland – zur Geschichte der russisch orthodoxen Kirche (Ausst.-Kat. Historische Museum Frankfurt a.M.), Recklinghausen 1988.

[34] In Stuttgart gab es erst ab 1895 eine öffentliche russisch-orthodoxe Kirche, die bis heute bestehende St. Nikolaus-Kirche in der Stuttgarter Seidenstrasse. Zuvor wurde von den orthodoxen Gläubigen die Kapelle in der russischen Gesandtschaft genutzt, sofern man nicht über eine eigene Kapelle verfügte, wie – nach Königin Katharina – die nach Württemberg verheiratete Königin Olga Nikolajewna und die adoptierte Großfürstin Wera Konstantinowa. Letztere unterhielt jedoch nicht mehr dauerhaft eine eigene Kapelle, sondern besuchte die Gottesdienste in der Grabkapelle. Zur Lage und Ausstattung dieser Kapellen vgl. Oberfinanzdirektion Stuttgart, 1991, S. 7–11.

[35] Es finden sich leider keine zeitgenössischen Quellen, die bezeugen, ob nach der Beisetzung Wilhelms die Gebete für sein Seelenheil ebenfalls von dem dortigen russischen oder einem hinzugezogenen protestantischen Geistlichen zelebriert wurden. Ebenso ist nicht bekannt, wie die Liturgie nach Beisetzung der Tochter Marie von Neipperg gehandhabt wurde.

Großfürstinnen trotz der konfessionellen Vorgaben neben ihren Gatten bestattet wurden, sei es direkt in der Kapelle (Ludwigslust) oder über eine architektonische »Zwischenkonstruktion« (Weimar)[36].

Vor dem Hintergrund, dass Wilhelm I. die Grablege nicht nur für seine verstorbene Frau, sondern auch für sich selbst errichten ließ, erscheinen die Unstimmigkeiten bei der Entwurfswahl und der Ausführung umso rätselhafter. Denn trotz der im Vorfeld exakten Abstimmung mit dem Bauherrn insbesondere hinsichtlich der Kosten kam es während der Ausführung auf Befehl des Königs mehrfach zu Änderungen am Bau, insbesondere bei den »Verzierungen«. So wurden an der Außenfassade die Nischen zur Aufstellung weiterer Skulpturen – ähnlich der vier Evangelisten-Skulpturen im Innenraum – ausgearbeitet, diese blieben jedoch ungenutzt und sind bis heute leer. Ebenso wurden im Inneren der Kapelle auf Zierformen oberhalb des Gesimses verzichtet. Am auffälligsten sind derartige Reduzierungen in der Gruft, wo die Ausführung von Ornamenten in Form von stuckierten Girlanden und Genien an den Wand- und Deckenflächen kurzfristig gänzlich unterlassen wurde.

Die »Einsparungen« an dem Doppelsarkophag, wo, wie schon erwähnt, die Königskrone und ebenfalls Verzierungen an den Seitenfläche weggelassen wurde, sprechen für eine sehr ökonomische Denkweise des Bauherrn und hätten bei einem anderen Bauwerk im königlichen Auftrag das sparsame Wesen Wilhelms unterstrichen. Bei der Erbauung einer Grabkapelle für seine Gattin bzw. sich und seine direkten Nachkommen, und vor dem Hintergrund der sehr vornehmen und extrem vermögenden Abstammung der Verstorbenen, die ein weitaus kostspieligere Bauwerk erlaubt hätten, befremdet diese sparsame und zu stark auf Funktionalität fokussierte Ader des Königs jedoch. Die sehr dezente Gestaltung der Kapelle und der Gruft irritieren umso mehr, als dass – wie in den erwähnten Beispielen besonders gut erkennbar – meistens eine sehr reiche und farbige Ausstattung die russisch-orthodoxen Kapellen schmückte. Zusammen mit den bereits im Vorfeld vom König gewünschten architektonischen bzw. kostensparenden »Abstrichen« am gesamten Bauwerks, sowie die Auswahl der Inschriften über den Portiken, insbesondere der zentralen Inschrift über den Eingang, welche mehr als Verlegenheitslösungen denn als bedachte Überlegungen erscheinen, drängt sich ein weitaus nüchterneres Bild hinsichtlich der Geschichte der Kapelle auf, als das der bisher verklärten Legende einer letzten Verneigung des tief erschütterten und verzweifelten Monarchen vor seiner großen Liebe. Nicht nur aufgrund der fehlenden bzw. sehr raren Quellen und Archivalien zur Baugeschichte, sondern auch aufgrund des starken persönlichen und emotionalen Hintergrunds, lässt sich über die Beweggründe der diversen Änderungen in der Planungs- und Ausführungsphase nur sehr vage spekulieren. Eine dieser Spekulationen wäre, dass sich Wilhelm erst in der Planungsphase dazu entschloss, sich später neben seiner Frau beisetzen zu lassen, wofür sprechen würde, dass in der Phase der neogotischen Entwürfe in den zugehörigen Quellen immer nur die Rede von einer Ka-

---

[36] Auf welche Weise die Bestattung des Monarchen in einem russisch-orthodoxen Gotteshaus neben seiner zweiten Frau von der Bevölkerung und der königlichen Familie, d.h. von seiner dritten Ehefrau Königin Pauline (1800–1873) und seinem Sohn und Thronfolger Karl I. (1823/1864–1891), aufgenommen wurde, bleibt aufgrund mangelnder Quellen unklar.

pelle für die verstorbene Königin ist[37], jedoch nicht für den Regenten selbst. Während eine neogotische Kapelle das erste Bauwerk dieser Stilrichtung in Württemberg gewesen wäre, so war der klassizistische Stil etabliert und andere Bauwerken im königlichen Auftrag in dieser Stilrichtung bereits realisiert worden[38]. Auch die erwähnte – für eine russische Kapelle sehr dezente – Innenausstattung erscheint dem Geschmack des protestantischen Monarchen und Bauherrn zu entsprechen. Aus diesem Blickwinkel erhält die Grabkapelle nochmals eine besondere Bedeutung: hat sich Wilhelm doch damit als erster und einziger württembergischer Monarch eine Ruhestätte erschaffen, die nicht nur den Ansprüchen seiner verstorbenen Gattin und ihrer Herkunft genügen, sondern auch seinen eigenen Vorstellungen an eine Grablege entsprechen sollte. Dieser bis jetzt noch nicht eingehender untersuchte Aspekt kann somit als Anstoß für eine differenziertere Sichtweise und weitere mögliche Forschungen zur Grabkapelle auf dem Württemberg dienen.

---

[37] Vgl. Anm. 7 und 10 mit den beispielhaften, zugehörigen Zitaten.
[38] Ab 1776 wurde im Park von Schloss Hohenheim im sog. Englischen Dörfle eine Reihe von Gartenarchitekturen (Spielhäuser, Tempel, antikisierende Ruinenbauten u. ä.) angelegt, wozu auch eine »gotische Kapelle« gehörte. Diese wurde aufgrund ihrer kleineren Ausmaße und rein privaten Zugang als Teil des Schlossparks hierbei jedoch nicht berücksichtigt
Hierzu gehören in Stuttgart das zu diesem Zeitpunkt bereits von Salucci geplante Landhaus Rosenstein, der von Georg Gottlob von Barth 1819 fertiggestellte Ständesaal und das ebenfalls von Barth 1819 geplante und 1826 fertig Staatsarchiv und Naturalienkabinett, sowie das seit 1816 von Salucci geplante und 1820 fertig gestellte Schlösschen Weil bei Esslingen. Vgl. PHILIPP (wie Anm. 5), S. 43.

Neudingen und Hedingen. Die Mausoleen der Fürstenhäuser Fürstenberg und Hohenzollern

VON ANDREAS WILTS

Der erste Eindruck führt wie so häufig auf die falsche Fährte. Hedingen, die imposante Gruftkirche der Fürsten von Hohenzollern liegt in der Stadt Sigmaringen, in Sichtweite des Hohenzollerischen Schlosses (*Abb. 1*). Sie bildet den krönenden Abschluss der Karlsstraße mit ihren zahlreichen Regierungs- und Verwaltungsgebäuden. Schon allein die mächtige Kuppel bezeugt den außergewöhnlichen Rang der Familie Hohenzollern. Hedingen ist offensichtlich mehr als eine reine Grablege. Das Langhaus spricht für gottesdienstliche Funktionen.

Ganz anders die Gruftkirche der Fürstenberger in Neudingen, auch sie ist eine monumentale Anlage (*Abb. 2*). Im Unterschied zu Hedingen liegt sie jedoch sehr verschwiegen, auf einem Hügel oberhalb der Donau, inmitten eines stimmungsvollen Parks, weitab vom Getriebe der Residenzstadt Donaueschingen (*Abb. 3*). Die Kirche, ein reiner Zentralbau, ist stets verschlossen, nur der Park ist öffentlich zugänglich. Neudingen scheint somit im Unterschied zu Hedingen in die Reihe jener Mausoleen zu gehören, die seit dem Ende des 18. Jahrhunderts auf privatem Grund und Boden als reine Grablegen und Erinnerungsstätten für verstorbene Familienmitglieder, ohne besondere kultische Funktionen errichtet wurden[1].

Der erste Eindruck trügt jedoch, vor allem im Falle Neudingens. Die älteste Photographie der Kirche aus der Zeit um 1890 (*Abb. 4*) und eine Beschreibung der Anlage vom Redakteur des katholischen Donauboten aus dem Jahre 1911 zeigen dies mit aller Deutlichkeit: *So entstand ein majestätischer Bau, der mit seiner hohen Kuppel lebhaft an italienische Vorbilder erinnert. Fast von allen Orten der Baar sieht man den Bau, der mit der Pfarrkirche von Donaueschingen zu deren Wahrzeichen gehört und ein schönes Denkmal des kirchlich-gläubigen Sinnes des Fürstenbergischen Fürstenhauses ist. […] Zu den Häuptern der Fürsten wird täglich nach dem Willen Karl Egons II. ein ewiger Got-*

---

[1] Zur Geschichte der Sepulkralarchitektur siehe insbes. B. EVERS, Mausoleen des 17.–19. Jahrhunderts. Typologische Studien zum Grab- und Memorialbau, Dissertation Universität Tübingen 1983; A. KRETSCHMER, Häuser der Ewigkeit. Mausoleen und Grabkapellen des 19. Jahrhunderts. Eine Einführung in die Sepulkralarchitektur am Beispiel Mecklenburg-Vorpommerns, Hamburg 2012; P. PINNAU, Gruft, Mausoleum, Grabkapelle. Studien zur Sepulkralarchitektur des 19. und 20. Jahrhunderts mit besonderer Hinsicht auf Adolf von Hildebrand, München 1992.

Abb. 1 Erlöserkirche Hedingen, 2014

tesdienst gehalten, und der Hofkaplan ist mit der Obhut über diese durch Alter und Gebet geheiligte Stätte betraut[2].

Will man die beiden Gruftkirchen in Neudingen und Hedingen verstehen, muss man ihre Entstehungsgeschichte verfolgen und darf sich nicht mit dem heutigen Eindruck begnügen.

Neudingen

Am 23. März 1852 legte eine Brandkatastrophe das ehemalige Zisterzienserinnenkloster Maria Hof in Neudingen in Schutt und Asche[3]. Es war ein einschneidendes Ereignis für das Haus Fürstenberg, nicht nur wegen der familiären Bedeutung des Ortes, sondern vor allem auch wegen der besonderen Umstände des Brandes.

Kloster Neudingen war neben der Burg Fürstenberg der identitätsstiftende Ort der Familie, wichtiger noch als die Residenz Donaueschingen, in der die Fürstenberger erst seit 1720 dauerhaft residierten[4]. Ausgehend von Neudingen, der ehemaligen karolingischen Kaiserpfalz, war im 11. Jahrhundert die namengebende Burg auf dem Fürstenberg

---

[2] H. LAUER, Die Fürstlich Fürstenbergische Gruftkirche Mariahof, in: Der Baaremer Landbote. Geschäftskalender 2 (1911), S. 34–36.

[3] Die Brandkatastrophe ist zusammenfassend dargestellt bei R. SCHELL, Das Zisterzienserinnenkloster Maria Hof bei Neudingen, Konstanz 2011, S. 190–197.

[4] K. S. BADER, Die fürstenbergischen Erbbegräbnisse. Kirchen-, rechts- und hausgeschichtliche Studien (Veröffentlichungen aus dem Fürstlich Fürstenbergischen Archiv 11), Donaueschingen 1941, vor allem S. 16–41.

Abb. 2 Gruftkirche Neudingen, 2014

gegründet worden. Das Frauenkloster, das die Fürstenberger hier um 1274 etabliert hatten, beherbergte seit 1337 die Grablege der Familie (*Abb. 5*). Im Chor der Kirche und im Mittelschiff reihten sich daher bis zum Brand die Epitaphien und Wappenschilde aneinander. Und unter dem Chor der Kirche lag spätestens im beginnenden 18. Jahrhundert eine Gruft. Sie war erst im Jahr vor dem Brand komplett erneuert und durch einen Erweiterungsbau unter dem Kirchenschiff wesentlich vergrößert worden[5]. Nur diese Gruft blieb beim Brand des Jahres 1852 unbeschädigt (*Abb. 6*). So stand es außerhalb jeder Diskussion, dass zumindest die Kirche über der Gruft wiederaufgebaut werden müsste. Die abgebrannten Klostergebäude dagegen hatten seit der Säkularisation verschiedene karitative Einrichtungen und zuletzt eine Rettungsanstalt für sittlich verwahrloste Kinder beherbergt[6]. Für sie konnte an anderer Stelle Ersatz geschaffen werden.

Verschiedene Faktoren bestimmten die Bauform der neuen Kirche. Zunächst der herrschaftliche Anspruch eines der ältesten Adelshäuser des deutschen Südwestens, das 1806 in einer als demütigend empfundenen Weise von seinen eigenen Standesgenossen mediatisiert worden war. Nach der Mediatisierung des Jahres 1806 hatten es die Fürstenberger als einziges standesherrliches Haus des Südwestens verstanden, in regierende Häuser einzuheiraten und damit ihren Anspruch auf Ebenbürtigkeit mit den neuen Landesherren Baden, Württemberg und Hohenzollern zu betonen. Fürst Karl Egon II. (1796–1854) war seit 1818 mit Prinzessin Amalie von Baden, der Schwester Großherzog Leopolds von Baden verheiratet. Sein Sohn Karl Egon III. (1820–1892) hatte im Jahre 1848 Prinzessin Elisabeth Reuß aus einem thüringischen regierenden Haus geheiratet.

---

[5] FFADS OB 14, I a; FFADS Dom. Adm., Neudingen, Bausache, II/3.
[6] M. MÜNZER, Die Geschichte des Dorfes Neudingen mit Kaiserpfalz, Kloster Maria Auf Hof und Pfarrkirche, Villingen 1973, S. 78–84.

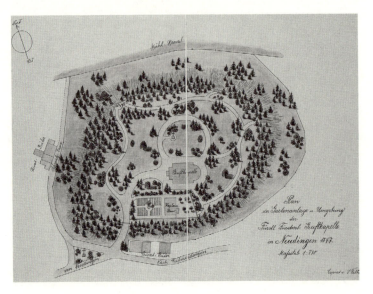

Abb. 3 Neudinger Parkanlage, 1877

Die Familie hatte darüber hinaus erste Schritte getan, um sich als hochadeliges Haus neu zu positionieren. In der Eisenindustrie erkannte Fürst Karl Egon II. einen Ersatz für die infolge der Mediatisierung weggebrochenen Einnahmen. Er widmete sich, ganz im Stile eines Landesvaters, karitativen Aufgaben, gründete Krankenhäuser, Heime und eine Sparkasse für seine ehemaligen Untertanen. Und er pflegte, noch ganz in der Tradition des 18. Jahrhunderts, mit enormem finanziellem Aufwand die Hofmusik und das Hoftheater. Jahr für Jahr weilte er zudem monatelang in der Landeshauptstadt Karlsruhe und vertrat in der Ersten Kammer des badischen Landtages durchaus liberale Positionen[7]. In den vierziger Jahren standen jedoch all diese Errungenschaften unverhofft zur Disposition. Fürst Karl Egon wurde 1848 von den revolutionären Ereignissen in seinen Territorien derart in seinem hochadeligen Selbstverständnis getroffen, dass er seinen Wohnsitz nach Karlsruhe verlegte und trotz aller Eingaben der Stadt Donaueschingen fünf Jahre lang nicht mehr seine Residenz Donaueschingen betrat. Erbprinz Karl Egon und seine junge Familie zogen sich sogar ganze sieben Jahre ins Exil nach Baden-Baden zurück[8]. Derweil wurde im verwaisten fürstenbergischen Stammland eine fürstenbergische Institution nach der anderen von teilweise mysteriösen Katastrophen heimgesucht. Schon 1841 waren mit dem Städtchen Fürstenberg auch die letzten Reste

---

[7] A. VON PLATEN, Karl Egon II. Fürst zu Fürstenberg 1796–1854, Stuttgart 1954, S. 47–93; A. WILTS, *Ausgelöscht aus der Zahl der immediaten Reichsfürsten*. Die Mediatisierung und Neupositionierung des Fürstentums Fürstenberg 1806, in: Adel im Wandel. Oberschwaben von der Frühen Neuzeit bis zur Gegenwart 1, Ostfildern 2006, S. 333–348.

[8] Zur Revolution in der Baar siehe E. H. ELTZ, Die Modernisierung einer Standesherrschaft. Karl Egon III. und das Haus Fürstenberg in den Jahren nach 1848/49, Sigmaringen 1980, S. 38–73.

Abb. 4 Gruftkirche Neudingen um 1890

der Stammburg einem Großbrand zum Opfer gefallen[9]. 1845 folgte das Museumsgebäude in Donaueschingen, 1850 das Hoftheater und nun 1852 die Gruftkirche in Neudingen[10]. Fürstenberg drohte physisch regelrecht aus der Region zu verschwinden. Fürstin Amalie deutete die Zusammenhänge und vermerkte am Tage nach dem Brand des Klosters verbittert in ihrem Tagebuch: *Zu Hause fand er [d. i. ihr Ehemann] leider die fatale Nachricht, daß das Kloster und die Kirche zu Neudingen gestern früh abgebrannt seien, wahrscheinlich wurde das Feuer gelegt, denn es brannte an vier Ecken zugleich und den Abend zuvor im Ekonomiehause [sic]. Recht unangenehm berührte uns ausser dem Brandschaden auch die Gleichgültigkeit oder vielmehr die Schadenfreude der Einwohner des Dorfes Neidingen. [Wir] sprachen in recht trüber Stimmung über den Schaden, welcher die Bosheit der Menschen uns aufs Neue zugefügt*[11]. »Gleichgültigkeit«,

---

[9] A. VETTER, Fürstenberg. Stadtteil von Hüfingen. Die Geschichte der einstigen Bergstadt in der Baar, Hüfingen 1997, S. 267–282.

[10] G. GOERLIPP, Das Museum in Donaueschingen 150 Jahre – Die Museumsgesellschaft 170 Jahre, in: Fürstenberger Waldbote. Jahreszeitschrift der Fürstlich Fürstenbergischen Fortsbetriebe, 34 (1988), S. 18–22; G. TUMBÜLT, Das Fürstlich Fürstenbergische Hoftheater zu Donaueschingen 1775–1850. Ein Beitrag zur Theatergeschichte, Donaueschingen 1914, S. 106–108.

[11] FFADS OB 19, LXXIII/7 zum 24. März 1852.

Abb. 5 Votivtafel mit Ansicht des Klosters Mariahof in Neudingen, 1733

»Schadenfreude«, »Bosheit der Menschen«, »aufs Neue« – für Fürst Karl Egon wurde der Brand offensichtlich zum Menetekel, das ihn aus der Resignation des Karlsruher Exilanten befreite. Oder kann es Zufall sein, dass er just 1853, rechtzeitig zum Beginn der Planungen für den Neudinger Wiederaufbau, seinen Wohnsitz nach Donaueschingen zurückverlegte[12]? Im gleichen Jahr wurden auch die 1848 eingestellten Verhandlungen zum Erwerb der Tafelgemälde und Handschriften des Freiherrn von Laßberg wieder aufgenommen und erfolgreich zum Abschluss gebracht[13]. Sie sollten den Grundstock für das schon seit langem geplante fürstenbergische Museum in Donaueschingen bilden. Neudingen steht in der Rückschau eindeutig am Beginn eines umfangreichen Programms, mit dem das Haus Fürstenberg in der zweiten Hälfte des 19. Jahrhunderts der Stadt Donaueschingen baulich und kulturell neuerlich seinen Stempel aufdrückte[14]. Eine repräsentative Zentralverwaltung, eine Reithalle, Orangerie, Dienerbauten, Sammlungsgebäude und Schloss wurden neu errichtet oder von Grund auf umgebaut. Kulturelle Vorzeigeprojekte wie die Sammlungen, die Hofbibliothek und das Archiv wurden

---

[12] FFADS OB 19, LXXII/11.
[13] J. L. WOHLEB, Der Übergang der Sammlungen Joseph von Laßbergs an das Haus Fürstenberg, in: ZGO 97 (1949), 229–247.
[14] E. H. ELTZ, Die Modernisierung einer Standesherrschaft. Karl Egon III. und das Haus Fürstenberg in den Jahren nach 1848/49, Sigmaringen 1980, S. 134–189; A. WILTS, *Ausgelöscht aus der Zahl der immediaten Reichsfürsten*. Die Mediatisierung und Neupositionierung des Fürstentums Fürstenberg 1806, in: Adel im Wandel. Oberschwaben von der Frühen Neuzeit bis zur Gegenwart 1, Ostfildern 2006, S. 333–348; G. SCHAUZU, Der Fürstlich Fürstenbergische Hofbaumeister Theodor Dibold in Donaueschingen, Magisterarbeit Universität Freiburg 1981.

Abb. 6   Gruft Neudingen

ins Leben gerufen und den Bürgern in großzügiger Weise zur Verfügung gestellt. Fürstenberg präsentierte sich großartiger als je zuvor in Stadt und Region.

Auch in der monumentalen Architektur der Gruftkirche hat dieser Wunsch, ein Zeichen zu setzen, unverkennbar seinen Niederschlag gefunden. Man errichtete nach längerer Diskussion einen kompakten Zentralbau mit hochaufragender Kuppel und griff dabei auf die in dieser Zeit im Memorialbau in Deutschland noch relativ ungebräuchlichen Bauformen der italienischen Renaissance zurück (*Abb. 7–8*). Manch andere Alternative wurde diskutiert und wieder verworfen[15]. Zur Debatte stand z. B. auch ein Langhaus. Dadurch hätte die komplette Gruft erhalten werden können. Bei der vorgegebenen Bausumme – maßgeblich war für den Fürsten die von der Brandkasse zu entrichtende Versicherungssumme – wäre allerdings nur ein Gebäude in relativ bescheidenen Formen möglich gewesen. Hofkavalier Franz Simon Freiherr von Pfaffenhoffen, der zusammen mit Archivar Joseph Wintermantel und Baumeister Theodor Dibold[16] die beratende

---

[15]   T. DIBOLD, Die Gruft-Kirche des fürstlichen Hauses Fürstenberg zu Mariahof, Stuttgart 1873 (Vorwort); FFADS OB 19, LXXII/2 (Korrespondenz des Fürsten Karl Egon mit Hofbaumeister Dibold und Hofkavalier von Pfaffenhoffen); FFADS Dom. Adm., Neudingen, Kirchensache VIII/1; FFADS OB 14 Vol. Ia; FFADS Pers. Di 22 (Personalakte Theodor Dibold).

[16]   Theodor Dibold (1817–1872) war seit 1844 zunächst Fürstlich Fürstenbergischer Bauinspektor, dann seit 1860 F. F. Hofbaurat. Dibold griff bei den Bauten, die er während seiner 28jährigen Baumeistertätigkeit für das Haus Fürstenberg errichtete, auf ein breites Spektrum an

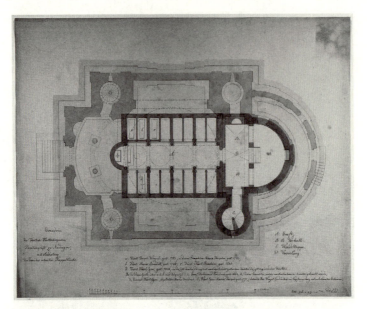

Abb. 7 Grundriss der Gruft

Abb. 8 Querschnitt der Gruftkirche

Baukommission für die Gruftkirche bildete, urteilte daher über den vorgelegten Entwurf abfällig: Dibolds Zeichnung für ein Langhaus *scheint mir eher ein Gartenhaus als eine Kirche darzustellen*[17]. So wurde die alte Gruft aufgegeben und allein die Größe des 1851 neu errichteten Gruftteils zum Maßstab des Neubaus.

Stilistisch hätten neben einem Zentralbau in den Bauformen der italienischen Renaissance auch antikisierende tempelartige oder gotische Bauformen zur Verfügung gestanden. Der in Frankreich geborene Freiherr von Pfaffenhoffen brachte z. B. die Grablege des Hauses Orleans in Dreux, einen neugotischen Bau, als Vorbild ins Spiel[18]. Mit ihm hätte man sich bruchlos in die damals im Kirchenbau vorherrschende Gotik eingefügt, allerdings kein besonderes Zeichen gesetzt. Tempelartige Bauformen, wie sie in der ersten Hälfte des Jahrhunderts vor allem protestantische Fürstenhäuser, so etwa die Könige von Preußen im Park des Schlosses Charlottenburg (1810), die Herzöge von Sachsen in Coburg (1817), die Großherzöge von Hessen in Darmstadt (1826) oder die Könige von Hannover im Park zu Herrenhausen (1841) errichteten, wären dagegen wohl kaum mit dem katholischen Selbstverständnis eines Fürstenhauses wie Fürstenberg zu vereinbaren gewesen[19]. So entschied man sich für den Baustil der italienischen Renaissance, weil vor allem er geeignete Vorbilder für katholische herrschaftliche Memorialbauten bereithielt. In Anlehnung an die Heiliggrabkapelle in Jerusalem waren hier seit dem 15. Jahrhundert Grablegen in überkuppelten Zentralbauten entstanden, zumeist im Anschluss an basilikale Langhäuser als sogenannte Chorscheitelkapellen. Die Florentiner Cappella dei Principi am Chor von St. Lorenzo ist eines der bekanntesten Beispiele. Aber auch St. Peter in Rom ist in letzter Instanz nichts anderes als ein überkuppelter Zentralbau über dem Grab des Apostels Petrus[20]. Mit der Wahl der Renaissance waren die Fürstenberger dabei zweifellos ihrer Zeit voraus. Noch 1884 beklagte der Baumeister der Hedinger Kirche, Johannes de Pay, dass sich die Renaissance im Kirchenbau im Vergleich zur Gotik noch kaum durchgesetzt habe[21]. Ihre große Zeit kam erst im ausgehenden 19. Jahrhundert, im wilhelminischen Kaiserreich.

Neben dem Wunsch nach standesgemäßer Präsentation bestimmte ein weiterer Faktor ganz wesentlich die Bauform der Neudinger Kirche. Es war dies die kultische Funktion des Bauwerks. Sie wird vor allem in Abgrenzung zu den Mausoleen protestantischer Fürstenhäuser deutlich. Während protestantische Kirchen und Religionsgemeinschaften keine Fürbitte für die Toten kennen und es für sie deshalb ohne weiteres denkbar ist, Grablegen als reine Erinnerungsstätten für verstorbene Familienmitglieder ohne alle kultischen Funktionen in privaten Parks zu errichten, dient die Pflege der Gräber der Verstorbenen im katholischem Verständnis ganz entscheidend der Sorge um das Seelenheil der Toten. Die Nähe des Grabes zum geweihten Altar und zu den Reliquien eines

---

Formen zurück. All seine Bauwerke sind jedoch von außergewöhnlich hoher architektonische Qualität und prägen bis heute vielfach das Stadtbild von Donaueschingen. Vgl. G. SCHAUZU, Der Fürstlich Fürstenbergische Hofbaumeister Theodor Dibold in Donaueschingen, Magisterarbeit Universität Freiburg 1981.

17 FFADS OB 19, LXXII/2 (Pfaffenhoffen) zum 14. Mai 1852.
18 Ebd.
19 B. EVERS (wie Anm. 1), S. 117–154.
20 B. EVERS (wie Anm. 1), S. 8–77.
21 J. DE PAY, Die Renaissance in der Kirchenbaukunst, Berlin 1884 (Vorwort).

Heiligen, die Messen und Gebete am Grab befördern das Seelenheil der Verstorbenen[22]. Deshalb wurde in Neudingen kein reines Mausoleum errichtet, sondern eine katholische Kirche mit privilegierter Grablege, so wie es zuvor die Klosterkirche der Zisterzienserinnen gewesen war. Die Kirche erhielt dementsprechend nach dem Willen des Erbauers all das, was eine katholische Kirche auszeichnete. Es gab einen Hauptaltar und zwei Seitenaltäre, ein Sakramentshäuschen und ein ewiges Licht, eine Orgel, Glocken, die zum Gottesdienst riefen, sowie vor allem einem eigenen Kaplan, damit über den Gräbern der verstorbenen Ahnen das Gebet niemals aufhöre.

Nach ihrer Vollendung wurde die Neudinger Kirche am 22. Oktober 1856 in einer besonders prunkvollen Zeremonie geweiht[23]. Der Weiheakt beleuchtet dabei noch einmal schlaglichtartig die besondere Bedeutung der Kirche für die Selbstdarstellung des Hauses: Die Weihe durch den hochbetagten Freiburger Erzbischof Hermann von Vicari wurde nämlich mit zwei besonders wichtigen Daten verbunden. Es war der zweite Jahrtag des mittlerweile verstorbenen Stifters der Kapelle, Fürst Karl Egon II., und es war vor allem auch der Tag, an dem die Gebeine von Fürst Karl Aloys zu Fürstenberg (1760–1799), des Vaters von Karl Egon II., in Anwesenheit sämtlicher Agnaten des Hauses Fürstenberg in die Neudinger Gruft überführt wurden. Karl Aloys war die Lichtgestalt in der jüngeren fürstenbergischen Geschichte. Er war 1799 als österreichischer Generalfeldmarschallleutnant in der Schlacht von Liptingen gegen die napoleonischen Truppen gefallen[24].

Dass die Kirche beides zugleich seine sollte, Grablege einer hochadeligen Familie und katholisches Gotteshaus in der Tradition des früheren Frauenklosters prägt ihre Bauform in allen Teilen. Hilfreich ist dabei zunächst ein Blick auf die verschiedenen Entwürfe für den Kirchenbau. Sie zeigen, wie Baumeister und Bauherr zwei Jahre lang intensiv um eine angemessene Präsentation beider Aspekte des Gotteshauses gerungen haben[25].

Der erste Entwurf, den Baumeister Dibold im Jahre 1853 als Reaktion auf seinen als Gartenhaus abgekanzelten Entwurf eines Langhauses vorlegte, erinnert noch in vielen Zügen an Karl Friedrich Schinkels Nikolaikirche in Potsdam[26]. Vorgesehen ist wie in Potsdam ein Zentralbau mit einer äußerst aufwändigen Kuppel. Der üppige Schmuck der Fassade soll dabei keinerlei Zweifel aufkommen lassen. Es ist das Mausoleum des Hauses Fürstenberg, nicht mehr und nicht weniger. Das Gebäude ist geradezu übersät mit fürstenbergischen Wappen und fürstenbergischen Adlern sowie mit Reliefs und Statuen, die die Thematik des Todes und der Auferstehung aufgreifen. In den Lünetten des dreiteiligen Portals war offensichtlich eine Darstellung des Jüngsten Gerichts vorgesehen. Lediglich die beiden Glockentürme verweisen auf die hier abzuhaltenden Gottesdienste (*Abb. 9*).

---

[22] Vgl. z. B. A. Hauser, Von den letzten Dingen. Tod, Begräbnis und Friedhöfe in der Schweiz 1700–1990, Zürich 1994.
[23] FFADS OB 19, LXIX/9, darin vor allem ein Bericht der Augsburger Allgemeine Zeitung Nr. 311 vom 5. Nov. 1856.
[24] A. Wilts, Fürst Karl Aloys zu Fürstenberg. K. K. Feldmarschalleutnant, in: Schlacht bei Liptingen 1799. Gedenkschrift, hg. von der Gemeinde Emmingen – Liptingen, Emmingen-Liptingen 1999, S. 43–62.
[25] FFADS, Karten und Pläne, Neudingen.
[26] D. Beuchel/U. Treichel, St. Nikolai in Potsdam, München/Berlin ³1999.

Tafel 1   Christian Friedrich Duttenhoffer nach Giovanni Salucci, Trauergerüst für die verstorbene Königin Katharina von Württemberg in der Stuttgarter Stiftskirche, Aquatinta, 1816

Tafel 2   Kapellenraum

Tafel 3 Gruft

Tafel 4 Kapellenraum,
Königspforte der Ikonstase

Tafel 5   Kapellenraum, Gemälde Maria als Mondsichelmadonna

Tafel 6   Kapellenraum, Gemälde Christus als Welterlöser

Tafel 7 Kapellenraum, Ikonostase, Gemälde Hl. Alexander Newskij

Tafel 8 Kapellenraum, Ikonostase, Gemälde Hl. Maria Magdalena

Tafel 9 Kapellenraum, Dreiecksgemälde mit der Darstellung des Abendmahls über der Eingangstür im Westen

Tafel 10   Grabkappelle in Üröm nahe Budapest, um 1860

Tafel 11   Grabkappelle in Üröm, Kapellenraum, um 1860

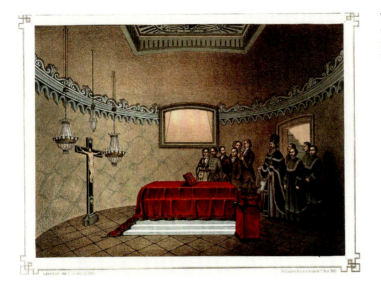

Tafel 12 Grabkappelle in Üröm, Gruft, um 1860

Tafel 13   Weimar, russisch-orthodoxe Kapelle, Kapellenraum

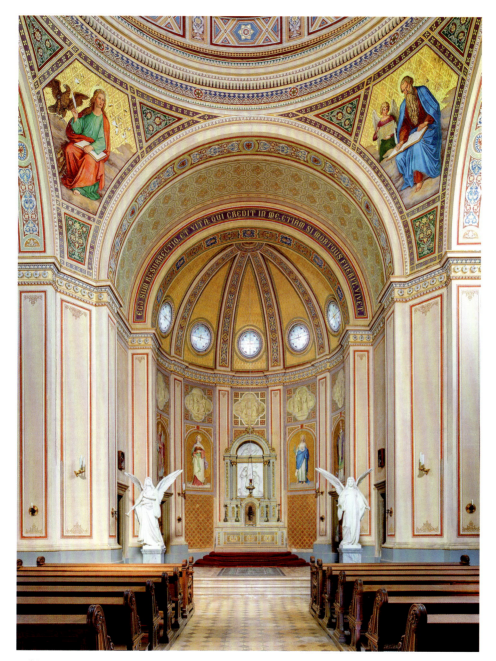

Tafel 1   Innenraum der Gruftkirche Neudingen

Tafel 2 Kuppel der Gruftkirche Neudingen

Tafel 3 Kuppelraum und Chor der Erlöserkirche Hedingen

Tafel 1   Eugen Börner,
Fenster im Treppenturm

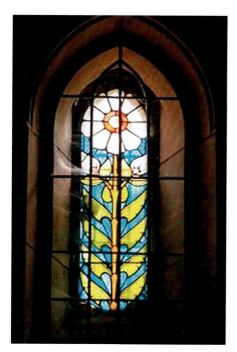

Tafel 2   Eugen Börner,
Fenster Südseite

X ZUM BEITRAG VON KONRAD KRIMM

Tafel 3   Eugen Börner, Fenster in der Friedhofskapelle Sandweier
(Bernhard von Baden, Katharina)

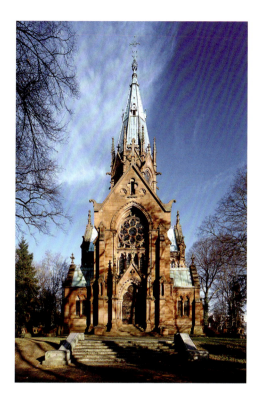

Tafel 1 Großherzogliche Grabkapelle in Karlsruhe. Ansicht von Westen

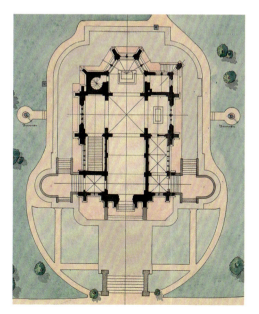

Tafel 2 Grundriss der Großherzoglichen Grabkapelle von Hermann Hemberger, Oberkirche, 4.12.1896

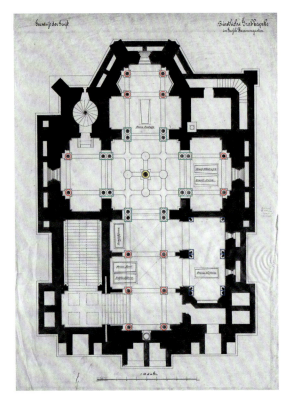

Tafel 3   Undatierter Grundriss der Gruft.
Legende zu den Kapitelltypen:
rot = freistehende Säulen
grün = gekuppelte Säulen
gelb = Mittelsäule
blau = Dienste

Tafel 4   Dreiecksnische im Chor der Gruft mit schlafendem Engel des Bildhauers Fidel Binz

Tafel 5   Vierung der Gruft nach Osten

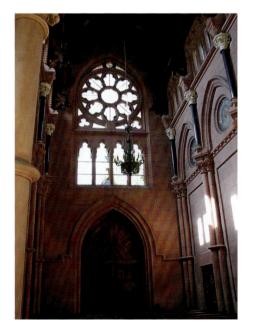

Tafel 6   Westfenster und Portal

XIV ZUM BEITRAG VON ALMA-MARA BRANDENBURG

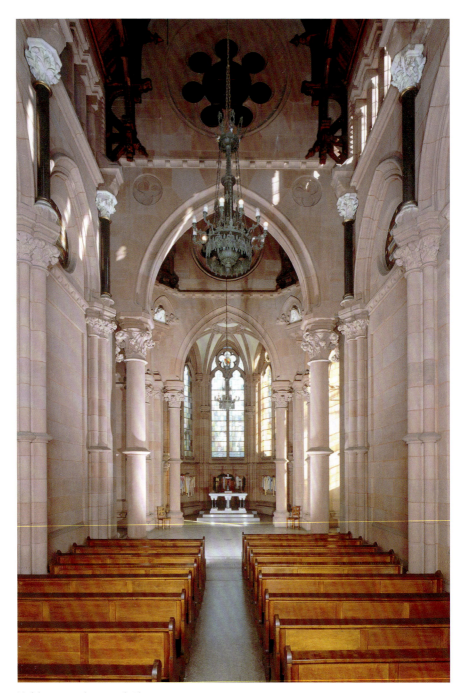

Tafel 7   Langhaus und Chor

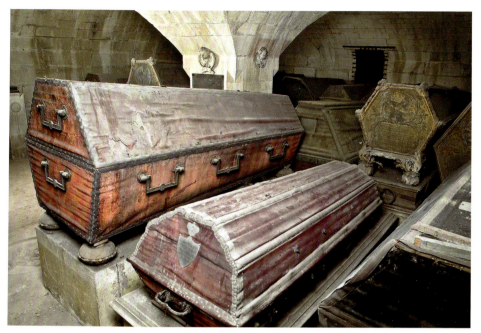

Tafel 1   Chorgruft der Stuttgarter Stiftskirche

Abb. 9 Erster
Entwurf von
Theodor Dibold,
Februar 1853

Über vier weitere Entwürfe, die hier nicht im Einzelnen vorgestellt werden können, schälte sich schließlich die endgültige Fassade heraus[27]. Die Fürstenberg- und Todesthematik ist jetzt deutlich reduziert (*Abb. 10*). Die Bezüge zur abgebrannten Klosterkirche treten dafür stärker in den Blick. Auf die Funktion als Grablege verweisen eigentlich nur noch die Friedens – oder Auferstehungsengel auf den Fialen der Seitenlisenen und, für den Kundigen, die achteckige Fensterrosette und die Efeublätter aus Terracotta in der Leibung des Portals, beides Symbole für das ewige Leben. Das Haus Fürstenberg ist mit seinem Wappen in der Lünette sowie mit den beiden Hausheiligen Aloys und Karl präsent. Oben bekrönt jetzt die Madonna den Giebel des Mittelrisalits. Ihr wurde die Kirche geweiht, so wie es schon zur Zeit der Zisterzienserinnen gewesen war. Und am Portal finden sich jetzt die Skulpturen von zwei Nonnen, auch sie eine Reminiszenz an das

---

[27] Beschreibungen des vollendeten Bauwerks und seiner Ausstattung finden sich in folgenden Werken: T. DIBOLD, Die Gruft-Kirche des fürstlichen Hauses Fürstenberg zu Mariahof, Stuttgart 1873; G. SCHAUZU (wie Anm. 16), S. 41–49.

Abb. 10 Die vollendete Kirche, um 1890

frühere Kloster. Das gleiche Bild wiederholt sich im Inneren (*Tafel 1*). Keine zur Schau gestellten Gräber, keine Vanitasdarstellungen oder Auferstehungsgruppen. Als einziges Todessymbol stehen die Engel des Jüngsten Gerichts an den Chorstufen. Sie waren allerdings nicht Teil der ursprünglichen Konzeption, sondern wurden erst nach 1881 aufgestellt, mehr oder weniger zufällig, weil der in Rom arbeitende Bildhauer Heer sie zum Verkauf anbot, um sich in seiner Herkunftsregion zu etablieren[28]. Die prächtige, in den Chorboden eingelassene Bronzeplatte mit der Aufschrift *Sub hoc conditorio sita sunt/ copora principum/defunctorum de Fürstenberg/requiescant in pace* ist dagegen vom Kirchenraum aus kaum sichtbar. Sonst umkreist die Ikonographie das Marienpatronat der Kirche und den Kernbestand des christlichen Glaubens: Der Hauptaltar zeigt ein Marmorrelief mit der Verkündigungsszene. Darüber sind fünf Grisaillen mit Szenen aus dem Marienleben angeordnet. Auch die beiden Seitenaltäre sind Maria geweiht und prä-

---

[28] FFADS, Hofverwaltung, Bausache e I/1.

sentieren sie als freudenreiche und schmerzensreiche Muttergottes. Darüber finden sich jeweils vier Skulpturen der Seligpreisungen der Bergpredigt. Wie die Fassade wurde schließlich auch das Innere der Kirche mit den Hausheiligen geschmückt. Bezeichnend ist dabei die Auswahl. Zwei der Heiligenbilder zeigen Heinrich und Agnes und nehmen damit wiederum Bezug auf das frühere Kloster und seine Gründer, Graf Heinrich und Gräfin Agnes von Fürstenberg. Daneben findet sich Konrad von Urach, Generalabt der Zisterzienser, Kreuzzugsprediger und Kardinal, der bedeutendste Kirchenmann aus der Familie der Grafen von Urach und späteren Grafen von Fürstenberg[29]. Mit der hl. Elisabeth schließlich setzte Fürst Karl Egon III. seiner jung verstorbenen, heißgeliebten Ehefrau ein Denkmal[30]. Beim Blick nach oben in die Kuppel sieht man schließlich die vier Evangelisten auf den Ecktrompen und zwischen den plastischen Rippen der Kuppel die zwölf Apostel. In der reichen Ornamentik geht das Fürstenbergische Wappen fast unter (*Tafel 2*).

Neudingen ist, um kurz zusammenzufassen, entstehungsgeschichtlich gesehen kein Mausoleum, sondern eine katholische Kirche mit privilegierter Grablege. Das heutige Bild der Kirche entspricht dem allerdings nur noch zum Teil. Dazu trägt vor allem zweierlei bei. Die Kaplanei ist seit den 70er Jahren verwaist und die Kirche bleibt seither zumeist verschlossen. Der üppig wachsende Baumbestand im umliegenden Park tut ein Übriges. Lediglich einmal pro Jahr findet derzeit in der Kirche noch ein Requiem statt. Es erinnert an den 2002 verstorbenen Fürsten Joachim zu Fürstenberg. Auch Bestattungen finden schon seit dem beginnenden 20. Jahrhundert nicht mehr in der Gruft, sondern im Park statt. Häufiger schon bietet die Kirche freudigen Ereignissen einen Rahmen. Konzerte finden statt, Hochzeitsfeiern und mitunter sogar Taufen, so am 15. September 2013 die Taufe von Prinz Alexander zu Fürstenberg. Neudingen war eben nie nur Mausoleum.

Hedingen

Um den Unterschied etwas provokant auf den Nenner zu bringen: in Neudingen hat das Haus Fürstenberg ein Zeugnis seines kirchlich-gläubigen Sinnes gesetzt – so formulierte es ja bereits 1911 der Redakteur des katholischen Donauboten –, in Hedingen setzten die schwäbischen Hohenzollern 1890 dagegen ein Zeugnis ihrer herausragenden Stellung als Stammesverwandte des preußischen Kaiserhauses. Alle anderen Ziele, die circa vierzig Jahre vorher die Fürstenberger bewegt hatten – die Bewahrung der Traditionen der ehemaligen Klosterkirche, die Bereitstellung eines geeigneten Rahmens für die katholische Messfeier, all dies trat demgegenüber in den Hintergrund.

---

[29] F. NEININGER, Konrad von Urach († 1227). Zähringer, Zisterzienser, Kardinallegat (Quellen u. Forschungen aus dem Gebiet der Geschichte N. F. 17), Paderborn/München/Wien/Zürich 1994.

[30] Fürst Karl Egon II. war im Jahre 1854 verstorben. Auf seinen Sohn Karl Egon III. (1820–1892) geht die Innenausstattung der Kirche zurück. Sie fiel mit den beiden Seitenaltären, den Skulpturen von Heer an den Chorstufen und den Wandmalereien wesentlich üppiger als ursprünglich geplant aus, vgl. T. DIBOLD (wie Anm. 27).

Was könnte dies deutlicher machen als die unterbliebene Weihe der Kirche. Während die Neudinger Kirche am 22. Oktober 1856 feierlich geweiht wurde, musste der Leiter des hohenzollerischen Haus- und Domänenarchivs Hebeisen auf Anfrage des katholischen Dekanats 1929 feststellen, dass sich der Name »Erlöserkirche« seit 1901 unter der Hand eingebürgert habe. Von einer kirchlichen Benediktion finde sich in den Quellen keine Spur[31].

Die Hedinger Erlöserkirche diente schon damals nur sporadisch gottesdienstlichen Zwecken. Hauptsächlich zu Beginn und Ende des Schuljahres fanden Gottesdienste des Gymnasiums statt. Das Haus Hohenzollern hielt sich dagegen weiterhin in erster Linie an die Pfarrkirche St. Johann Evangelist unterhalb des Sigmaringer Residenzschlosses, um ihrer verstorbenen Familienmitglieder zu gedenken. Lediglich an Allerseelen versammelte man sich zusammen mit der Sigmaringer Bevölkerung in der Hedinger Grabkapelle.

Schon der Architekt Johannes de Pay hatte es 1884 unverblümt auf den Punkt gebracht, als er seinen Entwurf zum Umbau der Hedinger Kirche zu einem Mausoleum des Fürstlichen Hauses Hohenzollern vorlegte: *Es handelt sich darum, die Ruhestätte des hohen Fürstenhauses nicht nur in würdiger Weise zu erweitern, sondern derselben auch äußerlich einen entsprechenden monumentalen Ausdruck zu verleihen*[32].

Die zugrundeliegenden Motive liegen auf der Hand. Nach der erzwungenen Abdankung und der Abtretung des Fürstentums an das stammesverwandte Haus Preußen im Gefolge der 48er Revolution hatte Fürst Karl Anton (1811–1885) sein Haus in der zweiten Jahrhunderthälfte zu einen beispiellosen Aufstieg geführt[33]. Er selbst hatte es bis zum Amt des preußischen Ministerpräsidenten gebracht. Seine Söhne und Töchter heirateten in europäische Königshäuser ein und machten große politische Karrieren. Erbprinz Leopold (1835–1905) wurde 1870, wenn auch vergeblich, die spanische Krone angetragen, Prinz Karl (1839–1914), der Zweitgeborene, wurde 1866 zunächst Fürst, dann 1881 König von Rumänien. Um 1890 befand sich das Fürstenhaus auf dem Höhepunkt seiner Macht und seines internationalen Ansehens.

---

[31] StAS FAS DS 92 T 1, 786.

[32] StAS FAS NVA 13592, Fasz. 1. Der Wunsch nach Repräsentation klingt auch beim Fürsten Leopold selbst an. Am 28.12.1890 bekennt er in der Urkunde, die im Knauf der Kuppel der neuen Hedinger Gruftkirche niedergelegt wurde, daß es ihm beim Neubau nicht nur darum gegangen sei, die bestehende Gruft zu erweitern. *[....] sondern Wir fanden es sowohl der Bestimmung des Werkes als auch der Würde Unseres Hauses angemessen, an Stelle des Chores der genannten Kirche einen ansehnlicheren, der würdigen Feier des heiligen Opfers entsprechenderen Neubau auszuführen und denselben mit dem Schiffe der Kirche in organische Verbindung zu bringen* (StAS FAS HS 1–80 T 7 R 18.1). Auch die Hohenzollerische Hofkammer rechtfertigte in einem Schreiben an den preußischen Landwirtschaftsminister Freiherrn Ernst von Hammerstein-Loxten die Inanspruchnahme des hohenzollerischen Familienfideikommisvermögens für den Erwerb des Hedinger Klosters in ähnliche Weise. Die Errichtung einer würdigen Begräbnisstätte sei *für eine Familie von so hervorragender Stellung wie die fürstlich hohenzollerische ein unumgänglich nothwendiges Erfordernis* (StAS FAS DS 92 T 1 786).

[33] E. E. WEBER, Adlige Modernisierungsstrategien im 19. Jahrhundert. Die Fürsten Anton Aloys, Karl und Karl Anton von Hohenzollern-Sigmaringen, in: Adel im Wandel. Oberschwaben von der Frühen Neuzeit bis zur Gegenwart 1, Ostfildern 2006. S. 399–414.

Umso mehr fiel die bescheidene hohenzollerische Begräbnisstätte in Hedingen, einer ehemaligen Franziskanerklosterkirche und jetzigen Gymnasialkirche, ab[34]. Sie war in den vierziger Jahren des 19. Jahrhunderts als eine Art Notlösung ohne jegliches langfristige Konzept bezogen worden. Dabei hatte man sich auf eine frühere Tradition besonnen. Seit dem 16. Jahrhundert waren in Hedingen immer wieder Mitglieder des Hauses Hohenzollern bestattet worden, allerdings nur nachgeborene Söhne und Töchter, und dies auch nur bis zum Jahre 1763, bis zum Neubau der Stadtpfarrkirche St. Johann, die über eine großzügige Gruft verfügte[35]. Danach war Hedingen für beinahe ein Jahrhundert als Bestattungsort aus dem Blick geraten. Dies änderte sich 1840, als der frühere Sigmaringer Friedhof abgeräumt werden musste, um Raum für eine Stadterweiterung nach Süden, den heutigen Leopoldplatz und die Karlsstraße, zu geben. Auch die dort befindliche Gottesackerkapelle mit dem Stiftergrab der Fürstin Johanna von Hohenzollern musste damals weichen. Doch wohin? Die traditionelle und ohne jeden Zweifel standesgemäße hohenzollerische Gruft in der Sigmaringer Pfarrkirche war definitiv nicht mehr aufnahmefähig. Man verbrachte die sterblichen Überreste daher in die Hedinger Gruft. Das kunstvolle Epitaph erhielt einen neuen Platz in der Marienkapelle. 1847 wiederholte sich das Ganze. Wieder musste rasch für ein Familienmitglied, die am 19. Januar des Jahres jung verstorbene Fürstin Antoinette Marie, eine Begräbnisstätte gefunden werden. Und wieder blieb nur die Hedinger Gruft, die jetzt allerdings definitiv zur neuen Grablege des Hauses Hohenzollern bestimmt wurde. Zusammen mit Fürstin Antoinette wurden alle nach 1831 verstorbenen Hohenzollern nach Hedingen transloziert, insgesamt vier Särge[36]. Damit aber hatte das Haus langfristig kein Problem gelöst, sondern erst eines geschaffen. Denn, wie es Baurat de Pays 1884 in seinem Gutachten für den Neubau einer Gruftkirche formulierte, die Hedinger Kirche *stand noch hinter der gewöhnlichsten Dorfkirche* zurück[37]. Es war eine schlichte Bettelordenskirche ohne alle architektonische Gliederung, ohne Querhaus und ohne Turm (*Abb. 11*). Und die Aufnahmekapazität der Gruft reichte bestenfalls für eine Generation.

Wirklich virulent wurde das Problem der Grablege nach 1871. Damals kehrten die Hohenzollern nach jahrzehntelanger Abwesenheit aus dem Rheinland in ihre Residenz nach Sigmaringen zurück. In der Stadt brach eine neue Zeit an. Wertvolle wissenschaftliche und künstlerische Sammlungen wurden aufgebaut. An der Karlsstraße wurde die Bautätigkeit wieder aufgenommen, die mit der erzwungenen Abdankung der Hohenzollern im Jahre 1848 zum Erliegen gekommen war und eine große Lücke zwischen dem Residenzschloss und der Hedinger Grablege zurückgelassen hatte[38]. Zu den Gebäuden aus der ersten Hälfte des 19. Jahrhunderts, die dem nördlichen Ende der Karlsstraße ein

---

[34] Zur Geschichte der Kirche s. K. W. STEIM, Das Kloster Hedingen (Sigmaringen), in: E. E. Weber (Hg.), Klöster im Landkreis Sigmaringen in Geschichte und Gegenwart (Heimatkundliche Schriften des Landkreises Sigmaringen 9), Lindenberg 2005, S. 500–549.

[35] J. GROSSMANN/E. BERNER/G. SCHUSTER/K.TH. ZINGELER (Hg.), Genealogie des Gesamthauses Hohenzollern, Berlin 1905.

[36] StAS FAS DS 79 T 1 NVA 15411.

[37] StAS FAS NVA 13592, Fasz. 1.

[38] F.-S. GÄSSLER, Sigmaringen, Fürstliche Präsenz im Stadtbild. Der Ausbau zur Residenz- und Landeshauptstadt im 19. Jahrhundert, in: Adel im Wandel. Oberschwaben von der Frühen Neuzeit bis zur Gegenwart 1, Ostfildern 2006, S. 439–460.

Abb. 11 Sigmaringen, Hedinger Kirche vor dem Umbau, um 1860/70

wahrhaft herrschaftliches Gepräge verliehen, zu Ständehaus, Prinzenbau, Prinzessinnenpalais, Regierung, Oberamt und Hofkammer, traten jetzt Schritt für Schritt nicht minder repräsentative Gebäude an ihrem südlichen Ende hinzu, darunter zwei Beamtenwohnhäuser, das Archiv und das Rentamt der Fürsten zu Hohenzollern sowie das Forstamt der befreundeten Fürsten zu Fürstenberg (*Abb. 12*). Bereits 1861/1862 hatte die evangelische Kirchengemeinde Sigmaringen den königlich – preußischen Architekten Friedrich August Stüler mit dem Bau einer Kirche beauftragt. Der neugotische Bau, der geschickt auf einer Anhöhe gegenüber dem preußischen Regierungsgebäude platzierte wurde und zusätzlich einen besonders schlanken hohen Turm besaß, setzte einen besonders markanten Akzent. Er bildete den Kontrapunkt zur katholischen Stadtpfarrkirche und beherrschte den ganzen Stadtteil[39]. Nur ganz am Ende dieser Prachtstraße, vom Schloss aus gut sichtbar, lag ein seit jeher bescheidenes, jetzt aber vollends in den Schatten gestelltes Gebäude, die Gymnasialkirche Hedingen mit der hohenzollerischen Grablege, ein Gebäude das umso unangenehmer ins Auge fiel, als Fürst Karl Anton nicht mehr der Jüngste und von Krankheit gezeichnet war. So wie Karl Anton seinerzeit noch als Erbprinz die Aufgabe übernommen hatte, das Problem der Grablege seiner Eltern zu lösen, so beauftragte daher Erbprinz Leopold 1884 den Architekten Johannes de Pay mit der Ausarbeitung der Pläne für den Umbau der Hedinger Kirche[40]. Fürst Karl

---

[39] F.-S. Gässler, Berliner Eleganz am Rand der rauhen Alb. Die evangelische Stadtkirche in Sigmaringen – Werk des Architekten Friedrich August Stüler, in: Hohenzollerische Heimat 62, 2012, Nr. 3, S. 49–57.
[40] Johannes de Pay (1844–1899) war nach dem Abschluß seiner Ausbildung am Polytechnikum Stuttgart 1866/1878 für ein Jahr als Architekturzeichner bei der F. F. Bauinspektion tätig. Vielleicht hatte ihn das Interesse an der Baukunst der Renaissance bewogen, sich bei Theodor Dibold in Donaueschingen zu bewerben. Seit 1876 war er in Sigmaringen tätig, zuletzt als

Abb. 12   Karlsstraße um 1900, am Ende die damals bereits erbaute Gruftkirche

Anton erlebte den Beginn der Bauarbeiten nicht mehr. Er starb bereits 1885, ein Jahr nach der Vorlage der Entwürfe.

In Hedingen sollten nach dem Wunsch des Erbprinzen bzw. Fürsten Leopold keine Kompromisse mehr wie 1847 gemacht werden. Die Kirche sollte den krönenden Abschluss der Karlsstraße bilden. Sie hatte groß, mächtig und beeindruckend zu sein und in allem den Charakter einer hohenzollerischen Grablege zu tragen. Schranken, wie sie die bisherige Verwendung durch den Gymnasialfonds und dessen Eigentumsrechte an der Kirche setzten, konnten da nur stören. Ein Vergleich zwischen dem 1884 vorgelegten Entwurf des Architekten de Pay und dem vollendeten Bauwerk macht dies Bestreben deutlich. De Pays Entwurf von 1884 sah einen monumentalen Anbau im Osten der Kirche vor (*Abb. 13*). Es ist ein Zentralbau über einem griechischen Kreuz, der sich eng an italienische Renaissancevorbilder anlehnt, z.B. an die Wallfahrtskirche Santa Maria della Consolazione in Todi, ohne diese jedoch sklavisch nachzuahmen. Dies war schon allein deshalb ausgeschlossen, weil es sich um kein selbständiges Bau-

---

Fürstlich Hohenzollerischer Oberbaurrat und Leiter des gesamten fürstlichen Bauwesens. Vgl. seine Personalakte StAS FAS DS 92 T 9 NVA 18208.

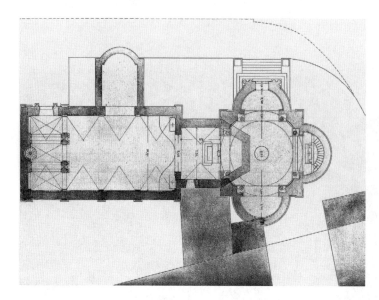

Abb. 13–15
Entwürfe der Hedinger Kirche von Johannes de Pay: Grundriss, Aufriß des Gruftanbaus, Apsis mit Altar und seitlichen schmiedeeisernen Türen vor dem Treppenabgang zur Gruft, 1884

werk, sondern um eine Variante der Chorscheitelkapelle handelte[41]. Der Anbau dominierte rein äußerlich die Kirche. Im Inneren sollten jedoch die kultischen Bedürfnisse der Gymnasialkirche weiterhin gleichberechtigt mit den Notwendigkeiten der Grablege vereinbar sein. Der Fidelisaltar blieb deshalb an seinem angestammten Platz. Lediglich die Wände des Dreiviertelchores müssten für den Gruftanbau weichen. Der Anbau hatte einen separaten Eingang, ein aufwändiges, mit dem hohenzollerischen Prachtwappen geschmücktes Portal (*Abb. 14*). Er besaß zudem einen eigenen Altar in der Ostapsis. Zwei reich verzierte schmiedeeiserne Gittertüren rechts und links vom Altar verschlossen den Treppenabgang zur eigentlichen Gruft (*Abb. 15*). Prinzipiell konnten so beide Teile der Kirche völlig unabhängig voneinander genutzt werden. Trotz des monumentalen Gruftanbaus wäre die Kirche nach de Pays respektvollem Entwurf Gymnasialkirche geblieben und hätte ihr angestammtes Fidelispatronat behalten können (*Abb. 16*).

Solche Kompromisse waren vielleicht Fürst Karl Antons, aber nicht Fürst Leopolds Sache. Er erwarb im Jahre 1887, zwei Jahre nach dem Tode seines Vaters, die Kirche mit hohem finanziellem Aufwand, um das gesamte Bauwerk im Äußeren und im Inneren, im Grund- und Aufriss, im ikonographischen Programm, in den Skulpturen und Wandbildern, gänzlich der Begräbnisfunktion zu unterwerfen. Einzig der finanzielle Aufwand und vielleicht auch die Ehrfurcht vor der kunst- und familiengeschichtlich wertvollen Marienkapelle setzten dabei gewisse Grenzen[42].

Die Gruft hat einen oktogonalen Grundriss[43]. Das Achteck symbolisiert das ewige Leben und die Auferstehung. 24 Särge finden hier in Nischen Platz. Jede ist mit einer Marmorplatte verschlossen und mit einer goldenen Inschrift versehen. Während der Grabesraum, in dem der Tod vorherrschend ist, nur schwach durch eine Öffnung in der Decke erleuchtet wird, ist der Kuppelraum, ein Zentralbau über einem griechischen Kreuz, umso heller (*Tafel 3*). Mit seinem prachtvollen goldglänzenden Mosaik und dem Marmoraltar macht er einen geradezu imperialen Eindruck. Alle Schmuckelemente sind hier aus der Offenbarung des Johannes entnommen und lassen sich in Bezug zum Thema Tod, Jüngstes Gericht und Auferstehung setzen. Die goldenen Inschriften in der Architravzone der Apsis und im Kranzgesims der Kuppel schlagen es an: *Ego sum ressurectio et vita* und *Coelum et terra transibunt, verba mea autem non praeteribunt*. In der Wölbung der Apsis findet sich eine Variante der Deesis. Christus thront in einer Glorie auf

---

[41] Die Wallfahrtskirche Santa Maria della Consolazione in Todi, ein Zentralbau über einem griechischen Kreuz, der zwischen 1508 und 1607 direkt vor den Stadtmauern von Todi gebaut wurde, weist vor allem im Äußeren Ähnlichkeiten mit Hedingen auf. Ganz anders das Innere. Die schlichte Kuppel und zahlreiche Fenster lassen den Raum wesentlich heller und lichter als die Grabkapelle in Hedingen wirken, vgl. zu dieser Kapelle C. WENZLER-FIEDERER, Die Hedinger Kirche. Grabeskirche des Fürstlichen Hauses Hohenzollern-Sigmaringen. Versuch einer Einordnung, Magisterarbeit Universität Stuttgart 1990, S. 85–88.

[42] Die Marienkapelle von ca. 1715 ist eine Stiftung des Fürsten Josef von Hohenzollern-Sigmaringen (1702–1769). Sie ist mit guten Altären, reichem Stuckwerk und Deckenmalereien ausgestattet. An der Ostwand der Kapelle befindet sich das bereits erwähnte Epitaph der Fürstin Johanna Viktoria von Hohenzollern-Sigmaringen (1678–1759).

[43] Die beste Beschreibung der Kirche findet sich in dem Werk von C. WENZLER-FIEDERER (wie Anm. 41); reich bebildert ist P. KEMPF, Die Hedinger Kirche in Sigmaringen, Sigmaringen 2011.

Abb. 16   Fidelis-Hochaltar, um 1860/70

Wolken, ihm zur Seite sitzen Maria und Johannes der Täufer und leisten beim Jüngsten Gericht Fürbitte für die Menschheit. Darüber schweben die Taube als Symbol des Heiligen Geistes und Gottvater. In den Trompen sowie in den Wölbungen der Nord- und Südapsis sieht man die Engel der Apokalypse mit den Attributen Posaune, Lorbeerkranz und Spruchband. Unterhalb dieser himmlischen Ebene, auf der Ebene der im Kirchenraum versammelten Gemeinde, stehen die Evangelisten Markus, Matthäus, Johannes, Lukas mit ihren Symbolen. Auch sie fungieren als Fürbitter für die Toten bei Christus, dazwischen das Lamm Gottes. Während die Ikonographie des Kuppelraumes geradezu lehrbuchartig durch das Auferstehungsthema bestimmt ist, steht das wesentlich schlichter gehaltene Kirchenschiff ganz im Zeichen der Familie Hohenzollern. So präsentieren die beiden Seitenaltäre am Triumphbogen des Joches Namenspatrone und Heilige mit besonderer Beziehung zum Fürstenhaus.

Grablegen katholischer Fürstenhäuser: Patrozinien und kultische Funktionen

Bei einem zusammenfassenden Vergleich wird deutlich: Neudingen und Hedingen sind die Grablegen katholischer Fürstenhäuser. Das bestimmt ihr Bild. Sie besaßen deshalb stets auch kultische Funktionen, in Neudingen mehr, in Hedingen weniger. Sie unterschieden sich dadurch wesentlich von den Erinnerungsstätten, die sich protestantische Fürstenhäuser seit dem ausgehenden 18. Jahrhundert in privaten Parks oder auf öffentlichen Friedhöfen errichten ließen. Heute sind die Unterschiede zwischen den beiden Grablegen als Folge der durchgreifenden Säkularisierung unserer Gesellschaft weitgehend aufgehoben. Ob die schon in der Gründungszeit geringere Bedeutung der kultischen Funktionen in Hedingen und der ungewöhnliche Name Erlöserkirche für das Mausoleum eines katholischen Fürstenhauses Folge der preußischen Präsenz in Sigmaringen war, bleibt zu prüfen. Einiges deutet darauf hin.

Bis zum Ende der Monarchie 1918 verstanden sich die Sigmaringer Hohenzollern neben der preußischen Regierung stets auch als Statthalter des stammesverwandten Königs- und Kaiserhauses. Sie machten sich daher zu einem guten Teil dessen kirchliche Bestrebungen zu Eigen. So war die 1861/62 erbaute evangelische Stadtkirche ein Gemeinschaftswerk beider Häuser: Den Grund und Boden stiftete Fürst Karl Anton von Hohenzollern, die Baukosten übernahm König Friedrich Wilhelm IV. von Preußen (1795–1861). Zur Ausstattung steuerte Erbprinz Leopold 1861 den Taufstein bei. Sein Sohn Wilhelm stiftete 1911 die Jugendstilfenster im Schiff und in der Rosette[44]. Fürst Leopold, der Bauherr der Hedinger Grablege, hatte auch keine Probleme damit, in seinem privaten Palais in Sigmaringen Luther und Melanchthon zu präsentieren, an äußerst prominenter Stelle sogar, im Gartensalon, während in den fürstlichen Sammlungen zu Donaueschingen Cranachs Porträts beider Reformatoren erst in der zweiten Hälfte des 20. Jahrhunderts öffentlich ausgestellt werden durften. Fürst Leopold konnte sich dadurch von seiner staatstragenden Seite zeigen, als quasi überkonfessionellen Vertreter Preußens und des Reiches in Sigmaringen.

So akzeptierte er auch ohne weiteren den Namen Erlöserkirche, als sich dieser um 1900 für sein Hedinger Mausoleum einbürgerte, ein Name der im 19. Jahrhundert fast ausschließlich mit Kirchenbauprojekten des Hauses Preußen verbunden war[45]. Bekannteste Beispiele sind die evangelischen Erlöserkirchen König Friedrich Wilhelms IV. in Trier und Kaiser Wilhelms II. in Jerusalem. Der Name Erlöser- oder Christuskirche verwies dabei auf die ersten Kirchengründungen zur Zeit Kaiser Konstantins des Großen. Er stand für den Versuch des preußischen Hauses, das eigene König- und Kaisertum durch einen Rückbezug auf das Urchristentum zu sakralisieren. Dass Leopold sein Bauprojekt bewusst in diesen evangelisch-preußischen Zusammenhang stellen wollte, ist allerdings auszuschließen. Sein Bau sollte keine öffentliche Kirche mit regelmäßigen Gottesdiensten sein. All das hatte man bereits in der nahen Pfarrkirche St. Johann. Hedingen war als privates Mausoleum gedacht. Deshalb wurde der Hauptaltar abgebrochen und mit ihm das erst seit dreißig Jahren bestehende Patrozinium des hohenzollerischen Landesheiligen Fidelis beseitigt[46]. Eine feierliche Neuweihe durch den Erzbischof

---

[44] GÄSSLER (wie Anm. 39).
[45] J. KRÜGER, Rom und Jerusalem. Kirchenbauvorstellungen der Hohenzollern im 19. Jahrhundert, Berlin 1995.
[46] Die seit 1850 im Besitz des Staates Preußen (Gymnasialverwaltungsrat) befindliche, ursprünglich der Gottesmutter Maria geweihte Hedinger Kirche wurde nach 1855 umgebaut und dem damals noch inoffiziellen Landespatron von Hohenzollern, Fidelis von Sigmaringen (um 1577–1662), geweiht. Fürst Karl Anton von Hohenzollern (1811–1855) übernahm dabei einen Großteil der Kosten und sorgte dafür, dass die neuen Altäre im Renaissance-Stil gefertigt wurden, vgl. KEMPF (wie Anm. 43), S. 6f.

von Freiburg unterblieb. Sie war nicht zwingend vorgeschrieben, da es sich kirchenrechtlich um eine Privatkapelle handelte[47].

Viel eher als eine Erlöserkirche dürfte Fürst Leopold daher familiäre Aspekte im Sinne gehabt haben. Durch die Beseitigung des katholischen und dazu spezifisch sigmaringischen Fidelis-Patroziniums konnte seine neue Grablege nicht nur das eigene Haus repräsentieren, sondern für das Gesamthaus Hohenzollern stehen. Zu dieser Zeit arbeitete man in Sigmaringen und Berlin nicht zufällig an einer gedruckten Genealogie des Gesamthauses und betonte über alle konfessionellen und historischen Grenzen hinweg das Verbindende zwischen den preußischen und schwäbischen Hohenzollern[48].

Wenn auch nicht die Hohenzollern selbst, so hatte zumindest einer mit dem namenlosen Mausoleum in Hedingen ein größeres Problem. Dies war der katholische Normalbürger Sigmaringens. Während die evangelischen Christen in Sigmaringen ihre Pfarrkirche namenlos belassen konnten, musste jede katholische Kirche einen Namen erhalten und sei es auch nur einen protestantischen[49]. Anknüpfend an die in Hedingen vorherrschende Ikonographie des Jüngsten Gerichts und der Auferstehung bürgerte sich daher um 1900 der Name »Erlöserkirche« ein. Der Zeitpunkt war dabei keineswegs zufällig. Die Sigmaringer schwammen mit auf einer Welle der Begeisterung, die seit 1898, seit der demonstrativen Pilgerreise Kaiser Wilhelms II. ins Heilige Land, durch das Reich schwappte[50]. Am Reformationstag des Jahres 1898 hatte der Kaiser persönlich die von ihm errichtete evangelische Erlöserkirche in Jerusalem eingeweiht und sich damit in eine Reihe mit Konstantin dem Großen, den Bauherrn der benachbarten Grabeskirche, gestellt. Das national gesinnte Deutschland war begeistert. Bis zum Untergang der Hohenzollernmonarchie wurden in vielen Orten Erlöser- und Christuskirchen errichtet. Auch der fürstenbergische Residenzort Donaueschingen erhielt 1912 seine Christuskirche mit Spenden des Kaisers, des Großherzogs und des Fürsten zu Fürstenberg. Den Entwurf hatte Kaiser Wilhelms II. selbst bei einem Besuch seines Freundes Max Egon II. in Donaueschingen zu Papier gebracht[51].

---

[47] Andere Gründe, darunter eine möglicherweise seit dem Kulturkampf bestehende Distanz zwischen dem Freiburger Erzbistum und den schwäbischen Hohenzollern, scheiden aus. Das Verhältnis war seit dem Ende des Kulturkampfes wieder ungetrübt. Dies zeigt die Präsenz der Kirche bei Familienfesten und Trauerfeiern. So wirkten bei der Bestattung Fürst Leopolds im Jahre 1905 der Freiburger Erzbischof, der Rottenburger Bischof, die Äbte der Benediktinerabteien Beuron und Einsiedeln sowie Beuroner Benediktinermönche mit, vgl. F.-C. Esbach, Fürst Leopold von Hohenzollern. Ein Lebensbild, Sigmaringen u. Friedrichstanneck 1906, S. 74–80 mit einem ausführlichen Bericht über die Trauerfeierlichkeiten.

[48] J. Grossmann, E. Berner, G. Schuster, K.Th. Zingeler (Hg.), Genealogie des Gesamthauses Hohenzollern, Berlin 1905, S. 87–102, 499–500.

[49] Der Name Erlöserkirche oder Christuskirche ist zwar grundsätzlich überkonfessionell, verband sich aber im 19. Jahrhundert nur mit evangelischen Kirchen.

[50] A. Carmel/E. J. Eisler, Der Kaiser reist ins Heilige Land. Die Palästinareise Wilhelm II. 1898, Stuttgart 1999.

[51] Evangelische Kirchengemeinde Donaueschingen (Hg.), 100 Christuskirche Donaueschingen 1912–2012, Donaueschingen 2012, S. 8–15.

Abb. 17 Entwurf des Langhauses von Johannes de Pay, um 1890

Im Stil der Renaissance

Im Unterschied zu Neudingen, das zu den frühen Beispielen der Neorenaissance im Kirchenbau des 19. Jahrhunderts zählt, ordnet sich Hedingen architektonisch relativ bruchlos in die Architektur seiner Zeit ein[52]. Es ist auch, anders als Neudingen, kein Bau

---

[52] Während im Kirchenbau weiterhin der gotische Stil beherrschend blieb, setzte sich im Profanbau seit der Mitte die 19. Jhs. die Neorenaissance durch, vgl. K. MILDE, Neorenaissance in der deutschen Architektur des 19. Jahrhunderts. Grundlagen, Wesen und Gültigkeit, Dresden 1981; W. KRAUSE/H. LAUDEL (Hg.), Neorenaissance – Ansprüche an einen Stil. Zweites Historismus-Symposium Bad Muskau (Muskauer Schriften 4), Dresden 2001; HENRIK KARGE, Neorenaissance – die Kanonisierung eines neuen Stils in der deutschen Architektur des 19. Jahrhunderts, in: E. KEPETZIS/S. LIEB/S. GROHÉ (Hg.), Kanonisierung, Regelver-

aus einem Guss. Der monumentale Anbau an der Ostfassade hebt sich ebenso wie die Marienkapelle im Rokokostil an der Nordseite durch Material und aufwändigen Schmuck vom schlichten glattverputzten Langhaus der ehemaligen Franziskanerkirche ab[53]. Da helfen auch die vorgeblendete Westfassade im Renaissancestil und die durchgehenden Gesimse und Pilaster wenig. Hätte man diese Brüche vermeiden wollen, wäre wohl ein kompletter Um- oder sogar Neubau erforderlich gewesen. Für ihn hatte de Pay denn auch Pläne in verschiedenen Varianten vorgelegt[54]. Sie sahen in ihrer extremsten Form den Abbruch der Marienkapelle und die Hinzufügung von zwei Seitenschiffen mit Renaissancefassaden vor. Die Westfassade hätte eine Vorhalle und reichen Skulpturenschmuck erhalten und wäre damit wesentlich monumentaler ausgefallen. Als Gegengewicht zum Gruftanbau war ihr ein Kampanile zur Seite gestellt. Das Langhaus sollte im Inneren eine kassettierte Decke, Wand- und Deckengemälde sowie eine massive steinerne Orgelempore erhalten (*Abb. 17*).

All diese Überlegungen und Entwürfe kamen nicht zur Ausführung, in erster Linie wohl aus finanziellen Gründen. Auch so kostete der Umbau bereits 1 Million Reichsmark und damit weitaus mehr als ursprünglich veranlagt. Die Kosten für den Erwerb des Gebäudes kamen noch hinzu. Das Fürstenhaus hatte dafür einen Bauplatz für das neue Gymnasium und 20 000 Mark aufgebracht[55].

Und vermutlich sollte man dankbar sein, dass in Sigmaringen nur der Wunsch nach Selbstdarstellung, aber nicht die Finanzmittel unbegrenzt waren. Gepaart mit einem ausufernden Geschmack konnte beides zu dem führen, was ein anderer Hohenzoller, Kaiser Wilhelm II., seiner Familie wenige Jahre später in Berlin als Grablege bescherte[56].

---

stoß und Pluralität in der Kunst des 19. Jahrhunderts, Frankfurt a. M./Berlin//Bern 2007, S. 212–231.

[53] Der Kuppelbau ist mit rötlichem Sandstein verblendet, die Seiten des Langhauses und der Marienkapelle sind dagegen in verputztem Bruchstein gehalten.

[54] Die Pläne sind z. T. abgebildet bei C. WENZLER-FIEDERER (wie Anm. 41), Abbildungsteil, Abb. 56, 61 und 61a. Ein weiterer Entwurf hat sich erhalten als Anlage zu einem Brief von Johannes de Pay an Fürst Leopold von Hohenzollern, StAS FAS NVA 15991 zum 17. März 1891.

[55] StAS FAS DS 92 T 9 NVA 24297 zum 28. Juli 1911; StAS FAS DS 92 T 1 786 zum 4. Dez. 1895.

[56] D. PLÖSE (Hg.), Der Berliner Dom, Geschichte und Gegenwart der Oberpfarr- und Domkirche zu Berlin, Berlin 2001; J. SCHRÖDER, Die Baugestalt und das Raumprogramm des Berliner Doms als Spiegel der Ansprüche und Funktionen des Bauherrn Kaiser Wilhelms II., Diss. Universität Marburg 2002.

Rückzugsort oder fürstliches Denkmal?
Das Mausoleum im Karlsruher Hardtwald

VON KONRAD KRIMM

Die Großherzogliche Grabkapelle in Karlsruhe lässt sich durchaus als Ort der Ruhe und Zurückgezogenheit beschreiben, als versteckte Idylle im Wald, nahe dem Residenzschloss und doch fast unsichtbar. In diesem Sinn formulierte es schon die Chronik der Haupt- und Residenzstadt für das Jahr 1888[1], als sie das Bauvorhaben für die letzte Ruhestätte des Prinzen Ludwig Wilhelm von Baden (1865–1888) vorstellte: In der Trauer um den jüngsten Sohn, der in diesem schrecklichen Jahr der Todesfälle in den Häusern Baden und Hohenzollern als erster gestorben war, suchten die Eltern die Abgeschiedenheit für ihren Schmerz. Der Prinz war zunächst in der fürstlichen Gruft unter der Stadtkirche, am Marktplatz und im Herzen der Stadt, beigesetzt worden – nun sollte die künftige Familiengrablege im stillen Fasanengarten ihren Ort finden, dort *wo die hohen Bäume sich darüber neigen*[2]. Aus der städtischen Chronik wanderte diese Version in die liebevolle kleine Monografie von Bodo Blenk[3], der zugleich bereits detailliert aus den originalen Bauakten schöpfen konnte (damals noch im Neuen Schloss in Baden-Baden verwahrt). Und auch die wichtigste Arbeit zur Grabkapelle, die bau- und kunstgeschichtliche Studie von Annegret Kalvelage, folgte dieser Spur[4]. Bereits früher

---

[1] Karlsruhe 1889, S. 4–5.
[2] A. VALDENAIRE, Die Kunstdenkmäler der Stadt Karlsruhe, hg. von J. KLEINMANNS, Petersberg 2014, S. 250.
[3] Die Großherzogliche Grabkapelle in Karlsruhe. Ein Beitrag zur Stadtgeschichte, Hohenwestedt ⁴1985, S. 3.
[4] Die Großherzogliche Grabkapelle (1888–1896) in Karlsruhe. Magisterarbeit Karlsruhe, Institut für Kunstgeschichte, 2011, ungedruckt. Für die frdl. Erlaubnis der Vfn. zur Einsicht danke ich sehr. Auch A. KALVELAGE konnte die Akten des Hofbauamts und der Generalintendanz der Civilliste benutzen, die inzwischen von Baden-Baden nach Salem übernommen worden waren. 2012 hinterlegte das Haus Baden diese Akten im Generallandesarchiv Karlsruhe; sie bilden heute die Bestände 56–1 (Generalintendanz, Nachträge aus Salem) und 56a (Hofbauamt). Die zugehörigen Pläne des Hofbauamts waren dagegen schon 1995 vom Land Baden-Württemberg für das Generallandesarchiv erworben worden (heute in den Beständen 69 Baden Sammlung 1995 B und 424K). Aus der Inventarisierung der Pläne und Akten im Generallandesarchiv erwuchs auch mein Interesse an der Baugeschichte der Grabkapelle; die Arbeit von A. KALVELAGE war mir zunächst unbekannt und erst kurz vor der Tagung »Memoria im Wandel« zugänglich. Dass die Ergebnisse sich weitgehend decken, ist für den Allgemeinhistoriker bei seinem Ausflug in die Baugeschichte auf seine Art beruhigend. Das Verdienst der abgerundeten und vielfach durch Literatur zur Gattungsgeschichte der Mauso-

hatte Kurt Andermann den menschlich verständlichen Rückzug der Dynastie ins Private im Kontext der Residenzenforschung auch als Wandel von Repräsentation verstanden[5]: Indem Dynastie und Staat immer weiter auseinander traten, indem es mehr und mehr auch ein »Privatleben« des Fürsten gab, das sich von seiner »öffentlichen« Rolle unterschied, veränderte sich sowohl die Präsenz der Dynastie in der Öffentlichkeit wie ihre Legitimation aus der gottgewollten Ordnung von Herrschaft. Wenn die Dynastie ihre Grablege aus der Hauptkirche der Residenz in eine »private« Kapelle verlegte, wenn aus der Fürstengruft eine Familiengrabstätte wurde, trat die sakrale Legitimation von Herrschaft an den Rand der Wahrnehmung. Herrschaft löste sich aus dem Heilsgeschehen. Die älteren fürstlichen Grablegen waren dem sichtbaren Heil, der Liturgie am Hauptaltar, so nahe wie möglich: im Chor und unter dem Chor wie in der Pforzheimer Schlosskirche, unter der ganzen Länge der Hauptkirche wie in Karlsruhe. Verschwand dieser enge Bezug von Herrschaft und sakraler Ordnung aus einem so wichtigen, repräsentativen Bereich wie der öffentlichen Memoria, dann säkularisierte sich Herrschaft weiter – und unterlag dann auch anderen Kriterien.

Beide Beschreibungen, die psychologische wie die phänomenologische, sind ohne Zweifel gut begründet und auf ihre Weise richtig. Schon die Zeitgenossen verstanden die Trauer, die Stille sucht – man könnte dem noch die nüchternere Betrachtung hinzufügen, dass die Fürstengruft unter der Stadtkirche ohnehin kein Ort des einsamen Gedenkens sein konnte: Sie war unzugänglich. Eine schwere Steinplatte verschloss den Abstieg, darauf scheint zumindest zeitweise der Taufstein aufgestellt worden zu sein. Wollte man in die Gruft, waren die Steinplatte frei zu räumen und eine Hebemaschine heranzuschaffen, um die Platte zu öffnen. Obwohl sie fast gleichzeitig mit der württembergischen Grabkapelle auf dem Rotenberg entstand, vertrat die Stadtkirchengruft in Karlsruhe den viel älteren Typus der zwar großen, aber verschlossenen Grabkammer, die nur zu Bestattungen geöffnet wurde. Sie konnte kein Andachtsort des Alltags sein wie der Gotische Turm im Nymphengarten, eine romantische Erinnerungsarchitektur an den früh verstorbenen badischen Erbprinzen Karl Ludwig (1755–1801). Erst in der Grabkapelle im Fasanengarten waren die fürstlichen Särge wirklich zugänglich, der Gruftraum wurde dort zur Unterkirche.

---

leen gestützten Gesamtdarstellung kommt aber ausschließlich A. KALVELAGE zu; mir erspart ihre Arbeit Verweise auf P. PINNAU, Gruft, Mausoleum, Grabkapelle. Studien zur Sepulkralarchitektur des neunzehnten und des zwanzigsten Jahrhunderts, mit besonderer Hinsicht auf Adolf von Hildebrand, 1992, u. a. Grundlagenwerke. Dass Kalvelages Arbeit nicht publiziert ist, bedaure ich sehr. – Richtschnur und Hilfe meiner Beschäftigung mit dem Thema von Anfang an waren dagegen die Arbeiten von und das Gespräch mit Wilfried Rößling. Seitdem ich ihm 1985 bei seiner Ausstellung über das Architekturbüro Curjel & Moser helfen durfte, hat uns die Frage nach Stilwahl und Bauprogramm im historistischen Kirchenbau beschäftigt. In seiner profunden Kenntnis badischer Baugeschichte des 19. Jahrhunderts ist er unentbehrlicher Gesprächspartner – nicht weniger Stefan Kabierske, Leiter des Südwestdeutschen Archivs für Architektur und Ingenieurkunst. Beiden sei an dieser Stelle wie schon so oft von Herzen gedankt.

5 Kirche und Grablege. Zur sakralen Dimension von Residenzen, in: K. ANDERMANN (Hg.), Residenzen. Aspekte hauptstädtischer Zentralität von der frühen Neuzeit bis zum Ende der Monarchie (Oberrheinische Studien 10), Sigmaringen 1992, S. 159–187.

Bevor wir aber auf Baugeschichte und Form der Grabkapelle eingehen, haben wir uns deren Standort genauer anzusehen. Da sie im öffentlichen Bewusstsein nicht sonderlich präsent ist – von Dornröschenschlaf kann dank der guten Bauunterhaltung und der intensivierten Präsentation durch Schlösser und Gärten Baden-Württemberg keine Rede sein, trotzdem ist die Existenz der Grabkapelle manchen Stadtbewohnern unbekannt – haben wir uns daran gewöhnt, sie als »abgeschieden« zu bezeichnen. Moderne Luftaufnahmen tun das Ihre, um die Kapelle als einsame Insel im grünen Wipfelmeer des Hardtwalds erscheinen zu lassen (*Abb. 1*). Aber das stimmt nicht ganz, zumindest stimmte es nicht in der Bauzeit. Der Bauherr, Großherzog Friedrich I. von Baden (1826–1907), legte den Bauplatz auf einen der Strahlen des Stadtgrundrisses. Wie alle Strahlen lief auch diese Büchiger Allee auf den Schlossturm zu. Die Kapelle bekam also keinen Platz im Abseits, sondern auf einer Sichtachse (*Abb. 2*); damit diese Sicht auch langfristig gesichert bliebe, wurde die Allee breit ausgelichtet und als einzige der Waldalleen mit Lärchen bepflanzt. Erst eine spätere Durchmischung mit Tannen hat diesen lichten Bewuchs der heutigen »Lärchenallee« wieder verunklart; er wird derzeit wieder hergestellt (*Abb. 3*). Dass Sichtverbindung zum Schloss bestehen sollte, zeigt schließlich deutlich der Durchbruch der inneren Schlossgartenmauer, der mit einem filigranen Lanzett-Gitter die Allee dem Blick öffnete. Den Zugang vom Schloss aus erhielt man über das ältere Tor der benachbarten Blankenlocher Allee. Der Blick ging aber ungehindert vom Schloss zur Kapelle; der heutige dichte Bewuchs und das starke Unterholz innerhalb der Mauer verdüstern und verstecken die ganze Anlage in ihrer Sinngebung.

Die Grabkapelle wurde also auf Fernwirkung hin gebaut (wenn auch nicht von Anfang an so geplant, davon später). Das beweist nicht zuletzt die erstaunliche Höhe des Vierungsturms mit fast 60 m. Eine solche Sichtverbindung zwischen Schlossturm und Kirche hatte es schon einmal gegeben: Auf der südlichen Mittelachse der Stadt hatte die Konkordienkirche gelegen, nach dem Schloss das architektonische Zentrum der ersten Stadtanlage. Der Stadtgründer, Markgraf Karl Wilhelm (1679–1738), war in der Konkordienkirche beigesetzt worden; als Friedrich Weinbrenner 1807 mit der Neukonzeption des Stadtzentrums die Kirche zugunsten des Marktplatzes abreißen ließ, blieb das Grab, markiert durch die berühmte Pyramide, an seinem Platz. Am Ende des Jahrhunderts entstand nun wieder eine fürstliche Grablege, wieder an einer markanten Stelle des idealen Stadtplans. War dies dem Bauherren bewusst? Äußerungen Friedrichs I. sind dazu nicht bekannt; wenn sich der Großherzog später, beim schleppenden Baugeschehen, über *diese langen Corespondenzen* zwischen ihm, der Generalintendanz und dem Hofbauamt ärgerte, *wo doch die ganze Sache hier mündlich abgemacht werden kann*[6], dann galt das nicht für die erste Planungszeit, in der das Meiste offenbar im Gespräch entschieden wurde. Wir müssen also offen lassen, ob solche stadtplanerischen Bezüge beim Bau der Grabkapelle eine Rolle spielten. Die Themen Kirchenbau und städtische Sichtachsen beschäftigten den Großherzog in diesen Jahren jedoch sehr. Die Bauzeit der Grabkapelle lief nahezu parallel mit den Planungen zu St. Bernhard, der dann größten katholischen Kirche der Residenz. Friedrich I. schenkte nicht nur den exponierten Bauplatz am östlichen Ende der Kaiserstraße, sondern nahm auch an den Stil- und Baumassenentschei-

---

[6] 1.3.1896, GLA 56–1/680.

Abb. 1 Großherzogliche Grabkapelle, Luftbild

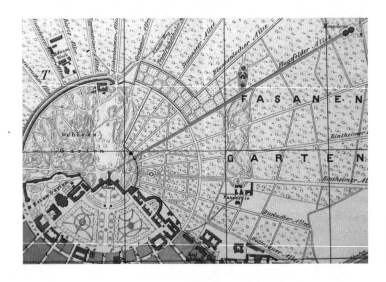

Abb. 2 Hagsfelder bzw. Lärchen-/Büchiger Allee, Stadtplan 1897

Abb. 3   Neupflanzung der Lärchenallee

dungen lebhaften Anteil. St. Bernhard wurde zwar schließlich von Max Meckel gebaut[7], die ersten Entwürfe stammten aber u. a. von Adolf Weinbrenner (1885) und Franz Williard (Februar 1888) – und beide beteiligten sich 1888 auch am Wettbewerb für die Grabkapelle und beide legten hier wie dort Entwürfe zu Monumentalbauten vor. Williard sprach begeistert von der *Beherrschung der ganzen Stadt* durch St. Bernhard; der Turm sollte von Mühlburg aus, eine gute Wegstunde entfernt, quer durch die Innenstadt zu sehen sein[8].

Wir brauchen hier auf die kirchenpolitische Bedeutung des Baus von St. Bernhard am Ende des Kulturkampfes nicht einzugehen[9]. Wesentliche Momente verknüpfen sich aber mit der Planungsgeschichte der Grabkapelle:
1) Das parallele Baugeschehen.
2) Die Beteiligung des Großherzogs an einem stadtbildprägenden Großprojekt.
3) Die mitwirkenden Architekten. Dass Williard wie Franz Josef Baer, der schließlich bei der Grabkapelle zum Zug kam, erzbischöflicher Baubeamter war, lässt ebenfalls einen Bezug zum architektonischen »Friedensgedanken« des evangelischen Landesherren vermuten.
4) Die Entscheidung für den frühgotischen Stil. Meckel öffnete dieses Bauprogramm zwar in Details in die Spätgotik hincin, Vorbild blieben im Ganzen aber doch die strengeren Formen der Marburger Elisabethkirche[10]. Diese französisch geprägte Frühgotik sollte auch für die Grabkapelle verbindlich sein.
5) St. Bernhard wurde durch seine Namensgebung eine der Denkmalskirchen der badischen Dynastie. Weithin sichtbar stand der Patron, der seliggesprochene Markgraf

---

[7] Vgl. grundlegend W. WOLF-HOLZÄPFEL, der Architekt Max Meckel (1847–1910). Studien zur Architektur und zum Kirchenbau des Historismus in Deutschland (Institut für Baugeschichte der Universität Karlsruhe und Südwestdeutsches Archiv für Architektur und Ingenieurbau, Materialien zu Bauforschung und Baugeschichte 10), Lindenberg 2002, hier S. 189ff.
[8] 23.2.1888, zit. nach WOLF-HOLZÄPFEL (wie Anm. 7) S. 193.
[9] Vgl. C. REHM, Versöhnung in Stein, in: K. KRIMM/W. RÖSSLING (Bearb.), Residenz im Kaiserreich. Karlsruhe um 1890, Karlsruhe 1990, S. 89–96.
[10] Vgl. WOLF-HOLZÄPFEL (wie Anm. 7), S. 196, S. 210.

des 15. Jahrhunderts, in der Fassade über dem Hauptportal. Das Figurenprogramm der Grabkapelle wird uns noch zu beschäftigen haben.

Gerade das letzte Stichwort, die Kirche als Memorialort der Dynastie, lässt uns die Frage nach dem vorgeblich »privaten«, nicht mehr landesherrlich-repräsentativen Charakter der Grabkapelle[11] noch einmal stellen. Es gab solche badischen Memorialorte bereits: Großherzog Leopold, der Vater Friedrichs I., hatte die ernestinische Grablege, den Chor der Pforzheimer Sitftskirche, mit programmatischen Denkmälern ausstatten lassen und er hatte die alte Fürstenkapelle im badischen Hauskloster Lichtenthal einer umfassenden Neuordnung und Ergänzung durch Epitaphien unterzogen[12]. Es waren historisierende Nachschöpfungen und die Werkleute der 1. Hälfte des 19. Jahrhunderts arbeiteten im Sinn der Baumeistergotik noch mit bescheidenen Mitteln. Das baugeschichtliche Wissen hatte sich seitdem unendlich vertieft; der Sohn, Friedrich I., konnte Stiltreue und Detailgenauigkeit verlangen, wie sie in den Architektur-Lehrbüchern seit Mitte des 19. Jahrhunderts zum Allgemeingut geworden waren. Da das Baubüro für die Grabkapelle Bücherbeschaffungen beantragen und inventarisieren musste, sind wir recht gut darüber informiert, in welchen Handbüchern Hermann Hemberger, der Bauleiter, nachschlagen wollte: Es waren vor allem Klassiker aus der Zeit um 1860, etwa das 9-bändige *Dictionnaire de l'Architecture française* von Eugène Viollet le Duc (1854–1868) oder das *Lehrbuch der Gothischen Konstruktionen* von Georg Gottlob Ungewitter (1859–1864), die den Handapparat füllten[13] – nicht gerade die neuesten Werke, aber doch anerkannte. Das breite Fundament des historischen Wissens sollte den Kirchenbau tragen. Auch dies weckt Zweifel am Verzicht auf Repräsentation und Öffentlichkeit: Eher wirkt die Grabkapelle als starkes Signal herrschaftlichen Bauens in der Residenz. Bei der Frage nach dem Figurenprogramm, dem dynastischen Bezug der *Bildwerke*, die sich Großherzog Friedrich I. gewünscht hatte[14], werden wir diesem Motiv wieder begegnen. Lassen wir aber beides, die Deutung der Grabkapelle als stillen Rückzugsort oder als monumentale Memorialstätte, vorerst unentschieden nebeneinander stehen – ja, es scheint, als ob eine solche Unentschiedenheit geradezu zum Merkmal des Baues und seiner Baugeschichte gehören würde, als ob sich Bauherr und Architekten von Anfang an nicht sicher waren, in welchen Dimensionen nun eigentlich gebaut werden sollte.

Diese Unentschiedenheit findet sich letztlich bereits im Bauprogramm vom 25. Mai 1888. Prinz Ludwig Wilhelm war am 23. Februar, also ein Vierteljahr zuvor, gestorben; vielleicht erklärt die Kürze der Zeit die Knappheit und auch Widersprüchlichkeit des Textes, den die Generalintendanz acht Architekten schickte: *In einem Parke soll als Abschluß einer Allee ein monumentales Mausoleum zur Aufstellung einer für längere Zeit genügenden Anzahl Särge erbaut werden. Dasselbe soll in einer Krypta und einer darüber befindlichen Kapelle bestehen. Der Eingang in dasselbe soll im Innern von der*

---

[11] Vgl. K. ANDERMANN (wie Anm. 5), S. 177.
[12] Vgl. K. KRIMM, Die Fürstenkapelle – ein Monument der vaterländischen Geschichte, in: H. SIEBENMORGEN (Hg.), 750 Jahre Zisterzienserinnen-Abtei Lichtenthal. Faszination eines Klosters, Sigmaringen 1995, S. 147–158.
[13] Vgl. 17.4.1891, GLA 56a/19. Vgl. auch den Erwerb von CAHIER/MARTIN, Vitraux peints de St. Étienne de Bourges, 1844, ebda. 25.9.1891.
[14] Vgl. 29.11.1893, GLA 56-1/679.

Vorderfacade aus mittelst einer bequemen Treppe stattfinden. Der Baustyl für den Entwurf soll der romanische oder frühgotische, die Raumverhältnisse jedoch bescheiden sein. [Folgt: Planwerk]. *Es ist bei dem Entwurfe darauf Rücksicht zu nehmen, daß der Eingang zur Gruft mindestens 2,80 m breit sein muß und mit der Kapelle später ein Kreuzgang verbunden werden kann. Der Kapellenboden soll nur etwas 1,5 m über dem äußeren Boden liegen.* [Folgt: Kalkulation, Ablieferungsfrist von 2 Wochen][15].

Von Anfang an sollte die Grabkapelle also point-de-vue sein. Nicht ganz so eindeutig scheint die Stilwahl: *Romanik* oder *Frühgotik* öffneten ein weites Feld der Möglichkeiten, meinten aber wohl vor allem den Bezug auf das Hochmittelalter; später präzisierte das Hofbauamt gegenüber dem Glasmaler Eugen Börner, er habe seine Arbeit *an die Stylweise des XIIten bis einschließlich ersten Hälfte des XIII. Jahrhunderts in Frankreich möglichst anzupassen. Andere, namentlich deutschgotische Spätformen sind, weil mit der Architektur der Kapelle im Wiederspruch, ausgeschlossen*[16]. So sollten eher Strenge und Klarheit vorherrschen als Überschwang und Formenvielfalt des Spätmittelalters. Mit der Gotik, für die dann die Entscheidung fiel, hatte man zugleich die Stilwahl des Eisenacher Regulativs von 1861 für Gemeindekirchen übernommen. Aber sollte die Kapelle überhaupt gottesdienstlicher Raum sein? Das Bauprogramm verlangte – syntaktisch unklar, aber im Sinn doch eindeutig – hinter dem Portal einen inneren, breiten Abgang in die Krypta; dem entsprach z. B. das Mausoleum, das Friedrich August Stüler für Gräfin Laura Henckel von Donnersmarck in Wolfsberg 1858 errichtet hatte. Eine solche zentrale Treppe von fast 3 m Breite verlangte entsprechenden Raum. Die Zugänge zur Oberkirche konnten den Abgang nur flankieren und ganz in diesem Sinn gestaltete dann auch August Williard in seinem Konkurrenzentwurf den Kapellenraum fast als Galerie um eine gerundete, große Bodenöffnung in die Unterkirche (*Abb.* 4)[17]. Dem widersprach aber, dass Großherzog Friedrich I. – wir dürfen vermuten: auf Wunsch von Großherzogin Luise – für die Kapelle zumindest in der warmen Jahreszeit eine feste Gottesdienstordnung vorsah; vierzehntägig sollte sich der Hof zu Abendandachten des Hofdiakons versammeln[18]. Auch die Beschaffung einer 10-Register-Orgel wäre sinnlos gewesen, wenn das Instrument nur zu Beerdigungen oder Gedenktagen erklungen wäre. Die Grabkapelle sollte also nicht nur großes Grabdenkmal, sondern zugleich Gottesdienstort für eine Gemeinde sein. Dazu benötigte man Fläche, ein Kirchenschiff mit Bänken, keine zentrale, offene Treppe zur Krypta. So wurde das Bauprogramm geändert – mit gewaltigen Folgen für die gesamt Baumasse. Der zur Seite verlegte Gruftabgang (in voller Breite und mit der notwendigen Zugangsfreiheit) verlangte einen Querschiffarm für sich. Diesem nordwestlichen Arm musste ein südwestlicher entsprechen. Die Kapelle erhielt in ihrer Planungsgeschichte also wohl vorrangig aus theologisch-liturgischen, nicht aus bauästhetischen Gründen ihre auffallenden Ausmaße; dass dies der ausdrückliche Wunsch des Bauherren gewesen war, betonte später der Architekt, als die Baukosten nicht zu steigen aufhörten: *die höchsten Ortes befohlene Grundrißform im*

---

15   GLA 56–1/679.
16   26.6.1894, GLA 56a/173.
17   Vgl. StadtA Karlsruhe 8 PBD XV 794 und 798.
18   Vgl. 18.7.1896, GLA 56–1/680.

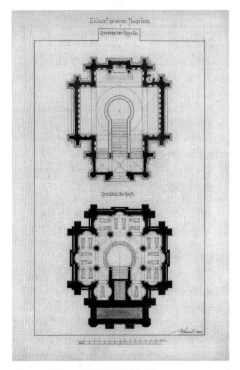 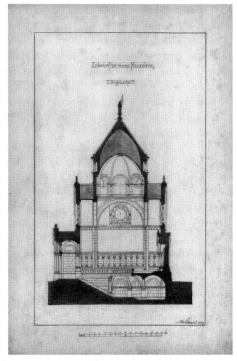

Abb. 4 Franz Williard, Konkurrenzentwurf, Grundriss von Kapelle und Gruft, 1888

Abb. 5 Franz Williard, Konkurrenzentwurf, Längsschnitt, 1888

Kreuze ... [sei] theuerer als eine andere Form[19]. Bereits August Williard hatte einen monumentalen Zentralbau über dem Grundriss eines Griechischen Kreuzes entworfen, dessen Charakter ein Kuppel-Oktogon entsprach (*Abb. 5*). Das Kuppel-Motiv war bei Mausoleen beliebt; ließ es sich bei Bauten im Renaissance- oder Barockstil noch beherrschender ausführen (wie von Franz Schwechten 1894 in Dessau), lieferten doch auch romanische Vierungskuppeln genügend Beispiele, um die letztlich antike Grundform beliebig zu variieren[20]. Sowohl Williard wie sein Mitbewerber Josef Durm machten davon Gebrauch, Durm in spätromanisch gedachtem vielgliedrigen Aufbau, Williard mit einfacheren, spätantiken Elementen (*Abb. 6*). Damit sind unsere Vergleichsmöglichkeiten aber schon fast erschöpft: Allein Williards Reinzeichnungen haben sich zusammen mit Skizzen erhalten[21], von Durm sind lediglich erste Skizzen überliefert[22], alle übrigen Wettbewerbsentwürfe sind verschollen. Selbst die ersten sechs Blatt des Siegers Franz

---

[19] 18.11.1891, GLA 56–1/679.
[20] Vgl. allgemein PINNAU (wie Anm. 4).
[21] StadtA Karlsruhe 8 PBS XV Nr. 787–798.
[22] GLA 424 K Karlsruhe 103 Nr. 1. 1–4.

Abb. 6   Franz Williard, Konkurrenzentwurf, Ansicht, 1888

Baer vom Mai 1888, die *Concurrenz-Skizzen*, die noch einen romanischen Bau vorstellten, fehlen[23]. Unsere einzige Quelle für den Wettbewerb, die alle Pläne kennt, ist die scharfe Kritik eines Unbekannten an sämtlichen eingereichten Entwürfen – darauf ist als Schlüsseltext noch genauer einzugehen. Sehen wir uns aber zunächst die Konkurrenten selbst nach ihrer beruflichen Herkunft an.

Zur kirchlichen Bauverwaltung gehörten Baurat Ludwig Diemer, der Leiter des evangelischen Kirchenbauamts in Karlsruhe, und seine beiden katholischen Kollegen Baurat August Williard von der erzbischöflichen Kirchenbauinspektion in Karlsruhe bzw. Bauinspektor Franz Baer vom erzbischöflichen Bauamt in Freiburg. Die Technische Hochschule in Karlsruhe, die Pflanzstätte der badischen Architekten, war durch Oberbaurat Heinrich Lang und Baurat Adolf Weinbrenner vertreten. An der Hochschule lehrte natürlich auch Baudirektor Josef Durm, repräsentierte in diesem Kreis aber wohl vor allem die Großherzogliche Bauverwaltung als deren allmächtiger Leiter. Die Teilnahme des Konstanzer Bezirksbauinspektors August Braun in dieser illustren Umgebung bleibt dabei etwas rätselhaft, da er zwar die Bauleitung bei Durms Überlinger Amtsgericht übernehmen und später bei der Schwarzacher Klosterkirchen-Restaurierung helfen durfte, in seiner Laufbahn aber doch eher ein No-Name blieb; immerhin

---

[23]   Vgl. die Abrechnung Baers vom 25.6.1891 für Entwürfe vom Mai, Juli und Oktober/November 1888 sowie Juli 1889, GLA 56–1/679.

hatte er 1858 die gotisierende Dorfkirche von Bettingen gebaut, und da in Bettingen ausgerechnet die wichtigste Steinmetzfirma für die Grabkapelle, Gebrüder Adelmann, ansässig war[24], mag es hier noch unbekannte Verbindungen gegeben haben. Mit Jakob Hemberger schließlich trat auch der Leiter des Hofbauamts in den Ring, der den Bau ja auf jeden Fall auch auszuführen hatte. Hemberger – dessen Entwürfe so wenig Gnade fanden wie die der Konkurrenten – gab die Bauleitung dann faktisch an seinen Sohn Hermann ab, der gerade erst sein Architekturstudium an der TH abgeschlossen hatte.

Der Wettbewerb war beschränkt, die Architekten wurden um ihre Teilnahme gebeten. Ihre Auswahl entsprach einem sehr sorgfältigen Proporz: beide kirchlichen Bauverwaltungen (nicht ganz paritätisch, mit katholischem Übergewicht), zwei Hochschul- und zwei Staatsbeamte, ein Hofbeamter, alle fortgeschrittenen Alters und alle aus Baden[25] – es ging um Bewährtes, nicht um Neues, gebaut werden sollte mit dem Gewicht der staatlichen Tradition und des historischen Wissens. Die Hübsch-Schule sollte nicht mehr zum Zug kommen; vielleicht fiel deswegen Ludwig Diemer als *kalt und unbefriedigend in der Gesamtwirkung* durch[26] (seine Eppinger Kirche von 1879 war noch ganz dem flächigen Stil von Heinrich Hübsch verpflichtet). Freilich müssen wir uns hüten, von ausgeführten Bauten auf die verlorenen Entwürfe zu schließen; die Kunst des historistischen Bauens bestand ja gerade darin, zwischen den Stilen wählen zu können, sie funktional einzusetzen und überall seine Kenntnisse zu zeigen.

Dem unbekannten Kritiker scheint es vor allem um Stilreinheit gegangen zu sein. Bei Hemberger tadelte er die *unverstandene Mischung von Frühgothik und Frühromanik; frühgotische Detailformen mit Beibehaltung der ganzen Wucht und Schwerefälligkeit* [sic] *einer romanischen Masse. Man vermisst das Verständnis für den graziösen, leichten Charakter der Frühgothik*. Auch Williard warf er vor, *in den Details mehrfach stilwidrig und unmotiviert* zu sein (ohnehin wurde er kurz abgetan, da die *Gesamtwirkung schwerfällig* sei).

Der Autor dieser knappen Verrisse ließ sich noch nicht identifizieren. Gerne würde man dafür den Meister der Kollegenschelte in Anspruch nehmen, Josef Durm; gnadenlose Sätze wie *arm in der Erfindung, Abschluss völlig geschmacklos* (über August Braun) würden zu seiner Diktion passen[27]. Aber auch Durm wurde kritisiert (dazu unten mehr) und solch selbstlose Objektivität ist dem Oberbaudirektor dann doch nicht zuzutrauen. Sein Kollege in der Baudirektion, Heinrich Lang, fällt als Wettbewerbsteilnehmer ebenfalls aus. Nur der Dritte im Triumvirat der Staatlichen Bauverwaltung, Otto Warth, käme demnach als »Neutraler« in Frage – dem steht aber ein äußerliches Merkmal des Textes entgegen: Es ist offenkundig vom Verfasser geschrieben, in selbstbewusster, la-

---

[24] Vgl. dazu den Beitrag von A.-M. BRANDENBURG in diesem Band. Zum Lebenslauf Brauns vgl. GLA 76/10438.

[25] Zur strikten Beschränkung auch der Gewerke auf badische Betriebe vgl. ebenfalls A.-M. BRANDENBURG.

[26] o. D., GLA 56–1/679.

[27] Vgl. beispielhaft die Kontroverse mit Adolf Hanser bei dessen Entwürfen zu Verwaltungsgerichtshof, Oberrechnungskammer und Generallandesarchiv, K. KRIMM, Archivbau und Residenzarchitektur. Der Neubau des Generallandesarchivs in Karlsruhe von 1905, in: Aus der Arbeit des Archivars. FS für Eberhard Gönner (Veröffentlichungen der Staatlichen Archivverwaltung Baden-Württemberg 44), Stuttgart 1986, S. 225ff.

Abb. 7   Josef Durm, Kuppelskizze, 1888

teinischer Schrift, auf Bögen des privaten Briefpapiers von Großherzogin Luise. War der Schreiber der Verfasser, fällt Warth aus[28]. Das gleiche gilt für Großherzog Friedrich I. selbst, dem man das rasche und gelegentlich auch scharfe Urteil wohl zutrauen könnte; aber auch seine Handschrift ist es nicht und Wendungen wie *Ich will nicht geradezu etwas Aehnliches* [wie den Pisaner Campo Santo] *vorschlagen* lassen nur einen unbekannten Dritten zu, dem das Großherzogspaar als architektonischem Berater vorbei am Hofbauamt vertraute. Friedrich Ratzel nahm später wohl diese Rolle ein, aber 1888 war er noch zu jung (geb. 1869).

Das Verdikt des Gutachtens galt neben den Stilbrüchen auch immer wieder der schieren Baumasse und hier vor allem den offenbar gewaltigen Kuppeln, die die Architekten vorgeschlagen hatten – sicher nicht ohne Bezug auf die monumentale Wirkung, die von

---

[28]   Vgl. zur Schrift Otto Warths z. B. die Protokolle der Baudirektion, GLA 422/2129–2132.

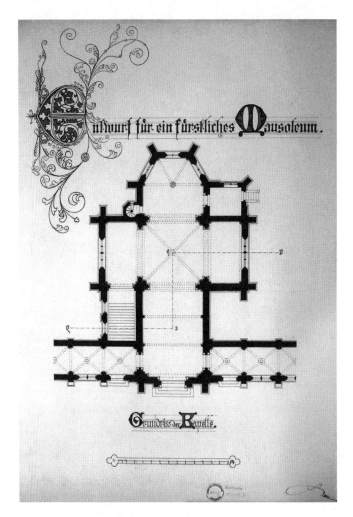

Abb. 8 Franz Baer, Grundriss mit Kreuzgang, 1888

ihnen ja verlangt worden war (*Abb. 7*). Damit fiel Adolf Weinbrenner durch, dessen Entwurf für eine Kuppelkirche am Durlacher Tor bereits 1885 keine Gnade gefunden hatte[29]: *auch hier unglaubliche Überladung, völlige Disharmonie der Kuppel mit dem gothisch sein wollenden Unterbau.* Damit waren fünf der acht Vorschläge *als ganz unbrauchbar bei Seite zu lassen.* Übrig blieben Josef Durm, Heinrich Lang und Franz Baer, denen der Kritiker zwar *wahrhaft künstlerische Auffassung* zubilligte (vor allem Durm und Baer), denen er aber als grundsätzlichen Fehler vorwarf, daß *sie in den Verhältnissen zu kolossal, in den Kosten wol auch ja noch gehen, und alle mehr oder weniger den Cha-*

---

[29] Vgl. W. WOLF-HOLZÄPFEL (wie Anm. 7), S. 189.

Abb. 9 Josef Durm, Konkurrenzentwurf, Grundriss mit Kreuzgang, 1888

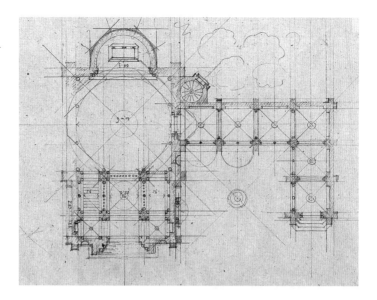

rakter eines Domes als den einer friedlichen der Umgebung entsprechenden Waldkapelle beanspruchen.

Dabei war ja nicht nur die monumentale Wirkung dieser Kapelle gefordert worden, sondern auch ein Kreuzgang, der wiederum eine gewisse Größe des Kirchenbaus voraussetzte. Die Architekten projektierten diesen Kreuzgang entweder auf der Nordostseite um den Chor (Williard) oder auf der Südwestseite, der Kapelle im offenen oder geschlossenen Quadrat vorgelagert (Baer, *Abb. 8*). In beiden Varianten sollte der Kreuzgang direkten Anschluss an die Kapelle erhalten; die beiden Seiteneingänge des endgültigen Baus, die als markante Bauteile heute zur Vielgliedrigkeit der Anlage beitragen, zeigen, wie ernst diese Programmforderung gewesen war. Auch Josef Durm hat sie in seinen Skizzen deutlich ausgeführt (*Abb. 9*) – wohl nicht zufällig, denn Durm selbst hatte das Campo-Santo-Motiv in Karlsruhe ja bereits verwirklicht. Seine Gruften-Anlage vor der Kapelle des Hauptfriedhofs von 1874/76 hatte Italien nach Baden geholt, hatte mit lichten Renaissance-Gängen in offenen Bogenstellungen großzügig einen quadratischen, malerischen Vorhof geschaffen (*Abb. 10*). Durms Campo-Santo im Hardtwald war strenger, kleinteiliger gefasst, wie es die Stilwahl vorschrieb; er folgte der Vorgabe eines Kreuzgangs, ließ ihn aber nicht auf der Höhe des Hauptportals ansetzen, sondern rechts und links der mächtigen Vierung, sodass man aus dem Kirchenraum in den Kreuzgang, aus der zentralen Gruft in Sarkophagräume unter dem Kreuzgang treten konnte. Monumentale Ausmaße hatte auch diese Anlage und da der Kreuzgang ja nicht nur besinnlicher Wandelgang, sondern auch Ort künftiger Grablegen der Dynastie sein sollte, repräsentierte er zugleich die lange Generationenfolge, die unendliche Dauer der Herrschaft[30].

---

[30] Vgl. O. B. RADER, Grab und Herrschaft, München 2003, S. 81.

Abb. 10
Josef Durm,
Hauptfriedhof
Karlsruhe,
Kapellenhof

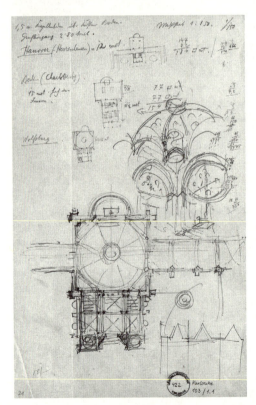

Abb. 11　Josef Durm, Grundriss- und Gewölbeskizzen mit Daten zu Vergleichsbauten, 1888

Durms Skizzenblätter sind für uns über ihre architektonische Information hinaus von besonderem Wert, weil er darauf auch die Höhen- und Volumen-Maße von Vergleichsbauten notierte. Er hatte sich Informationen über das Hohenzollern-Mausoleum im Charlottenburger Park, über die Grablege der Welfen in Hannover-Herrenhausen und den oben genannten Stüler'schen Bau für Laura Henckel von Donnersmarck in Wolfsberg beschafft (*Abb. 11*). Um Stilvorbilder war es ihm dabei nicht gegangen – alle drei Bauten waren ja klassizistisch an Tempeln orientiert –, sondern allein um deren Ausmaße: Sein Bau sollte sich an dieser »Klasse« messen lassen können und er sollte sie vor allem durch die markante Kuppel deutlich überbieten. Insignien eines majestätischen Baus hatte übrigens auch der an sich bescheidenere Franz Baer vorgesehen. Sein zweiter, »gotischer« Entwurf (der erste, der »romanische«, ist verloren) zeigt über der heutigen Sakristei einen weiteren Raum, der nur über einen markanten Treppenturm an der Nordostseite zu erreichen ist: ganz eindeutig eine Fürstenloge, die sich mit hohem Spitzbogen in den Chor öffnet und von Figurennischen flankiert wird (*Abb. 12 und 13*)[31]. Die Regelwelt des höfischen Zeremoniells war also noch ungeschmälert präsent, vom Wandel der Hofkirche in einen »privaten«, nur familiären Andachtsraum konnte keine Rede sein.

Freilich waren dies die Entwürfe der Architekten. Sie glaubten, dem fürstlichen Bauprogramm damit zu entsprechen; der unbekannte Kritiker stutzte trotz verhaltenen Lobs aber auch die Entwürfe von Durm und Baer zurecht. Nach Überlegungen zur Umwandlung des Kirchenschiffs in eine Halle mit Kapellenkranz nach Vorbild des Pisaner Campo Santo gab er dem Baer'schen Entwurf den Vorzug, nicht ohne auch dessen Kuppel auf einen *leichter wirkenden Vierungsthurm* zu reduzieren. In der letzten Planungsphase Baers, wohl im Mai 1889, verschwand schließlich auch der Vierungsturm zugunsten eines schlichten Dachreiters über der Eingangsfassade (*Abb. 14*).

Rekapitulieren wir an diesem Punkt kurz. Prinz Ludwig Wilhelm war im Februar 1888 gestorben, im Mai erhielten die Architekten die Aufforderung zu Konkurrenzentwürfen. Der Bau sollte *für längere Zeit* genügen, aber es war trotzdem nicht klar, ob er nun vorrangig ein Mausoleum für den Prinzen oder eine große Familiengrablege würde. Eine zentrale Position des Sarkophages für seinen Sohn stand bei Großherzog Friedrich I. lange Zeit fest und 1890 war vom *Mausoleum für Prinz Ludwig* die Rede[32], aber die Campo-Santo-Diskussion war noch keineswegs abgeschlossen und 1890 dessen Form nicht entschieden. Franz Baer erhielt im Sommer 1889 den Zuschlag für seine Entwürfe. Damit schien festzustehen, dass ein Repräsentant des erzbischöflichen Bauamts die Grablege für die evangelische Dynastie bauen sollte. Die Bauleitung lag jedoch beim Hofbauamt; Baer mochte wortreich intervenieren, dass die *Ausführung eines Baues in mittelalterlichem Stile ... ja ganz wesentlich von der Detaillierung, der Profilierung und der Behandlung der Maßwerkbildungen ab* [hängt]*, sowie im vorliegenden Fall auch von der eigenartigen Deckenbildung. All dies kann aber von einem Plan im Maßstabe 1:100 nur im allgemeinen Sinne eines Programmes entnommen werden, während der Erfolg der Ausführung selbst, ... mindestens ebenso sehr, wenn nicht in noch höherem Grade von der Güte, stilistischen Richtigkeit und Sicherheit in der Detaillierung und*

---

[31] Vgl. GLA 424 K Karlsruhe 103/1.6.
[32] Vgl. 1.3.1890, GLA 56a/19.

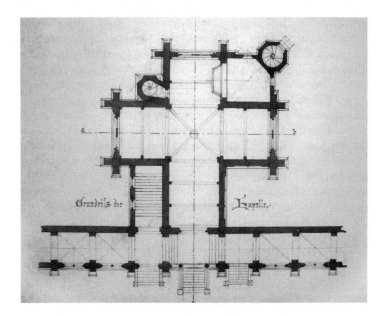

Abb. 12
Franz Baer,
Grundriss, 1888

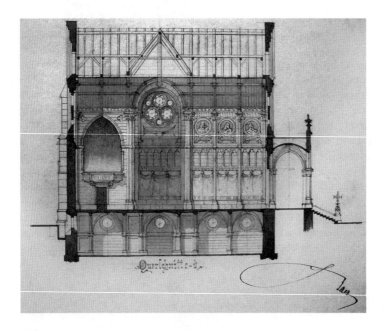

Abb. 13
Franz Baer,
Querschnitt mit
Fürstenloge, 1888

Abb. 14   Franz Baer, Längsschnitt mit Dachreiter, 1888

Profilierung in großem Maßstabe abhängt[33]. Aber er drang damit nicht durch; Jakob Hemberger stellte als Leiter des Hofbauamts lieber seinen Sohn Hermann, der frisch von der Hochschule kam, zur Ausarbeitung der Detailpläne ein. Baer rechnete ein Jahr später resigniert seine Plansätze von 1888/89 ab, erkrankte und starb 1891.

So war auch die Architektenfrage wie manches Andere noch nicht entschieden gewesen, als im Herbst 1889 trotzdem das Bauen begann. In einem Bericht für die Badische Landeszeitung beschrieb Hermann Hemberger später diesen Baubeginn: *Ein anfangs September [1889] von Allerhöchster Seite geäußerter, dringender Wunsch, die Fundamentierung noch vor Eintritt des Winters vorzunehmen, mußte erfüllt werden, obwohl die Planarbeiten noch in den ersten Anfängen standen, ein Überblick über die konstruktiven Folgen daher noch nicht zu gewinnen war.* Das ließ sich als der kaum kaschierte Versuch lesen, alle Probleme der überlangen Baugeschichte auf einen erzwungenen, hastigen Anfang zu schieben; geradezu tückisch erschien der Pressetext, wenn er sich mit Wendungen des Mitgefühls drapierte: *In dem Bestreben, die Empfindungen schmerzlicher Sehnsucht unseres schwergeprüften Fürstenhauses nach dem Entschlafenen gerecht zu werden, wurde das Wagnis unternommen, welches sich erst schrittweise in seinem ganzen, fast erdrückenden Umfange zeigte*[34]. Damit desavouierte der Architekt die Bau-

---

[33]   4.7.1889, GLA 56–1/679, vgl. dort auch zum Folgenden.
[34]   7.9.1896, GLA 56–1/680.

Abb. 15 Hermann Hemberger, Fassadenentwurf, 1889

herrschaft – so hatte es auf jeden Fall wohl Großherzog Friedrich verstanden, als er in einem empörten Telegramm aus einem Kuraufenthalt in St. Blasien nach Karlsruhe telegrafierte, dass dieser Text keinesfalls veröffentlicht werden dürfe – dazu war es freilich zu spät –, und wissen wollte, ob der Leiter des Hofbauamts, Vater Hemberger, davon gewusst habe. Freilich hatte Hemberger senior selbst schon vorher gegenüber der Generalintendanz kein Blatt vor den Mund genommen und 1894 moniert: *Ein durchgearbeiteter und für Kostenüberschlag tauglicher Plan [hat] für die Kapelle noch nie bestanden, konnte auch aus Mangel der dafür benöthigten Zeit noch nicht aufgestellt werden ... Der ganze Betrieb stellt sich somit als ein vollständig improvisierter dar, der den bei sonstigen Bauten vorhandenen Verhältnissen vollkommen entgegengesetzt ist. ... Der ganze Ent-*

Abb. 16 Blick von Nordosten,
Wilhelm Kratt, Aufn. um 1910

wurf und Bau [besteht] *aus einer Kette von größtentheils statischer und constructiver, und zum kleineren Theil ästhetischer Folgerungen*[35].

Letztlich ist es müßig, die schwierige Baugeschichte aus der – vielfach belegten – Rastlosigkeit gerade der Großherzogin Luise, der Unerfahrenheit des jüngeren Hemberger oder der Ausbootung des eigentlichen Wettbewerbsiegers zu erklären. Baers Pläne gaben zunächst die Maße vor, nach denen die Fundamente der Grabkapelle gelegt wurden, und auch die ersten Pläne Hermann Hembergers sprachen noch keine wesentlich andere Sprache (*Abb. 15*). 1890/91 entschied man sich dafür, das Chorgewölbe höher anzusetzen; für das Schiff hatte dies die Konsequenz eines Obergadens mit einem weiteren Fensterband. Als man wegen der an sich kurzen Abmessungen des Schiffs Platz für eine Chor- und Orgelempore nur oberhalb des Chorgewölbes fand, war klar, dass sich diese Empore nur in einen Vierungsturm öffnen konnte, und als dieser Vierungsturm auch noch einen Glockenstuhl erhielt, hatte er bereits 32 Höhenmeter erreicht; mit Turmhelm und Kreuz betrug die Höhe schließlich 57 m (*Abb. 16*).

Entsprechend waren die Kosten gestiegen. Die Voranschläge des Wettbewerbs hatten sich zwischen 80 000 (Braun) und 200 000 Mark (Durm) bewegt. Schon 1891 waren 551 000 Mark verbraucht, die Schlussrechnung landete bei 771 000 Mark. Die Atmosphäre gereizter Vorwürfe und Apologien, eine Art Dauerkrieg zwischen Generalinten-

---

[35] 4.10.1894, GLA 56–1/679.

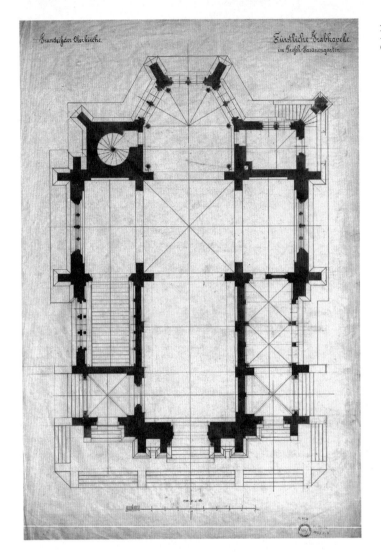

Abb. 17 Hermann Hemberger, Grundriss, 1891?

danz und Hofbauamt und zwischen Hofbauamt und Baufirmen begleiteten das Geschehen und beschleunigten es bestimmt nicht. Als Hermann Hemberger 1896 seinen inkriminierten Schlussbericht für die Presse geschrieben hatte, verließ er krank und mit zerrütteten Nerven den Schauplatz.

Da wir nach dem Wandel fürstlicher Memoria-Vorstellungen fragen, sollte es sich lohnen, den Anteil des Großherzogspaars an diesen Bauentscheidungen nachzuvollziehen – soweit es die Quellen zulassen. Die Präsenz Friedrichs oder Luises vor Ort wird sich nicht belegen lassen; sie drückte sich indirekt in fallweise ärgerlichen Anweisungen an die Generalintendanz aus und wird allenfalls durch die Folie der in Karlsruhe nur

Abb. 18   Grabkapelle, Holzgewölbe

mündlich überlieferten Anekdote sichtbar, die Großherzogin habe täglich an der Baustelle die Qualität der Hausteine kontrolliert. Es gab mündliche Befehle Friedrichs I., so die Anforderung, *im Inneren und Äußeren ganz in rothem Haustein* zu bauen[36], also keine Putzfläche vorzusehen. Ausdrücklich sollten für die Zukunft Optionen offen bleiben; davon haben wir bei den Bauanschlüssen für den Kreuzgang bereits gehört und werden dem bei der Bauausstattung wieder begegnen. Planänderungen griffen tief in die Bausubstanz ein und erzwangen weitere Bauteile: So bemerkte schon ein Kritiker von 1897, dass die südöstliche Vorhalle – heute willkommen als Kassenraum, aber die längste Zeit nur als Abstellkammer genutzt – lediglich als Pendant des auf die Nordwestseite verlegten Gruftabgangs motiviert sei (*Abb. 17*)[37]. Auf den besonderen Wunsch der Bauherrschaft scheint die Konstruktion des offenen Holzgewölbes mit Hammerbalken zurückzugehen (*Abb. 18*), wohl eine Erinnerung an Englandreisen, aber in Mitteleuropa so befremdlich, dass der besagte Kritiker formulierte: *Dass eine durchaus monumentale Decke den Intentionen des Architekten mehr entsprochen, die erhabene Gesamtwirkung noch gesteigert und die Kosten verringert hätte, möchten wir nicht bezweifeln.* Auch das Hofbauamt verwies auf die Mehrkosten strikter Holzsichtigkeit hin, die edelste Holzsorten verlangte.

---

[36]   Hofbauamt an Generalintendanz, 23.9.1890, GLA 56a/19.
[37]   NN [GERSTNER?], Die neue Grossherzogliche Familiengruft und Gedächtniskirche in Karlsruhe, in: Süddeutsche Bauzeitung 7 (1897), S. 79f. Hier auch das folgende Zitat.

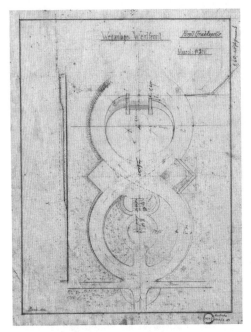

Abb. 19 NN Beck, Entwurf Weganlagen, 1893

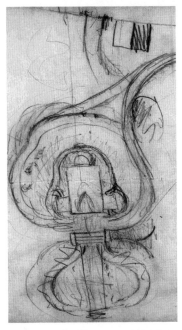

Abb. 20 Großherzog Friedrich I., Korrekturskizze zu den Weganlagen, 1896

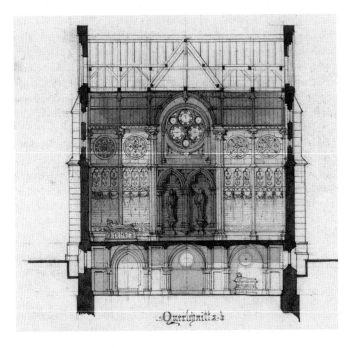

Abb. 21
Franz Baer, Querschnitt,
mit Figurennischen
der Ostwand, 1888

Auf der anderen Seite hatten aber auch Kürzungen im Bauprogramm, drastische Sparmaßnahmen ihren Ursprung in direkten Eingriffen Friedrichs I. Hemberger hatte ein ausladendes Wegesystem um die Kapelle vorgesehen (*Abb. 19*); von der Südwestseite, also vom Schloss her sollte der Besucher in einem Allee-Rondell zunächst auf *eine große Cherubims-Gestalt in Erz* stoßen, die ihn als *ästhetische Vorbereitung auf den darauf folgenden ersten freien Blick nach der Hauptfront des Gebäudes* einzustimmen hatte[38]. Das kommentierte der Großherzog ärgerlich *(ebenso unschön als unzweckmäßig*[39]*)* und skizzierte wohl eigenhändig den (heutigen) einfachen Wegeplan (*Abb. 20*): *Die Pläne ... sind meinen Wünschen nicht entsprechend. Es sind förmliche Gartenanlagen, mit einer fast vollständigen Abholzung der Umgebung der Kapelle in weitem Umfang projectirt und dazu noch architectonische Treppenanlagen entworfen, welche die Gartenanlagen erweitern sollen. Der Gedanke, die Grabkapelle in den Wald zu stellen, ist der Absicht zu Grunde gelegt gewesen und soll fest gehalten werden. Daher wird die Entwaldung nur in dem nothwendigsten Maaß stattfinden dürfen und die Wegeanlagen auf ein Minimum reducirt werden müssen.... Auch die vorgeschlagene Statue fällt weg*[40]. Reduziert wurde das stark gegliederte Hauptportal auf karge Holzflächen mit wenigen Eisenbeschlägen, alle Fußboden-Mosaiken waren zu vereinfachen. Die Säulchen aus schwarzem Orgloth, die den Sandstein-Diensten im Schiff aufgesetzt waren, sollten durch *ganz einfache Träger in rothem Sandsteine, aber mit kleinen Kapitälen und schmäleren, den Trägern mehr entsprechenden Füßen* ersetzt werden[41] – das unterblieb, es hätte die Kosten ja noch gesteigert, aber im Vorgang können wir den Wunsch nach Vereinfachung, nach Unpreziösem gut verfolgen.

Zumindest unentschieden blieb das Figurenprogramm. Franz Baer hatte in Nischen hinter dem Altar zwei Gestalten in mittelalterlicher Gewandung und in Medaillons des Schiffs Porträtköpfe gezeichnet; da es ja wohl keine Heiligen sein konnten, dürfte er sich Zähringer-Bildnisse dafür vorgestellt haben (*Abb. 21*). Tatsächlich erhielten die beiden Nischen in der Ausführung Plätze an der rechten Chorwand (*Abb. 22*) und auch der Giebel über dem Hauptportal bekam eine Nische für eine schmale Gestalt (die etwa den Seligen Bernhard oder einen Schildhalter hätte aufnehmen können, *Abb. 15 und 23*). Die Flächen für die Porträt-Medaillons wurden dann aber für Inschriften genutzt und ihr theologisches Programm war dem Großherzogspaar für die Vollendung der Innenausstattung offenbar zunächst wichtiger; davon wird noch zu sprechen sein. Die Nischen blieben frei. Längere Auseinandersetzungen zwischen Architekten und Bauherrschaft gab es um den Altar, der gleichfalls vereinfacht werden sollte. Dass schließlich Hemberger Senior in Handbüchern passende Vorbilder mit Altären des 14. Jahrhunderts in Florenz und Bologna fand, verwundert zwar wegen der Forderung, auch hier strikt *stylgemäß* zu bleiben[42]. Entscheidender dürfte aber gewesen sein, dass die gefundene Altarform mit heller Mensa und schwarzen Stipes dem Altar des Charlottenburger Mau-

---

[38] 12 1894, GLA 56–1/679.
[39] 16.3.1896, GLA 56–1/680.
[40] 19.3.1895, ebda. Hembergers Wegeplan GLA 424 K Karlsruhe 103/2.20, Großherzog Friedrichs Skizze GLA 56–1/680.
[41] 6.6.1895, GLA 56a/171.
[42] 13.7.1895, ebda.

Abb. 22 Figurennische im Chor

Abb. 23 Figurennische der Westfassade

soleums nahe kam (*Abb. 24 und 25*). Mit dem Verweis auf »Charlottenburg« sind wir zugleich beim wohl wichtigsten Ausstattungsgegenstand der Grabkapelle angelangt, dem Kenotaph des Prinzen Ludwig Wilhelm.

Aus der Bauzeit haben sich keine Textquellen dazu erhalten, in welchem Stil dieses Kenotaph errichtet werden sollte. Dagegen erhielt die Diskussion um seinen Standort breiten Niederschlag schon lange vor der Ausführung, denn hier erreichten die Spannungen zwischen Bauherrschaft und Bauamt wohl ihren ersten Höhepunkt. Der Großherzog befahl, den *Sarkophag ... in die Mitte der Kapelle vor dem Altar auf dem Kreuzungspunkt zwischen den zwei Seitenfenstern zu legen. Dieser Punkt muß festgehalten werden*, und fügte, bereits gereizt, hinzu, dass Statik und Platz auch für künftige *Bildwerke* zu genügen hätten: *Bei den großen Kosten, zu welchen die Grabkapelle angewachsen ist, sollte doch dafür gesorgt werden, daß dieselbe auch diesem künstlerischen Zwecke dienen*

Abb. 24 Mausoleum Charlottenburg

Abb. 25 Grabkapelle Karlsruhe

kann⁴³. Als das Hofbauamt darauf verwies, dass dies die Statik verbiete, dass die Mittelsäule der Gruft einen Marmorblock von vermuteten 200 Zentnern nicht tragen könne und nur eines der Querschiffe dafür in Frage käme, war die Enttäuschung groß. Der Boden des Kirchenschiffs lag zu diesem Zeitpunkt, 1893, längst; das nachträgliche Einführen von Moniereisen schien wirtschaftlich unverantwortlich (später wurde die Statik dann doch nachgebessert, aber da war es zu spät). Hemberger fragte offenbar trotzdem in aller Unschuld nach, mit wieviel weiteren Denkmälern denn künftig zu rechnen sei. Das war zu viel; Friedrich beschied die Generalintendanz erbittert und resignierend: *Ich bedauere nur, daß der Bau so geartet ist, daß eine Benützung der Gewölbe zum Tragen von Bildwerken für die Zukunft ausgeschlossen ist. – Die Frage des Hochbauamts – was für Denkmale und wieviele derselben noch zur Aufstellung gedacht sind – bedarf wohl keiner Beantwortung nachdem nachgewiesen wird, daß die Gewölbe nicht tragfähig sind. Das was ich dabei im Auge hatte ist eine Frage der Zukunft welche nicht mehr meiner Entscheidung angehört*⁴⁴. Wir müssen offen lassen, ob Friedrich ursprünglich nur an weitere Kenotaphe gedacht hatte oder auch an Denkmäler zur Hausgeschichte; für Ersteres spricht die Formulierung von *künftigen Bildwerken*, für Letzteres der *künstlerische Zweck*. Beides schien erledigt und vielleicht unterblieb in der Enttäuschung darüber auch weiteres Nachdenken über ein Programm für die Figurennischen.

Dagegen dürfte sich das Großherzogspaar beim Stil des Kenotaphs durchgesetzt haben – und hier kam das Potsdamer Mausoleum ins Spiel. Die Entscheidung, ein klassizistisches Denkmal in ein hochmittelalterliches Bauwerk zu setzen, das ja für eben dieses Denkmal eigentlich erst gebaut worden war, war keineswegs selbstverständlich. Der erste Entwurf, wohl schon von Hermann Volz, hatte durchaus ein Fürstengrabmal im alteuropäischen Sinn vor Augen, auch wenn es stilistisch nicht an der Gotik, eher an der Renaissance orientiert schien: der aufgebahrte Prinz als Glied seiner Dynastie (*Abb. 26*). Christian Daniel Rauchs Figur der Königin Luise – und nach diesem Vorbild die späteren Kenotaphe für die preußischen Königspaare – zeigte aber die »Entschlafene«, also Schlafende, nicht die Gestorbene; das Sentiment des 19. Jahrhunderts verlangte es so und noch das Kenotaph Kaiser Friedrichs III. im Mausoleum bei der Potsdamer Friedenskirche von Reinhold Begas folgte diesem Typus (*Abb. 27*); eine erste Version war bereits 1892 aufgestellt worden. Volz musste umarbeiten, und nun vermischten sich beide Problemkreise, preußische Vorbilder und Karlsruher Statik, denn die Kaskaden der Deckenfalten, die Volz wohl nach dem Vorbild Begas' bis zum Sockel des Kenotaphs gleiten lassen wollte, waren in Marmorausführung immer noch zu schwer. Hermann Hemberger hielt die *frei herabhängenden Gewandungsdecken* freilich auch für *stilistisch sehr anfechtbar*⁴⁵, sprich: zu pompös, sodass die stark verkürzte Decke nun das (etwas wunderlich-realistische) Schuhwerk des Prinzen freizugeben hatte. Gespart wurde auch am Marmorblock durch dessen Aushöhlung, am Sockel durch die Verwendung anderen Gesteins – nur die Rechnung des Künstlers ließ sich nicht herunterhandeln, denn es hatte keinen Voranschlag gegeben und nun betrug sie (*horribile dictu* nach

---

⁴³ 25.4.1893, GLA 56a/25.
⁴⁴ 28.11.1893, GLA 56–1/679.
⁴⁵ 29.3.1893, GLA 56–1/679.

Abb. 26
Hermann Volz?, Entwurf zu einem Grabmal für Prinz Ludwig Wilhelm von Baden, 1894

den Worten des Hofrechungsrats) 50 000 Mark[46]. Der Schrecken war so groß, dass man das Finanzministerium bitten musste, die Summe aus der Handkasse des Großherzogs auf die Civilliste, also auf die Baukosten bzw. das Grundstockskapital übertragen zu dürfen. Darüber sollte man freilich nicht vergessen, dass Volz mit der Gestalt des schlafenden Prinzen sicher das anrührendste Kunstwerk der ganzen Grabkapelle geschaffen hatte (*Abb. 28*). Auch seine beiden späteren Werke, die Kenotaphe für Friedrich I. (1909–1912) und Luise (1925), sind mit der Zartheit und unmittelbaren Menschlichkeit der Jugendgestalt nicht zu vergleichen.

In den zentralen Stücken der Kapellenausstattung hatte sich das Großherzogspaar also von den eigenen Stilvorgaben, dem Rückblick auf eine lange, im Mittelalter wurzelnde Geschichte, gelöst und hatte an ihre Stelle die jüngere, preußische Familientradition der Großherzogin gesetzt. Einem wieder anderen Programmwechsel begegnen wir bei den Vorgaben für die Glasfenster. Wie beim Kreuzgang und bei der Bauplastik sollte die Entscheidung darüber erst später fallen; erst wenn der Bau fertig wäre und der Raum wirken könnte, wollte man darüber sprechen, bis dahin die Fenster mit hell getöntem Einfachglas schließen bzw. nur die Zwickel bereits mit Farbglas füllen lassen. Leider haben lediglich diese Zwickelscheiben den Luftdruckexplosionen des Zweiten Weltkriegs Stand gehalten; die großen Chor- und Querschiff-Fenster sind verloren und auch fotografisch nur ganz fragmentarisch dokumentiert. Da außer den Zwickeln im Chor allerdings auch die etwas größeren Fenster in der Sakristei, im Treppenturm und vor allem im von unten kaum sichtbaren Glockenturm recht gut erhalten sind, ist anzunehmen, dass die großen Fenster im Krieg zwar beschädigt, aber erst nach dem Krieg als Relikt des ungeliebten Historismus vollständig ausgeräumt wurden. Über ihre Farbigkeit lässt sich also wenig sagen, da auch bis auf einen Entwurf zu einem Treppenhausfensterchen[47] alle Vorlagen des Glasmalers Eugen Börner verschollen sind. Aus den er-

---

[46] 26.10.1896, GLA 56–1/680.
[47] Vgl. GLA 56a/476.

Abb. 27   Reinhold Begas, Epitaph für Kaiser Friedrich III., Potsdam

Abb. 28   Herman Volz, Epitaph für Prinz Ludwig Wilhelm von Baden, 1897

haltenen Scheiben der Nebenräume und gleichzeitigen Arbeiten Börners wie der Verglasung der Friedhofskapelle in Sandweier von 1889 [48] lässt sich aber zumindest auf kräftig-leuchtende Farben schließen (*Tafel 1–3*). Gut erhalten ist das Bildprogramm der Karlsruher Grabkapelle, das er dem Auftraggeber vorlegte – und das gänzlich verworfen wurde. Wir begegnen wieder dem nicht uninteressanten Phänomen, dass die baukünstlerisch Beteiligten, also die Architekten, Bildhauer, Mosaikfirmen oder Maler, stets die aufwendigeren, repräsentativeren Lösungen anboten (und darin kräftig gestutzt wurden), zugleich aber auch die traditionelleren Programme für Herrschaftsarchitektur und -ikonologie verwendeten (die dann die Bauherrschaft durch modernere ersetzte).

Zunächst ist aber der Glasmaler Eugen Börner vorzustellen. Dass die Wahl auf ihn fiel, ist in mancher Hinsicht erstaunlich. Auch er hatte als Katholik bisher vor allem Aufträge für katholische Kirchen übernommen; Hemberger schärfte ihm denn auch mehrmals ein, dass er *sich ausschließlich auf protestantischer Auffassung zu bewegen habe, demgemäß sind Episoden aus Legenden von Heiligen unzulässig*[49], und Kartons, die der Offenburger Franz Simmler als Vorzeichnungen für Börner geliefert hatte, wurden rundweg abgelehnt, *da sie ... völlig von dem protestantischen Charakter abgewichen seien*[50]. Was aber schlimmer war als der Katholizismus Börners: er war auch Sozialdemokrat! Vielleicht hatte man darauf nicht geachtet, als es nur um die vorläufige Farbverglasung der Kapelle ging. Aber die großen Querschiff-Fenster würden mit ihrem Figurenprogramm die Aufmerksamkeit auf sich ziehen; so hatte die Offenburger Gendarmerie einen Verhaltensbericht über Börner einzureichen und der klang wenig vertrauenerweckend: *Was die politische Richtung des Börner betrifft, so war derselbe stets ein eifriger Verfechter der sozialdemokratischen Tendenzen, er war längere Zeit Verwalter der Villa Brandeck, welche dem Reichstagsabgeordneten Singer gehörte, jetzt aber Partheieigenthum sein soll und wurde Börner früher damit zu den tonangebenden Persönlichkeiten in der sozialdemokratischen Parthei gezählt. – Im Laufe des letzten Jahres hat sich Börner weniger an der öffentlichen Agitation betheiligt und mehr bei öffentlichen Anlässen zurückgezogen, allein als Angehöriger der sozialdemokratischen Parthei ist derselbe immer noch zu betrachten*[51]. Börner gehörte damit zum Kreis um Adolf Geck, den kämpferischen Herausgeber des sozialdemokratischen »Volksfreund«, auch hatte er früher im Offenburger Glasmalereibetrieb von Adolf Gecks Bruder Karl gearbeitet. Freilich hatte er sich auch in den nicht weniger berühmten Offenburger Firmen Vittali und Schell ausbilden lassen, bevor er sich 1891 selbständig machte – er zählte also durchaus zur Klasse der überregional anerkannten Glasmaler im Großherzogtum, die in Offenburg nun einmal ihr Zentrum hatten, und es mag sein, dass dies Friedrich I. schließlich wichtiger schien als die richtige politische Gesinnung (zumal die badische Sozialdemokratie bei aller Distanz ja doch auch eine Art wachsender Loyalität gegenüber dem Landesvater pflegte). Friedrichs fester Entschluss, für die Grablege nur badi-

---

[48] Vgl. K. BRUCKNER, Die alten Glasmalerei-Fenster der Marienkapelle am Friedhof in Sandweier (http://heimatverein.sandweier.de/die-alten-glasmalerei-fenster-der-marienkapelle-am-friedhof-in-sandweier/, Aufruf 7.4.2015).
[49] 26.6.1894, GLA 56a/173.
[50] 19.7.1896, GLA 56a/287.
[51] 12.7.1896, GLA 56-1/680.

sche Künstler und Handwerker zu beschäftigen, kam wohl dazu. Der alte Hemberger war keinesfalls einverstanden gewesen, er hatte Provinzialität befürchtet, da die badischen Maler *mit dem frühgotischen Style zu wenig vertraut sind. Wir würden es deshalb mit Freude begrüßen, wenn die Chor- und Querschiffenster durch die auf solche Arbeit gut eingerichteten, mit tüchtigen Künstlern versehenen großen Glasmalereien in München und Linnich ausgesucht werden dürften und die kleineren Arbeiten an den Gruft- und Oberlichtfenstern, der Giebelrose etc durch badische Glasmaler gemacht würden. Durch diese Art der Vertheilung würde sicher eine gute stylächte Arbeit erzielt werden*[52]. Als die Aufträge dann aber doch an Börner gingen, hatte Hembergers Sohn ihm strikte stilistische Anweisungen zu geben: Jeder Legendenduktus war zu vermeiden, *bizarrer Ausdruck* und *alterthümelnde Stellung*. Als Vorbilder für die *absolute Einfachheit* erhielt Börner Kartons von – Moritz von Schwind[53]. Wenn wir Hemberger hier als his masters voice hören dürfen, kennzeichnet die Episode treffend den Kunstgeschmack am Karlsruher Hof: Während in Darmstadt, Mannheim und München der Jugendstil bereits triumphierte, blieb man hier strikt beim Bewährten von vorgestern (mochte man auf anderen Gebieten noch so fortschrittlich sein).

Was von Börners Heiligenfiguren erhalten ist – etwa in Sandweier (*Tafel 3*) – fügt sich in diese spätromantische Ästhetik gut ein. Börner brachte dabei ein eigenes Bildprogramm nach Karlsruhe mit, das sich auf seine Weise wiederum fast verblüffend den Vorstellungen der Architekten anpasste: So wie die Konkurrenzentwürfe durchweg repräsentative Herrschaftsarchitektur gezeigt hatten, plante Börner die Chorfenster als Fürstenspiegel im Bild. Er berief sich dabei auf Vorgaben Hembergers; die Szenenfolge könnte also vielleicht sogar einem frühen Konzept der Auftraggeber entsprechen: *Da Sie einen Cyklus von Bildern welcher die Thätigkeit des durchlauchtigen fürstlichen Herrschers in Ausübung christlicher Tugenden dortselbst wünschten, hatte ich folgende Reihenfolge im Auge: 1. die Bethätigung des Glaubens: »die Taufe«, 2. die Pflege der Schule: »Lasset die Kindlein zu mir kommen«. 3. die Standhaftigkeit in Gefahr: »Christus stillt den Sturm auf dem Meere«. 4. Die Wohltätigkeit: »Der barmherzige Samariter«. 5. Die Ausübung der Gnade: »Der verlorene Sohn wird von seinem Vater aufgenommen«.*

---

[52] 4.11.1892, GLA 56–1/679. Parallel zu den Verhandlungen mit dem Glasmaler Börner lief von Anfang an auch die Suche nach Malern, die Börner zeichnerische Vorlagen für die Fenster zu liefern hatten. Da sich keiner dieser dann mehrfach kritisierten oder abgelehnten Entwürfe erhalten hat, kann der an sich ja nicht unbedeutende Aspekt der Ausstattungsgeschichte hier nur am Rand gestreift werden. Angebote kamen von bekannten und heute ganz unbekannten Künstlern; immerhin war auch Otto Kemmer dabei, der an der Karlsruher Kunsthochschule lehrte (vgl. 19.7.1896, GLA 56a/287). Unter Josef Berger, Franz Rieger u. a. fiel die Wahl zunächst auf Franz Stimmler aus Offenburg (1846–1926), obwohl wahrscheinlich über ihn der Präsident der Generalintendanz an den Großherzog berichtete: *Von dem Glasgemälde-Entwurf kann ich nur sagen, daß ich hoffe, es werden die Figuren in der Ausführung besser gestaltet werden, als im Entwurf, der wenig Schönes zeigt* (3.8.1892, GLA 56–1/171). Der Argwohn Hembergers war also vielleicht nicht ganz unbegründet; er hatte für die Figurenprogramme wahrscheinlich an renommierte Glasfirmen wie Heinrich Oidtmann in Linnich gedacht. Da die Rechnung Otto Kemmers für seinen figürlichen Fensterentwurf erst im Oktober 1896 einging (vgl. GLA 56a/2878), könnte die letztgültige Fassung von ihm gewesen sein.

[53] 26.6.1894, GLA 56a/173.

6. Die Ausstreuung des Guten: »Der Säemann«. Theologisch mochte es zumindest ungewöhnlich erscheinen, drei Gleichnisse Jesu und drei Szenen der Heilsgeschichte hermeneutisch quasi umzudrehen und sie dem Fürstenlob zu widmen. Entscheidend für unsere Fragestellung bleibt aber, dass Herrschaft und Heilsgeschehen sich gegenseitig deuten, im Bild zusammenfließen sollten. In diesem Sinn war Börners Programm für die Grabkapelle noch ganz dem alteuropäischen Muster der sakral legitimierten Herrschaft verpflichtet. Für die anderen Fenster schlug er traditionelle Motive vor, wenn auch in etwas willkürlicher Gruppierung: in den Querschiffen die drei Kardinaltugenden bzw. die Auferstehung, in den Triforien des Westgiebels die vier Evangelisten[54].

Zu einer Entscheidung konnte sich das Großherzogspaar zu diesem Zeitpunkt, 1894, noch nicht durchringen. Dass Börner später den Auftrag für die Figurenfenster erhalten sollte, stand allerdings so gut wie fest[55] – sein Programm hatte also gefallen. Zwei Jahre danach war davon aber nur noch das Auferstehungsmotiv für das nördliche Querschiff übrig, dem dann eine Himmelfahrtsszene im südlichen Querschiff entsprach; für alle anderen Fenster blieb es bei Ornamentierungen. Das Bildprogramm war also ganz auf die theologische Botschaft von Ostern zurückgefahren worden, es zeigte die Antwort des Glaubens auf die Erfahrung von Leid und Tod. Das Herrschaftsmotiv war entfallen. An seine Stelle trat, durchaus dominant, ein die ganze Kapelle durchziehendes Spruchprogramm. Der Großherzog hatte die Zitate aus dem Alten und Neuen Testament selbst vorgegeben[56], und sie kreisten naturgemäß um Schmerz, Trost und Heilsgewissheit. Großherzogin Luise wählte später den zentralen Spruch im Boden vor den Altarstufen *Ich weiß, daß mein Erlöser lebt* zum Titel eines ihrer Erbauungsbücher. In dieser Zeit, 1910, war sie schon lange in die Rolle der leidgeprüften Landesmutter hineingewachsen, in der sie wieder und wieder die Pflicht zum Ertragen von Schmerz und Verzicht, den heiligenden Wert des Leidens und das unerschütterliche Vertrauen auf die tröstende Gnade Gottes formulierte. Die Erfahrungen des Jahres 1888 hatten für diese Theologie des Leidens – soweit sie nicht schon von ihrer Mutter Augusta vorgegeben war – den Grund gelegt. In den Sprüchen der Grabkapelle begegnen wir der Glaubenswelt Großherzogin Luises in konzentriertester Form. Gewiss gehörte dazu auch die sieghafte Osterbotschaft der Überwindung des Todes. Der Weg dahin war aber begleitet von den Erfahrungswerten des Schmerzes: *Siehe, wir preisen selig, die erduldet haben / Die mit Thränen säen, werden mit Freuden ernten / Selig sind die Toten, die in dem Herrn sterben* – es ist eine Feier des Leidens und der schmerzlichen Pflichterfüllung. In ihrer dichten Form sind die Sprüche zugleich durchaus didaktisch platziert. Die Großherzogin verstand ihr Leben als Vorbild. Dass ihr fester Wille zur Ergebung in schweres Schicksal auch zu ihrer Antwort auf den Weltkrieg werden sollte, entbehrt nicht der Tragik.

Wir hatten nach dem Anteil des Großherzogspaars am Bau der Grabkapelle gefragt und Antworten in mehreren Bereichen gefunden: bei der Wahl des Ortes, in bestimmten Bauformen, in der Anforderung besonderer Materialien (wie Haustein außen und innen, Bauplastik, Bild- und Textprogramm). Wir sind dabei widersprüchlichen Tendenzen begegnet. Dem Gestus des herrschaftlichen, monumentalen Bauens – den vor allem die

---

[54] 21.3.1894, GLA 56a/25.
[55] Vgl. 19.8.1894, ebda.
[56] Vgl. 13.7.1895, GLA 56-1/679.

Architekten für selbstverständlich hielten und teilweise auch durchsetzten – widersprach die Bescheidung bei der Ausstattung. Die Grabkapelle (die ja schon längst keine »Kapelle« mehr war, sondern nach und nach zur Großform der Grabkirche entwickelt wurde) lag am Rand des öffentlichen Raums, war aber zum festen gottesdienstlichen Ort bestimmt. Wir sollten aus diesen Antagonismen aber auch keine gegensätzlichen Positionen konstruieren – hier Bauherren, da Baubüro –, denn manches blieb wohl einfach unklar oder ergab sich aus dem Baufortschritt; hier hatte der junge Hemberger in seinem Schlussbericht recht. Auf die Erweiterung um Kreuzgang und Gruftkapellen, die anfangs Bestandteil des Programms war, kam man wohl nicht mehr zurück, als die Kinderlosigkeit des Thronfolgers feststand. Das Fehlen der Figurenausstattung scheint später nicht mehr beachtet worden zu sein, obwohl Hemberger dafür Entwürfe besorgt hatte.

Der Tod Großherzog Friedrichs I. 1907 änderte die Situation nicht wesentlich; sein Kenotaph – wieder von Hermann Volz (diesmal etwas billiger) und wieder in der klassizistischen Tradition der Charlottenburger Vorbilder – erhielt allerdings seinen Platz im südlichen Querschiff, das Kenotaph Prinz Ludwig Wilhelms wurde in das nördliche versetzt. Vermutlich spielte schon jetzt die künftige Position des Grabdenkmals für Großherzogin Luise dabei eine Rolle, denn im nördlichen Querschiff war vor dem Abgang zur Gruft zu wenig Platz für zwei Kenotaphe[57]. Beim Tod der Großherzogin 1923 waren trotzdem alte Fragen neu zu beantworten. Otto Linde, der als Denkmalpfleger und Baubeamter schon lange das Vertrauen der großherzoglichen Familie genoss, empfahl in einer Kostenkalkulation für das Luisengrabmal, *die Architektur* [möchte] *dem gotischen Stil der Grabkapelle angepaßt werden*[58]. Linde strich diesen Satz zwar im Konzept wieder, aber er muss trotzdem beim Auftraggeber angekommen sein – denn Volz entwarf zunächst Wandgrabmäler für die Großherzogin, als Sitzfigur oder als Liegende, umrahmt von Ädikulen im Stil des venezianischen Trecento (*Abb. 29–30*). Ein Vorbild dafür, das Wandgrabmal eines französischen Gesandten in der Frari-Kirche, hatte er sich als Fotografie besorgt (*Abb. 31*)[59]. Damit ging es aber nicht mehr nur um den Stil – gotisch oder klassizistisch –, sondern auch um den Typus: Sollte die Grabkapelle jetzt, in republikanischer Zeit, doch noch ein alteuropäisches Herrschaftsdenkmal erhalten?

---

57 Vgl. das Gutachten von Hans Thoma vom 10.7.1912, GLA 56–1/966, dort auch zum ganzen Vorgang. Den Auftrag für das Kenotaph Friedrichs I. erhielt Volz 1909; er reiste eigens nach Carrara, um den richtigen Block zu finden, und war 1912 fertig (vgl. GLA 56a/179 und 56-1/966). Danach ist B. HERRBACH-SCHMIDT, Grabmal der Großherzogin Luise, in: Jahrbuch der Staatlichen Kunstsammlungen Baden-Württemberg 34 (1997), S. 137f zu aktualisieren. Für freundliche Hilfe bei der Forschungslage und der Modellüberlieferung im Badischen Landesmuseum danke ich besonders Kollegen Guido Linke (vgl. auch Anm. 59).

58 11.5.1925, GLA 56a/179. Linde lieferte auch eigene Entwürfe zu einer Wandnische, die eine Volz'sche Büste der Großherzogin aufnehmen sollte; für die Nischenform hatte er ein Vorbild in der Domkirche von Bergen/Norwegen gefunden, vgl. GLA 56a/288.

59 Vgl. GLA 56a/288; die Bozzetti der beiden Grabmäler wurden 1995 für das Badische Landesmuseum erworben, vgl. B. HERRBACH-SCHMIDT, Zwei Gipsbozzetti für ein Grabmal, in: H. SIEBENMORGEN, »Für Baden gerettet«. Erwerbungen des Badischen Landesmuseums 1995 aus den Sammlungen der Markgrafen und Großherzöge von Baden, Karlsruhe 1996, S. 236f. (vgl. dazu Anm. 57). Die Zuschreibung der Modelle an Hermann Volz lässt sich dabei aus den Akten des Hofbauamts nicht sichern.

Abb. 29 Hermann Volz (?), Epitaph für
Großherzogin Luise von Baden, Bozzetto
1923

Abb. 30 Hermann Volz (?), Epitaph für
Großherzogin Luise von Baden, Bozzetto
1923

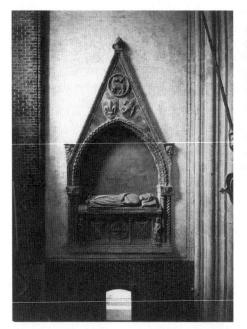

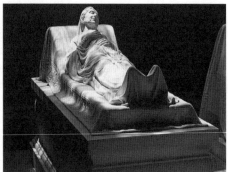

Abb. 32 Hermann Volz, Epitaph für
Großherzogin Luise

Abb. 31 Venedig, Frari-Kirche, Epitaph für
einen französischen Gesandten, Aufn. 1923

Abb. 33 und 34
Hermann Volz (?), Epitaphe für Großherzog
Friedrich II. von Baden, Bozzetti nach 1928 (?)

Als Sitzfigur wäre die Fürstin als »Fürstin« gezeigt worden, als Liegende hätte sie die Dynastie repräsentiert, das Mausoleum wäre nun doch zum Ort »uralter« dynastischer Geschichte geworden.

Es wurde es nicht, die Entscheidung fiel für das einmal begonnene klassizistische Programm, für das Abbild der Entschlafenen, die neben ihrem Gatten ruhte (*Abb. 32*). Ob der Entscheidungsfreiraum überhaupt bestand, den Grabmal-Typus zu wechseln? Ohne schriftliche Quellen wird das nicht zu beurteilen sein. Aber der Gedanke war offenbar doch mehr als nur ein künstlerischer Einfall, etwa nur des Bildhauers oder Otto Lindes. Denn auch für Großherzog Friedrich II. entstanden Gipsmodelle zu einem Wandgrab, wiederum als Liegender oder stehend in Ganzfigur[60] (*Abb. 33–34*). Da die Bozzetti verschollen sind, ist ihre Herkunft aus der Werkstatt von Volz noch unsicherer als bei den Luisen-Modellen, unsicher bleibt aber auch ihre Datierung. Sollten sie programmatisch, gemeinsam mit den Entwürfen für das Luisen-Grabmal entstanden sein, also noch zu Lebzeiten Friedrichs II.? Dafür spricht der verwandte Typus, dagegen die unterschiedliche Ausführung. Die Friedrich-Bozzetti waren gröber gearbeitet; während für das Gewand der sitzenden Großherzogin eine zeitlose Form gewählt war, sollte das Standbild des letzten regierenden Großherzogs einen Militärmantel tragen (der entsprechend merkwürdig mit dem gotisierenden Rahmen kontrastierte). Wie schon Otto

---

[60] Fotos in GLA 56a/288.

Abb. 35
Otto Linde, Entwurf zu einer Büstennische für Großherzogin Luise von Baden, 1923

Linde für die Großherzogin Luise eine Wandnische entworfen hatte (*Abb. 35*), gab es jetzt auch den Entwurf einer Büste Friedrichs II. (*Abb. 36*). Schließlich wurde auch diese kleine Form noch vereinfacht: Auf der Erinnerungstafel für Friedrich ist sein Porträt im Bas-Relief zu sehen, eine ebensolche Tafel erhielt 1952 seine Frau, Großherzogin Hilda (*Abb. 37–38*). Es war die äußerste Reduktion eines einst groß angelegten Memoria-Programms.

Die Großherzogliche Grabkapelle nahm nach dem Zweiten Weltkrieg in ihrer Gruft die älteren Särge der Dynastie aus der zerstörten Karlsruher Stadtkirche auf. Zugleich wurde sie nun zum verschlossenen, unbekannten Ort, der sie nie hatte sein sollen. In dem so verdienstvollen Karlsruher Architekturführer von Joachim Göricke[61] kam sie nicht vor. Erst mit der Neuentdeckung des Historismus trat auch dieser große und außerordentliche Bau langsam wieder in die öffentliche Wahrnehmung ein. Der Karlsruher Bürgerverein engagierte sich bei der Instandsetzung der Außenanlagen, die Verwaltung der Staatlichen Schlösser und Gärten Baden-Württemberg nahm zuletzt 2014 das 125-jährige Jubiläum zum Anlass, den Zugang neu zu ordnen und auf die bau- und landesgeschichtliche Bedeutung der Grabkapelle öffentlichkeitswirksam zu verweisen. Vermögen und Bau Baden-Württemberg, seit der Übereignung der Kapelle durch Markgraf Berthold von Baden im Jahr 1964 Eigentümerin, nahm 2014 mehrere Projekte zur Instandsetzung von Bau, Ausstattung und Särgen in Angriff (darunter auch die schon lange stumm liegende Orgel). Dazu auf ihre Art beitragen zu dürfen, bedeutete für die

---

[61] Bauten in Karlsruhe, ²1980.

Abb. 36 Hermann Volz (?), Nischenbüste für Großherzog Friedrich II. von Baden, Bozzetto nach 1928 (?)

Abb. 37–38 Wandtafeln für Großherzog Friedrich II. von Baden, nach 1928, und Großherzogin Hilda, nach 1952

Veranstalter der Tagung »Memoria im Wandel« eine nicht geringe Ehre. Wenn also die Ausgangsfrage dieses Beitrags – sollte die Grabkapelle privater Rückzugsort sein oder groß angelegtes Monument der Dynastie? –: Wenn diese Frage für die Entstehungszeit des Bauwerks nicht eindeutig zu beantworten war (vielleicht, weil die Bauherrschaft selbst nicht genau wusste, was sie wollte), so ist dies heute einfacher. Die Grabkapelle ist zum eindrücklichen Denkmal des Hauses Baden in der Spätzeit der Monarchie geworden.

Die Großherzogliche Grabkapelle in Karlsruhe. Überlegungen zu Hermann Hembergers Bauskulptur als Mittel zur Strukturierung des Innenraumes

VON ALMA-MARA BRANDENBURG

Als der Architekt Hermann Hemberger die Arbeiten an der Großherzoglichen Grabkapelle übernahm, hatte die Planung einer neuen Grablege für das badische Haus bereits begonnen. Die zunächst *aushilfsweise Anstellung des Baukandidaten Hemberger* genehmigte die Generalintendanz der Großherzoglichen Civilliste *nach stattgehabter Rücksprache* im Sommer 1889[1]. In den folgenden sieben Jahren behielt der aus Waldshut stammende Architekt diese Position und prägte den neugotischen Kapellenbau maßgeblich (*Tafel 1*). Die von ihm entworfene und von zwei Bildhauern umgesetzte Bauskulptur zeigt sich in Gruft und Oberkirche sehr variantenreich. Nicht nur ästhetische Gesichtspunkte spielten bei der Formenwahl und -ausführung eine Rolle. Hemberger nutzte die Bauskulptur auch, um einzelne Bereiche der Grabkapelle hervorzuheben und zu betonen. Dadurch lassen sich Aussagen zu ursprünglich geplanten Nutzungszusammenhängen machen, deren Umsetzung aus verschiedenen Gründen unterblieb. Der junge Architekt löste sich von einer strikten Mittelalterrezeption und fand eigene Formen bei der Kapitellgestaltung sowie der Wandgliederung.

1. Hermann Hemberger

Hermann Hemberger folgte als Architekt auf den erzbischöflichen Baudirektor Franz Baer aus Freiburg, der 1889 das Projekt aus Krankheitsgründen nicht weiter betreuen konnte[2]. Ein Jahr zuvor hatte Baer mit seinem neugotischen Entwurf in einem Wettbewerb für das großherzoglich-badische Mausoleum gewonnen und daraufhin den Auftrag zum Bau erhalten[3]. Während der Freiburger für die Ausführung zuständig gewesen war, lag die Gesamtleitung des Projektes bei Jakob Friedrich Hemberger, dem Vorstand

---

[1] GLA 56a Nr. 19 (21.6.1889).
[2] Zu Franz Baer siehe auch Badische Biographien, Bd. 5 (1906), S. 21–23.
[3] Siehe dazu auch den Beitrag von K. KRIMM in diesem Band.

des großherzoglichen Hofbauamtes[4]. Nach Ausscheiden Baers trat sein direkt von der Universität kommender Sohn, Hermann Hemberger, in das Projekt ein, ohne dass es einen erneuten Wettbewerb um diese nun freie Position gegeben hätte. Kalvelage führt hier den ebenfalls gesundheitlich schlechten Zustand Jakob Friedrich Hembergers für die rasche Anstellung des Sohnes an[5].

Als Hermann Hemberger am 14. November 1862 in Waldshut geboren wurde[6], hatte sein Vater Jakob Friedrich Hemberger den Vorstand der dortigen neugegründeten Eisenbahnhochbauinspektion für die Strecke Basel–Konstanz inne[7]. Erst nach weiteren beruflichen Stationen in Lörrach und Freiburg übernahm Jakob Hemberger die Leitung des Hofbauamtes in Karlsruhe[8]. Dass die Süddeutsche Bauzeitung den Sohn, Hermann Hemberger, als aus *der Residenz entstammend und aus ihrer Hochschule hervorgegangen*[9] bezeichnet, stimmt daher nur in Bezug auf seine Ausbildung. Mit etwa 16 Jahren nach Karlsruhe gekommen, folgte er beruflich dem Vorbild des Vaters. Vom Wintersemester 1884/85 an bis zum Sommersemester 1888 war er an der Polytechnischen Hochschule, Abteilung IV für Architektur, eingeschrieben und studierte dort bei Otto Warth, Josef Durm und Adolf Weinbrenner[10]. Als Ende Juni 1889 seine Einbindung in das Projekt des Neubaus eines badischen Mausoleums von der Generalintendanz der Großherzoglichen Civilliste beschlossen wurde, hatte er die vorgeschriebenen vier Jahre des Architekturstudiums absolviert und damit seine Ausbildung abgeschlossen. Eine Abschlussprüfung existierte 1889 für diesen Studiengang noch nicht[11], aber die Bezeichnung als *Baukandidat* legt nahe, dass er sich zwischen dem vollendeten Studium und einer optional anzuschließenden Staatsprüfung befand. Blenk beschreibt Hermann Hemberger als einen bereits »in der Gotik bewandert[en]« Architekten[12]. Bauerfahrung kann er in diesem Stadium seiner Karriere aber kaum gesammelt haben. Daher ist anzunehmen, dass Blenk sich auf das Vor-Ort-Studium der Schlüsselbauten mittelalterlicher Baukunst, insbesondere in Frankreich, bezieht. Auch wenn Studienreisen in den Vorlesungsverzeichnissen Hembergers nicht explizit benannt sind, sind sie als sehr wahrscheinlich anzunehmen. Lieb konnte den Stellenwert von Studienreisen für den Re-

---

[4] Vgl. STÜRZENACKER, Jakob Friedrich Alois Hemberger, Badische Biographien, Bd. 6 (1927), S. 419–421. Zur Aufgabenverteilung zwischen ihm und Franz Baer vgl. A. KALVELAGE, Die Großherzogliche Grabkapelle in Karlsruhe, Karlsruhe 2002 (unveröffentlicht), S. 26.

[5] Vgl. KALVELAGE (wie Anm. 4), S. 29 u. 61.

[6] Vgl. KIT-Archiv 1001 Nr. 1500 bis 1001 Nr. 1507 (Verzeichnis der von H. Hemberger besuchten Vorlesungen).

[7] Vgl. STÜRZENACKER (wie Anm. 4), S. 420.

[8] Vgl. KALVELAGE (wie Anm. 4), S. 29.

[9] Die neue Grossherzogliche Familiengruft und Gedächtniskirche in Karlsruhe, Süddeutsche Bauzeitung 7 (1897), S. 80.

[10] KIT-Archiv 1001 Nr. 1500 bis 1001 Nr. 1507. Die Polytechnische Hochschule wurde während Hembergers Studium, im Jahr 1885, in *Technische Hochschule* umbenannt. 1888 wurden die einzelnen Fachschulen zu Abteilungen umgewandelt. Daher wird hier der Einfachheit halber von Abteilung IV gesprochen. Siehe dazu auch http://www.archiv.kit.edu/101.php (eingesehen am 12.12.2014).

[11] Das Ingenieursdiplom wurde für den Studiengang Architektur in Karlsruhe erst 1899 eingeführt. Siehe dazu auch http://www.archiv.kit.edu/101.php (eingesehen am 13.01.2015).

[12] B. BLENK, Die Großherzogliche Grabkapelle in Karlsruhe, Hohenwestedt ²1985, S. 26. Einen Beleg dafür liefert er nicht.

zeptionsprozess für neuromanische Bauprojekte zwischen 1850 und 1910 bereits herausarbeiten und sie für die Mehrzahl der in dieser Zeit tätigen Architekten nachweisen[13]. Eine solche Untersuchung für neugotische Bauprojekte liegt noch nicht vor.

Nach Vollendung des Grabkapellenbaus wurde Hermann Hembergers Arbeit 1897 in zwei einschlägigen Fachblättern positiv vermerkt: Sie heben seine eigenständige Leistung sowie die Qualität seines *gelungenen Erstlingswerk[s]* hervor[14]. Auch in einer Biographie seines Vaters Jakob Friedrich Hembergers aus dem Jahr 1927 wird auf den hohen Anteil des Sohnes am Bau der Grablege verwiesen[15]. Alle erhaltenen Skizzen und Pläne zum Bau sind entweder von Hermann Hemberger signiert oder werden ihm zugewiesen[16]. Darunter befinden sich auch zwei Zeichnungen zur Bauskulptur, die einer Giebelblume und eines Kapitells, auf die nachfolgend noch näher eingegangen wird. Bei einem Wettbewerb eingereichte Entwürfe zu einem evangelischen Kirchenbau in Pforzheim lassen ebenfalls seine Ambitionen erkennen, in diesem Bereich weiter Fuß zu fassen[17]. Ein von ihm verfasster Artikel deutet allerdings auch an, dass es während der Bauzeit der Grabkapelle zu Unstimmigkeiten zwischen ihm und dem Hofbauamt gekommen war und er zu wiederholten Planänderungen gezwungen gewesen war[18]. Nachfolgend legte er die Prüfung für den Staatsdienst ab und wurde im Jahr 1900 zum Regierungsbaumeister und zwei Jahre später zum Hochbauinspektor ernannt[19]. Spätestens ab 1911 hatte er das Amt des Oberbauinspektors in Karlsruhe inne[20] und verlegte seinen Wohnsitz schließlich nach Bruchsal, wo er am 1. März 1945 bei einem Bombenangriff ums Leben kam[21]. Weitere Arbeiten aus seiner Hand in Karlsruhe oder dem Umland sind bisher nicht erfasst.

---

[13] Vgl. S. LIEB, Der Rezeptionsprozess in der neuromanischen Architektur. Studien zur Rezeption von Einzelformen in restaurierter romanischer und in neuromanischer Architektur (Veröffentlichung der Abteilung Architekturgeschichte des Kunsthistorischen Instituts der Universität Köln 82), Köln 2005, S. 280–293.

[14] Die neue Grossherzogliche Familiengruft und Gedächtniskirche in Karlsruhe, Süddeutsche Bauzeitung 7 (1897), S. 79f.; Mittheilung aus Vereinen. Architektur- und Ingenieursverein Hamburg, Deutsche Bauzeitung 1897, S. 165f.

[15] Vgl. STÜRZENACKER (wie Anm. 4), S. 421.

[16] Vgl. BLENK (wie Anm. 12), S. 27; vgl. KALVELAGE (wie Anm. 4), S. 30.

[17] Vgl. Deutsche Konkurrenzen 10 (1893), S. 1–23; KALVELAGE (wie Anm. 4), S. 29. Seine Entwürfe zu einem evangelischen Kirchenbau in neugotischen Formen lehnte das Komitee jedoch in der zweiten Entscheidungsrunde ab.

[18] Vgl. dazu den vom Architekten selbst verfasst Artikel, der in zwei Teilen in der Badischen Landeszeitung erschienen ist: H. HEMBERGER, Die neue Grabkapelle im Fasanengarten, Badische Landeszeitung 80/81 (7. und 9.7.1896) (auch in GLA 56–1 Nr. 680); zum Bauverlauf und Hermann Hembergers Schwierigkeiten mit dem Großherzoglichen Hofbauamt siehe auch K. KRIMM in diesem Band.

[19] Vgl. Amtliche Mittheilungen im Centralblatt der Bauverwaltung 55 (1900), S. 333 und ebda. 67 (1902), S. 409.

[20] Vgl. KALVELAGE (wie Anm. 4), S. 29f.; vgl. Amtliche Mitteilungen im Zentralblatt der Bauverwaltung 61 (1918), S. 297.

[21] Vgl. KALVELAGE (wie Anm. 4), S. 30.

2. Die Gruftanlage

Als Hermann Hemberger im Sommer 1889 die Bauplanung und Ausführung unter Leitung seines Vaters übernahm, waren bereits Skizzen und Pläne von Franz Baer erstellt worden (*Abb. 1*)[22]. Hemberger entschied sich, einige Änderungen gegenüber dem Erstentwurf vorzunehmen. Durch den dringlichen Wunsch des Großherzogs nach rascher Fertigstellung wurde das Fundament noch vor dem Winter 1889 gelegt[23], obwohl dem Architekten bis dahin noch »keine ausgereifte Erstellung eines Gesamtplanes« gelungen war[24]. So wurde zunächst nur das für den Grundriss Entscheidende bestimmt: Die Form eines Kreuzes für Gruft und Oberkirche sollte beibehalten werden, die Maße des Baus mussten sich an den Vorgaben Großherzog Friedrichs I. (1826–1907) zu Steigung und Breite der Grufttreppe orientieren. Damit ergab sich eine Gebäudelänge von 32,5 m und eine Breite von 21,5 m[25]. Im Osten ersetzte Hermann Hemberger den geraden Chorabschluss der Oberkirche durch einen dreiseitigen Ausbau (*Tafel 2*). Anfang September 1889 hatte er seine Baupläne soweit fixiert, dass sie den für eine Preiseinziehung ausgewählten Steinmetzfirmen als Grundlage einer Angebotsabgabe dienen konnten[26]. *Seine Königliche Hoheit der Großherzog [hatte zudem] auf Anfrage erklärt, es solle die Grabkapelle in schönem rothem Sandstein erbaut werden*[27]. Von einer der eingebundenen Firmen, den Gebrüdern Adelmann aus Bettingen bei Wertheim, ist festgehalten, dass sie dem Hofbauamt neben dem preislichen Angebot einen *Probstein 0,60 mtr lang 0,30 kantig mit verschiedener Bearbeitung für die Quaderblendung*[28] zukommen ließen. Sie erhielten schließlich auch den Zuschlag, da sie sowohl mit der Qualität des roten Sandsteins aus einem Bruch bei Dietenhan überzeugten[29] als auch durch ihre fachliche Eignung. Die Firma hatte sich bereits durch Bauten wie die Dreikönigskirche in Sachsenhausen-Frankfurt, das Rathaus in Nürnberg oder die Moltkebrücke in Berlin sowie durch Teilnahme an Landesaustellungen einen Namen gemacht (*Abb. 2*)[30]. Nach dem Abbau richteten sie die Werksteine nach Plänen Hermann Hembergers zu und lieferten sie anschließend waggonweise per Güterzug nach Karlsruhe[31]. Die Imitation eines historischen Stils hätte normalerweise auch die Nachahmung der stiltypischen Steinbearbeitungsspuren erfordert; im Falle neugotischer Bauten waren Spuren von Scharriereisen (Flachmeißel für die Flächenbearbeitung) charakteristisch[32]. Als ungewöhnlich

---

[22] Vgl. KALVELAGE (wie Anm. 4), S. 28.
[23] Vgl. HEMBERGER (wie Anm. 18), Ausgabe vom 7.7.1896; vgl. KALVELAGE (wie Anm. 4), S. 30.
[24] KALVELAGE (wie Anm. 4), S. 30; Vgl. BLENK (wie Anm. 12), S. 3f.
[25] Vgl. BLENK (wie Anm. 12), S. 5.
[26] GLA 56a Nr. 19 (3.9.1889).
[27] GLA 56a Nr. 19 (21.6.1889).
[28] GLA 56a Nr. 19 (16.10.1890).
[29] GLA 56a Nr. 19 (Vertrag vom 7.2.1890). Der rote Sandstein aus dem Steinbruch Dietenhan bei Wertheim wird bis heute von Steinmetzfirmen genutzt und insbesondere zu Restaurierungsarbeiten verwendet, wie für das Mannheimer Schloss. Siehe dazu auch: https://www.baufachinformation.de/denkmalpflege/Ein-feinkörniger-Quarzsandstein-Dietenhan-Sandstein/1988017123738 (eingesehen am 31.01.2015).
[30] GLA 56a Nr. 19 (29.9.1889).
[31] GLA 56a Nr. 19 (7.2.1890); zu den Lieferungslisten siehe u. a. GLA 56a Nr. 5–7.
[32] Vgl. LIEB (wie Anm. 13), S. 329.

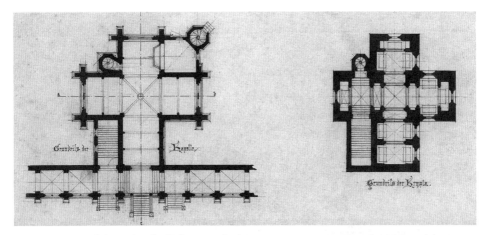

Abb. 1   Entwurf des erzbischöflichen Baudirektors Franz Baer zum Bau eines Mausoleums, Grundrisse von Oberkirche und Gruft, 1888

Abb. 2   Briefkopf der Firma Gebrüder Adelmann aus Bettingen bei Wertheim (Silberne Medaille bei der bayerischen Landesaustellung 1882)

muss daher die Entscheidung gelten, die Wertheimer Sandsteinquader mit einer maschinellen Sägetechnik zuzuschneiden, durch die eine besonders feine und glatte Oberfläche erreicht wurde. Beim Bau der großherzoglichen Grabkapelle entschied man sich also bewusst, diesen Vorgaben nicht zu folgen und zugunsten einer persönlichen Ästhetik von einer strikten Mittelalterrezeption abzuweichen.

Die Versetzarbeit der Sandsteinquader auf der Baustelle am Klosterweg übernahm die Karlsruher Baufirma Lacroix & Christ, die im Frühjahr 1890 den Zuschlag erhalten hatte[33] und am 1. Mai des Jahres die Grundsteinlegung vornahm[34]. Dabei wurden zu-

---

[33]   GLA 56a Nr. 19 (25.3.1890); Dieser Firma wird auch der Bau des Wohnhauses in der Putlitzstraße 10 aus dem Jahr 1901 zugerechnet, dessen Denkmaleigenschaft zurzeit geprüft wird http://web1.karlsruhe.de/db/kulturdenkmale/detail.php?id=00795 (eingesehen am 2.2.2015).
[34]   Vgl. HEMBERGER (wie Anm. 18), Ausgabe vom 7.7.1896.

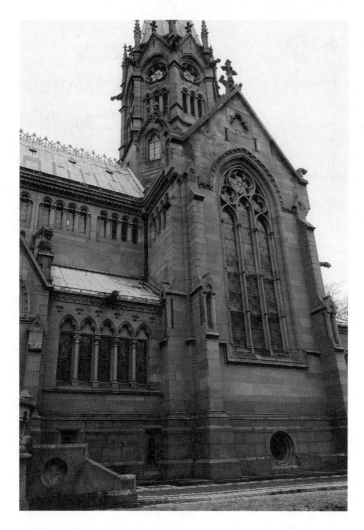

Abb. 3 Blick von Südwesten. Lanzett- und Rundfenster im Sockel als Öffnungen zur Gruft

nächst die Außenwände der Gruft auf dem bereits gegossenen Fundament aufgebaut. Pläne und Modelle dazu hatte Hermann Hemberger über den Winter 1889/90 fertig gestellt, sodass der erste Bauabschnitt schnell vollzogen werden konnte[35]. In den 2,64 m über das Außenniveau ragenden Sockel wurden dabei zur Beleuchtung an den Chor- und an den Querhausfassaden Rundfenster mit profiliertem Gewände eingelassen[36]. Um der Symmetrie gerecht zu werden, erweiterte der Architekt den Grundriss im Nordwesten entsprechend der Treppenanlage auf der südwestlichen Seite. In beiden dadurch entstandenen Jochen ließ er schmale Lanzettfenster einsetzen (*Abb. 3*). Statt den für die

---

[35] Vgl. Hemberger (wie Anm. 18), Ausgabe vom 7.7.1896:
[36] Vgl. Blenk (wie Anm. 12), S. 5.

Abb. 4 Vorgestellte Säule in der Gruft

Oberkirche geplanten dreiseitigen Chorabschluss auch für die Gruft zu übernehmen, zog Hemberger die Wand an dem mittleren Säulenpaar etwas ein und erhielt darüber ein quadratisches Vorchorjoch sowie einen ein halbes Joch großen rechteckigen Chor mit seitlichen Dreiecksnischen, der nach Osten gerade abschließt (*Tafel 3*). Diese zwei Dreiecksnischen nehmen Trompen auf, die jeweils mit einem Engelskopf aus gelblichem Kalkstein des Bildhauers Fidel Binz (1850–1920) geschmückt sind (*Tafel 4*)[37]. Einer dieser Engel ist schlafend dargestellt, der andere wachend. Im Vierungsgewölbe fanden vier weitere dieser Putten ihren Platz. Dort werden die entsprechenden Trompen von einem Diamantbossenfries überfangen und von Eckpfeilern gestützt. Das Raumkonzept der Gruft wird maßgeblich durch eingestellte Säulen geprägt, zwischen denen sich Wandnischen zur Aufstellung der Särge ergeben. Diese Nischen waren bereits Bestandteil der ersten Pläne des Architekten Baer, der eine Aufstellung längs in den Nischen vorsah. Hermann Hemberger behielt den Grundgedanken bei, erreichte durch die Zurücknahme der Wandflächen aber ein lichteres Raumgefühl (*Abb. 4*)[38]. Wäre man bei den

---

[37] Kalvelage schreibt die Engelköpfe dem Sohn Hermann zu, vgl. KALVELAGE (wie Anm. 4), S. 56. Aus den Akten und dem von Hemberger selbst veröffentlichten Artikel geht allerdings der Name des Vaters Fidel Binz hervor. Zudem erscheint Hermann Binz' Urheberschaft unwahrscheinlich hinsichtlich seines Alters. Er war 1892 erst sechzehn Jahre alt (zu den Lebensdaten beider Bildhauer siehe Grabstein auf dem Karlsruher Hauptfriedhof), vgl. GLA 56a Nr. 24 (15.4.1892); vgl. HEMBERGER (wie Anm. 18), Ausgabe vom 9.7.1896.

[38] Vgl. KALVELAGE (wie Anm. 4), S. 28.

Beisetzungen dieser Konzeption gefolgt, hätten acht Särge in der Grablege Platz gefunden: Zwei an der nördlichen Langhauswand, einer im nördlichen Querhausarm, zwei im südlichen Querhausarm, zwei Särge in den Nischen seitlich des Chors und ein Sarg – der des Prinzen Ludwig Wilhelm – im Scheitel des Chors. Die Theorie zur Aufstellung des Prinzensargs im Scheitel des Chors wird gestützt durch die Engelsköpfe sowie aufwendige Verzierungen im Terazzoboden im eigentlichen Kopf- und Fußbereich. In der nördlichen Dreiecksnische ist zudem ein Kruzifix an der Wand angebracht, das aus der Entstehungszeit der Grabkapelle stammt. Heute sind siebzehn der achtzehn Särge entweder nur mit dem Kopfbereich in die Nischen gestellt oder aber aus den Nischen in die mittleren Joche gerückt. Ob diese abweichende Sargaufstellung bereits in der frühen Nutzungsphase aufkam oder erst mit der Überführung weiterer badischer Särge aus der Stadtkirchengruft nach den Zerstörungen des Zweiten Weltkriegs, muss hier offen bleiben. Dass die Aufstellung der Särge in der Jochmitte jedoch nicht Hembergers Konzept entsprochen haben kann, zeigt sich auch daran, dass damit der Zugang vom Treppenturm zur Gruft verstellt wird.

3. Die Bauskulptur der Gruft

Die vorgelagerten Säulen sitzen mit ihren mit Eckblättern verzierten Basen auf massiven Sockeln auf. Der relativ kurze Schaft wird nach oben durch einen Halsring beendet. Die reich ausgebildeten Knospenkapitelle leiten in quadratische Kämpfersteine über. Gekuppelte Säulen und breite, ornamentierte Gurtbögen heben die Vierung vom Lang- und Querhaus sowie vom Chor ab. Die Betonung dieses Bereichs wird auch durch die Mittelsäule unterstrichen, deren Schaft reich ornamentiert wurde und deren Sockel und Kapitell achteckig ausgeführt sind. Das Mittelsäulenkapitell nimmt zudem das darüberliegende Sterngewölbe auf (*Tafel 5*), Lang- und Querhaus werden hingegen von einfacher gehaltenen, vierteiligen Kreuzrippengewölben überfangen, deren Rippen in Birnstabform mit Hohlkehlen in Schlusssteinen aus Laubwerk enden. Für die seitlichen Nischen wählte der Architekt schmale, spitzbogige Tonnengewölbe. Die Vierung und die Chornische erhalten zudem eine Aufwertung durch die bereits beschriebenen Engelsköpfe. Ein Vergleich mit Vorlagen aus dem *Handbuch der Ornamentik*, das 1888 vom Professor der Karlsruher Kunstgewerbeschule Franz Sales Meyer erstmals publiziert wurde, zeigen die enge Verwandtschaft zu den darin abgebildeten Engelsköpfen von Professor Adolf Heer aus Karlsruhe und legen diese als direktes Vorbild nahe (*Abb. 5*)[39].

Die aufwendigen Säulenkapitelle und -basen wurden nicht von der Steinmetzfirma Adelmann in Bettingen, sondern vom Bildhauer Binz gefertigt, bis er im Februar 1892 die Arbeit an der Kapelle niederlegte und durch den Bildhauer Heinrich Kaffenberger aus Baden-Baden ersetzt wurde[40]. Die Kapitelle der Gruft wurden fast alle in derselben Grundform angelegt. Es handelt sich dabei um einen an korinthische Kapitelle angelehnten Aufbau, bei dem über einem ausgeprägten Halsring ein Kapitellkörper von einer

---

[39] Vgl. F. S. Meyer, Handbuch der Ornamentik, München[12] 1985, S. 123, Taf. 70.
[40] Vgl. Blenk (wie Anm. 12), S. 27, Anm. 7; GLA 56a Nr. 24 (25.2.1892). Der Grund für die Kündigung Fidel Binz' wird aus dem Schreiben nicht ersichtlich.

Abb. 5   Vorlage für einen Engelskopf in Medaillonform von Prof. Adolf Heer, Karlsruhe

Abb. 6   »Mohnkapselkapitell« einer freistehenden Säule in der Gruft

zylindrischen in eine quadratische Grundform übergeht. Die zwei obligatorischen Kränze aus Akanthusblättern im unteren Kelchbereich werden durch einzelne, verschiedenartig stilisierte Blätter ersetzt. Darüber erheben sich auf jeder Ansichtsseite Pflanzenstängel, von denen zwei kräftigere den Kapitellecken entgegen wachsen. Ein niedriger angesetzter Blattstängel wächst aus der Mitte der Ansichtsseite hervor. Die in Richtung der Ecken strebenden Pflanzenteile sind allerdings nicht als Voluten ausgebildet, sondern bleiben in vegetabilen Formen. Die Stängel biegen sich nur leicht nach unten und nur ihre Blattspitzen legen sich um oder rollen sich zu festen Knollen zusammen. Sie bilden mit den Blattenden der nächsten Ansichtsseite gemeinsame Blattkörper und können auch gedoppelt auftreten oder durch zusätzliche Blattlagen gestützt werden, um ihre Funktion als Träger des Abakus zu erfüllen. Die traditionelle Abakusblume wird bei den Kapitellen der Gruft durch ganz unterschiedliche Elemente ersetzt. Insgesamt lassen sich fünf Gestaltungen dieser Grundform ausmachen:

Die erste Kapitellform zeigt in der unteren Hälfte stilisierte Weinblätter über einem ausgeprägten Halsring (*Abb. 6*). Das Laub liegt eng am Kelch an. In der oberen Hälfte wachsen auf zwei Höhen geschwungene breite Blattstängel aus dem Kapitellkörper heraus und bewegen sich zu den Ecken. Die Blätter biegen sich dabei nach außen, ihre Enden rollen sich nach unten ein und bilden Knollen aus. Während sich im unteren Stängelkranz geschlossene Knollen, bzw. Knospen mit leicht geöffneten abwechseln, bleibt der obere Blattkranz bei einer halbgeöffneten Form. Die Spitzen der Eckblätter vereinen sich dabei zu einer zweiteiligen Knospe. Der Zwischenraum ist durch kleine Perlen gefüllt. Dieser Form kommt eine besondere Bedeutung zu, da sie als Bauschmuck an vielen Bereichen der Grabkapelle, wie der Westrose, im Fensterband darunter, am Kranzgesims

Abb. 7 »Kiefernzapfen-Kapitell« einer freistehenden Säule in der Gruft

Abb. 8 Typus eines Kapitells mit Voluten und lilienartiger Abakusblüte – hier an gekuppelten Säulen der Vierung

und an den Vierungskapitellen in der Oberkirche, wiederholt wird (*Abb. 20*). Zwischen den oberen und unteren Blattkranz dieses Kapitells schiebt sich ein gefiedertes Blatt. Die vier oberen Stängel sind ausladender gestaltet, stoßen aber nicht unter dem vierseitigen Abakus vor. Die dazwischen liegende Abakusblüte ist in zwei kleine schmale Blätter gebettet und erinnert, wie von Kalvelage bereits festgestellt, an eine Mohnkapsel[41].

---

[41] Vgl. KALVELAGE (wie Anm. 4), S. 55.

Abb. 9 »Vogelkapitell« einer freistehenden Säule in der Gruft

Die zweite Kapitellgestaltung ist statt mit Weinlaub, mit zungenförmigen Blättern über dem Halsring gestaltet. Die äußersten Spitzen dieser Blätter lösen sich vom Kapitellkörper (*Abb. 7*). Zwischen den Zungen steigt in der Mitte der Ansichtsseite ein Blattstängel auf, dessen mehrteiliges Ende sich nach außen einrollt. Dahinter wachsen Stängel aus zwei größeren Blättern zu den Seiten und enden in dreiteiligen, fest zusammengefügten Knollen. Ihre Unterseiten sind mit einem gezackten, geriffelten Blatt bedeckt. Anders als beim Mohnkapitell rollen die darüberliegenden Blätter ihre Spitzen nicht zu Knollen oder Knospen ein. Stattdessen liegen sie locker bewegt übereinander. Das obere legt seine Spitze nach oben um und trägt den Abakus. Als Abakusblüte wächst hier eine Art Kiefernzapfen, der von kleineren Blättern ummantelt ist. Seine Spitze läuft auf dem quadratischen Abakus aus.

Aufwendiger noch ist die dritte Form ausgestaltet. Mittig jeder Ansichtsseite schiebt sich ein Blatt bis zur halben Höhe, dessen Mittelrippe sich an der Unterseite teilt (*Abb. 8*). Das Ende des Blattes rollt sich nach außen und wird zu einer zweiteiligen Knospe. Rechts und links rahmen es doppelte, fleischig herzförmige Blätter. Die Elemente des oberen Blattkranzes sind so weit stilisiert, dass sie nicht mehr explizit als Blätter zu erkennen sind. Sie sind hier den Voluten eines korinthischen Kapitells am nächsten. Allerdings werden die Volutenaugen mit Weinblättern bedeckt. Eine dreiblättrige lilienartige Blüte nimmt den Platz mittig unter dem Abakus ein.

Eine vierte Form steigert die Gestaltung um ein figürliches Detail, das sich in den motivischen Reigen der Kapitelle rund um Tod (Lilie), ewigen Schlaf (Mohnkapsel) und Auferstehung (wachsender kieferzapfenartiger Fruchtstand) einfügt: Ein Vogel sitzt mit ausgebreiteten Schwingen anstelle der Abakusblüte (*Abb. 9*). Seine Flügelspitzen verschwinden hinter den gezackten Rändern der seitlichen Blätter, deren Enden sich zum Abakus rollen und ihn tragen. Bemerkenswert an diesem Kapitell sind auch die darunter liegenden, nach unten geneigten Blätter mit üppigem Fruchtstand, die an den aufwendig gestalteten Wangen des Treppenturmes wiederholt werden (*Abb. 10*). Auch als Teil der Giebelblumen findet sich dieses Motiv wieder, wie eine erhaltene Zeichnung Hembergers veranschaulicht (*Abb. 11*).

 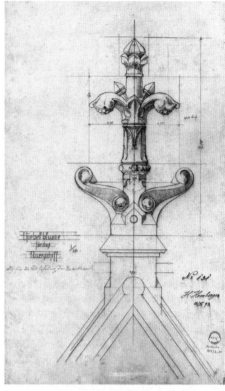

Abb. 10   Florale Verzierung an den Wangen am Aufgang des Treppenturmes

Abb. 11   Giebelblume für das Querschiff von Hermann Hemberger, 10. 4. 1893

Während diese vier Kapitellformen jeweils vier- bis fünfmal an den Gruftsäulen Anwendung finden, tritt der fünfte Typus nur zwei Mal auf. Gebildet wird er ähnlich wie die bereits beschriebene zweite Form mit ihren zungenförmigen Blättern über dem Halsring und einem mittigen Blatt mit dreiteiligem Knospenende (*Abb. 12*). Bei dieser Form wenden sich allerdings die Blätter der zwei darüber liegenden Blattkränze in ihrer Einrollung einander zu. Das untere florale Element, dessen Ränder geometrisch gekerbt sind, wendet seine Spitze nach oben. Das obere Blatt neigt sein knospenförmiges Ende herab. Zwischen ihnen sind, an der Spitze und zu den Seiten, kleine Kugeln eingelegt. Diese Kugeln werden anstelle der Abakusblüte wiederholt, wo sie durch zwei schmale Blätter übereinander gehalten werden. Insgesamt wurde weniger detailreich als bei den übrigen Kapitellen gearbeitet, die Formen wirken verwaschen[42].

---

[42]   Diese Uneinheitlichkeit lässt sich hier nicht auflösen, könnte aber mit dem Ausscheiden des Bildhauers Binz und der Übernahme seines Nachfolgers zusammenhängen. Eine nachträgli-

Abb. 12   Knospenkapitell der Gruft
mit Perlen zwischen den Blattlagen

Mit den figurativen Elementen sowie der korinthisierenden Grundform deutet sich in der Rezeption eine Bezugnahme auf Kapitelle des 11. und frühen 12. Jahrhunderts an, wie sie unter anderem bei den rheinischen Dombauten noch gängig sind[43]. Hemberger verbindet diese Elemente aber mit einem Kelchschmuck aus in Knospen, bzw. Knollen endenden Blättern, deren Vorlagen französische Kapitelle aus der Mitte des 13. Jahrhunderts zum Vorbild haben. Diese Blattformen werden, wie für die korinthische Kapitellform üblich, der Funktion untergeordnet. Sie tragen den Abakus und sind damit als tektonische Elemente eingesetzt, statt als Dekor. Bei näherer Betrachtung klassischer frühgotischer Kapitelle, wie im Langhaus von Notre Dame in Dijon[44], wird der Unterschied zu Hembergers Kreationen deutlich. An den französischen Kapitellen legen sich die Knospenblätter einzeln um einen Kelch, dessen Rand die Aufgabe des Stützens übernimmt (*Abb. 13*). Die Blätter dienen dabei als rein dekoratives Element an der zylindrischen Grundform. Das dem »Kelchkern vorgelegte Blattwerk ist in erster Linie dem Ausdruck der Aufwärtsbewegung«[45] geschuldet. Der Kelch als solcher bleibt in seiner Funktion sichtbar. Hembergers Kapitelle sind hingegen übervoll an Blattwerk, das sich in verschiedene Richtungen bewegt, jeden Freiraum ausfüllt, sich übereinander lagert und keinen Blick auf den quadratischen Kapitellkörper erlaubt. Bereits 1863 bildete der hessische Architekt und Baumeister Georg Gottlieb Ungewitter (1820–1864) in seiner *Sammlung mittelalterlicher Ornamentik, in geschichtlicher und systematischer Anord-*

---

che Ergänzung dieser zwei Kapitelle auf Grund von Beschädigungen o. ä. erscheint unwahrscheinlich.

[43]   Siehe dazu z. B. das Kapitell des südlichen Gewändes am Südostportals des Mainzer Doms. Vgl. H. MERTENS, Studien zur Bauplastik der Dome in Speyer und Mainz. Stilistische Entwicklung, Motivverbreitung und Formenrezeption im Umfeld der Baumaßnahmen des frühen 12. Jahrhunderts, Mainz 1995, Taf, XVI, Abb. 31.

[44]   Zu Notre-Dame in Dijon siehe A. GILL, Notre-Dame in Dijon. Eine baumonographische Untersuchung, Freiburg 1996.

[45]   A. GESSNER, Die Entwicklung des gotischen Kapitells in Südwest- und Westdeutschland im 13. Jahrhundert, Würzburg 1935, S. 35.

Abb. 13 Kapitell aus dem Langhaus in Notre-Dame in Dijon

nung Knospenkapitelle in korinthischer Grundform ab, wenn auch noch sehr viel unbewegter und stilistisch strenger als die Umsetzungen Hermann Hembergers etwa fünfundzwanzig Jahre später (*Abb. 14*)[46]. Ungewitter hatte besonders mit seiner Publikation *Lehrbuch der gothischen Construktionen* (1859) einen landesweiten Einfluss gewonnen. Es gilt neben Friedrich Hoffstadts *Gotischem A-B-C-Buch* (1840–45) und Karl Alexander Heideloffs *Der kleine Altdeutsche (Gothe)* (1849) als »Bibel der Neugotik«, sodass der Einfluss Ungewitters »für die Neugotikbewegung [...] nicht hoch genug anzusetzen« ist[47]. Hemberger hatte das Lehrbuch nachweislich zu Handen.

---

[46] G. G. UNGEWITTER: Sammlung mittelalterlicher Ornamentik in geschichtlicher und systematischer Anordnung, Leipzig 1863, Taf. 14, Fig. 1; zu Georg Gottlieb Ungewitter und seinem Wirken siehe K. DAVID-SIROCKO, Georg Gottlieb Ungewitter und die malerische Neugotik in Hessen, Hamburg, Hannover und Leipzig, Petersberg 1997. Ungewitters Lehrbuch wurde für das Baubüro der Grabkapelle angeschafft, vgl. in diesem Band KRIMM S. 148.

[47] C. GRUND, Deutschsprachige Vorlagenwerke des 19. Jahrhunderts zur Neuromanik und Neugotik, Eichstätt 1997, S. 36f.

Abb. 14 Kapitellvorlage von Georg Gottlieb Ungewitter

Abb. 15 Kapitell der Mittelsäule mit achtseitigem Abakus

Während die Kapitelle der Gruft sich nahezu diesem Aufbau anschließen, zeigt sich einzig das achtseitige Kapitell der Mittelsäule als Sonderform. Ihm liegt ein Körper zugrunde, der von einer zylindrischen Grundform in ein Achteck übergeht und die achtseitige Deckelplatte sowie den profilierten Kämpferstein trägt. Diesem Körper sind oberhalb des starken, auf der Unterseite gekerbten Halsrings stilisierte Weinblätter aufgelegt (*Abb. 15*). Dazwischen wachsen breite Blattstängel bis zum Kelchrand hinauf und bewegen sich von dort nach außen. Ihre Blattnarben sind geteilt und – wie bei dem Kapitell mit lilienartiger Blüte – mit Diamantbossen verziert. Die Blattenden bilden jene bereits angesprochenen, doppelten Knollen mit leicht aufgefaserten Blattkanten aus, wie sie an einigen anderen Stellen am Bau vorkommen. Ebensolche Blattbildung erhebt sich jeweils zwischen zwei Weinblättern, verbleibt aber kürzer und trägt ein sich nach oben wendendes Blatt auf seinem Rücken. Dessen Blattspitzen rollen sich leicht ein und greifen über den den Abakus tragenden Kelchrand nach oben aus. Die Basis der Mittelsäule ist ebenfalls besonders gebildet. Sie nimmt den achteckigen Sockel vollständig ein, daher wird auf Eckblätter verzichtet, während die massiven Basen der übrigen Säulen mit ihren zwischen Wulst und Plinthe vermittelnden Eckblättern wiederum auf Vorbilder des 11. und 12. Jahrhunderts verweisen[48]. Für die achteckige Kapitellform der Mittelsäule lassen sich bereits bei Eugène Violett-le-Duc (1814–1879) entsprechende Vorlagen finden. Sein *Dictionnaire raisonné de l'architecture française du XIe au XVIe siècle* (1854), das als Vorläufer der deutschen Handbücher gesehen werden kann, gibt verschiedene Vorschläge für die Bildung und Gestaltung solcher Kapitelle[49] (*Abb. 16–17*). Aus den Bauakten der Grabkapelle ist zudem

---

[48] Beispielhaft sind u. a. die Basen der Zwerggalerie (südliche Apsis) von Groß St. Martin in Köln. Vgl. http://www.baukunst-nrw.de/objekte/Gross-St-Martin--628.htm (eingesehen am 28.01.2015).

[49] Vgl. E. VIOLETT-LE-DUC, Dictionnaire raisonné de l'architecture française du XIe au XVIe siècle, Bd. 2, Paris 1854, S. 527f.

Abb. 16–17   Vorlage eines Kelchkapitells mit achtseitigem Abakus von Eugène Viollet-le-Duc

überliefert, dass Hermann Hemberger diese Literatur ebenfalls an der Baustelle im Fasanengarten vorliegen hatte[50].

Ein weiterer Bereich der Gruft hebt sich, neben der Vierung, in Bezug auf die Säulengestaltung vom Gesamtbild ab. Es handelt sich um die zwei Joche, die das südwestliche Seitenschiff bilden. Sie wurden von Hermann Hemberger kongruent zum gegenüber liegenden Treppenhaus angelegt, um einen symmetrischen Grundriss zu erzeugen (*Tafel 3*). Die Kreuzrippen der dortigen vierteiligen Gewölbe werden, statt von vorgestellten Säulen, von gekuppelten Halbsäulen aufgenommen. Deren schmale Basen kommen ohne Eckblätter aus, die Säulenschäfte sind mit einem Wirtel verziert wie die Langhausdienste der Oberkirche. Ihre Kapitelle stellen eine vereinfachte Variante dar (*Abb. 18*). Dabei wächst über zungenförmigen Blättern nur ein einzelner Kranz Blattstängel, die sich zu den Ecken der Ansichtsseiten neigen und im Zwischenraum zu einer Knospe vereinen. Die auskragenden Knospen wirken etwas unproportioniert zum schlanken Körper. Die Vereinfachung in der Gestaltung dieser Halbsäulen gegenüber den freistehenden Säulen im Hauptschiff sowie ihrer Kapitelle diente zum einen der hierarchischen Untergliederung von Haupt- und Seitenschiff. Zum anderen gab es auch funktionale Gründe.

Durch die Erstellung dieser zwei südwestlichen Joche ließ Hemberger die ursprünglich im Baer'schen Grundriss geplanten Sargnischen entfallen und nahm diese auch an der Außenwand nicht wieder auf. Stattdessen setzte er hier nur Halbsäulen ein, die eng an der Wand anliegen und damit weniger Raum einnehmen. Dass die Nischenbildung dort nicht wiederholt wurde, spricht dafür, dass der Bereich nicht zur Sargaufstellung genutzt werden sollte. Als weiterer Hinweis für die abweichende Funktion dieser Seitenjoche muss auch die westliche Wand gewertet werden, die sich damit konkav zur anschließenden *Requisitenkammer* einwölbt. Die dadurch entstehende Nische ist prädes-

---

[50]   GLA 56a Nr. 19 (ohne Datum, Mahnung der Bücherei der Landesgewerbehalle, das Werk wieder zurückzugeben).

Abb. 18   Dienstkapitelle im südwestlichen Seitenbereich der Gruft

tiniert für die Aufstellung eines Objekts – eine solche Wandführung ist ohne konkreten Anlass nicht plausibel. In den Bauakten findet sich dafür eine Erklärung. Im November 1889 erhielt das Großherzogliche Hofbauamt ein explizit angefordertes Preisangebot über die Fertigung eines badischen Wappens aus Bronze (2 m hoch, 1 m breit) *für die Gruft der Großherzoglichen Familie.* Das Angebot stammt vom Bronzegießer Paul Stotz, dem die Kunstgewerblichen Werkstätten Stuttgart gehörten[51]. Es scheint also zunächst die Aufstellung eines Wappens in der westlichen Seitenschiffsnische geplant gewesen zu sein, dessen endgültige Umsetzung aus ungeklärten Gründen aber nicht ausgeführt wurde. Dort aufgestellte Särge sowie freistehende Säulen hätten die Sicht auf ein solches Wappen behindert. Da die Gruft zunächst nur für die Beisetzung des engeren Familienkreises gedacht war[52], war das Seitenschiff von der Belegung höchstwahrscheinlich ausgenommen. Hermann Hemberger selbst differenziert im November 1891 in der Benennung dieses Gruftbereichs. In einer Kostenschätzung, bei der die Bildhauerarbeiten überschlagen wurden, listet er den Bereich als *Seitenkapelle* und deutet damit einen eigenen Funktionsbereich an[53]. Auch wenn nicht geklärt werden kann, warum diese Konzeption nicht weiter verfolgt wurde, so wird doch deutlich, dass Hermann Hemberger in der Anwendung der Bauskulptur deutlich variierte, sie dem jeweiligen Zweck anpasste und damit einzelne Bereiche betonte oder zurücknahm.

---

[51]   GLA 56a Nr. 19 (19.11.1889); vgl. U. THIEME/F. BECKER u. a., Allgemeines Lexikon der Bildenden Künstler von der Antike bis zur Gegenwart, Bd. 32, Leipzig 1938, S. 141.
[52]   Heute sind achtzehn Särge in der Gruft untergebracht, was sich erst aus der Zerstörung der Gruft unter der Stadtkiche im Zweiten Weltkrieg ergeben hatte. Zu den überführten Särgen aus der Familiengruft unter der evangelischen Stadtkirche siehe K. HÄFNER (Hg.), Großherzog Leopold von Baden. 1790–1852. Regent – Mäzen – Bürger, Karlsruhe 1990, S. 110.
[53]   GLA 56a Nr. 9 (16.11.1891).

4. Die Oberkirche

Bereits im Winter 1890/91 konnte auf der Gruftanlage mit dem Bau der Oberkirche begonnen werden, im folgenden Herbst war die halbe Bauhöhe erreicht und bis Ende 1893 war die Kapelle soweit aufgebaut, dass die Dächer geschlossen werden konnten[54]. Danach folgte der Innenausbau bis zur Weihe am 29. Juni 1896. Der Steinmetz Heinrich Kaffenberger führte als Nachfolger Fidel Binz' in dieser Zeit die Bildhauerarbeiten sowohl für den Innenraum als auch für den Außenbau nach den Entwürfen Hermann Hembergers durch[55]. Während das äußere Erscheinungsbild der Kapelle einzig durch den roten Sandstein bestimmt ist, wird der Hauptwerkstoff im Inneren mit schwarzen Labradoritsäulchen und deren hellen Kalksteinkapitellen und -basen variiert. Während Kaffenberger für die Bearbeitung der aufwendigen Kapitelle und Basen zuständig war, wurden die glänzenden Schäfte von der Steinmetzfirma Rupp & Möller aus Durlach geliefert, die sich mit Grabdenkmälern bereits einen Namen gemacht hatte[56].

Die Innenseite der westlichen Kapellenwand wird vom zentralen, unter einem spitzbogigen Gewände stehenden Portal bestimmt. Das äußere Profil des Archivoltenbogens knickt mehrmals um neunzig Grad ab und läuft auf Höhe der Kämpfersteine als Gesims an der Wand weiter (*Tafel 6*)[57]. Diese Behandlung von Gesims und Spitzbogen findet sich ebenfalls am Außenbau. Dort zeigen die Fenster der Querhausfassaden dieses Charakteristikum am Kaffgesims, das sich um den unteren Fensterbereich legt, zweimal im rechten Winkel abknickt, um danach auf der Wand auf der vorherigen Höhe weiter zu laufen (*Abb. 3*). Wie Kalvelage bereits gezeigt hat, übernahm Hermann Hemberger dieses Merkmal auch für seinen 1892 eingereichten Entwurf für eine evangelische Kirche in Pforzheim[58]. Allerdings finden sich vergleichbare rahmende Gesimse auch an anderen Kirchen im Umland, bei denen neugotische Formen zum Einsatz kamen. So auch an der Heilig-Geist-Kirche in Mannheim, die zwischen 1898 und 1903 nach Plänen von Ludwig Maier (1848–1915) geschaffen wurde (*Abb. 19*)[59].

Die Seitenwände des geschlossenen Langhauses der Grabkapelle werden im Inneren durch vier Dienstbündel in drei Joche gegliedert. Die mittigen Bündel bestehen aus einer Halb- und zwei Dreiviertelsäulen, die seitlichen Bündel zu Westwand und Vierung aus zwei Dreiviertelsäulen, jeweils mit einem Wirtel auf Höhe des Westwandgesimses. Die Dienste stehen auf einem umlaufenden verkröpften Sockel und schließen nach oben mit Knospenkapitellen ab. Die darüber liegenden Kämpfer werden durch einen Diamantbossenfries verbunden. Darunter nehmen Blendnischen den Bereich zwischen den Säu-

---

[54] Vgl. HEMBERGER (wie Anm. 18), Ausgabe vom 7.7.1896.
[55] GLA 56a Nr. 25 (6.7.1892).
[56] Vgl. BLENK (wie Anm. 12), S. 7; vgl. HEMBERGER (wie Anm. 18), Ausgabe vom 9.7.1896; vgl. Stadtwiki Karlsruhe zum ehemaligen Unternehmen Rupp & Möller http://ka.stadtwiki.net/Rupp_%26_Möller (eingesehen am 20.12.2014).
[57] Vgl. KALVELAGE (wie Anm. 4), S. 38.
[58] Vgl. Deutsche Konkurrenzen 10, 1893, S. 23, Abb. 11; KALVELAGE (wie Anm. 2), S. 29. Kalvelage zeigt zudem, dass Hemberger auch die Konzeption der Fensterzone über dem Hauptportal sowie die Strebepfeiler mit Tabernakeln im Entwurf der Pforzheimer Kirche übernimmt.
[59] Zu Maier siehe S. BRUSS, Das Werk des Architekten Ludwig Maier (1848–1915), Kiel 1999.

Abb. 19
Heilig-Geist-Kirche
in Mannheim
(1898–1903), Blick
von Osten auf
Sakristei, Querhaus
und Glockenturm

lenschäften ein. Das vordere der Dienstkapitelle trägt auf seinem Kämpfer eine der kleinen Labradorsäulen (*Abb. 20*). Die zwei hinteren Dienste nehmen hingegen spitzbogige Blenden auf, deren Bogenfelder farbige Medaillons mit Bibelsprüchen zieren. Die Kapitelle der Labradorsäulen tragen wiederum Kämpfer, auf denen die Gurtbögen des hölzernen Tonnengewölbes aufsitzen. Ein Gesims verbindet auch hier die Kämpfer und bildet gleichzeitig die Unterkante eines Lichtgadens, der aus schmalen rechteckigen und zu Vierergruppen gebündelten Fenstern besteht.

Kalvelage folgend, rezipiert die Wandgliederung einen Obergaden mit angedeutetem Triforium[60], zeigt aber eine ganz eigene Umsetzung. Ein Laufgang war nie vorgesehen,

---

[60] Vgl. KALVELAGE (wie Anm. 4), S. 56.

Abb. 20 Vierungskapitell mit Dienst- und Labradorsäulchenkapitell im seitlich anschließenden Langhaus

Abb. 21 Chor des Magdeburger Doms mit den eingebrachten Spolien umlaufend an der Chorwand

die Triforiumszone wurde stattdessen durch aufgelegte Spitzbögen gegliedert. Ein solcher Umgang mit diesem Wandbereich ist vorbildlos und stellt eine Neuinterpretation gotischer Aufrisse dar. Die dazwischen eingestellten Labradorsäulchen erinnern an die antiken Spolien im Chor des Magdeburger Doms, die Otto I. (912–973) zur Aufwertung seiner Grabkirche nach Magdeburg hatte bringen lassen (*Abb. 21, Tafel 7*)[61]. Eine große Nähe findet sich auch zu den Säulchen in Querhaus und Chor des Limburger Doms, die im vierteiligen Wandaufriss in zwei Versionen zu sehen sind: in der Empore als Träger gestelzter Bögen und in Miniaturform im darüberliegenden Triforium. Sowohl in Magdeburg als auch in Limburg erhielten die dunklen Säulenschäfte Kapitele und -basen aus hellem Sandstein, wie sie auch für die Karlsruher Grablege übernommen werden. Dieses Zitat Hembergers unterstreicht die charakteristische Rückwärtsgewandtheit des historistischen Stils und verdeutlicht den Charakter der Kapelle als Grablege. Es zeigt aber auch die Widersprüchlichkeit dieses Baus, der als Grablege an die Altehrwürdigkeit des badischen Geschlechts erinnern soll und gleichzeitig neue Wege für die Umsetzung mittelalterlicher Formen findet.

Die Wandgestaltung setzt sich in den jeweils ein Joch umfassenden Querhausarmen fort. Von Lang-, Querhaus und Chor wird die Vierung durch breite Scheidbögen abgesetzt. Diese Bögen sitzen auf vorgestellten Vierungssäulen auf. Die Wand darüber wird jeweils von einem Siebenpass durchbrochen (*Tafel 7*). Die acht freistehenden Vierungssäulen weisen zwischen Sockel und Basis Eckblätter auf, wie dies auch bei den Basen der Gruftsäulen der Fall ist. Ihr massiver Schaft wird, wie die Dienste des Langhauses, durch profilierte Wirtel belebt. Über ihrem breiten Halsring erheben sich Knospenkapitelle, deren Kelchränder die Abakusplatte und die Kämpfersteine tragen. Die Wandecken zwischen den Säulen sind zurückgesetzt und durch eine Blattverzierung auf Höhe der Kapitelle verziert. Auch hier leiten figurativ ausgestaltete Trompen in das Gewölbe und den achtseitigen Turmaufbau über. Darin angebrachte trauernde Frauenköpfe entwarf der Karlsruher Bildhauer Wilhelm Sauer (1865–1929)[62]. Den fünfseitigen Chor gliedern gewirtelte Dienstbündel, die auf einem verkröpften Sockel aufsitzen. In den Wandfeldern, rechts und links der Vierung, sind die Holzportale zum Treppenturm und zur Sakristei untergebracht. Über einem Gesims erheben sich zweibahnige Maßwerkfenster aus genasten Spitzbögen und einem Fünfpass im Zwickel. Ihre Archivolten stimmen mit den Scheidbögen des darüberliegenden Sterngewölbes überein. Auf Kämpferhöhe werden die Bögen von den hinteren Diensten der Dienstbündel getragen. Der vordere Dienst endet niedriger und nimmt mit seinem Kapitell jeweils zwei Rippen in Birnstabform auf, die sich dann an einem Gewölbering im Scheitel treffen. Auch hier sind die Schlusssteine mit Blattwerk ausgestaltet. Über dem Chorgewölbe ist eine Or-

---

61   Vgl. W. GREISCHEL, Der Magdeburger Dom, Berlin/Zürich 1939, S. 15. Greischel verweist darauf, dass Otto sich bei der Verwendung von antiken Spolien vermutlich am Aachener Münster, seinem Krönungsort, orientiert hatte.
62   Vgl. BLENK (wie Anm. 12), S. 7; HEMBERGER (wie Anm. 18), Ausgabe vom 9. 7. 1896. Sauer war ein Schüler von Hermann Volz, Professor der Karlsruher Kunsthochschule, der die Kenotaphe der Oberkirche für Prinz Ludwig Wilhelm sowie später für Großherzog Friedrich I. und Großherzogin Luise fertigte. Zu Sauer siehe auch U. THIEME/F. BECKER u. a., Allgemeines Lexikon der Bildenden Künstler von der Antike bis zur Gegenwart, Bd. 29, Leipzig 1935, S. 491.

Abb. 22
Dienstkapitell im Chor

gel- und Sängerempore untergebracht, deren Schall durch den Siebenpass der Vierungswand gebrochen wird.

Unter den Kapitellgestaltungen in der Oberkirche lässt sich eine hierarchische Abstufung ausmachen. Die am aufwendigsten gestalteten Kapitelle finden sich an den freistehenden Säulen der Vierung (*Tafel 7*). Hier erhebt sich über einem profilierten Halsring ein massiver zylindrischer Kelch, dem das Blattwerk aufgelegt ist. Im unteren Kelchbereich wachsen verschiedene stilisierte Blätter, die an Wein- und Eichenlaub erinnern, vom Halsring hinauf und bewegen sich mit den Spitzen zur Mitte der Ansichtsseiten. Die Ansichtsseiten ergeben sich hier nicht durch eine quadratische Kapitellform, wie in der Gruft, sondern dadurch, dass sich die Blattstängel zu den Ecken der darüber liegenden quadratischen Kämpfersteine orientieren. Die unteren Blätter sind etwas vom Kelchgrund abgehoben, aber nicht hinterarbeitet, sodass sie wie ausgestanzt wirken. Zwischen ihnen wächst ein Blattstängel aus dem Kelchkörper. Seine untere Rippe ist tief gekehlt und geteilt. Die Knospe des Blattendes hat sich eng eingedreht, das eingerollte Blatt fasert seitlich etwas aus. Der Raum zwischen den zwei Teilen der Knospe zeigt kleine Kügelchen, sodass es scheint, als würde sich die Knospe bald öffnen, einer reifen Erbsenschote gleich. Etwas unorganisch finden diese Blattstängel auch am Außenbau Verwendung: am Kranzgesims, in der Westrose sowie im darunter liegenden Fensterband. Anders als an den Gruftkapitellen biegen sich die Blattstängel in der Vierung der Oberkirche nicht tangential, sondern radial nach außen, die Knospen ragen weit unter dem Kelchrand und auch unter dem Abakus hervor. Ungewitter beschreibt die Bildung dieser unterschiedlichen Typen bereits sehr ausführlich in seiner Publikation: *[Die] Blätter [bewegen] im Grundriss in einfach radialer Richtung. An dem korinthischen Kapitäl dagegen gehen die Voluten in einer zu Anfang an den Kreis des Kelches tangirenden und sich allmälich ablösenden Richtung nach den Ecken des Abakus, unter denen sich die von zwei Seiten kommenden vereinigen*[63].

In der Umsetzung findet Hemberger eine eigenständige Lösung, die sich sowohl von den literarischen Vorlagen als auch von direkten Vorbildern, wie beispielsweise den Kapitellen im Langhaus in Reims[64] oder an den Blendarkaden im Chor des Straßburger Münsters[65], entfernt.

Die Kapitelle der Karlsruher Chordienste, die die Gewölberippen tragen, stellen eine verkleinerte Ausgabe dieser Vierungskapitelle dar. Ein einzelner Kranz Blattstängel mit weit auskragenden, dreiteiligen Knospenenden wächst aus dem Kelchkörper zu den Ecken eines polygonalen Abakus. Den unteren Rand dieser Kapitelle nehmen mehr oder weniger stilisierte Blattformen ein, die sich an einigen Exemplaren schon deutlich bewegter zeigen, als an den Vierungskapitellen (*Abb. 22*). Diese Chorkapitelle deuten damit eine Entwicklung an, die sich im Langhaus fortsetzt: Die Bewegungen der floralen Elemente werden stärker, sie ordnen sich immer weniger nach einer strengen, auf Ansichtsseiten ausgerichteten Konzeption an. Dort zeigt sich zudem eine Staffelung vom vorderen Dienstkapitell zu den zwei dahinter liegenden: Nur aus dem vorderen wächst noch ein Kranz mit Blattknospen; die beiden wandseitigen Kapitelle der Dienstbündel zeichnen sich durch reines Laubwerk aus, das sich ohne innere Gliederung oder Ausrichtung über den Kapitellkörper legt. Damit sind *der Kelch und sein Schmuck [...] zwei ganz getrennte Dinge*[66], die sich nicht mehr aufeinander beziehen. Die Labradorsäulchen lassen diese Entwicklung in reinen Blattkapitellen gipfeln (*Abb. 20*). Die historistischen Vorlagen orientieren sich dabei an floralem Kapitellschmuck, wie er für das 13. und 14. Jahrhundert typisch ist (*Abb. 23*). Das Laub wächst dabei nicht mehr aus dem Kapitellkörper, sondern aus dem Halsring hervor. Es hat weder eine tragende Funktion inne, noch verdeutlicht es die geschwungene Aufwärtsbewegung des Kelches. Solche Blattkapitelle finden sich im deutschsprachigen Gebiet unter anderem am Westportal der Elisabethkirche in Marburg[67].

---

[63] G. G. UNGEWITTER: Sammlung mittelalterlicher Ornamentik in geschichtlicher und systematischer Anordnung, Leipzig 1863, S. 12.

[64] Vgl. dazu die Abbildungen der Reimser Kapitelle in der Bilddatenbank Foto Marburg: http://www.fotomarburg.de/bestaende/uebernahm/hamann (Neg.-Nr. fmla10281_48.).

[65] Vgl. GESSNER (wie Anm. 45), Abb. 2; siehe dazu auch S. BENGEL, Das Straßburger Münster. Seine Ostteile und die Südquerhauswerkstatt, Petersberg 2011.

[66] Vgl. GESSNER (wie Anm. 45), S. 31.

[67] Vgl. GESSNER (wie Anm. 45), Abb. 11; siehe dazu auch H.-P. SCHWARZ/R. L. AUER, Begleitheft zur Ausstellung Die Elisabethkirche Architektur in der Geschichte, Marburg 1983.

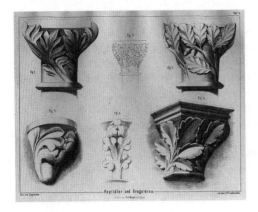

Abb. 23 Vorlage für Blattkapitelle und -kragsteine von Georg Gottlieb Ungewitter

Hemberger hat für Ober- und Unterkirche ein weites Repertoire an Laubwerkkapitellen angewendet, deren Vorlagen sich an gotischen Vorbildern des 12. bis 14. Jahrhundert orientierten. Trotz der Verschiedenartigkeit ergibt sich ein harmonisches Gesamtbild. Wie für die Gruft gezeigt werden konnte, erfolgte die Auswahl der Formen aber nicht nur unter ästhetischen Gesichtspunkten, sondern auch um den Raum dem Nutzen entsprechend zu gliedern und zu hierarchisieren. In der Oberkirche findet sich eine solche Betonung durch die Kapitellgestaltung in der Vierung wieder. Sie hebt sich durch besonders imposante, freistehende Säulen mit weit auskragenden Kelchknospenkapitellen und polygonalen Kämpfersteinen vom übrigen Kirchenraum ab. Auch hier wird dieser Raumteil zusätzlich durch Verzierungen im Terrazzoboden sowie durch die Skulpturen in den Trompen akzentuiert, wie es schon im Chor und in der Vierung der Gruft zu beobachten war. Diese Hervorhebung erklärt sich aus dem heutigen Kontext nicht, wird aber aus Archivalien verständlich, die belegen, dass noch bis 1893 eine Aufstellung des Kenotaphs des Prinzen Ludwig Wilhelm für die *Mitte der Kapelle, vor dem Altar auf dem Kreuzungspunkt zwischen den zwei Seitenfenstern*, geplant war. An diesem Aufstellungsort sollte unbedingt festgehalten werden[68], auch wenn die Tragfähigkeit des Bodens in Frage stand. Trotz einer zusätzlichen Verstärkung durch eine Eisenkonstruktion musste schließlich – wohl auch in Hinblick auf die Aufstellung späterer Kenotaphe – davon abgewichen werden[69]. Das Kenotaph fand seinen Platz zunächst im südlichen, später im nördlichen Querhausarm[70]. Da der Bau bei dieser Planänderung bereits weit fortgeschritten war, wurde die Bauskulptur diesen Änderungen nicht mehr angepasst. So zeigt sich heute die Vierung als gestalterischer Mittelpunkt der Oberkirche und hat doch den eigentlichen Mittelpunkt – das Kenotaph Prinz Ludwig Wilhelms – verloren.

---

[68] GLA 56a Nr. 25 (25.4.1893).
[69] Vgl. GLA 56a Nr. 175 (Pläne zur Monierkonstruktion der Firma Wayß & Freitag aus Neustadt a. d. Hardt).
[70] Die Aufstellung des Kenotaphs Prinz Ludwig Wilhelms im südlichen Querhaus wird durch im Stadtarchiv Karlsruhe erhaltene Fotografien belegt, die zur Zeit der Beisetzung Großherzog Friedrichs I. aufgenommen wurden, vgl. Stadtarchiv Karlsruhe 8 PBS XI Nr. 182.

5. Schlussbetrachtung

Die Großherzogliche Grabkapelle in Karlsruhe entstand in rund sieben Jahren Bauzeit. Der grundlegende stilistische Rahmen der Kapelle als neugotischem Bau war bereits vorgegeben, als Hermann Hemberger in das Projekt eingebunden wurde. Diese Stilwahl mag in einer zunächst durch Weinbrenner klassizistisch geformten und dann durch Heinrich Hübschs Rundbogenstil geprägten Residenzstadt verwundern, lässt sich aus den Akten aber als Wunsch Großherzog Friedrichs I. ausmachen[71] und kann als bewusste Abgrenzung zu der bisherigen Bestattungstradition am klassizistisch geprägten Marktplatz Karlsruhes gelesen werden.

Die Sonderfunktion des Baus – nicht Kirche, sondern Mausoleum – sprach den Architekten von liturgischen Gestaltungsanforderungen frei, wie sie die Kirchenbehörden bereits 1861 im Eisenacher Regulativ beschlossen hatten. Durch Lage der Kapelle am Rande des Fasanengartens (außerhalb der Stadt und mit einer Mauer gegenüber dem übrigen, zugänglichen Schlosspark abgegrenzt) wurde zudem der private Charakter der Grablege betont, der seine Entsprechung in einer relativ freien Rezeption neugotischer Formen findet. Als ein Gegenbeispiel kann die ab 1895 am östlichen Ende der Kaiserallee errichtete, neugotische Kirche St. Bernhard gesehen werden, deren Platzwahl am Ende einer Hauptsichtachse Karlsruhes und deren Funktion als katholische Gemeindekirche mit einer stringenteren Umsetzung neugotischen Formenrepertoires einherging[72].

Während Großherzog Friedrich I. auf die großen baulichen Zusammenhänge der Grablege Einfluss nahm, hatte Hermann Hemberger bei der Wahl und Ausgestaltung der Einzelformen freie Hand. Dass die »Architekten des Historismus [die eigentlichen] »Regisseur[e]« des Rezeptionsprozesses« waren, konnte Stefanie Lieb 2005 bereits zeigen[73]. Mit der entsprechenden Ausbildung, den baugeschichtlichen Kenntnissen und dem Wissen über Stilformen und ihre Umsetzung entschieden sie in »detaillierten Entwürfen [über] den Grad der Nachahmung bzw. der Modifikation«[74].

Wie die nähere Untersuchung der Bauskulptur ergeben hat, traf dies auch für Hermann Hemberger zu. Nach seinem bauhistorisch orientierten Architekturstudium am Karlsruher Polytechnikum verfügte er über das nötige Wissen und die erforderlichen Fähigkeiten. Die seit etwa 1850 rasant anwachsende Vorlagenliteratur stellte neben den Kenntnissen der Originalbauten, die durch Studienreisen erlangt wurden, die wichtigste Quelle für den Rezeptionsprozess der Architekten dar.[75] Als Grundlage der Karlsruher Bauskulptur konnte eine Nähe sowohl zu französischen und deutschen Vorlagenwerken der Jahrhundertmitte als auch zu regionalen Veröffentlichungen der 1880er Jahre nachgewiesen werden. Über die Universität sowie die Landesgewerbehalle, die »als zentrale

---

[71] Vgl. Stadtarchiv Karlsruhe 8 PBS XV Nr. 778 (Beilage der Wettbewerbseinlandung mit Vorgaben zum Bauprogramm, 1888); vgl. STÜRZENACKER (wie Anm. 4), S. 421.
[72] Siehe dazu auch: W. WOLF-HOLZÄPFEL, Der Architekt Max Meckel (1847–1910). Studien zur Architektur und zum Kirchenbau des Historismus in Deutschland, Lindenberg 2000.
[73] S. LIEB (wie Anm. 13), S. 277.
[74] S. LIEB (wie Anm. 13), S. 279.
[75] Vgl. GRUND (wie Anm. 47), S. 16; vgl. LIEB (wie Anm. 13), S. 280–292.

Förderungs- und Beratungsstelle für das badische Handwerk«[76] eine eigene, umfassende Bibliothek unterhielt, waren für Hermann Hemberger zahlreiche Vorlagenwerke und Musterbücher zugänglich. Sowohl bei der Konzeption der Wandaufrisse als auch in der Kapitellgestaltung entschied sich der junge Architekt gegen eine strikte Mittelalterrezeption und fand eigene Lösungen, sodass eine exakte Zuordnung von genutzter Vorlage zur jeweiligen Ausführung nicht erfolgen kann. Die These Albrecht Manns, die Wissenschaft habe den Architekten der 1850er Jahre geradezu dazu gezwungen, »die rechte Form am richtigen Platz zu verwenden, wenn er nicht mangelnder Bildung bezichtigt werden«[77] wollte, galt für Hermann Hemberger gegen Ende des Jahrhunderts nicht mehr. Das Ringen um eine »streng-wissenschaftliche Rekonstruktion« eines Stils war schließlich einem freieren Umgang mit den historischen Vorbildern im letzten Jahrhundertviertel gewichen[78].

Abschließend lässt sich sagen, dass er seine Formenwahl und -bildung szenischen Gesichtspunkten unterordnete, die die Bedeutung des Grabmals Prinz Ludwig Wilhelms als Anlass und als Zentrum des Baus hervorheben sollten. Dieses Ziel zog sich als roter Faden von der Gesamtkonzeption der Kapelle bis zu den Details der Bauskulptur. So wurde die Kapelle als Endpunkt einer vom Schloss ausgehenden Allee geplant. Sie liegt leicht erhöht und steht auf der umlaufenden Terrasse wie auf einer Bühne. Das Kenotaph sollte auf der Verlängerung dieser Achse den Mittelpunkt des ganzen Gebäudes bilden. Der Vierungsturm hätte sich dann direkt über diesem Denkmal erhoben und dessen Position vom Schloss aus sichtbar markiert.

Diesem Konzept folgt Hemberger bei der Gestaltung der Vierung mit überproportional angelegten, vorgestellten Säulen und deren aufwendigen und weit auskragenden Knospenkapitellen. Die Ausschmückung der Gewölbezwickel mit figurierten Trompen, der Gestaltung des Bodens sowie die Lichtführung wurden in das Gestaltungskonzept miteinbezogen. Für den Sarg Prinz Ludwig Wilhelms in der Gruft war die Aufstellung längs im Scheitel des Chors angedacht – dem prominentesten Platz – der wiederum mit figurierten Nischen an Kopf- und Fußende sowie Bodenverzierungen entsprechend ausgestaltet wurde.

Das dynastische Moment der Grablege tritt hinter dieser Konzeption etwas zurück. Es wird durch die mittelalterliche Formensprache indirekt versinnbildlicht, mit der »alte Werte und Traditionen beschworen«[79] und eine lange Ahnenreihe symbolisiert werden sollten. Auch das Einbringen der Labradorsäulchen als Spolienzitat an den Wänden der Oberkirche zielt in diese Richtung. Am deutlichsten tritt der Aspekt der dynastischen Grablege allerdings in den Planungen eines separaten Gruftbereichs für ein badisches Familienwappens zutage, auf den die Gruftanlage in Grundriss und Bauskulptur reagierte, auch wenn seine Aufstellung nie verwirklicht wurde.

---

[76] KALVELAGE (wie Anm. 4), S. 61.
[77] A. MANN, Die Neuromanik. Eine rheinische Komponente im Historismus des 19. Jahrhunderts, Köln 1966, S. 101.
[78] V. HAMMERSCHMIDT, Anspruch und Ausdruck in der Architektur des späten Historismus in Deutschland (1860–1914), Stuttgart 1985, S. 53.
[79] KALVELAGE (wie Anm. 4), S. 61.

Von Prunksärgen und einfachen Särgen

Von der Kiste zum Sarg. Auf dem Weg zu einer europäischen Holzsargtypologie

VON ANDREAS STRÖBL

Eine überregionale Typologie historischer Särge über den nord- und mitteldeutschen Raum hinaus ist noch ein Forschungsdesiderat. Zwar wurde jüngst eine Typologie für Nord- und Mitteldeutschland sowie eine Terminologie für Särge und Sargbauteile vorgestellt[1], doch zeigte sich bei Sichtung von Befunden außerhalb des Untersuchungsgebietes, dass die Vielzahl an Corpusformen, Oberflächenbehandlungen und Ornamenten in In- und Ausland eine Erweiterung notwendig macht. Dabei ist angesichts des aktuellen Forschungsstandes offensichtlich, dass die bisher bekannten Befunde nur exemplarischen Charakter haben; zu wenige Gruftinventare sind bekannt bzw. wissenschaftlich dokumentiert und publiziert worden.

Die wichtigste Quelle für eine Sargtypologie bilden Gruftanlagen, da sich hier – anders als im Erdbefund – bei guter Belüftung die unterschiedlichen Materialien oft hervorragend erhalten haben. Kenntnisse über Form und Bauart von Särgen sind bei Erdbestattungen nur in Ausnahmefällen sicher gewährleistet, beispielsweise bei Nasslagerung mit gleichzeitigem Sauerstoffabschluss. Zwar sind Bestattungen in Grüften fast ausschließlich sozial höher stehenden Schichten vorbehalten, aber in einigen Anlagen haben sich auch bescheidenere Särge erhalten wie beispielsweise in Gemeinschaftskammern von Bruderschaften oder Sterbekassen in der Gruft unter St. Michaelis in Hamburg, dem »Michel«.

Eine typologische Reihe von Corpusformen lässt sich durch drei Parameter bestimmen[2]:
1. die Deckelform
2. die Form der Grundfläche
3. die Stellung der Seiten bzw. Wangen des Untersarges

Aufgrund dieser Größen und der Beobachtung der zeitlichen Verteilung besonders der Deckelformen ließ sich eine Typologie erstellen, deren Benennungssystem erlaubt, alle denkbaren Kombinationen zu berücksichtigen und noch unbekannte Formen zu integrieren.

---

[1] A. STRÖBL, Die Entwicklung des Holzsarges von der Hochrenaissance bis zum Historismus im nördlichen und mittleren Deutschland, Düsseldorf 2014.
[2] STRÖBL (wie Anm. 1), S. 44.

Größtmöglicher Einfachheit und Klarheit sowie Tauglichkeit in der Praxis geschuldet ist eine reduzierte Unterscheidung in
a. die »Sargart« gemäß der Grundform des Deckels
b. die »Unterart« entsprechend dem Deckelquerschnitt bei dreidimensional gestalteten Deckeln
c. einzelne »Typen«

Der einzige Parameter mit chronologischer Aussage ist die Deckelform, wenngleich es bei Särgen allenthalben »lebende Fossilien« gibt, also frühe und einfache Formen entweder landschaftlich sehr lange Laufzeiten haben bzw. bis heute existieren oder erneut gebaut werden. Da der Sargbau zum Konservatismus neigt, ist eine Datierung häufig problematisch, wenn andere Informationen fehlen. In vielen Fällen sind beispielsweise Inschriftentafeln bei Plünderungen entwendet worden oder so stark korrodiert, dass sie nicht mehr lesbar sind.

Die einfachste und älteste Form eines gezimmerten hölzernen Behältnisses zur Aufnahme eines menschlichen Leichnams ist eine quaderförmige Kiste, die entsprechende Deckelform ist die eines Bretts. Diese Särge heißen daher »Flachdeckelsärge«.

Eine nächste Stufe ist ein dachartiger Deckel, bei dem die Wangen schräggestellt sind und Kopf- und Fußhaupt die senkrechtstehenden[3] Giebel bilden. Diese Särge werden daher als »Giebeldeckelsärge« bezeichnet, wobei der Giebel und damit der Deckelquerschnitt dreieckig, trapezförmig, fünfeckig, sechseckig, polygonal (ab sieben Ecken) oder kreissegmentartig sein können. Die Kopf- und Fußhauptflächen von Sargdeckel und Untersarg bilden eine senkrechte Ebene.

In der dritten Entwicklungsstufe werden die beiden Giebel schräg nach innen gelegt und bilden einen Walm. Diese Särge werden daher »Walmdeckelsärge« genannt, die Kopf- und Fußhauptflächen von Sargdeckel und Untersarg verfügen also über einen Knick. Bislang bekannte Walmformen sind das Trapez und das Knicktrapez, im Grunde zwei aufeinander gestellte Trapeze; lediglich in einem Befund beobachtete Särge mit Pyramidenform vertreten eine Sonderform, bei der naturgemäß alle Deckelseiten dreieckig sind.

Historische Särge können rechteckige, trapezförmige, doppeltrapezförmige oder gebauchte Grundflächen haben.

Bei der Stellung der Untersargseiten gibt es drei Möglichkeiten: Entweder stehen alle Seiten senkrecht, nur die beiden Wangen – also die Längsseiten – stehen schräg oder alle vier Seiten sind schräggestellt.

Fast immer bestehen Särge aus gehobenen sozialen Schichten aus einem aufwendig gearbeiteten Außensarg und einem schlichten Innensarg. Oft hat dieser nicht die gleiche Corpusform wie der zugehörige Außensarg. Innensärge wurden für Aufbahrungen und/oder Überführungen verwendet.

Die Typologie arbeitet mit Großbuchstaben zur Bezeichnung der Sargart gemäß Deckelform; so steht »F« für »Flachdeckelsarg«, »G« für »Giebeldeckelsarg« und »W« für »Walmdeckelsarg«. Die Unterarten der Giebel- und Walmdeckelsärge werden je nach Form des Giebels bzw. des Walms mit entsprechendem Buchstaben gekennzeichnet. So

---

[3] Bei vielen Särgen dieser Art stehen die Giebel nicht exakt senkrecht, sondern sind meist kaum merklich um wenige Grad gekippt.

Abb. 1 Kindersarg vom Schleswiger Rathausmarkt, 11.–13. Jahrhundert. Museum Schloß Gottorf

steht beispielsweise »GD« für »Giebeldeckelsarg mit dreieckigem Deckelquerschnitt« und »WT« für »Walmdeckelsarg mit trapezförmigem Deckelquerschnitt«.

Die Grundfläche wird mit arabischen Zahlen benannt; so bedeutet »1« rechteckig, »2« trapezförmig, »3« Doppeltrapezform und »4« gebaucht.

Kleinbuchstaben bezeichnen die Stellung der Untersargseiten: »a« – alle Seiten stehen senkrecht, »b« – nur die Wangen sind schräggestellt, »c« – alle Seiten stehen schräg.

Diese Kennzeichnung erlaubt, vergleichbar einer Blasonierung in der Heraldik, eine Rekonstruktion des Corpus in seiner Grundform[4]. Der in Mitteleuropa geläufigste Sargtyp von der Renaissance bis zum Barock heißt demnach »GT/2/b«[5] (Trapezgiebeldeckelsarg mit trapezförmiger Grundfläche und schräggestellten Untersargwangen).

Flachdeckelsärge

Seit der Bronzezeit werden in Mitteleuropa Flachdeckelsärge verwendet. Holzsärge in Quaderform sind durch Grabungen für das gesamte Mittelalter belegt (*Abb. 1*), kommen aber landschaftlich, vor allem als Armensärge, bis ins 20. Jahrhundert vor. Auch bei jüdischen Bestattungen finden solche Särge heute Verwendung.

Manchmal haben sie auch eine trapezförmige Grundfläche und sind zum Kopfhaupt hin erhöht, der Deckel bildet also eine schiefe Ebene. Allerdings nehmen sogar moderne

---

[4] STRÖBL (wie Anm. 1), S. 45.
[5] Die Typenbezeichnungen im folgenden Text sind dann angegeben, wenn die Corpusform vollständig dokumentiert werden konnte. Bei Beispielen aus der Literatur sind oft nur Teilaspekte sichtbar, weswegen eine vollständige Ansprache von Deckel- und Grundflächenform sowie der Stellung der Untersargwangen nicht zweifelsfrei erfolgen konnte.

Abb. 2 Sarg der Catharina von Bourbon, Nachbau des Originals von 1469. St. Stevenskerk in Nijmegen

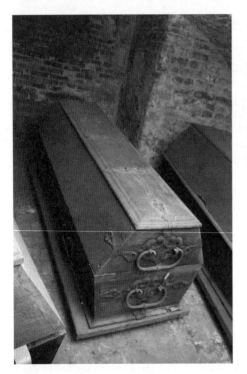

Abb. 3 Sarg des Lorenz Christoph Schneider, 1715. Gruft unter der Berliner Parochialkirche

Abb. 4 Sarg der Gertrud von Schlabrendorff, 1708. Schlabrendorff'sches Gruftgewölbe im Dom zu Brandenburg/Havel

Designersärge wie beispielsweise der nach dem Sarg von Johannes Paul II. (1920–2005) benannte »Papstsarg« diese schlichte Form wieder auf.

Giebeldeckelsärge

Möglicherweise zitieren Särge mit Dreiecksgiebeln, deren Deckel also wie ein Satteldach geformt ist, Reliquienschreine und rücken den Toten so in die Nähe der Heiligen. Spätestens seit dem 14. Jahrhundert wurden solche Särge gebaut und sind in Grüften bis ins 16. Jahrhundert nachgewiesen (*Abb. 2*). Wiederum erscheinen solche Särge aber auch in jüngerer Zeit noch landschaftlich bzw. werden heute mitunter bei muslimischen Bestattungen gebraucht.

Trapezgiebeldeckelsärge sind spätestens für das 16. Jahrhundert belegt und dominieren vor allem als Typ GT/2/b bis ins späte 18., in einzelnen Regionen bis ins 19. Jahrhundert zumindest die nord- und mitteldeutsche Region (*Abb. 3*). Der Typ kann als die klassische barocke Sargform in Mitteleuropa gelten. Ein Sondertyp dieses Trapezgiebeldeckelsarges ist der mit gebauchter Grundfläche, die dem Corpus ein leicht schiffsbauchartiges Aussehen verleiht.

Die Form des Sechseckgiebeldeckelsarges, Typ GS/2/b, erinnert stark an Gebrauchsmöbel in Form von Koffertruhen (*Abb. 4*). Die Ähnlichkeit mit einer Truhe wird durch den Scharnierverschluss verstärkt, wobei es auch Exemplare gibt, bei denen der Innensarg vom Kopfhaupt her eingeschoben wurde, es tatsächlich also keine Aufteilung zwischen Deckel und Untersarg gibt. Der Typ GS/2/b dominiert den Bestand der Schlabrendorff'schen Gruft im Brandenburger Dom, zumindest bei den Särgen von 1705 bis 1770. In der Gruft unter der Schlosskirche Altshausen erfährt die gleiche Grundform eine Aufwertung durch die kostbare Bespannung mit rotem Samt; eine ausgeprägte Deckelplatte rückt die Objekte aus der Assoziation mit Koffertruhen deutlich heraus. Von 1917 bis heute wird dort an dieser ursprünglich barocken Corpusform bis auf wenige geringfügige Ausnahmen festgehalten.

Ein polygonaler Giebel, hier mit sieben Ecken, ist beim Sarg von Auguste von Thurn und Taxis (geborene von Württemberg, 1734–1787) in der katholischen Abteilung der Gruft unter der Ludwigsburger Schlosskirche zu sehen (*Abb. 5*)[6].

Eher selten sind Deckelquerschnitte in Halbkreis- oder Kreissegmentform; sie kommen aber zum Beispiel bei Särgen aus dem 17. Jahrhundert in der Gruft der Stuttgarter Stiftskirche vor (*Abb. 6*). Die hier von 1608 bis 1728 nachgewiesene Laufzeit dieser Särge ist kurz; es wird aber angenommen, dass es einzelne Objekte in Tübingen gegeben hat[7].

Singuläres Beispiel für einen Sarg mit Kreissegmentgiebeldeckel und geschweiften Untersargwangen ist der Sarg von Friedrich Wilhelm I. von Mecklenburg-Schwerin (1675–1713) in der Fürstengruft unter der Schweriner Schelfkirche von 1713 (Typ GK/2/b).

---

[6] Für die Informationen zu den hessischen und baden-württembergischen Befunden sei Herrn Harald Schukraft, Stuttgart, sehr herzlich gedankt. S. hierzu: H. SCHUKRAFT, Die Grablegen des Hauses Württemberg, Stuttgart 1989.
[7] Freundliche Auskunft von Harald Schukraft, Stuttgart.

Abb. 5 Sarg der Auguste von Thurn und Taxis, 1787. Gruft unter der Ludwigsburger Schloßkirche

Abb. 6 Sarg der Johanna Julia von Sachsen-Lauenburg, 1626. Gruft unter der Stuttgarter Stiftskirche

Abb. 7 Barocksarg aus der Gruft unter der Berliner Parochialkirche, wahrscheinlich frühes 18. Jahrhundert

Abb. 8 Sarg des Wilhelm von Hessen-Kassel, 1800. Gruft der Hanauer Marienkirche

Sowohl Dreiecks- als auch Trapezgiebeldeckelsärge werden in der Literatur immer wieder Dachtruhensärge genannt. Der indifferente Begriff kommt aus der Möbelbaukunst und wird auch dort inkonsequent verwendet. Bei der Beschreibung von Särgen empfiehlt sich der Begriff aufgrund der mangelnden Exaktheit nicht.

Weshalb im späten Mittelalter bzw. der Renaissance flache Sargdeckel durch dreidimensionale ersetzt werden, ist noch nicht eindeutig geklärt, ist aber vielleicht mit einer verstärkten Bewertung der Sichtbarmachung des Leichnams bei der Aufbahrung in Verbindung zu bringen. Ein höherer Deckel gewährleistet, dass der Leichnam innerhalb des Sarges auf einem höheren Niveau liegen kann als bei einem Sarg mit flachem Deckel.

Walmdeckelsärge

Mit dem frühen 18. Jahrhundert treten Walmdeckelsärge auf und setzen sich, von regionalen Ausnahmen abgesehen, in der Unterart des Trapezwalmdeckelsarges vor allem als Typ WT/2/c bis in die Jetztzeit durch (*Abb. 7*). Dieser Wandel ist wesentlich für die Sargentwicklung, da der Sargcorpus sich dadurch endgültig vom Vorbild der Truhe als Gebrauchsmöbel gelöst hat. Im Biedermeier werden die Deckel mitunter stark in die Höhe gezogen. In den allermeisten Fällen hat der Walm die Form eines Trapezes, bei sehr schmalen Deckelplatten kann er nahezu dreieckig ausgebildet sein. Eine veritable Walmdachform mit einer Firstkante anstelle der Deckelplatte ist bei dem Sarg von Wilhelm von Hessen-Kassel (1798–1800) in der Gruft der Hanauer Marienkirche zu sehen (*Abb. 8*).

Es gibt auch Särge mit sechseckigem Walm, die bislang nur durch zwei Beispiele aus dem frühen 19. Jahrhundert in Wdidzen/Sanddorf (heute Wdzydze Kiszewskie/Nordpolen, Kaschubischer Ethnographischer Park) und den Sarg von Herzog Ferdinand (1763–1834) in der Gruft der Stuttgarter Stiftskirche belegt sind.

Abb. 9 Sarg des Ludwig Wilhelm August von Baden, 1897. Großherzogliche Grabkapelle Karlsruhe

Bislang nur in Baden beobachtet ist eine leichte Wölbung aller Deckel- und Untersargseiten bei Trapezwalmdeckelsärgen (*Abb. 9*). Die meisten der Särge in der Großherzoglichen Grabkapelle im Karlsruher Fasanengarten haben diese Form, die hier über eine Zeitspanne von den 1830er bis in die 1950er Jahre beibehalten wurde.

Der Sarg von Katharina von Württemberg (1821–1898) in der protestantischen Abteilung der Gruft unter der Ludwigsburger Schlosskirche zeigt eine besondere Bauweise (*Abb. 10*). Der Deckel in der Art eines Mansardendaches gefertigt, bei dem zwei Trapeze aufeinandergesetzt werden und so ein mittig geknicktes Sechseck bilden; der Untersarg ist in der gleichen Weise gebaut.

Oberflächengestaltung und Beschläge

Die zierende und praktische Gestaltung von Särgen setzt sich aus plastischer Ausformung des Holzcorpus, farbiger Gestaltung, textiler oder lederner Bespannung und vor allem metallenen Beschlägen zusammen.

In Übernahme von Vorbildern aus dem Möbelbau beginnt man mit dem Beginn des 18. Jahrhunderts, Särge mit Profilierungen zu versehen. Zwar gibt es auch Giebeldeckelsärge mit Profilierungen, aber die Entwicklung wird mit dem Erscheinen von Walmdeckelsärgen verstärkt und findet im Biedermeier einen Höhepunkt. Ab dem mittleren 19. Jahrhundert wird die Profilierung oft sehr lebhaft und die Holzsichtigkeit betont.

Kassettierungen treten ab dem späten 18. Jahrhundert auf; in seltenen Fällen sind die Särge mit reichem Schnitzwerk verziert.

Farbe wird eingesetzt bei monochromen Oberflächenveredelungen und ornamentalen Bemalungen, aber auch bei aufgemalten Wappen, Inschriften, Kruzifixen und malerisch wiedergegebenen Imitationen von Beschlägen.

Bespannungen mit oft kostbaren Stoffen, darunter aufwendige Draperien, oder auch Leder verleihen zusammen mit glänzenden Beschlägen Särgen sozial höher stehender Personen ein prachtvolles Gepräge.

Griffe sind zwar für den Transport notwendig, haben aber in gesteigerter Anzahl – zumal an Kopf- und Fußhaupt sowie dem Deckel- und durch entsprechende Griffbe-

Abb. 10   Sarg der Katharina von Württemberg, 1898. Gruft unter der Ludwigsburger Schloßkirche

schläge repräsentative Bedeutung. Hinzu kommen Inschriften- und Wappentafeln sowie Beschläge mit rein ornamentalem oder auch symbolischem Charakter aus dem klassischen Formenschatz oder dem christlich religiösen Bereich, wie zum Beispiel Vanitassymbole.

Blick ins Ausland

Im gesamten angloamerikanischen Raum, aber auch in Ost, Süd- und Westeuropa verbreitet ist der Flachdeckelsarg mit doppeltrapezförmiger Grundfläche und senkrechten Untersargseiten, »Schulterknicksarg« oder auch »Englischer Sarg« genannt. In Deutschland tritt er als Import auf (*Abb. 11*). Für die Einführung dieses Sargtyps in England wird das letzte Viertel des 16. Jahrhunderts angenommen[8]. Vor allem hier ist der Übergang zwischen gebauchten und doppeltrapezförmigen, ebenso wie von eckigen zu gerundeten bis hin zu geschweiften Grundflächen fließend. Die Sargentwicklung in England beschreibt in ihrer Frühzeit einen ausgesprochenen Sonderweg. Särge mit Schulterknick werden in England, in Nord-, West- und Südeuropa sowie den USA bis in die Jetztzeit gebaut.

---

[8]   J. LITTEN, The English Way of Death. The Common Funeral Since 1450, London 1991, S. 69f.

Abb. 11 Sarg der Johanna Elisabeth von Schleswig-Holstein-Gottorf, 1760. St. Bartholomäi, Zerbst

Der Dom im schwedischen Uppsala birgt eine Gruft mit 18 Särgen aus dem frühen 17. bis zum späten 18. Jahrhundert[9] (*Abb. 12*). Dort gibt es rechteckige, trapezförmige, doppeltrapezförmige, gebauchte und geschweifte Grundflächen, die Deckel sind entweder flach oder haben einen trapezförmigen oder kreissegmentartigen Querschnitt. Eine Sondererscheinung sind Särge mit »lanzettförmiger« Grundfläche, bei denen die Breite des Fußhauptes weniger als die Hälfte der Kopfhauptbreite beträgt.

Völlig unbearbeitet ist der reichhaltige Bestand in der Kapuzinergruft in Palermo, den Catacombe dei Cappuccini. Hier finden sich vor allem Schausärge mit Glasscheiben, truhen- und kofferartige Behältnisse und einige Prunksarkophage. Aufgrund des auf repräsentativen, ja Ausstellungscharakters der gesamten Anlage ist schwer zu sagen, inwieweit sich hierunter Särge befinden, die auch bei sonstigen Beisetzungen, also außerhalb der Katakomben verwendet wurden. Da es hier allerdings zahlreiche Särge mit pyramidenförmigem Deckel gibt, erscheint es plausibel, dass diese Deckelform zumindest in Süditalien häufiger vorgekommen ist. Vergleichbare Befunde müssten dafür gesichtet werden.

Jüngere und aktuelle Tendenzen

Seit der Wende zum 20. Jahrhundert ist die Sargentwicklung lebhafter geworden, wie Kataloge von Bestattungsinstituten offenbaren. Die Experimentierfreude der 20er Jahre hielt sich beim Sargbau allerdings in Grenzen und erst seit den 90er Jahren des 20. Jahrhunderts entwerfen Künstler und Designer völlig neuartige Modelle, für die sich der

---

[9] J. KJELLBERG, To organize the dead, in: META Historiskarkeologisk tidskrift 2015, S. 163–171.

Abb. 12 Blick in die Maasenbach-Gruft, Dom zu Uppsala

Begriff »Designersarg« etabliert hat[10]. Hierunter finden sich sogar Objekte, die zu Lebzeiten als Möbel verwendet und nach dem Tod zum Sarg für die eigene Bestattung umgebaut werden können[11]. Inspiriert durch individuelle und höchst originelle Särge aus Ghana bauen mittlerweile auch in England Sarghersteller sogenannte »crazy coffins«, phantasievolle Gebilde nach dem Willen und Entwurf des Verstorbenen.

---

[10] H. H. JANSEN, Der eigene Sarg zu Lebzeiten. Brauchtum, Geschichte, Dichtung, Kunst, in: Arbeitsgemeinschaft Friedhof und Denkmal e.V., Kassel. Zentralinstitut und Museum für Sepulkralkultur (Hg.), Vom Totenbaum zum Designersarg : zur Kulturgeschichte des Sarges von der Antike bis zur Gegenwart, Kassel 1993, S. 93–99.

[11] G. EPPLER, Buy now...! Das letzte Möbel, in: Arbeitsgemeinschaft Friedhof und Denkmal e.V. Zentralinstitut und Museum für Sepulkralkultur (Hrsg.), Crazy Coffins. Verrückte Särge aus England, Kassel 2005, S. 47–52.

Vom Gehören und Sich Gehören

Recht und Pietät.
Vom Umgang mit verstorbenen Landesfürsten

VON CAJETAN VON ARETIN

Der Grundsatz, dass im Tode alle gleich sind, hat in Monarchien eine Ausnahme. Stirbt der Landesfürst, so stehen mit seinem Ableben die Grundfesten des gesamten Staatswesens auf dem Spiel. Entsprechend folgen auch Bestattungen und das Gedenken an verstorbene Landesfürsten anderen und aufwändigeren Regeln als für Landeskinder. Die dabei praktizierten Rituale sind nicht nur Ausdruck von Totensorge und Pietät, sondern bilden zugleich einen Staatsakt. Schon deshalb sind Beisetzungen und Grablegen von Monarchen mit einem Aufwand verbunden, der ihren lebzeitigen Stellenrang und den des Staatswesens widerspiegeln soll und dies über möglichst lange Zeit. Nicht umsonst sind gleich zwei der Sieben Weltwunder, das Mausoleum von Halikarnassos, »welches Artemisia ihrem Gatten errichtete«[1] und die Pyramiden von Gizeh, Grabbauten. Zwar hat sich das Bauvolumen der Grabstätten im Laufe der Zeit erheblich reduziert – so besitzt die Pyramide auf dem Marktplatz in Karlsruhe als Grabmal des Stadtgründers Karl Wilhelm von Baden-Durlach (1679–1738) nur ein Bruchteil des altägyptischen Bauvolumens – doch eine Vielzahl von Mausoleen, Grabkapellen und Grüften künden bis heute ebenso vom echten oder vermeintlichen Stellenrang vergangener Herrscher wie die teilweise bis heute andauernden Memorialdienste.

Dabei geben Grabstätten zugleich Zeugnis ab von historischen Situationen zum Todeszeitpunkt. Dies zeigt sich beispielsweise in Begräbnisstätten, die von den regulären Graborten abweichen, wie bei Kaiser Heinrich VII. (1278–1313), der nach seinem Tod in Buonconvento als einziger römisch-deutscher Kaiser im Dom in Pisa beigesetzt, oder Kaiser Karl I. von Österreich (1887–1922), der nach seiner Absetzung und Verbannung auf Madeira bestattet wurde. Fürstengräber unterscheiden sich aber vor allem von den Grablegen Normalsterblicher in der Dauer und der Art des Totengedenkens. Das meint zum einen das Gedächtnis an den Verstorbenen über lange Zeiträume, was sich in der Pflege oder gar der Wiedererrichtung von Grabmälern zeigt. So zeugen das Mausoleum von Halikarnassos und die Pyramiden von Gizeh noch immer von den in ihnen bestatteten Herrschern. Aber auch das Grab von König Richard III. von England (1452–1485) wurde mit dem Abbruch der Greyfriars Church in Leicester, in der es sich befand, 1538 zerstört. Dennoch soll der Grabort, der nun in einem Garten lag, Jahrzehnte danach

---

[1] ΣΤΡΆΒΩΝ, Γεωγραφικά, Βιβλίο ΙΔ, 2.16, zitiert nach Chr. G. G. GROSKURD, Strabons Erdbeschreibung in siebzehn Büchern, Bd. 3 Berlin 1833, Buch 14, 2. Abschnitt § 16.

einen Erinnerungsstein enthalten haben mit der Inschrift: *Here lies the Body of Richard III, some Time King of England*[2]. Zum anderen wirkten bei der Gestaltung von Fürstengräbern auch spätere politische Ambitionen mit. Besonders sichtbar wird dies am Grabmal für Kaiser Ludwig den Bayern (1286–1347) in München. Ludwig war im Kirchenbann gestorben und sein Grab ist unbekannt. Es wird aber vermutet, dass er 1347 in der Gruft der (alten) Münchner Franziskanerkirche beigesetzt wurde. Ungeachtet dessen und erst 150 Jahre später ließ sein Nachfahre, Herzog Albrecht IV. von Bayern (1447–1508), zwischen 1485 und 1490 von Matthäus und Max Halder eine Grabplatte anfertigen und in der 1468 bis 1492 neu errichteten Frauenkirche in München aufstellen. Obwohl es auch dessen Urenkel Maximilian I. von Bayern (1573–1651) nicht gelang, Kaiser Ludwig vom Kirchenbann zu lösen, ließ er die spätgotische Grabplatte zu Füßen des Hochaltars legen und darüber von Peter Candid ein Hochgrab errichten, für das Hans Krumper und Hubert Gerhard große Bronzefiguren schufen. 1859 wurde die Frauenkirche vollständig regotisiert und *vom Unrath der letzten Zeiten*[3] befreit. Das Grabmal wurde dabei in die Mitte des Langhauses transferiert und wurde damit zum zentralen Ausstattungsgegenstand der Kirche. 1891 kam das Grabmal vor den Haupteingang unter der Orgelempore. Dieser Aufstellungsort war weniger prominent, bewahrte aber den Charakter, wesentliche Einrichtung der Kirche zu sein. Verloren ging diese Funktion nach der Revolution 1918, als es 1932 aus der prominenten Position in die verschwiegenere Kapelle des Südturms verlagert wurde. Nach dem Wiederaufbau der kriegszerstörten Kirche 1946 bis 1960 kam das Grabmal 1962 wieder in das Kircheninnere und steht seitdem in einer vergleichsweise diskreten Position in der Südwestecke des Langhauses.[4] Position und Ausstattung des Grabmals dieses vor fast 670 Jahren gestorbenen Kaisers haben mit seiner Person und vor allem seinem Konflikt mit der Kirche ersichtlich wenig zu tun. Doch die Figur Ludwigs des Bayern und stellvertretend dafür auch sein Grabmal dienten nachfolgenden Wittelsbacher Herrschern als Legitimation. Der Bezug zu Ludwig dem Bayern wurde gerade im 18. Jahrhundert wichtig, als mit Karl VII. Albrecht erstmals nach Ludwig dem Bayern ein Wittelsbacher die Kaiserwürde erlangte und mit Ludwig die »Kaiserfähigkeit« des Hauses Wittelsbach begründet werden konnte. Weiter verwies Ludwig der Bayer auf das Erbrecht der Wittelsbacher Seitenlinie Pfalz-Zweibrücken, als die beiden Wittelsbacher Hauptlinien ausstarben. Nachdem Herzog Karl Theodor von Pfalz-Sulzbach bereits 1742 mit dem Aussterben der Pfälzer Hauptlinie das Kurfürstentum Pfalz geerbt hatte, hatte er 1778 mit dem Tode des kinderlosen Kurfürsten Max III. Joseph auch die Nachfolge im Kurfürstentum Bayern angetreten. Der Tod Karl Theodors 1799 öffnete dem nurmehr entfernt verwandten Herzog Max Joseph

---

[2] The wicked and tyrannical Prince King Richard III, being slain at Bosworth, his body was begged by the nuns of Leicester, and buried in their chapel there; in the Dissolution whereof, the place of his burial happened to fall into the Bounds of a citizen's garden, which being (after) purchased by Mr. Robert Herrick (some Time Mayor of Leicester) was by him being covered with a handsome Stone Pillar, three foot high, with this inscription, [...]. Chr. WREN (Hg.), Parentalia or Memoirs of the family of the Wrens, London 1750, S. 144.

[3] J. SIGHART, Die Frauenkirche zu München. Ihre Geschichte und Schilderung, zunächst vom kunsthistorischen Standpunkte aus entworfen, Landshut 1853, S. 134f.

[4] H. RALL/G. IMMLER, Wittelsbacher Lebensbilder von Kaiser Ludwig bis zur Gegenwart. Führer durch die Münchner Fürstengrüfte, München 2011, S. 14–16.

von Pfalz-Zweibrücken die Erbfolge in Pfalzbaiern. Diese Erbfolge erfolgte blutsmäßig über Ludwig den Strengen (1229–1294), den Vater Ludwig des Bayern[5]. Rechtlich gründete die Erbfolge letztlich auf dem Hausvertrag, der *zwischen Kayser Ludewig IV. und seinen dann seines Bruders Pfalzgrafen Rudolphs Söhnen, als den Stamm-Vätern Unser beeder Häuser zu Pavia im Jahr 1329* getroffen worden war[6]. Dieser Hausvertrag hatte die Rechtsgrundlage für die Wittelsbacher Hausverträge von 1766, 1771 und 1774 geboten, die Max Joseph das Nachfolgerecht zusprachen[7]. Wie in kaum einem anderen Fall besitzt das Fürstengrab Ludwig des Bayern damit eine historische und politische Bedeutung, die es erst lange nach dem Tode des Kaisers erhalten hat – unabhängig von der Person des Verstorbenen, der darin gar nicht bestattet ist.

Fürstengräber besitzen damit gegenüber »normalen« Grablegen eine besondere Qualität. Das Eigentum daran ist im weiteren Sinne eine Frage, wie das Recht mit den verstorbenen Landesfürsten umgeht. Im Folgenden soll eine Annäherung an das Thema erfolgen, indem zunächst zwei allgemeine Kapitel eingehen auf den Umgang mit Verstorbenen im deutschen Recht (I.) und mit verstorbenen Landesfürsten im Besonderen (II.), um dann den Umgang mit den Wittelsbacher Fürstengräber in der bayerischen Praxis zu betrachten (III.) und mit dem heutigen Umgang mit königlichen Staatsbegräbnissen zu schließen (IV.)

I. Das deutsche Recht und der Umgang mit Verstorbenen

Im Umgang mit Menschen nach ihrem Tode trifft das heutige deutsche Recht keine Unterscheidung zwischen Fürsten und normalen Bürgern. Hier gilt die Regel, dass im Tode alle gleich sind. Dabei sind die Normen über Beisetzung und Grabpflege nur zum Teil von Rechtsnormen diktiert, sondern gehorchen auch gesellschaftlichen Vorstellungen und individuellen Festlegungen des Erblassers und der Hinterbliebenen. Normen zum rechtlichen Umgang mit Verstorbenen finden sich sowohl im Öffentlichen Recht als auch im Strafrecht und im Zivilrecht.

---

[5] Die Präambel der Erbverbrüderungs-Erneuerung, 22.09.1766 bestimmt, dass *sammtliche Pfalz-Grafen bey Rhein und Herzogen von Bayern ... vermög der gemeinschaftlichen Abkunft von einem Stamm-Vater, unter einem Schild, Namen und Stammen mit beständiger Blutsverwandtschaft in ein Haus zusammen gehören*. Abgedruckt im Zusammentrag der wichtigsten Urkunden, auf welche in den über die Bayerische Erbfolgs-Sache bisher herausgekommenen Druckschrifften sich bezogen worden, Zweyter Theil, Regensburg 1778, Num. 78, S. 350–361.

[6] Art. primo Erbverbrüderungs-Erneuerung (wie Anm. 5).

[7] Art. IV Hausvertrag, 26.02.1771, Teilabdruck bei J. J. Moser, Neues teutsches Staatsrecht. Zusäze zu seinem neuen Teutschen Staatsrecht, 2. Bd., Frankfurt 1782, S. 514f.; Hausvertrag 19.06.1774, abgedruckt im Zusammentrag der wichtigsten Urkunden (wie Anm. 5), Num. 79, S. 362–364; Hausverträge bestätigt in Art. VIII Teschener Friede, 13.05.1779, abgedruckt und übersetzt bei J. J. Moser, Der Teschenische Fridensschluß vom Jahre 1779 mit Anmerkungen, Frankfurt 1779, S. 4ff., hier S. 8. Siehe dazu nun A. Schmid, Der Weg zum Erbfall 1777, in: ZBLG 77/2 (2014), S. 435–454.

1. Das öffentliche Recht

Das Öffentliche Recht regelt den Umgang mit Verstorbenen vor allem in den landesrechtlichen Vorschriften zum Bestattungs- und Friedhofsrecht. Einheitlich gilt dabei der Bestattungs- und Friedhofszwang, also dass Verstorbene zu bestatten sind und dass die Beisetzung nach gesetzlich normierten Bestattungsarten zu erfolgen hat, was meist die Erd-, Feuer- und Seebestattung meint[8], während Naturbestattungen (wie Luft-, Fels- oder Baumbestattung) regelmäßig unzulässig sind. Das Bestattungswesen ist Kommunalangelegenheit (so Art. 83 der Bayerischen Verfassung), wobei die Gemeinden dafür zu sorgen haben, dass mit Verstorbenen *würdig und in gesundheitlich unbedenklicher Weise umzugehen* ist (so § 25 Bestattungsgesetz Baden-Württemberg), so *daß jeder Verstorbene schicklich beerdigt werden kann* (so Art. 149 der Bayerischen Verfassung). Die Länge der Ruhezeiten, die früher 100 Jahre betragen hat, ist mittlerweile in das Belieben der Gemeinde gestellt und beträgt im deutschen Durchschnitt 20 bis 25 Jahre.

Bei Fürstengräbern sind hingegen auch die jeweiligen Denkmalschutzgesetze der Länder zu beachten, denn Fürstengräber stehen schon wegen ihrer historischen Bedeutung regelmäßig unter Denkmalschutz. Aber auch Fürstengräber, die nach außen nicht mehr sichtbar sind, sind häufig als Bodendenkmäler geschützt. Allerdings darf hier bei Entdeckung das Erforschungsinteresse gegenüber dem Aspekt der Totenruhe in den Vordergrund treten.

Neben den Bestattungs- und Grabpflegebestimmungen zählt im Öffentlichen Recht zu den Regeln über den Umgang mit Verstorbenen auch das Transplantationsgesetz, denn dieses behandelt den Umgang mit Leichenteilen und umfasst damit auch den Bereich der Organspende[9]. Wesentlich für die hiesige Thematik ist § 6 Transplantationsgesetz, nach dessen Absatz 1 *die Organ- oder Gewebeentnahme bei verstorbenen Personen und alle mit ihr zusammenhängenden Maßnahmen unter Achtung der Würde des Organ- oder Gewebespenders in einer der ärztlichen Sorgfaltspflicht entsprechenden Weise durchgeführt werden* müssen. Absatz 2 lautet: *Der Leichnam des Organ- oder Gewebespenders muss in würdigem Zustand zur Bestattung übergeben werden.* Das Transplantationsgesetz, das in der öffentlichen Wahrnehmung meist mit dem Verbleib der Spenderorgane in Zusammenhang gebracht wird, kennt also auch die Rücksichtnahme auf den Verstorbenen, dessen Organe entnommen werden.

---

[8] So in Art. 32 Bestattungsgesetz Baden-Württemberg (GBl. BW 1970, 395) oder Art. 1 Absatz 1 Bayerisches Bestattungsgesetz (GVBl. S. 417). Näheres dazu in: H. DEINERT/W. JEGUST u.a., Todesfall und Bestattungsrecht, Düsseldorf 2014.

[9] Zur Debatte, ob, bzw. inwiefern die Menschenwürde des Verstorbenen (Art. 1 Absatz 1 Grundgesetz) und sein Selbstbestimmungsrecht, frei über die postmortale Verwertung seiner Organe zu bestimmen (Art. 2 Absatz 1 in Verbindung mit Art. 1 Absatz 1 Grundgesetz) hinter das Lebensrecht der potenziellen Organempfänger zurücktritt, vgl. jüngst B. SPILKER, Postmortale Organspende auf dem verfassungsrechtlichen Prüfstand. Auswirkungen der Schutzpflicht des Art. 2 II GG, in: ZRP 47 (2014), S. 112–16.

2. Das Strafrecht

Obwohl die Rechtsfähigkeit des Menschen grundsätzlich mit seinem Tode erlischt, sind auch Verstorbene strafrechtlich geschützt unter dem Aspekt des »postmortalen Persönlichkeitsrechts«. Demnach besitzen Verstorbene vor allem noch *die ihren Träger überdauernde Menschenwürde*[10]. Dazu hat das Bundesverfassungsgericht im »Mephisto-Urteil« ausgeführt: *Es würde mit dem verfassungsverbürgten Gebot der Unverletzlichkeit der Menschenwürde, das allen Grundrechten zugrunde liegt, unvereinbar sein, wenn der Mensch, dem Würde kraft seines Personseins zukommt, in diesem allgemeinen Achtungsanspruch auch nach seinem Tode herabgewürdigt oder erniedrigt werden dürfte. Dementsprechend endet die in Art. 1 Abs. 1 GG aller staatlichen Gewalt auferlegte Verpflichtung, dem Einzelnen Schutz gegen Angriffe auf seine Menschenwürde zu gewähren, nicht mit dem Tode*[11].

Auf diesem postmortal fortwirkenden Persönlichkeitsrecht und dem Pietätsgefühl der Allgemeinheit fußen die Bestimmungen zum Schutz von Toten[12].

1. § 168 Strafgesetzbuch normiert die Störung der Totenruhe. Nach dessen Absatz 1 wird bestraft, *wer unbefugt aus dem Gewahrsam des Berechtigten den Körper oder Teile des Körpers eines verstorbenen Menschen, eine tote Leibesfrucht, Teile einer solchen oder die Asche eines verstorbenen Menschen wegnimmt oder wer daran beschimpfenden Unfug verübt*. Gleiches gilt nach Absatz 2 für Zerstörung, Beschädigung oder *beschimpfenden Unfug* an einer *Aufbahrungsstätte, Beisetzungsstätte oder öffentliche[n] Totengedenkstätte*. Auch der Versuch ist nach Absatz 3 strafbar. Im Bereich postmortaler Organspende stellt § 19 Transplantationsgesetz vorrangige Sonderregeln auf[13].
2. Die Verunglimpfung des Ansehens Verstorbener ist nach § 189 Strafgesetzbuch strafbar. »Verunglimpfung« meint dabei als Oberbegriff die unter Lebenden strafbaren Tatbestände der Beleidigung (§ 185 StGB), der üblen Nachrede (§ 186 StGB) und der Verleumdung (§ 187 StGB). In Hinblick darauf, *daß mit verblassender Erinnerung an den Verstorbenen die Gefahr einer nachteiligen Einwirkung auf die geschützte Persönlichkeitssphäre geringer wird*[14], ist jedoch nur eine besonders schwere Kränkung strafbar[15].
3. Das Berauben von Toten (»Leichenfledderei«) wird als Unterschlagung im Sinne des § 246 StGB behandelt und nicht als Diebstahl, da der Erbe zwar kraft Erbrechts Eigentümer der Totenhabe ist, daran aber regelmäßig keinen Gewahrsam hat[16]. Be-

---

[10] So z. B. OLG Bamberg, Urteil v. 29.01.2008, Az. 2 Ss 125/07, in: NJW 2008, S. 1543–1547, hier: S. 1546.
[11] BVerfG, Beschluss v. 24.02.1971, Az. 1 BvR 435/68, Tz. 60 – Juris = BVerfGE 30, 173–227.
[12] BGH, Urteil v. 22.04.2005, Az. 2 StR 310/04, Tz. 28 – Juris = BGHSt 50, 80–93.
[13] T. HÖRNLE in ihrer Kommentierung zu § 168 StGB, RdNr. 16, in: A. SCHÖNKE/H. SCHRÖDER u. a. (Hgg.), Strafgesetzbuch. Kommentar. München ²⁹2014.
[14] BVerfG, Beschluss v. 24.02.1971, Az. 1 BvR 435/68, Tz. 95 – Juris = BVerfGE 30, 173–227.
[15] Th. LENCKER/J. EISELE in ihrer Kommentierung zu § 189 Rn 2, in: A. SCHÖNKE/H. SCHRÖDER (wie Anm. 13).
[16] A. ESER/N. BOSCH in ihrer Kommentierung zu § 246 Rn 1, in: A. SCHÖNKE/H. SCHRÖDER (wie Anm. 13).

kanntester Fall in letzter Zeit ist der Diebstahl des Leichnams und des Sargs von Friedrich Karl Flick im November 2008.

3. Das Zivilrecht

Im Zivilrecht finden sich Regelungen zum Umgang mit Verstorbenen im Erbrecht, ergänzt um familienrechtliches Gewohnheitsrecht. Ebenso nicht gesetzlich festgelegt, sondern nur von der Rechtsprechung beurteilt, ist die Frage nach der rechtlichen Qualität von Leichnamen.

a. Die Beerdigungskosten
Das Zivilrecht beschäftigt sich mehr mit den Rechtsverhältnissen der Lebenden als der Toten. Entsprechend regelt das deutsche Erbrecht in erster Linie den Umgang mit dem Nachlass von Verstorbenen, während sich die Regelungen über den Umgang mit Verstorbenen weitgehend darauf beschränken, wer die Beerdigungskosten zu tragen hat. Dazu stellt § 1968 BGB den Grundsatz auf: *Der Erbe trägt die Kosten der Beerdigung des Erblassers*. Die Norm ist seit Erlass des BGB 1896 unverändert geblieben, nur die Verpflichtung zu einer »standesgemäßen« Beerdigung ist seit dem 1. Januar 1999 weggefallen[17]. Gleichwohl haben auch heute noch die Beerdigungskosten angemessen zu sein, wobei sich die Angemessenheit nach der Lebensstellung des Erblassers richtet, nicht der Erben. Allerdings ist auch der Wert des Nachlasses Maßstab, weil dieser die Lebensstellung des Verstorbenen widerspiegele[18]. Dieses Abstellen auf die Lebensstellung des Erblassers erlaubt (und gebietet mitunter) durchaus erhebliche Unterschiede im Aufwand für Bestattung und Grabmal, die das Diktum von der Gleichheit im Tode wieder relativieren. Vorrangig vor dem Erben haftet im Falle einer Tötung der Täter nach § 844 I BGB; nachrangig, also falls der Erbe nicht zahlen sollte, zunächst beim Tod einer Kindsmutter *infolge der Schwangerschaft oder der Entbindung* nach § 1615 m BGB der Vater. Im Übrigen haftet nach § 1615 II BGB der Unterhaltspflichtige, also der nächste leistungsfähige Verwandte. Wenn allerdings ein Seemann oder Kapitän außerhalb des Geltungsbereichs des GG bestattet wird, dann haftet der Reeder nach §§ 75, 78 Seemannsgesetz für die Bestattung.

b. Totenfürsorge
Wesentlich im zivilrechtlichen Umgang mit Verstorbenen ist die Unterscheidung zwischen Kostenhaftung und Bestattungspflicht. Denn der Erbe haftet zwar für die Kosten, bestimmt aber nicht über die Bestattung und deren Aufwand[19]. Die Bestattung des Verstorbenen steht gewohnheitsrechtlich (also nicht durch Gesetz) den nächsten Angehörigen zu und dies gilt auch dann, wenn sie nicht Erben des Verstorbenen sind[20]. Das

---

[17] Art 33 Nr. 31 Einführungsgesetz zur Insolvenzordnung (BGBl. 1994 I, S. 2911).
[18] W. Küpper in seiner Kommentierung zu § 1968 BGB, RdNr. 4, in: R. Rixecker/F. J. Säcker u. a. (Hgg.), Münchener Kommentar zum Bürgerlichen Gesetzbuch, Band 9: Erbrecht §§ 1922–2385, §§ 27–35 BeurkG, München ⁶2013.
[19] W. Küpper in seiner Kommentierung zu § 1968 BGB, RdNr. 5, in: R. Rixecker/F. J. Säcker (wie Anm. 13).
[20] Entsprechend normiert auf der Ebene des Öffentlichen Rechts z. B. Art. 31 Bestattungsgesetz Baden-Württemberg (GBl. BW 1970, 395): *Für die Bestattung müssen die Angehörigen sorgen*.

Reichsgericht vertrat die Ansicht, *wonach das Recht der Persönlichkeit eines Verstorbenen noch in seinem Leichnam als fortwirkend angesehen wird*[21]. Für die Hinterbliebenen bedeutete das Totenfürsorgerecht demnach *eine Nachwirkung des familienrechtlichen Verhältnisses, das den Toten bei Lebzeiten mit den Überlebenden verbunden hat*[22]. Dieses Totenfürsorgerecht gewährt den nächsten Anverwandten das Recht und die Pflicht, *über den Leichnam zu bestimmen, über die Art seiner Bestattung eine Entscheidung zu treffen und die letzte Ruhestätte auszusuchen*[23]. Bei den dabei anstehenden Entscheidungen gilt zunächst der Wille des Verstorbenen. Ist dieser weder festzustellen noch zu vermuten, geht der Wille des Ehegatten (oder eingetragenen Lebenspartners) dem der nächsten Verwandten vor, dann der der Kinder. Das Reichsgericht hat den vorrangigen Willen des Verstorbenen abgeleitet aus dem Gebot der Pietät und der Qualität des Leichnams als *Rückstand der Persönlichkeit des Erblassers*.

Zeitliche Vorgaben statuiert das Totenfürsorgerecht nicht, so dass die Frage der Dauer des Totengedenkens wesentlich dem Pietätsempfinden der Nachkommen anvertraut ist. Das von der Rechtsprechung entwickelte »postmortale Persönlichkeitsrecht« wirkt *jedenfalls bis zum Ablauf der Mindestruhezeit* fort, kann jedoch noch weit darüber hinaus fortwirken[24]. Im »Mephisto-Urteil« hatte das Bundesverfassungsgericht 1971 das Verblassen des Wert- und Achtungsanspruch von Gustav Gründgens (1899–1963) nur acht Jahre[25] nach dessen Tod festgestellt: *Gründgens gehört heute, acht Jahre nach seinem Tod, bereits weitgehend der Theatergeschichte an; seine Fehde mit Klaus Mann ist dem allgemeinen Bewußtsein entschwunden und in die Geschichte zurückgetreten*[26]. Im Gegensatz dazu stellte der Bundesgerichtshof 1989 zu Emil Nolde (1867–1956) noch 33 Jahre nach dessen Tod fest: *Anders als bei einem ausübenden Künstler, der z. B. als Theaterschauspieler oder -regisseur in der Regel nur seinen Zeitgenossen in Erinnerung bleiben wird, kann das künstlerische Ansehen und die künstlerische Wertschätzung bei einem bildenden Künstler, der seiner Nachwelt ein bleibendes Werk hinterlässt, noch Jahrzehnte nach dem Tode fortbestehen, ohne dass der erforderliche Bezug zur Person des Verstorbenen verlorengeht*[27].

c. Die zivilrechtliche Qualität von Leichnamen
Die zivilrechtliche Qualität von Leichnamen wird im Rahmen des § 90 BGB diskutiert, der sagt: *Sachen im Sinne des Gesetzes sind nur körperliche Gegenstände*. Die Diskus-

---

[21] RG, IV. Zivilsenat, Urteil v. 28.10.1920, Az. IV 261/20, in: RGZ 100 (1920), S. 171–173, hier S. 173.
[22] RG, IV. Zivilsenat, Urteil v. 05.04.1937, Az. IV 18/37, in: RGZ 154 (1937), S. 269–275, hier S. 271.
[23] W. Küpper in seiner Kommentierung zu § 1968 BGB, RdNr. 6 unter Verweis auf RGZ 154, 269, 270 f, in: R. Rixecker/F. J. Säcker (wie Anm. 18). So schon RG, IV. Zivilsenat, Urteil v. 28.10.1920, Az. IV 261/20, in: RGZ 100 (1920), S. 173.
[24] Chr. Stresemann in ihrer Kommentierung zu § 90 BGB, RdNr. 30, in: J. Schmitt/H. Grothe u. a. (Hgg.), Münchener Kommentar zum Bürgerlichen Gesetzbuch, Band 1: Allgemeiner Teil §§ 1–240, ProstG, AGG, München ⁶2013.
[25] Das Urteil stellte auf den Zeitablauf bis zur Einreichung der Klage ab. Siehe BVerfG, Beschluss v. 24.02.1971, Az. 1 BvR 435/68, Tz. 96 – Juris = BVerfGE 30, 173–227.
[26] BVerfG, Beschluss v. 24.02.1971, Az. 1 BvR 435/68, Tz. 96 – Juris = BVerfGE 30, 173–227.
[27] BGH, Urteil v. 08.06.1989, in: NJW 1990, 1986–1989, hier: 1988.

sion behandelt die Frage, ob Leichen im Rechtssinne »Sachen« sind und wie weit sie dem Recht unterliegen. Hier ist in der Diskussion grundsätzlich zwischen dem sachenrechtlichen und dem personenrechtlichen Ansatz zu unterscheiden[28].

- Der sachenrechtliche Ansatz sieht im Leichnam reine Materie. Da die dem Menschen anhaftende Prägung der Rechtssubjektivität mit seinem Tod wegfiele, seien die physischen Überreste nurmehr Rechtsobjekt und damit eine Sache im Sinne des § 90 BGB.
- Der personenrechtliche Ansatz hingegen sieht in der Leiche einen Persönlichkeitsrückstand, der kein Rechtsobjekt sein könne. Er stehe *in niemandes Eigentum und ist damit herrenlos*[29]. Der menschliche Leichnam sei ausschließlich ein Gegenstand der Pietät.

Die nach wie vor herrschende Ansicht vertritt eine vermittelnde Position: Der menschliche Leichnam könne solange keine Sache im Sinne des § 90 BGB sein, wie der Sehnenverband noch vorhanden sei. Das Skelett hingegen sei kein Leichnam mehr, sondern werde ein Rechtsobjekt. Welche Rechtsqualität die Gebeine nun hätten, ist strittig. Teilweise wird angenommen, dass dann *seine sterblichen Überreste verkehrsfähig, also Sachen* werden; *sie unterliegen dann insbesondere auch der Aneignung. Deshalb kann z. B. an den für Lehrzwecke präparierten Skeletten, an Mumien, an Moorleichen sowie an zu Ausstellungszwecken plastinierten menschlichen Körpern Eigentum begründet werden und bestehen*[30]. Voraussetzung sei allerdings, dass *das zunächst fortwirkende Persönlichkeitsrecht des Verstorbenen erloschen sein* muss[31]. Nach Ansicht der Rechtsprechung dagegen, die sich weiter auf die Reichsgerichtsauffassung beruft, werden die Gebeine Rechtsobjekt, seien aber nicht eigentumsfähig, sondern eine *res extra commercium* als *anerkanntes Bezugs- und Schutzobjekt des Rechtssystems sui generis*[32]. Was das meint, ist weiterhin umstritten[33]. Es besteht aber weitgehend Einigkeit, dass das Bestimmungsrecht über den Leichnam keinesfalls Eigentums- oder Vermögensrechte meine[34]. *Am angemessensten erscheint es daher, hier ein Nichtvermögensrecht eigener Art anzunehmen, das Totensorgerecht*[35]. Deutlich hat bereits das Reichsgericht geurteilt, dass es *dem Herkommen und den Gepflogenheiten aller Kulturvölker widersprechen (würde),*

---

[28] Siehe dazu: R. KORVES, Eigentumsunfähige Sachen? (Studien zum Privatrecht 40), Tübingen 2014, S. 96–127; H. J. WIELING, Sachenrecht, Band 1: Sachen, Besitz und Rechte an beweglichen Sachen, Berlin ²2006, S. 61–65.

[29] OLG Bamberg, Urteil v. 29.01.2008, Az. 2 Ss 125/07, in: NJW 2008, S. 1543–1547, hier: S. 1547.

[30] CHR. STRESEMANN in ihrer Kommentierung zu § 90 BGB, RdNr. 31, in: J. SCHMITT/H. GROTHE (wie Anm. 24).

[31] Ebda.

[32] RG, IV. Zivilsenat, Urteil v. 28.10.1920, Az. IV 261/20, in: RGZ 100 (1920), S. 171–173, hier S. 173.

[33] Siehe beispielsweise J. VOGEL in seiner Kommentierung zu § 242 StGB, RdNr. 14, in: H. W. LAUFHÜTTE/R. RISSING-VAN SAAN u. a. (Hgg.), Strafgesetzbuch. Leipziger Kommentar, Berlin 2010.

[34] R. KORVES, Eigentumsunfähige Sachen? (wie Anm. 28), S. 106f.; OLG Bamberg, Urteil v. 29.01.2008, Az. 2 Ss 125/07, in: NJW 2008, S. 1543–1547, hier: S. 1547; D. LEIPOLD in seiner Kommentierung zu § 1922 BGB, RdNr. 111f., in: R. RIXECKER/F. J. SÄCKER (wie Anm. 18).

[35] H. J. WIELING, Sachenrecht (wie Anm. 28), S. 65.

den Leichnam eines Menschen als eigentumsfähige Sache zu behandeln[36]. Das Oberlandesgericht Bamberg hat 2008 diese Auffassung durch wörtliche Zitierung und Bezugnahme auf diesen Passus erneut bestätigt[37].

Bei der Diskussion um die Organspende und beim Transplantationsgesetz ist der personenrechtliche Ansatz jüngst in den Hintergrund geraten, weil für Organe als Leichenteile keine anderen Regeln existieren können als für gesamte Leichname. Da zu Zeiten des Reichsgerichtsurteils der medizinische Fortschritt, Organe lebend entnehmen und erfolgreich transplantieren zu können, noch undenkbar war, eröffnen das Transplantationsgesetz und die Debatte um den Umgang mit dem Thema Organspende eine neue Perspektive im Umgang mit Toten. Doch bei der Totenfürsorge gilt der Ansatz des Reichsgerichts unangefochten weiter fort.

4. Zusammenfassung

Das aktuelle deutsche Recht unterscheidet seit der Umwandlung der Monarchien in Republiken grundsätzlich nicht zwischen verstorbenen Landesfürsten und Landeskindern im historischen Sinne. Alle Verstorbenen stehen in ihrer physischen Substanz gegen *beschimpfenden Unfug* unter dem Schutz der Strafgesetze; zum Schutz der Persönlichkeit hat die Rechtsprechung das *postmortale Persönlichkeitsrecht* geschaffen. Als Grundsätze im Umgang mit Verstorbenen stellt das deutsche Recht einheitlich auf dieses fortwirkende Persönlichkeitsrecht und das Pietätsgefühl der Angehörigen und der Allgemeinheit ab[38]. Ein Eigentumsrecht an Leichen oder Leichenteilen gibt es nach herrschender Ansicht auch dann nicht, wenn der Körper vollständig skelettiert ist. Er ist als Schutzobjekt *sui generis* ein Gegenstand familiärer Pietät, aber nicht des Rechts.

II. Die deutsche Rechtspraxis und der Umgang mit verstorbenen Landesfürsten

Fürstengräber scheinen durch die vorstehend aufgeführten Bestimmungen auf ersten Blick nur schwach geschützt. Denn die den Verstorbenen zugestandenen fortwirkenden Rechte an Persönlichkeit und physischer Substanz »verblassen« mit der Zeit und selbst die letzten in Deutschland noch regierenden Fürsten sind nach fast einem Jahrhundert republikanischer Tradition schon seit Jahrzehnten tot. Da die Familien der meisten deutschen Bundesfürsten seit Jahrhunderten ihre Länder regiert hatten, sind die meisten deutschen Fürstengräber bereits etliche Jahrhunderte alt und ihr »fortwirkender Wert- und Achtungsanspruch« im Sinne des Bundesverfassungsgerichts schon reichlich angejahrt.

Darüber hinaus hat der Kulturgüterstreit in Baden dazu geführt, dass nicht nur die Frage nach dem Eigentum am Hausvermögen des großherzoglichen Hauses, sondern

---

[36] Reichgericht, II. Strafsenat, Urteil v. 25.09.1930, Az. II 414/29, in: RGSt 64 (1930), S. 313–316, hier: S. 315.
[37] OLG Bamberg, Urteil v. 29.01.2008, Az. 2 Ss 125/07, in: NJW 2008, S. 1543–1547, hier: S. 1547.
[38] BGH, Urteil v. 22.04.2005, Az. 2 StR 310/04, Tz. 28 – Juris = BGHSt 50, 80–93.

auch an deren Vorfahren diskutiert wird. Winfried Klein fordert nun an den markgräflichen und großherzoglichen Gebeinen ein Eigentum des Landes Baden-Württemberg. Dies folge aus dem Staatseigentum an den Grablegen des Hauses Baden, denn dieses Staatseigentum gelte *auch für das Zubehör des Domänenvermögens, zu dem die Särge zu zählen sind*[39]. Auch das Totenfürsorgerecht stehe dem nicht entgegen: *Mehr als hundertfünfzig Jahre nach der letzten Bestattung kommt diesem jedoch keine rechtliche Bedeutung mehr zu*[40].

Winfried Klein ist insofern zuzustimmen, als die Fürstengräber in Baden (und im übrigen Deutschland) die Besonderheit aufweisen, dass mit einem verstorbenen Landesfürsten nicht nur eine Privatperson, sondern auch ein in ihm personifiziertes Staatswesen zu Grabe getragen wurde. Diese Auffassung von Staat entsprach dem in Art. 57 der Wiener Schlussakte festgelegten »Monarchischen Prinzip«[41]. Souverän waren demnach bis zur Revolution 1918 keine Fürstentümer als Staaten mit eigener Rechtspersönlichkeit (Republiken mit Volkssouveränität), sondern die Landesfürsten in ihrer Person im Sinne der Fürstensouveränität. Entsprechend war der Fürst selbst Staat und damit Privatperson und Staatsperson zugleich[42].

Diese Besonderheit der »doppelten Persönlichkeit des Fürsten« und die Inszenierung von Staatsbegräbnissen geben Fürstengräbern auch einen öffentlichen Charakter. Insoweit ist bei dieser Frage auch die »Domänenfrage« betroffen, die nach dem Eigentümer des Staatsguts fragte und damit zugleich über den Staatsbegriff entschied.

Das Staatsgutachten zum Kulturgüterstreit in Baden hat 2007 eine Interpretation vorgelegt, nach der die landesfürstlichen Domänenvermögen mit der Revolution 1918 als »Pertinenz der Landeshoheit« automatisches Staatseigentum geworden seien, ohne eine Entschädigungspflicht auszulösen[43]. Winfried Klein dehnt diese Idee von der »Perti-

---

[39] W. KLEIN, Kann das Rätsel um Kaspar Hauser doch gelöst werden? in: FAZ, 07.06.2012, http://www.faz.net/aktuell/feuilleton/die-frage-der-herkunft-kann-das-raetsel-um-kaspar-hauser-doch-geloest-werden-11775177.html, abgerufen am 23.11.2015.

[40] Ebda.

[41] Art 57 Schlussakte der Wiener Ministerkonferenz, 15.05.1820 lautet: *Da der deutsche Bund, mit Ausnahme der freien Städte, aus souverainen Fürsten besteht, so muß dem hierdurch gegebenen Grundbegriffe zufolge die gesammte Staats-Gewalt in dem Oberhaupte des Staats vereinigt bleiben, und der Souverain kann durch eine landständische Verfassung nur in der Ausübung bestimmter Rechte an die Mitwirkung der Stände gebunden werden*, in: E. R. HUBER, Dokumente zur deutschen Verfassungsgeschichte, 1: Deutsche Verfassungsdokumente 1803–1850, ³1978, S. 91–99.

[42] So z. B. § 5 Verfassungsurkunde für das Großherzogtum Baden, 22. August 1818, Badisches Staats- u. Regierungsblatt 1818, S. 101: *Der Großherzog vereinigt in Sich alle Rechte der Staatsgewalt, und übt sie unter den in dieser Verfassungsurkunde festgesetzten Bestimmungen aus. Seine Person ist heilig und unverletzlich*; Titel II § 1 Verfassungsurkunde des Königreichs Bayern, 26. Mai 1818, in: Bayerisches Gesetzblatt 1818, S. 101ff.: *Der König ist das Oberhaupt des Staats, vereiniget in sich alle Rechte der Staatsgewalt, und übt sie unter den von Ihm gegebenen in der gegenwärtigen Verfassungs-Urkunde festgesetzten Bestimmungen aus. Seine Person ist heilig und unverletzlich.*

[43] A. LAUFS / E. G. MAHRENHOLZ u. a., Das Eigentum an Kulturgütern aus badischem Hofbesitz (Veröffentlichungen der Kommission für geschichtliche Landeskunde in Baden-Württemberg, B 172), 2008. Siehe dazu C. v. ARETIN, Piloty, die Königsseeangelegenheit und das

nenz der Landeshoheit« nun auch auf die Gebeine des badischen Markgrafenhauses aus.

Dagegen ist Folgendes einzuwenden.

1. Zwar sind die Grabkapellen des Großherzoglichen Hauses Eigentum des Landes Baden-Württemberg, darunter auch *die Grabkapelle nebst Pförtnerhaus im Fasanengarten zu Karlsruhe*, die noch im Auseinandersetzungsvertrag vom 25. März 1919 dem Haus Baden *aus dem Domänenvermögen als Privateigentum zugeschieden* worden war[44]. Dazu gehören auch *alle anderen Gegenstände in diesen Gebäuden*[45], also das, was Winfried Klein als *Zubehör des Domänenvermögens* bezeichnet[46]. Doch Klein übersieht, dass Zubehör nur eine bewegliche Sache sein kann, die ihrerseits eigentumsfähig ist[47]. Sieht man in den Särgen der Badischen Markgrafen und Großherzöge eine »Pertinenz der Landeshoheit«[48] (»Pertinenz« ist ein veralteter Begriff für Zubehör), so stellt sich schon die Frage, wie physische Gegenstände Zubehör eines Machtbegriffs sein können. »Landeshoheit« ist als Regierungsgewalt ein politischer Begriff und kann keine »Hauptsache« im Sinne des § 97 BGB sein, der eine Sache als Zubehör »dienen« kann. Sieht man aber in den Särgen ein Zubehör der Grablegen, so ist auch dies zweifelhaft. Denn die Särge erscheinen doch mehr zu den Nachlässen der in ihnen verwahrten Verstorbenen zu gehören und können ebensowenig übertragen oder übereignet werden wie das Totensorgerecht. In keinem Falle aber können die Gebeine selbst »Zubehör« sein. Denn, wie oben ausgeführt[49], lässt die völlig herrschende Meinung in Rechtsprechung und Lehre an Leichnamen keine Eigentums- oder Vermögensrechte zu. So können zwar die Grablegen und eventuell auch die Särge in staatlichem Eigentum stehen, aber nicht die darin enthaltenen menschlichen Überreste. Wenn Stresemann die Eigentumsfähigkeit an Leichnamen mit dem »Verblassen« des Persönlichkeitsrechts begründet, so übersieht sie, dass sich die Rechtsprechung des Bundesverfassungsgerichts auf die Persönlichkeit eines Verstorbenen richtet und nicht auf dessen physische Reste. Es ist ihr jedoch insoweit zuzustimmen, als sich der Grad der fortwirkenden Achtung auch im Umgang mit den Leichnamen widerzuspiegeln hat.

2. Wollte man aber der Ansicht Stresemanns folgen, dass der »fortwirkende Wert- und Achtungsanspruch« von Verstorbenen mit der Zeit »verblasst« und die sterblichen Überreste von Verstorbenen dann aneignungsfähige Sachen werden, so setzt auch diese Ansicht voraus, dass *das zunächst fortwirkende Persönlichkeitsrecht des Ver-*

Eigentum am Königreich Bayern. Rechtsüberzeugungen und Staatspraxis, in: ZBLG 77/2 (2014), S. 571–613, hier S. 600f.

[44] § 1 Nr. 4 Vertrag in Anlage 1 zum Gesetz über die Auseinandersetzung bezüglich des Eigentums an dem Domänenvermögen, 25.02.1919, BGVBl 1919, S. 179–182, hier S. 180.

[45] § 1 Nr. 6 Vertrag in Anlage 1 zum Gesetz über die Auseinandersetzung bezüglich des Eigentums an dem Domänenvermögen, 25.02.1919, BGVBl 1919, S. 179–182, hier S. 180.

[46] W. Klein, Kaspar Hauser (wie Anm. 39).

[47] § 97 Absatz 1 BGB lautet: *Zubehör sind bewegliche Sachen, die, ohne Bestandteile der Hauptsache zu sein, dem wirtschaftlichen Zwecke der Hauptsache zu dienen bestimmt sind und zu ihr in einem dieser Bestimmung entsprechenden räumlichen Verhältnis stehen. Eine Sache ist nicht Zubehör, wenn sie im Verkehr nicht als Zubehör angesehen wird.*

[48] A. Laufs/E. G. Mahrenholz, Eigentum (wie Anm. 43), S. 107–137.

[49] S. o. S. 228f.

storbenen erloschen ist⁵⁰. Das ist aber solange nicht der Fall, wie *die sterblichen Überreste noch Gegenstand der Totenehrung sind, sei es durch Angehörige, sei es durch die Allgemeinheit*⁵¹. Für eine solch fortwirkende Totenehrung benennt Stresemann ausdrücklich *die in Kirchen beigesetzten Gebeine früherer Herrscher* und als Beispiel die *Gebeine Friedrichs des Zweiten von Preußen*⁵². Dabei ist der Begriff der »Totenehrung« wohl im Sinne eines Totengedenkens und unabhängig vom posthumen Renommée zu verstehen, denn Friedrich II. teilt das Schicksal der meisten anderen Monarchen, dass ihr Bild in der Geschichte auch kritisch betrachtet wird ⁵³.

Stresemann verweist dabei auf eine weitere Besonderheit verstorbener Monarchen, dass sie sich von allen anderen jemals gelebten Menschen dadurch abheben, dass sie im Andenken der Nachwelt erhalten geblieben sind. Auf der einen Seite haben sie auf den heutigen Zustand der von ihnen regierten Länder ein weitaus größeren Einfluss genommen als die meisten ihrer Zeitgenossen, so dass sie bis heute für die Verfasstheit und das Selbstverständnis von Regionen und Staaten identitätsstiftend sind. Auf der anderen Seite sind über sie und ihr Handeln überdurchschnittlich viele Zeugnisse erhalten geblieben, die Gegenstand wissenschaftlicher Forschung geworden sind. Die Biographien vieler Monarchen sind daher meist soweit bekannt, dass ein Eindruck ihrer Persönlichkeit erhalten geblieben ist. In jedem Falle verleiht schon die Herrscherstellung den verstorbenen Monarchen soweit eine historische Bedeutung, dass bei ihnen stets von einem fortdauernden Totengedenken der Allgemeinheit ausgegangen werden kann. Hier stimmt die Auffassung Stresemanns mit der Argumentation des Bundesverfassungsgerichts überein, für das der Zeitablauf nach dem Tode nur ein Faktor in der Bewertung des fortwirkenden Wert- und Achtungsanspruchs ist. Entscheidend stellt das Gericht auf den Grad der weiterhin gegebenen *Wertschätzung* für den Verstorbenen ab, der *seiner Nachwelt ein bleibendes Werk hinterlässt*⁵⁴. Demnach ist das Persönlichkeitsrecht verstorbener deutscher Fürsten auch nach Jahrhunderten noch nicht erloschen.

3. Unabhängig davon aber, ob man den Gebeinen früherer Herrscher grundsätzlich ein fortwirkendes Persönlichkeitsrecht zubilligt oder nicht, sind die von Winfried Klein diskutierten Gebeine des Verfassungsvaters Großherzog Karl Ludwig Friedrich von Baden (1786–1818), der Großherzogin Stephanie und des unbenannten 1812 gestorbenen Erbprinzen schon in Hinblick auf den Kaspar Hauser-Fall weiterhin von so breitem öffentlichem Interesse, dass diesen Personen in jedem Falle ein Fortwirken ihres Wert- und Achtungsanspruchs zukommt. Dieser Anspruch steht dem Haus Baden als Totensorgerecht zu und nicht dem Land Baden-Württemberg. In dem Umfange, in dem Klein die fortwirkende Aktualität des Kaspar Hauser-Falls betont,

---

50   CHR. STRESEMANN in ihrer Kommentierung zu § 90 BGB, RdNr. 31, in: J. SCHMITT/H. GROTHE (wie Anm. 24).
51   Ebda.
52   Ebda.
53   K. O. v. ARETIN, Friedrich der Große. Größe und Grenzen des Preussenkönigs. Bilder und Gegenbilder, Freiburg im Breisgau 1985; Ausstellung »Friederisiko« der Stiftung Preußische Schlösser und Gärten, 2012.
54   BGH, Urteil v. 08.06.1989, in: NJW 1990, 1986–1989, hier: 1988.

konterkariert er selbst seine Aneignungsthese und seine Meinung, dem Totensorgerecht komme hier *keine rechtliche Bedeutung mehr zu*[55].
Die Regeln des deutschen Bestattungsrechts gelten zwar damit für alle Verstorbenen gleich und es macht theoretisch keinen Unterschied, ob sie bei Lebzeiten Landesfürsten oder Landeskinder waren. Die Rechtspraxis dagegen berücksichtigt die Besonderheiten verstorbener Fürsten, die sich aus ihrer historischen Bedeutung ergeben. Dies schlägt sich in der zeitlich unbeschränkten Fortgeltung des Persönlichkeitsrechts nieder, das ihre sterblichen Überreste und ihr geistiges Fortleben auch weiterhin vor dem Zugriff Unbefugter bewahrt.

III. Der Umgang mit den Wittelsbacher-Grablegen in Bayern

Der bis heute nicht unproblematische Umgang in Deutschland mit den vormaligen Herrschergeschlechtern wirft die Frage auf, wie sich die Praxis der fürstlichen Totensorge gestaltet.

Wie in Baden hat auch in Bayern das Herrscherhaus der Wittelsbacher über Jahrhunderte das Land regiert mit der Folge, dass die Grabstätten der Familie verteilt sind und meist in oder nahe an den jeweiligen Residenzstädten liegen, wie in Amberg, Bischweiler, Düsseldorf, Gelnhausen, Heidelberg, Landshut, Lauingen, Lützelstein, Meisenheim, Neuburg a. d. Donau, Simmern, Sulzbach und Zweibrücken, aber auch in Berlin, Stegeborg und Stockholm.

Die wichtigsten Grablegen der neueren Zeit befinden sich in München. Zunächst wurde in der dortigen Frauenkirche, der Pfarrkirche des Münchner Hofs, für die dort residierenden Herrscher des Hauses Wittelsbach um 1322 eine Grabanlage in der Mitte des Chores angelegt, welche die Münchner Wittelsbacher des 14. und 15. Jahrhunderts aufnahm. Mit dem 1468 bis 1494 errichteten gotischen Neubau von Jörg von Halspach wurde auch die Grabanlage neu gestaltet und weiter belegt. 1597 kam die Jesuitenkirche St. Michael und 1675 die Theatinerkirche St. Cajetan mit eigenen Grablegen hinzu. König Ludwig I. von Bayern wählte für sich und seine Frau Therese in München die von ihm errichtete und 1850 eingeweihte Klosterkirche St. Bonifaz als Grabstätte. Die Grablegen der bayerischen Herzöge, Kurfürsten und Könige aus dem Hause Wittelsbach befinden sich demnach wesentlich in München und dort an drei Orten. In den Grüften in der St. Michaelskirche und der Theatinerkirche St. Cajetan sind die meisten bayerischen und dann auch einige Pfälzer Wittelsbacher seit dem späten 17. Jahrhundert begraben, während die Gruft in der Frauenkirche, dem jetzigen Dom, meist Familienmitglieder des 14. und 15 Jahrhunderts verwahrt. Die letzten dort bestatteten Wittelsbacher sind der letzte König von Bayern, Ludwig III. (1845–1921) und seine Frau Therese, die 1921 bzw. 1919 dort beigesetzt wurden.

Bei der Belegung und dem Erhalt der Grüfte stand das Haus Wittelsbach vor dem Phänomen, dass die Bayerische Linie mit König Max III. Joseph am 30. Dezember 1777 ausgestorben und auch die erbende Linie Pfalz-Sulzbach mit dem Tode des Kurfürsten

---

[55] W. KLEIN, Kaspar Hauser (wie Anm. 39).

Karl Theodor am 16. Februar 1799 erloschen war. Erbe als Kurfürst von Pfalzbayern und damit Vorfahr aller Mitglieder der Königlichen Linie war Herzog Max Joseph von Pfalz-Zweibrücken, seit 1806 König Max I. Joseph von Bayern. Für die Münchner Grablegen der Wittelsbacher bedeutete dies, dass zwischen den dort beigesetzten Wittelsbachern und denen des 19. Jahrhunderts blutsmäßig keine Verbindung bestand, die man noch als Verwandtschaft hätte bezeichnen können.

Am Umgang mit den alten Grablegen änderte sich indes nichts. Auch die Wittelsbacher des 19. und 20. Jahrhunderts sind in den alten Grabstätten der bayerischen Wittelsbacher in der Michaels- und der Theatinergruft sowie in der Frauenkirche bestattet. Zu diesem Zwecke ließ König Max I. Joseph die älteren Gräber und Grablegen wiederherstellen, bzw. umgestalten. So wurde die Gruft in der Frauenkirche 1823 neu errichtet und die dort liegenden Gebeine von Holzsärgen in Zinksärge umgebettet[56]. Die 1685 fertiggestellte Gruft in der Theatinerkirche, in der sich 1799 auch Kurfürst Karl Theodor hatte beisetzen lassen, wurde 1824 erweitert. Auch König Max I. Joseph. bestimmte diese Gruft als seine eigene Grablege[57]. Die Michaelsgruft wurde bereits 1805 umgestaltet, weil Max I. Joseph. eine Reihe seiner eigenen Vorfahren aus der Zweibrücker Linie dorthin transferieren ließ, darunter seinen Vater, den Pfalzgrafen Friedrich Michael von Zweibrücken und seinen Bruder, den Herzog Karl August von Pfalz-Zweibrücken[58]. Seit 1996 werden die verstorbenen Mitglieder des Hauses Wittelsbach auf einem gesonderten Friedhof des Klosters Andechs begraben, wo der Wittelsbacher Ausgleichsfonds eine Grunddienstbarkeit auf dem Grund des Benediktiner-Ordens erworben hat. Eine Ausnahme bildet bislang Prinz Alexander von Bayern, der sich 2001 in der Alexander-Kirche in Zweibrücken bestatten ließ, als Reminiszenz an die Herkunft der Familie.

Das Eigentum an den Grablegen vor der Revolution 1918 war auch in Bayern im Rahmen der »Domänenfrage« umstritten. Denn die Theatinerkirche war Hofbesitz und gehörte damit zum Hausfideikommiss. Die Michaelskirche war Eigentum des Jesuitenordens gewesen und nach dessen Auflösung 1778 Staatseigentum geworden. Bei der Frauenkirche hatte Herzog Albrecht IV. (1447–1508) das Patronat 1475 erworben und 1495 dort ein Kollegiatstift gegründet, das 1803 säkularisiert wurde. Was »Staatseigentum« 1778, bzw. 1803 meinte, wurde mit der Domänenfrage diskutiert. Diese Frage kam nach der Revolution 1918 zum Austrag, weil mit ihr das Problem verbunden war, wie das abgesetzte Herrscherhaus zu entschädigen war. Alle drei für diese Vermögensauseinandersetzung angefertigten Gutachten – das des Hauses Wittelsbach[59], das des Justizministeriums[60] und das des Finanzministeriums[61] – stimmten darin überein,

---

[56] H. RALL/G. IMMLER, Wittelsbacher Lebensbilder (wie Anm. 4), S. 16f.
[57] Ebda., S. 122.
[58] Ebda., S. 57.
[59] K. BEYERLE, Das Haus Wittelsbach und der Freistaat Bayern. Rechtsgrundlagen für die Auseinandersetzung zwischen Staat und Dynastie, München 1921.
[60] GutA »A« Gerber, *Der Anspruch auf die Zivilliste und die staatliche Umwälzung* und *Die Versorgungsansprüche der Mitglieder des Königlichen Hauses nach der staatlichen Umwälzung*, II.1919 (BayHStA, MJu 13661).
[61] GutA »B« Günder, *Zur Frage der Entschädigung des vormaligen Königshauses für die Einziehung der Zivilliste, der Apanagen und Unterhaltsbeträge des Kronguts durch den Volksstaat*, vor 17.3.1919 (BayHStA, MF 87296).

dem Haus Wittelsbach einen Anspruch auf den vollen Güterwert ihres Hausvermögens zuzusprechen[62]. Da der Freistaat Bayern einen solchen Ausgleich weder wirtschaftlich noch politisch tragen konnte, einigte man sich mit dem *Übereinkommen zwischen dem Freistaat Bayern und dem vormaligen Bayerischen Königshause* am 24. Januar 1923 auf einen Vergleich[63]. Darin bewahrte das Haus Wittelsbach das Eigentum an seinen Kunstsammlungen, verzichtete aber freiwillig auf die wesentlichen Teile seines übrigen Hausvermögens. Der Staat legte eine vergleichsweise geringe Entschädigung in einen Fonds für das Haus Wittelsbach ein, dem »Wittelsbacher Ausgleichsfonds«. In dem Übereinkommen ist das Eigentum an den Wittelsbacher Grablegen nicht ausdrücklich erwähnt. Nach dessen § 3 Absatz 1 aber *anerkennt das Haus das Eigentum des Staates an den Residenzen, Schlössern, Waldungen und sonstigen Grundstücken, die früher zum Hausfideikommiß gehörten,* und übertrug seine Rechte auf den Staat. Das Eigentum an den Wittelsbacher Grablegen gehört damit, soweit sie in Bayern liegen, dem Freistaat Bayern.

Dennoch blieben die Grablegen im Übereinkommen nicht unbeachtet: Nach § 4 C Nr. 3 des Übereinkommens steht dem Haus Wittelsbach das Recht zu, *die Gruft der Theatinerkirche und der Michaelskirche in München zu benützen und nötigenfalls zu erweitern.* Entsprechend bestimmt § 6 VIII.des Übereinkommens: *Die Kosten einer Erweiterung der Gruft der Theatinerkirche trägt der Fonds. Die Arbeiten werden von der zuständigen staatlichen Bauverwaltung ausgeführt.* Demnach liegt das Eigentum an den Wittelsbacher Grablegen hinsichtlich der Michaelsgruft, der Theatinergruft und der Gruft in der Frauenkirche beim Staat, hinsichtlich St. Bonifaz und Andechs beim Benediktinerorden. Das Nutzungsrecht für die Michaelsgruft und die Theatinergruft ist vertraglich im Übereinkommen von 1923 geregelt. St. Bonifaz und die Gruft in der Frauenkirche werden nicht mehr belegt, und in Andechs besteht eine Grunddienstbarkeit. Der Freistaat Bayern ist nach § 6 VIII. des Übereinkommens vom 24. Januar 1923 bei den Grablegen nur als vertraglich Bauausführender, nicht aber als Kostenträger beteiligt.

Nachdem die verstorbenen Mitglieder des Hauses Wittelsbach mittlerweile in Andechs beerdigt werden, stellt sich die Frage nach dem aktuellen Umgang mit den Wittelsbacher Grablegen hauptsächlich hinsichtlich der Kosten von Instandhaltung und Wiederherstellung. Diese Kosten werden seit 1923 vom Wittelsbacher Ausgleichsfonds getragen bzw. vom jeweiligen Chef des Hauses privat bezuschusst. Relevant wurde die Kostenfrage vor allem nach den Zerstörungen des Zweiten Weltkriegs.

– In der Frauenkirche wurden die 1944 beschädigten Särge 1946 in die Domkapitelgruft transferiert, die Gruft umgestaltet und, um das Doppelte vergrößert, als Unterkirche neu errichtet. 1952 wurden die Wittelsbacher Särge dorthin überführt und in Wandnischen eingemauert. Die dafür erforderlichen Kosten hat der Wittelsbacher Ausgleichsfonds übernommen[64].

– Die Gruft in der Michaelskirche war 1935 vom Wittelsbacher Ausgleichsfonds instandgesetzt und erweitert worden. Sie wurde im Zweiten Weltkrieg vom zerbomb-

---

[62] Siehe dazu: C. v. ARETIN, Piloty (wie Anm. 43), S. 590–599.
[63] Beilage 3298 zu den Verhandlungen des Bayerischen Landtags 1922/23, Bd. XI, S. 511–519.
[64] H. RALL/G. IMMLER, Wittelsbacher Lebensbilder (wie Anm. 4), S. 17.

ten Chor verschüttet und 1952 vom Wittelsbacher Ausgleichsfonds wiederhergestellt, der auch 1970 Instandsetzungen vornehmen ließ[65].
– Auch die Gruft in der Theatinerkirche war 1935 vom Wittelsbacher Ausgleichsfonds renoviert worden. Im Zuge der Gesamtinstandsetzung der Wittelsbacher Grablegen wurde sie 1952 umfassend wiederhergestellt[66].

In Bayern ist die Nutzung und Pflege der fürstlichen Grablegen daher eine reine Familiensache und wird in fortwirkender Totensorge vom Chef des Hauses Wittelsbach bzw. dem Wittelsbacher Ausgleichsfonds getragen. Faktisch hat sich damit in Bayern am praktischen Umgang mit den Fürstengräbern seit der Monarchie nicht viel verändert. Der Umgang folgt den Regeln fortdauernder Pietät.

IV. Königliche Staatsbegräbnisse in der heutigen Praxis

Das Ende der deutschen Monarchien vor bald hundert Jahren hat es mit sich gebracht, dass es in Deutschland keine fürstlichen Staatsbegräbnisse mehr gibt. Zwar kennt auch die Bundesrepublik Deutschland Staatsbegräbnisse, wie jüngst für Helmut Schmidt, aber diese gehorchen einem republikanischen Zeremoniell. Immerhin haben dadurch auf gesamtdeutscher Ebene die Staatsbegräbnisse erheblich zugenommen. Wurde in der Weimarer Republik nur drei Personen ein Staatsbegräbnis zuteil (Reichspräsident Ebert, Reichsaußenminister Rathenau, Reichsaußenminister Stresemann), so haben seit dem Bestehen der Bundesrepublik Deutschland 31 *Persönlichkeiten des öffentlichen Lebens, die sich um das deutsche Volk hervorragend verdient gemacht haben* (so Art. I der Anordnung über Staatsbegräbnisse und Staatsakte)[67] ein Staatsbegräbnis erhalten[68], aber die so Geehrten waren Staatsunterworfene und nicht Staatspersonen. Entsprechend hatte schon in der Weimarer Republik der zuständige Reichskunstwart Edwin Redslob für Staatsakte und Staatsbegräbnisse eine eigenständige neue Formgebung entwickelt, die *ein grundlegender Neuanfang sein* sollte, *der sich auch in Symbolen und Zeremoniellen für den republikanischen Staat niederschlagen sollte*[69].

Fürstliche Trauerrituale an Staatspersonen erfolgen daher nurmehr bei Umbettungen. Aber auch hier wird ein Umgang mit königlichen Verstorbenen sichtbar, der ihnen auch weiterhin eine besondere Bedeutung zugesteht.

---

[65] Ebda., S. 58.
[66] Ebda., S. 122.
[67] Anordnung über Staatsbegräbnisse und Staatsakte, 02.06.1966, in: BGBl. I (1966), S. 337.
[68] Bundesministerium des Innern, Protokoll Inland der Bundesregierung, Bisherige Staatsbegräbnisse, 18.06.2008, in: http://www.protokoll-inland.de/PI/DE/Staatsakte/Staatsbegraebnisse/BisherigeStaatsbegraebnisse/bisherige_staatsbegraebnisse_node.html, abgerufen am 24.11.2015.
[69] Bundesministerium des Innern, Protokoll Inland der Bundesregierung, Staatliches Trauern im Wandel der Zeit, 26.10.2010, in: http://www.protokoll-inland.de/PI/DE/Staatsakte/StaatlichesTrauern/trauern_node.html, abgerufen am 24.11.2015.

1. Die Umbettungen König Friedrich II. von Preußen 1946, 1952 und 1991

Obwohl König Friedrich II. von Preußen testamentarisch verfügt hatte, *ohne Gepränge, ohne feierlichen Pomp* auf der Terrasse von Schloss Sanssouci in der von ihm bereits 1744 erbauten Gruft beigesetzt zu werden[70], hatte sich sein Nachfolger, König Friedrich Wilhelm II., über diesen Wunsch hinweggesetzt und ihn mit der gleichen Trauerzeremonie wie für seinen Vater Friedrich Wilhelm I. und neben diesem in der Garnisonkirche in Potsdam im »Königlichen Monument« bestattet. 1943 wurden die Zinksärge mit den beiden Königen in einem Kalibergwerk in Bernterode evakuiert, wo sie (zusammen u. a. mit den preußischen Kronjuwelen) im April 1945 von den Amerikanern gefunden, vor dem Zugriff der Russen nach Marburg transferiert und im Keller des Schlosses verwahrt wurden, später im Marburg Central Collection Point (MCCP) im dortigen Staatsarchiv. Da die Könige als »political personages« klassifiziert wurden[71], übertrug man die Zuständigkeit für deren Verbleib dem amerikanischen State Department. Auf dessen Weisung wurde der Direktor des MCCP, Francis Bilodeau, im Rahmen der als geheim eingestuften Operation »BODYSNATCH« (»Leichenklau«) beauftragt, für die Gebeine der beiden Könige eine würdige Lösung zu finden. Nachdem etliche Versuche einer Neubestattung ebenso an dem Unwillen der mitalliierten Franzosen und Engländer gescheitert war wie an der geringen Zahl unzerstörter Kirchen, erfolgte nach Zustimmung durch Kronprinz Wilhelm von Preußen, dem damaligen Chef des Hauses Hohenzollern, und auf Weisung des amerikanischen Außenministers James F. Byrnes die erneute Beisetzung der von Friedrich dem Großen und Friedrich Wilhelm I. am 19. August 1946. Die Bestattung geschah in der St. Elisabethkirche in Marburg nachts und unter Ausschluss der Öffentlichkeit in der Nordseite des Chores; die Särge wurden bedeckt mit schweren Sandsteinplatten, in die die Namen und die Lebensdaten eingraviert wurden[72]. Die Neubestattung der beiden Könige war die letzte Amtshandlung des MCCP, der danach aufgelöst wurde[73].

---

[70] Ziff. 1., privates Testament Friedrich II. von Preußen, 08.01.1769 lautet: ... *Ich habe als Philosoph gelebt und will als solcher begraben werden, ohne Gepränge, ohne feierlichen Pomp. Ich will weder geöffnet noch einbalsamiert werden. Man bestatte mich in Sanssouci auf der Höhe der Terrassen in einer Gruft, die ich mir habe Herrichten lassen,* in: G. B. VOLZ (Hg.), Die Werke Friedrichs des Großen in deutscher Übersetzung, Bd. 7: Antimachiavell und Testamente, Berlin 1912, S. 287–291, hier: S. 287.

[71] *Since the corpses were classified by Washington as political personages, the matter was referred to the State Department.* Siehe W. LANG, The case of the distinguished corpses, in: Life, 06.03.1950, S. 65–70, hier S. 65. (https://books.google.de/books?id=-1IEAAAAMBAJ&pg=PA65&lpg=PA65&dq=OPeration+Bodysnatch+Life&source=bl&ots=Qe36-KJNaR&sig=LGAnV8Z2IMQz27nleShhhGUBCvw&hl=de&sa=X&ved=0ahUKEwik0LDGlLH JAhXBfg8KHckiCI0Q6AEIIzAA#v=onepage&q=OPeration%20Bodysnatch%20Life&f=false), abgerufen am 27.11.2015.

[72] G. BRADSHER, The Office of Military Government for Greater Hesse and »Operation Bodysnatch«, in: The National Archives, The Text message Blog, 05.11.2012, http/http://text-message.blogs.archives.gov/2012/09/05/the-office-of-military-government-for-greater-hesse-and-operation-bodysnatch/, abgerufen am 27.11.2015.

[73] *The final activities of the Marburg Collecting Point were principally concentrated on bringing Operation Bodysnatch [...] to a successful conclusion.* Bericht R.Wallach (OMG for Greater

Nach dem Tode Kronprinz Wilhelms setzte dessen Nachfolger als Chef des Hauses, Prinz Louis Ferdinand von Preußen, bei der Bundesregierung die Transferierung der beiden Könige nach der Burg Hohenzollern bei Hechingen durch, wo sie in der Burgkapelle aufgestellt wurden.

Die Initiative, Friedrich den Großen. wieder nach Potsdam umzubetten, ging 1987 wohl von der DDR aus, die bemüht war, Preußen als Teil der eigenen Geschichte neu zu entdecken. Nach Vorbereitungen und Gesprächen mit Prinz Louis Ferdinand[74] erfolgte die Umbettung erst 1991 und damit nach der deutschen Wiedervereinigung. Die Beisetzung geschah diesmal willensgetreu auf der Terrasse in Sanssouci, zumal die Garnisonkirche und ihre Gruft 1968 beseitigt worden waren. Die Umbettung selbst erfolgte in Formen, die unter dem Etikett einer familiären Feier den Charakter eines Staatsaktes besaßen, aber formal den Eindruck einer von staatlicher Seite unterstützten Familienangelegenheit bewahren sollten. So erfolgten der Transport nach Potsdam und die wie testamentarisch gewünscht zu Mitternacht am 205. Todestage bei Fackellicht stattfindende Bestattungszeremonie zwar durch Soldaten der Bundeswehr in großer Uniform, aber formal nicht als Staatsakt. Auf die übliche Anwesenheit höchster staatlicher Repräsentanten wurde zugunsten einer als familiär bezeichneten Feier verzichtet; Bundeskanzler Helmut Kohl war gleichwohl zugegen, aber als Privatmann.

2. Die Umbettung der Königin Therese von Bayern 2002

Königin Therese von Bayern, die Ehefrau König Ludwig I., war nach ihrem Tode 1854 zunächst in der Gruft der Theatinerkirche beigesetzt worden. Ihre erste Umbettung 1857 nach der von ihrem Mann errichteten Abteikirche St. Bonifaz hatte zu einem ernsthaften Konflikt zwischen dem bayerischen König und der Kurie in Rom geführt. Da Therese als geborene Prinzessin von Sachsen-Hildburghausen protestantisch gewesen war, hatte sie auf Weisung Papst Pius IX. nicht in St. Bonifaz beerdigt werden dürfen. Um einen diplomatischen Eklat zu vermeiden, hatten König und Kurie sich auf einen Kompromiss geeinigt: Nach einem Mauerdurchbruch in St. Bonifaz hatte man den Sarg von außen über eine Rutsche in die Gruft unter den (noch leeren) Sarkophag ihres Mannes hinabgelassen[75]. Damit war die Königin in St. Bonifaz bestattet, aber außerhalb des Kircheninnern. Die schwere Zerstörung der Kirche 1944 hatte auch den Sarg Thereses in Mitleidenschaft gezogen. Als 2002 Spätschäden daraus sichtbar wurden, erwirkte Herzog Franz von Bayern ein neues Benehmen mit der Kirche. Der Leichnam Thereses wurde in einen neuen Sarkophag umgebettet und am 7. Oktober 2002 in eine Wandnische hinter dem Sarg Ludwig I. eingelassen – also nun doch im Kircheninneren. Die Nische wurde am 11. November 2002 von Abt Odilo Lechner von Andechs und dem

---

Hesse) an OMGUS, 07.09.1946, nach: G. Bradsher, The Office of Military Government (wie Anm. 72).

[74] H. Bentzien, Ich, Friedrich II. Das Leben des großen Preußenkönigs nacherzählt, Berlin 1991, S. 7–15.

[75] Siehe dazu ausführlich: J. Zedler, Konfrontation zwischen König und Kurie. Der Streit um die Grablege von Königin Therese von Bayern in der Abteikirche St. Bonifaz 1854–1857, in: Historisches Jahrbuch 133 (2013), S. 277–311.

protestantischen Landesbischof Johannes Friedrich neu geweiht[76]. Die Umbettung, die weitgehend unbemerkt von der Öffentlichkeit als Familienangelegenheit begangen wurde, hatte nicht den Charakter eines Staatsakts, wurde aber zu einem Bekenntnis für die Ökumene verwendet.

3. Die Umbettung König Richards III. von England 2015

Den jüngsten und spektakulärsten Fall einer Umbettung bietet die Beisetzung des 1485 umgekommenen König Richards III. von England. Der König war in der Schlacht von Bosworth getötet worden und sein Leichnam geschändet und ohne besonderen Hinweis in der Greyfriars-Church in Leicester begraben worden. Die Schändung und die anonyme Bestattung dienten sowohl der Delegitimation des Getöteten wie der neu zu begründenden Legitimation des Siegers Heinrich VII Tudor[77]. Am 24. August 2012 wurden unter einem Parkplatz in Leicester (dem ehemaligen Standort der Greyfriars-Church) seine Gebeine aufgefunden. Die Frage des Umgangs beschäftigte auch den High Court und das Parlament mit einer Debatte über den richtigen Bestattungsort[78]. Zwar hat der High Court 2014 den Antrag von Nachfahren Richards (»Plantagenet Alliance Ltd.«), ihn neben seinen Eltern in der Kathedrale von York neu zu bestatten, mit der ebenso dürren, wie naheliegenden Aussage zurückgewiesen, dass kein öffentliches Recht betroffen sei[79]. Aber das Gericht hatte den Fall wegen seiner besonderen Bedeutung angenommen und sich intensiv mit der Frage auseinandergesetzt, ob und warum eine Umbettung angemessen wäre. Weiter hat es den bereits erfolgten und geplanten Umgang mit den Gebeinen Richards geprüft. Im Ergebnis hat der High Court die Umbettung befürwortet, aber in die Kathedrale von Leicester und nicht in die von York[80]. Die Trauerfeierlichkeiten erstreckten sich dann über mehrere Tage. Nachdem die Gebeine in einen neuen Bleisarg und dieser in einen hölzernen Sarg gebettet worden waren, erhielt Richard einen Trauerkondukt durch jene Dörfer, in denen er seine letzten Tage verbracht hatte.[81] Die Beisetzung selbst erfolgte am 26. März 2015 mittig im Chor der Kathedrale von

---

[76] H. RALL/G. IMMLER, Wittelsbacher Lebensbilder (wie Anm. 4), S. 204.
[77] Urteil High Court of Justice, 23.05.2014, Az. [2014] EWHC 1662 (https://www.judiciary.gov.uk/judgments/the-queen-on-the-application-of-plantagenet-alliance-ltd-v-secretary-of-state-for-justice-and-others/), abgerufen am 15.11.2015, Rn. 8–27, zum Umgang nach dem Tod und Beerdigung Rn 20–23.
[78] Ebda., Rn. 64–67.
[79] *For the reasons set out above, in our judgment, there was no public law grounds for the court interfering with the decisions in question. In the results, therefore, the claimant's application for Judicial Review is dismissed.* Result des Urteils High Court of Justice, 23.5.2014, Az. [2014] EWHC 1662 (https://www.judiciary.gov.uk/judgments/the-queen-on-the-application-of-plantagenet-alliance-ltd-v-secretary-of-state-for-justice-and-others/), abgerufen am 15.11.2015, Rn. 165.
[80] Urteil High Court of Justice, 23.V.2014, Az. [2014] EWHC 1662 (https://www.judiciary.gov.uk/judgments/the-queen-on-the-application-of-plantagenet-alliance-ltd-v-secretary-of-state-for-justice-and-others/), abgerufen am 15.11.2015, Rn. 143 mit 159.
[81] Artikel: Skelett vom Parkplatz: Richard III. darf wieder unter die Erde, in: Spiegel online, 08.08.2014 (http://www.spiegel.de/wissenschaft/mensch/koenig-richard-iii-soll-im-maerz-2015-in-leicester-beerdigt-werden-a-985034.html).

Leicester, also an prominentester Stelle, durch den Erzbischof von Canterbury in Anwesenheit hoher Prominenz (auch des aktuellen Herzogs Richard von Gloucester) und einer Grußbotschaft der Queen. Die Liturgie folgte dem Zeremoniell einer Königsbestattung des 15. Jahrhunderts[82].

4. Resümee

Alle drei beschriebenen Umbettungen erfolgten mit der Intention, den königlichen Leichnamen Gerechtigkeit wiederfahren zu lassen und ihnen eine Begräbnisstätte zuzuweisen, die ihnen angemessen ist, bzw. ihrem Willen entspricht. Daneben aber wird im Zeremoniell auch sichtbar, in welchem Umfang Rücksicht auf den Charakter als Staatsperson genommen wurde.

Bei Königin Therese von Bayern erfolgte eine rein familiäre Neubestattung, weil sie als nicht regierende Königin keine Staatsperson gewesen war.

Bei Friedrich dem Großen. hingegen sah sich sogar die amerikanische Staatsregierung in der Pflicht, die sterblichen Überreste der beiden preußischen Könige zunächst vor dem Zugriff der Russen zu retten und ihnen dann eine würdige Neubestattung zu geben[83]. Die Schwierigkeiten, die sich dabei ergaben, zeigen, welche Bedeutung man allgemein den Gebeinen noch mehr als 200 bzw. mehr als 150 Jahre nach dem Ablagen der Könige zugestand. Nachdem die Gebeine Friedrich des Großen 1952 eine rein familiäre Umbettung erfahren hatten, sah sich 1991 die Bundesregierung in der Pflicht, an der Umbettung mitzuwirken und damit der überwirkenden historischen Bedeutung des Königs für den heutigen deutschen Staat gerecht zu werden. Die Kontroverse, die die Umbettung schon im Vorfeld erfuhr, spiegelt zugleich das schwierige Verhältnis im Umgang mit der preußischen Geschichte, der Person Friedrichs und seinem Bild in der Geschichte wider.

Die Umbettung Richards III. hinwieder versuchte auf der einen Seite seiner Person gerecht zu werden (so die »Richard III society«) und ihm eine seinem Stellenrang entsprechend würdige Bestattung zu gewähren. Auf der anderen Seite wurde auch eine Kommerzialisierung touristischer Art kritisiert, wobei die Kritik sicherlich nicht die Initiierenden an der Universität Leicester trifft. Die breite Resonanz, die die Neubestattung schon im Vorfeld in England gefunden hat, weist darauf hin, dass es dabei auch um eine Selbstvergewisserung der heutigen englischen Staatlichkeit ging, die ihre Identität wesentlich aus der Geschichte zieht. Begünstigt wurde diese Form von Staatszeremoniell durch die Prominenz Richards III., der bei Shakespeare keine günstige Charakter-

---

[82] Musikhistoriker der Universität Oxford hatten eine kirchliche Umbettungsliturgie des 15. Jahrhunderts rekonstruieren können. Siehe: A. BUCKLE, How to rebury a king, in: BBC History Magazine, April 2015, S. 108f.

[83] *a suitable and dignified burial, which would reflect no dishonour on the action of the U. S. government.* W. LANG, The case of the distinguished corpses, in: Life, 06.03.1950, S. 65–70, hier S. 65. (https://books.google.de/books?id=-1IEAAAAMBAJ&pg=PA65&lpg=PA65& dq=OPeration+Bodysnatch+Life&source=bl&ots=Qe36-KJNaR&sig=LGAnV8Z2IMQz 27nleShhhGUBCvw&hl=de&sa=X&ved=0ahUKEwik0LDGlLHJAhXBfg8KHckiCI0Q 6AEIIzAA#v=onepage&q=OPeration%20Bodysnatch%20Life&f=false), abgerufen am 27.11.2015.

zeichnung gefunden hat, aber damit zu den bekanntesten englischen Königen zählt. Insofern würde auch nach der Ansicht Stresemanns bei ihm ein Persönlichkeitsrecht fortwirken, dass eine Aneignung seiner Gebeine ausschließt. Für den High Court war die Frage nach einem Eigentümer an den Gebeinen des Königs, bzw. ein Erlöschen seines Persönlichkeitsrechts offensichtlich so abwegig, dass sie auf den 39 Seiten des Urteils nicht einmal erwogen wurde.

Was das Ansinnen, die Särge von Angehörigen des Hauses Baden zu Forschungszwecken zu öffnen, betrifft, so ist dem High Court of Justice zuzustimmen, der am 23. Mai 2014 in einem *Postscript* zu seinem Urteil zwar die Umbettung gutgeheißen, aber mit einem allgemeingültigen Diktum auf die Totenruhe hingewiesen hat: *We agree that it is time for Richard III to be given a dignified reburial, and finally laid to rest*[84].

---

[84] Postscript des Urteils High Court of Justice (wie Anm. 78), Rn 166.

Das Eigentum an Fürstengräbern in Deutschland unter besonderer Berücksichtigung der Fürstengruft in der Schloss- und Stiftskirche St. Michael zu Pforzheim

VON WINFRIED KLEIN[1]

Einführung

Wem gehört eigentlich eine Gruft? Eine einfache Frage, die angesichts der kunst- und kulturhistorischen Bedeutung der dort vorzufindenden, mitunter wertvollen Särge und Grabmäler naheliegen sollte. Sie wurde in der Vergangenheit freilich kaum gestellt. Nun stellt sie sich umso dringender, weil den Werten, die dort buchstäblich begraben sind, der Verfall droht. Wer Eigentümer ist, hat sich nach dem Denkmalschutzrecht um die Erhaltung der Kulturstätte zu kümmern[2]. Wohl deshalb scheuen sich viele vor der Beantwortung dieser Frage, nicht nur staatliche Stellen, auch Privatpersonen. Dabei scheint es so, als ließe sich das Eigentum an den Grufträumen – von wenigen Ausnahmen abgesehen (Speyerer Dom[3], Berliner Dom[4]) – anhand des Grundbuchs leicht feststellen. Nach geltendem Recht gehört ein mit dem Grundstück fest verbundenes Gebäude, auch nur ein Teil desselben, regelmäßig demjenigen, dem auch das Grundstück gehört[5]. Zuweilen sind dem Grundbuch aber Sonderrechte am Grundstück oder an dessen Teilen zu entnehmen. Der für die vorliegende Untersuchung wichtigste Fall eines solchen Sonderrechts ist das Erbbegräbnis. Besteht ein solches zeitlich unbegrenzt angelegtes (Familien-)Grab, so kann sich das auf das Eigentum an den Grufträumen auswirken[6].

---

[1] Mit Dank an alle, die zum Gelingen dieses Beitrags beigetragen haben, insbesondere an die Altkatholische Gemeinde Mannheim, die Evangelische Kirchenpflege Stuttgart und die Domgemeinde zu Berlin. Der Beitrag ist meinem verehrten Doktorvater Reinhard Mußgnug gewidmet.
[2] § 6 des Denkmalschutzgesetzes des Landes Baden-Württemberg.
[3] Dazu T. WIRTH, Archiv für mittelrheinische Kirchengeschichte, 64 (2012), S. 291–324.
[4] Dazu A. VON CAMPENHAUSEN/C. THIELE (Hgg.), Göttinger Gutachten II, Tübingen 2002, S. 241–261.
[5] § 94 BGB. Zur rechtsgeschichtlichen Einordnung: J. JICKELI/M. STIEPER in: J. VON STAUDINGER (Hg.) Kommentar zum Bürgerlichen Gesetzbuch (2011), § 94 RdNr. 1.
[6] L. HÖNINGS, in: D. PREUSS/A. STRÖBL/R. STRÖBL/D. VICK (Hgg.), Grüfte retten!, Frankfurt am Main 2014, S. 23–34, 24, was beim bloß obligatorischen Nutzungsrecht nicht ohne weiteres der Fall sein muss (§ 95 Abs. 1 Satz 1 BGB), weil es nach der Rechtsprechung des

Erbbegräbnisse wurden in früherer Zeit in Ausübung von Patronatsrechten angelegt[7]. Sie wirkten dinglich, obwohl sie nur selten im Grundbuch eingetragen waren.[8] Heute werden sie meist als bloße, zur tatsächlichen Sachherrschaft (Besitz) berechtigende Nutzungsrechte angesehen, vergleichbar mit der Miete oder Pacht[9]. Weil sie aber ohne zeitliche Begrenzung angelegt sind, können sie mitunter in gleicher Weise sachenrechtlich wirken wie im Grundbuch eingetragene Sonderrechte[10] – auch weil sie nicht privatrechtlich sondern öffentlich-rechtlich eingeordnet werden[11].

Eine Gruft kann unter der Geltung des Bürgerlichen Gesetzbuchs (BGB) also dem Grundstückseigentümer gehören, muss es aber nicht. Sie kann als sogenannter Scheinbestandteil auch im Eigentum des Inhabers eines Erbbegräbnisses stehen. Meist wird es dann so sein, dass auch die Särge und Grabbeigaben demjenigen gehören, der Eigentümer des Scheinbestandteils Gruftraum ist[12]. Davon zu trennen ist die Frage nach dem Eigentum, ja der Eigentumsfähigkeit der sterblichen Überreste und nach der Fortwirkung des Persönlichkeitsrechts (dazu unter 7.).

Ganz gleich wie ein Erbbegräbnis im konkreten Fall einzuordnen ist: In jedem Fall ist sein Inhaber berechtigt, Dritte vom Betreten des Gruftraumes auszuschließen, ebenso wie auch ein Mieter Fremde davon abhalten kann, seine Wohnung oder seinen Geschäftsraum zu betreten.

Wem die in Grüften angelegten Grabstätten der vormaligen Herrscher Badens, Bayerns, Hessens, der Pfalz, Preußens, Sachsens und Württembergs heute gehören, kann daher nicht pauschal für alle Fälle beantwortet werden (dazu unter 1.). Es kommt auf jeden Einzelfall an, was am Beispiel der Pforzheimer Fürstengruft eingehend erörtert werden soll (unter 2.). Erste Anhaltspunkte geben die Regelungen, die in den Verträgen getroffen wurden, die zwischen den zu Republiken gewordenen deutschen Ländern und den vormals regierenden Herrscherhäusern geschlossen wurden.

Bundesverwaltungsgerichts und des Bundesgerichtshofs entziehbar ist, BVerwG, Urteil vom 08.07.1960 – VII C 123.59, BVerwGE 11, 68–76; BGH, Urteil vom 18.09.1957 – V ZR 153/56, BGHZ 25, 200–211. Ist es entzogen oder erloschen, so hat das freilich auf das bestehende Eigentum grundsätzlich keinen Einfluss, CHR. STRESEMANN in: J. SÄCKER (Hg.), Münchener Kommentar zum BGB, München 2012, § 95 RdNr. 13.

[7] F. VON WITTKEN, Beiträge zur Erläuterung des deutschen Rechts, 26 (1882), S. 662, 667; A. L. RICHTER, Lehrbuch des katholischen und evangelischen Kirchenrechts, Leipzig [8]1886, § 191 a.E., S. 689.

[8] D. MERTEN, in: J. VON STAUDINGER (Hg.) Kommentar zum Bürgerlichen Gesetzbuch (2012), Art. 133 EGBGB RdNr. 15.

[9] BGH, Urteil vom 18.09.1957 – V ZR 153/56 – NJW 1958, 59, 61. Rechtlich ist regelmäßig zwischen der schuldrechtlichen Nutzungsbefugnis und der sachenrechtlichen Zuordnung zu unterscheiden. Wem die Crufträume und die Sachen in der Gruft gehören, ist nach dem Abstraktionsprinzip des deutschen Rechts eine andere, unter Umständen aber gleich zu beantwortende Frage.

[10] JICKELI/STIEPER (wie Anm. 5), § 95 RdNr. 19.

[11] O. BACHOF, Die Unzulässigkeit der Entziehung von Erbbegräbnisrechten, in: H. CONRAD/H. JAHRREISS/P. MIKAT/H. MOSLER/H. C. NIPPERDEY/J. SALZWEDEL (Hgg.), Gedächtnisschrift Hans Peters, Berlin, Heidelberg, New York 1967, S. 642–666 unter Verweis auf BVerwGE 11, 68.

[12] HÖNINGS, (wie Anm. 6), S. 71–74.

1. Regelungen zum Eigentum sowie zur Nutzungsberechtigung in den deutschen Ländern

Diese Verträge gingen vom zuvor geltenden Privat- und Fürstenrecht aus, das als vom BGB unberührtes Landesrecht[13] auch lehnrechtliche Elemente enthielt. Zu diesen zählte der Grundsatz, dass Begräbnisse beim Lehen blieben[14] bzw. sofern sie einem Hause oder Gute für beständig zugeschlagen waren, mit diesem Grundstücke zugleich auf jeden Eigentümer desselben übergingen[15]. Wurden keine vertraglichen oder gesetzlichen Sonderreglungen getroffen, hatte es damit sein Bewenden.

a) Baden

Im badischen Auseinandersetzungsvertrag, mit Gesetz vom 25. März 1919 ratifiziert[16], wurde die Grabkapelle in Karlsruhe zunächst dem Großherzog zugeschieden[17]. Markgraf Berthold von Baden (1906–1963) vermachte sie in seinem Testament vom 19. September 1960 dem Land und bat um ihre würdige Erhaltung. Nach seinem Tod im Jahr 1964 wurde das Vermächtnis erfüllt. Der Besitzwechsel erfolgte am 1. Juni 1964[18]. Nach § 2064 BGB erstreckte sich das Vermächtnis auch auf das Inventar der Grabkapelle und die Särge, unter denen sich auch die vormals in der Fürstengruft der Karlsruher Stadtkirche aufgestellten Särge befinden. Zu den übrigen Grablegen des Hauses Baden, insbesondere zu denen in der Klosterkirche Lichtenthal, in der Stiftskirche zu Baden-Baden und in der Schloss- und Stiftskirche St. Michael zu Pforzheim, der wohl bedeutendsten badischen Grablege, sind keine Abreden bekannt. Die Klosterkirche Lichtenthal gehört dem Land. Die Stiftskirche Baden-Baden steht in kirchlichem Eigentum, wobei das Land die Baulast für den Stiftschor trägt[19]. Damit dürften die nachfolgenden Erwägungen zur Pforzheimer Fürstengruft (dazu unter 2.) auf die Grablegen in Lichtenthal und Baden-Baden übertragbar sein.

Zur Wittelsbachergruft in der Mannheimer Schlosskirche mit den Särgen des Kurfürsten Carl Philipp (1651–1742) und seiner dritten Gemahlin Violanta Theresia Gräfin von Thurn und Taxis (1683–1734)[20] wird im Auseinandersetzungsvertrag von 1919 ebenfalls nichts gesagt. Dessen bedurfte es auch nicht, war die Gruft doch mitsamt dem Schloss und der Schlosskirche schon 1803 badisch geworden, ohne dass Kurfürst Max

---

[13] Zumal weil Art. 133 EGBGB das Recht der Erbbegräbnisse dem Landesrecht vorbehält.
[14] C. F. Hommel, Pertinenz, Leipzig 1767, S. 67.
[15] ALR II 11 § 685.
[16] BGVBl. 1919, Seite 179.
[17] § 1 Ziff. 4 des Auseinandersetzungsvertrages, Gesetz über die Auseinandersetzung bezüglich des Eigentums an dem Domänenvermögen, Anlage 1, BGVBl. 1919, Seite 180.
[18] Öffentliche Urkunde über die Erfüllung eines Vermächtnisses vom 4. Mai 1964, GLA 401 Zug. 2003–60 Nr. 413 ohne Seitenangabe.
[19] VG Karlsruhe, Urteil vom 12. Februar 2010 – 7 K 1669/07, KirchE55, 76–102 (2010); vgl. ferner VGH Mannheim, Beschluss vom 3. März 2011 – 1 S 1661/10, KirchE 57, 189–194 (2011).
[20] Dazu Landesdenkmalamt Baden-Württemberg (Hg.), H. Huth (Bearb.), Die Kunstdenkmäler in Baden-Württemberg, Die Kunstdenkmäler des Stadtkreises Mannheim, S. 390.

IV. Joseph (1756–1826) die darin aufgestellten Särge nach Bayern geholt hätte[21]. Schloss, Schlosskirche und Gruft waren damit Teil des Domänenvermögens, das nach der Revolution auf den badischen Staat überging. Im Zuge der Vermögensauseinandersetzung befriedigte der Großherzog seine Ansprüche aus § 1 Ziff. 6 des Auseinandersetzungsvertrages im Mannheimer Schloss[22]. An den Särgen hatte er offensichtlich kein Interesse. Folgerichtig kümmert sich heute das Land Baden-Württemberg um die Gruft und setzte nach dem Krieg auch die Särge instand. Es sieht sich heute als Eigentümer der gesamten Gruft und sorgt auch weiterhin für deren Unterhalt einschließlich der Grabmale und Särge[23]. Die Orden, die man 1946 im Sarg des Kurfürsten fand, wurden 1951 dem Badischen Landesmuseum übergeben[24].

Auch die kurfürstlichen Begräbnisse in Heidelberg behandelt der Vertrag nicht. Soweit erhalten, dürften sie mittlerweile in kirchlichem Eigentum stehen[25]. 1805 wurden nur wenige Bestattungen aus dem Hause Wittelsbach (Pfalz-Zweibrücker-Linie) in die Münchener St. Michaelskirche geholt, alle anderen blieben in Heidelberg, insbesondere in der Heiliggeist- und der Jesuitenkirche[26]. Nach Verbrauch des Wegnahmerechts wurden die Särge und Gebeine herrenlos und konnten vom Eigentümer der jeweiligen Grablege konkludent angeeignet werden.

b) Bayern

In Bayern erlangte der Staat das Eigentum an der Theatinerkirche und der Michaelskirche[27], zugleich wurde dem Wittelsbacher Ausgleichsfonds das Recht überwiesen, die dort befindlichen Grüfte zu nutzen und zu erweitern[28].

---

[21] Anders als die noch in Mannheim verbliebenen Sammlungen, deren Herausgabe Max IV. Joseph erzwang, dazu: H. ELLRICH/A. WISCHNIEWSKI, Barockschloss Mannheim, Karlsruhe 2013, S. 97.
[22] Vgl. ELLRICH/WISCHNIEWSKI, (wie Anm. 21), S. 98.
[23] § 4 der Vereinbarung zwischen dem Land Baden-Württemberg und der Altkatholischen Kirchengemeinde in Mannheim 31. Januar/6. Februar 1967 – unveröffentlicht.
[24] Dazu Landesdenkmalamt Baden-Württemberg (wie Anm. 20), S. 391.
[25] Dafür spricht etwa, dass die Katholische Kirchengemeinde die Untersuchung der Gebeine aus der Grablege Friedrichs I. in Auftrag gab, W. v. MOERS-MESSMER, Schicksale und Identifikationsversuch der Gebeine Friedrichs I. (des Siegreichen) von der Pfalz, Forschungen und Berichte der Archäologie des Mittelalters in Baden-Württemberg, 8 (1983), S. 185–208, 185 mit Anm. 1.
[26] MOERS-MESSMER (wie Anm. 25), S. 197.
[27] § 3 Abs. 2 des Übereinkommens zwischen dem Bayerischen Staate und dem vormaligen Bayerischen Königshause vom 24.01.1924, Verhandlungen des Bayerischen Landtags 1922/1923, BeilagenBand XI., München 1923, Seite 498ff. Zu den weiteren Einzelheiten der Beitrag C. v. ARETINS in diesem Band, S. 233–236.
[28] § 4 C Ziff. 4 des Übereinkommens zwischen dem Bayerischen Staate und dem vormaligen Bayerischen Königshause vom 24.01.1924, Verhandlungen des Bayerischen Landtags 1922/1923, BeilagenBand XI., München 1923, Seite 498ff.

c) Hessen-Darmstadt

Im Großherzogtum Hessen gelangte das Residenzschloss in Darmstadt nebst der Schloss- bzw. Stadtkirche in staatliches Eigentum. Da Sonderbestimmungen für die Fürstengruft der Stadtkirche nicht getroffen waren, wurde auch sie Staatseigentum[29]. Der Mausoleumsbereich auf der Darmstädter Rosenhöhe, der vormals zum privaten Großherzoglichen Hausvermögen gehört hatte[30], soll dagegen dem Haus Hessen verblieben sein. Selbst wenn es auch insoweit zu einem Übergang ipso iure auf den Volksstaat Hessen gekommen sein sollte, käme es allein darauf an, wer im Grundbuch steht. Fast 100 Jahre nach der Revolution ist es jedenfalls zur Ersitzung gekommen (§ 900 BGB).

d) Preußen

Der preußische Staat überließ dem vormals regierenden Königshause den im Park von Sanssouci beim Neuen Palais gelegenen Antiken Tempel nebst einem ihn unmittelbar umschließenden 10 Meter breiten Geländestreifen als Mausoleum[31]. Zugleich verpflichtete er sich, das Mausoleum Kaiser Friedrichs III. (1831–1888) im Park von Sanssouci sowie das Mausoleum im staatlichen Park von Charlottenburg[32] stets im gegenwärtigen Zustande zu erhalten[33]. Zu Staatseigentum wurden die Friedenskirche zu Potsdam mit ihrer Grablege[34], die Kirche und der Begräbnisplatz in Nikolskoe[35] sowie die bewegli-

---

[29] § 4 der Vereinbarung mit dem früheren Großherzog wegen des Überganges der Hausdomänen in das Landeseigentum sah keine Ausnahme von der allgemeinen Pertinenzregel in § 1 vor, Verhandlungen des 1. Landtags/Verfassungsgebende Volkskammer Hessen 1919, Drucksache Nr. 123 sowie Ziff. IV 4 des Übereinkunft zwischen dem ehemaligen Großherzog und dem Volksstaat Hessen, Verhandlungen des 4. Landtags des Volksstaates Hessen 1930, Drucksache Nr. 243; vgl. ferner H.-U. KLOSE, Die Rechtsbeziehungen zwischen dem Staat und den Evangelischen Landeskirchen unter besonderer Berücksichtigung des Hessischen Kirchenvertrages vom 18.02.1960, Berlin 1966, S. 156, 194. Zur Vermögensauseinandersetzung insgesamt: N. STIENICZKA, AHG NF 56 (1998), S. 255–308.

[30] Vgl. den Beitrag E. G. FRANZ in diesem Band. Zu den Grablegen des Hauses Hessen insgesamt: M. Lemberg, Die Grablegen des hessischen Fürstenhauses, Marburg 2010.

[31] Es ist unklar, ob die Bodenreform in der Mark Brandenburg auch dieses bis dahin fortbestehende Recht zum Erlöschen brachte. Enteignet wurde nur der Grundbesitz mit Zubehör, vgl. Art. II der Verordnung über die Bodenreform in der Provinz Mark Brandenburg vom 6. September 1945, Verordnungsblatt der Provinzialverwaltung Mark Brandenburg, Seite 8. Zur Entschädigung des Hauses Hohenzollern vgl. Landtags-Drucksache 5/8928.

[32] § 1 Ziff. I des Vertrages über die Vermögensauseinandersetzung zwischen dem Preußischen Staat und den Mitgliedern des vormals regierenden Preußischen Königshauses vom 12. Oktober 1925, Preußische Gesetzessammlung 1926, Seite 271ff.

[33] § 7 Abs. 2 des Vertrages über die Vermögensauseinandersetzung zwischen dem Preußischen Staat und den Mitgliedern des vormals regierenden Preußischen Königshauses vom 12. Oktober 1925, Preußische Gesetzessammlung 1926, Seite 271ff.

[34] § 1 Ziff. I mit Anlage A des Vertrages über die Vermögensauseinandersetzung zwischen dem Preußischen Staat und den Mitgliedern des vormals regierenden Preußischen Königshauses vom 12. Oktober 1925, Preußische Gesetzessammlung 1926, Seite 271ff.

[35] § 2 Ziff. II des Vertrages über die Vermögensauseinandersetzung zwischen dem Preußischen Staat und den Mitgliedern des vormals regierenden Preußischen Königshauses vom 12. Oktober 1925, Preußische Gesetzessammlung 1926, Seite 271ff.

chen Gegenstände des Charlottenburger und des Friedenskirchen-Mausoleums[36], wobei die Friedenskirche mittlerweile in kirchlichem Eigentum steht[37]. Wie die Hohenzollerngruft im Berliner Dom behandelt werden sollte, ergibt sich aus dem Vertrag nicht. Besondere Absprachen dazu sind auch nicht bekannt. Bekannt ist nur, dass das Kirchenpatronat 1946 als staatsrechtliche Einrichtung aufgehoben wurde[38]. Damit erloschen auch etwaige daraus noch resultierende Nutzungsrechte des Hauses Hohenzollern, ohne dass davon bestehendes Eigentum berührt sein musste.

e) Sachsen

Der sächsische Staat verpflichtete sich, die Familiengrüfte der Wettiner in der Katholischen Hofkirche zu Dresden, in den Domen zu Meißen und Freiberg, sowie im Kloster Altzella bei Nossen in gutem baulichem Zustande zu erhalten[39]. Offenbar wurde und wird diese Regelung so verstanden, dass der Freistaat Sachsen als Rechtsnachfolger des Königreiches Sachsen nicht nur die Baulast dieser Grüfte trägt, sondern – mit Ausnahme der Dresdner Hofkirchengruft[40] – auch selbst Berechtigter der jeweiligen Erbbegräbnisse bzw. Eigentümer ist[41].

Dass die landesherrlichen Patronate im Zuge der Novemberrevolution von 1918 erloschen sind[42] und der sächsische Staatskirchenvertrag die noch bestehenden Patronate aufgehoben hat[43], widerspricht dem nicht. Schließlich gewährleistete der Freistaat Sachsen für die in seinem Eigentum stehenden Kirchen und kirchlichen Gebäude den bestehenden Widmungszweck und versprachen weiterhin die Baulast zu tragen[44]. Das Erlöschen des Nutzungsrechts infolge der Patronatsaufhebung bedingte auch keinen Eigentumsverlust[45]. Waren die Begräbnisse öffentlich-rechtlich gewidmet, so können die dort verwahrten Särge durchaus dem Freistaat gehören.

---

[36] T. GÜNTHER, Die Fürstenentschädigung, Leipzig 1928, S. 73; § 2 Ziff. II des Vertrages über die Vermögensauseinandersetzung zwischen dem Preußischen Staat und den Mitgliedern des vormals regierenden Preußischen Königshauses vom 12. Oktober 1925, Preußische Gesetzessammlung 1926, Seite 271ff.

[37] Vgl. VON CAMPENHAUSEN/THIELE (wie Anm. 4) S. 253 mit Anm. 63.

[38] Verordnung über das Kirchenpatronatsrecht und gemeinsame Angelegenheiten der Gemeinden und Kirchengemeinden vom 9. Februar 1946, Verordnungsblatt der Provinzialverwaltung der Mark Brandenburg, Seite 101. Zur Grablege im Berliner Dom insgesamt: LANDESDENKMALAMT BERLIN/OBERPFARR- UND DOMKIRCHE BERLIN (Hgg.), Die Hohenzollerngruft und ihre Sarkophage, München, Berlin 2005.

[39] Ziff. 4 Abs. 1 des Vertrages vom 25. Juni 1924, SächsGBl. 1924, 445ff.

[40] Ziff. 4 Abs. 2 des Vertrages vom 25. Juni 1924, SächsGBl. 1924, 445ff.

[41] So die mündlich erteilte Auskunft der jeweiligen Kirchengemeinden.

[42] J. HARDER, Archiv für katholisches Kirchenrecht 1955 (127), S. 313–396, 344.

[43] Art. 12 des Vertrages mit den evangelischen Landeskirchen im Freistaat Sachsen vom 24. März 1994 – juris.

[44] Art. 11 des Vertrages mit den evangelischen Landeskirchen im Freistaat Sachsen vom 24. März 1994 – juris.

[45] STRESEMANN (wie Anm. 6), § 95 RdNr. 13.

f) Thüringen

Das Haus Sachsen-Weimar-Eisenach behielt sich die Fürstengruft in Weimar ausdrücklich vor[46], verlor seine Rechte aber Ende 1948 durch das Gesetz über die Enteignung der ehemaligen Fürstenhäuser im Lande Thüringen[47]. Restitutionsforderungen nach der Wiedervereinigung blieben ohne Erfolg[48]. Ebenso erging es dem Haus Sachsen-Meiningen, das bis ins Jahr 1948 den Englischen Garten in Meiningen behielt und damit auch die dort befindliche Gruftkapelle[49]. Entsprechendes gilt für die weiteren vormals in den thüringischen Staaten regierenden Häuser, etwa für das Mausoleum bei Schloss Waldhaus in Reuß ä.L.

g) Württemberg

Die Grabkapelle auf dem Württemberg wurde mit dem Krongut Staatseigentum. Sie sollte nach dem Vertrag vom 29. November 1918 dem König nur auf seinen Wunsch hin überlassen werden[50].
Die Grablegen im Ludwigsburger Schloss und im Alten Schloss zu Stuttgart erfasste dieser Vertrag zwar nicht. Im Zuge der inflationsbedingten Verhandlungen über Aufwertungsansprüche kam das Haus Württemberg aber auf die Frage zu sprechen, was mit diesen Grüften, insbesondere mit den dort verwahrten Särgen, geschehen solle. Dem Haus war es wichtig, dass diese nicht entfernt werden[51]. Außerdem sollten die Grüfte soweit wie möglich weiterbenutzt werden können[52]. Dem Ansinnen, dem Haus nicht nur das Verfügungsrecht, sondern auch das Eigentum an den Särgen vorzubehalten[53], vermochte das Staatsministerium ebenso wenig zu entsprechen, wie dem Begehren, eine Überführung der Särge der letztverstorbenen Hausangehörigen zu ermöglichen[54]. Das legt den Schluss nahe, dass das Land sich als Eigentümer von Gruft und Särgen sah, andernfalls wäre die letztlich erfolgte Zusicherung des Verfügungsrechts über die Särge überflüssig gewesen. Diese Zusicherung scheint auch nur vor dem Hintergrund erfolgt zu sein, dass dem Haus Württemberg die Möglichkeit bleiben sollte, die Särge zu entfernen, sollte das Land die Grüfte nicht mehr unterhalten[55]. Diese Vorfragen spielen heute

---

[46] § 14 lit. c) des Auseinandersetzungsvertrages, Verhandlungen der Gebietsvertretung von Weimar, 1921–1923, Drucksachen, S. 22ff.
[47] RegBl. für das Land Thüringen Teil I, 1948, S. 115.
[48] THÜRINGER LANDTAG, Drucksache 3/3387 vom 13.06.2003.
[49] Vgl. § 24 des Vertrages zwischen dem Staatsfiskus des Staates Sachsen-Meiningen, vertreten durch das Staatsministerium an dem einen Teile und a) Seiner Hoheit dem Herzog Bernhard von Sachsen-Meiningen, b) Seiner Hoheit Prinz Ernst von Sachsen-Meiningen, c) Seiner Durchlaucht Prinz Georg von Sachsen-Meiningen, d) Seiner Durchlaucht Prinz Bernhard von Sachsen-Meiningen ... als Vertreter des Herzoglichen Spezialhauses vom 30.12.1918, ThStA Meiningen, GA Meiningen, Urkunden B 2 Nr. 315.
[50] HStAS, E 130b Bü 66, fol. 32 r.
[51] HStAS, E 130b Bü 66, fol. 555, 555 r.
[52] HStAS, E 130b Bü 66, fol. 550.
[53] HStAS, E 130b Bü 66, fol. 686 r.
[54] Protokoll vom 28.04.1927, HStAS, E 130b Bü 66, fol. 820.
[55] HStAS, E 130b Bü 66, fol. 781.

keine Rolle mehr, weil die von der Vereinbarung erfassten Grablegen, vermittelt durch das Recht zur weiteren Nutzung, Erbbegräbnisse des Hauses Württemberg geworden sind.

Zur Chorgruft in der Stuttgarter Stiftskirche fehlt in beiden Abkommen jeder Hinweis. Sie war, wie der auf herrschaftliche Kosten errichtete Chor, in Ausübung des Patronatsrechts der württembergischen Herzöge angelegt worden[56]. Als im Jahr 1536 das onus fabricae (Kirchenbaulast) und damit auch der Besitz an der Stiftskirche auf die Armenkastenpflege (spätere Kirchenpflege) überging, wurde die Grablege ausdrücklich ausgenommen[57]. Zu wessen Gunsten oder Lasten die Ausnahme getroffen wurde, ist nicht ersichtlich. Die Bau- und Unterhaltslast war schon zu Zeiten der Monarchie ungeklärt. Größtenteils wurden sie von der herzoglichen Stiftsverwaltung in Stuttgart getragen und damit aus öffentlichen Mitteln finanziert. Gleichwohl wurden zu Beginn des 20. Jahrhunderts Kosten für die Reinigung und Instandhaltung der Gruft bloß *unter Verwahrung gegen die Anerkennung einer Rechtspflicht* auf den Etat der Zivillistenverwaltung übernommen, da die Gruft nicht zum Krongut gezählt wurde[58].

Als in den 1960er Jahren die Sanierung von Gruft und Särgen anstand, prüfte die Kirchenverwaltung, wer hierfür zuständig sei. Sie erwog zwischenzeitlich sogar eine Zuständigkeit des Landes[59], konnte diese aber ebenso wenig verifizieren wie eine kirchliche Zuständigkeit. Zweifelsfrei schien nur die Verfügungsbefugnis des Hauses Württemberg über die in der Gruft aufgestellten Särge – wohl zu Recht. Schließlich waren die Patronatsrechte der Familienoberhäupter des Hauses Württemberg meist privater Natur[60], was eine amtsbezogene Ausübung im Kontext der Residenz aber nicht ausschließt. Eine etwaige Unterhaltung aus öffentlichen Mitteln muss nichts bedeuten. Vielmehr erscheint eine Leistung auf fremde Schuld möglich, in einer Zeit, zu der die Trennung der privaten und öffentlichen Gelder noch nicht vollständig vollzogen war. Nachdem diese zu Beginn des 19. Jahrhunderts erfolgt war, wurden in der Gruft praktisch nur noch gräfliche und herzogliche Familienmitglieder bestattet, wohingegen die Mitglieder der eigentlichen Regentenfamilie in Ludwigsburg und auf dem Württemberg ihre letzte Ruhe fanden[61].

Das alles mag darauf deuten, dass die Gruft insgesamt privat gewidmet war. Entscheidend ist aber, dass die Stiftskirche schon zu Zeiten der Monarchie der Ortskirchen-

---

[56] Schreiben der Archivdirektion Stuttgart vom 6. März 1968, Akte der Evangelischen Kirchenpflege Stuttgart, Stiftskirche III 2, Heft »Gruft in der Stiftskirche«, fol. 8; Schreiben des Kulturamts der Stadt Stuttgart vom 6. Februar 1968, Akte der Evangelischen Kirchenpflege Stuttgart, Stiftskirche III 2, Heft »Gruft in der Stiftskirche«, fol. 6.

[57] Akte der Evangelischen Kirchenpflege Stuttgart, Stiftskirche III 2, Heft »Gruft in der Stiftskirche«, fol. 11.

[58] Schreiben der Archivdirektion Stuttgart vom 6. März 1968, Akte der Evangelischen Kirchenpflege Stuttgart, Stiftskirche III 2, Heft »Gruft in der Stiftskirche«, fol. 8, Seite 2.

[59] Aktenvermerk vom 21. Januar 1965, Akte der Evangelischen Kirchenpflege Stuttgart, Stiftskirche III 2, Heft »Gruft in der Stiftskirche«, fol. 1.

[60] E. J. J. Pfister, Geschichte der Verfassung des Wirtembergischen Hauses und Landes, Bd. 1, Heilbronn 1838, S. 114.

[61] Vgl. H. Schukraft, Die Grablegen des Hauses Württemberg, Stuttgart 1989, S. 91ff., 93, 103; H. Schukraft, Die Stiftskirche in Stuttgart als Grablege des Hauses Württemberg, Lindenberg 2013, S. 15.

gemeinde gehörte, also einer vom Königshaus losgelösten Rechtspersönlichkeit. Auf dem fremden Grund des Stiftskirchenareals konnte also ein Erbbegräbnis entstehen, und sei es nur in Form eines die Särge betreffenden Nutzungsrechts. Die privat erscheinende Nutzung der Gruft im 19. Jahrhundert stellt dabei ein Mosaiksteinchen dar, das die Waagschale leicht in Richtung eines privaten Erbbegräbnisses des heutigen Hauses Württemberg zu neigen vermag (*Tafel 1*). Da die württembergische Landeskirche auch die Privatpatronate aufgehoben hat – die staatlichen Patronate hatten bereits unmittelbar nach dem ersten Weltkrieg ihr Ende gefunden –, dürfte das unstreitige Fortbestehen dieses Erbbegräbnisses seinen Grund darin haben, dass das Verbleiben der Särge und Gebeine in der Stiftskirchengruft durch die Kirchengemeinde zumindest konkludent gebilligt worden ist.

h) Weitere Länder

In den meisten anderen deutschen Ländern wurden die Grablegen der entthronten Regentenfamilien in deren Privatvermögen überwiesen. So wurde das fürstliche Erbbegräbnis in Rhoden durch den Auseinandersetzungsvertrag zwischen dem Staat Waldeck-Pyrmont und dem ehemals regierenden Fürsten aus dem Domänenvermögen ausgeschieden[62]. Der Freistaat Oldenburg überließ dem ehemaligen Landesherrn die Begräbniskapelle zu Oldenburg sowie die herrschaftlichen Gräber zu Oldenburg und Eutin[63]. Die vormals regierenden Fürsten erhielten jeweils die Grüfte in Coburg und in Lippe-Detmold (Fürstengruft in der Reformierten Kirche zu Detmold)[64]. Das auf dem Gelände des Schlosses Bückeburg gelegene Mausoleum blieb ebenso wie das Mausoleum an der St.-Martini-Kirche in Stadthagen Privateigentum des Fürstenhauses Schaumburg-Lippe[65]. Auch die Grabkapellen in Hedingen (Hohenzollern-Sigmaringen)[66] und Neudingen (Fürstenberg)[67] befinden sich in privatem Eigentum. Dagegen wurde die Großherzogliche Gruft in Mirow (Mecklenburg-Strelitz) Staatseigentum[68]; den Staat traf und trifft die Pflicht, für den Unterhalt zu sorgen.

Grabanlagen, die auf kirchlichem oder anderem fremden, nicht verstaatlichtem Grund angelegt sind, werden regelmäßig private Erbbegräbnisse sein. Allerdings ist auch hier der Widmungszweck im Blick zu behalten. Immerhin war die Nutzungsberechtigung bzw. das Erbbegräbnis Ausfluss des Patronats, das landesherrlich oder privat sein konnte[69]. Kann von einer privaten Widmung ausgegangen werden, handelte es sich

---

[62] Dort § 2 lit. b), Waldeckisches RegBl. 1921 Seite 38.
[63] § 2 des Gesetzes betreffend die mit dem Thronverzicht des Großherzogs zusammenhängenden Rechtsverhältnisse in Verbindung mit Anlage A I Nr. 2, II Nr. 7, Gesetzblatt für den Freistaat Oldenburg 1920, 673ff.
[64] § 3 Ziff. 8 des Vertrages vom 24.12.1919, Lippische Gesetzessammlung 1919, S. 1065ff.
[65] Grundbuch des Bezirks Stadthagen, Blatt 7480.
[66] P. Kempf, Die Hedinger Kirche in Sigmaringen, Sigmaringen 2011, S. 8.
[67] R. Schell, Das Zisterzienserinnenkloster Maria Hof bei Neudingen, Konstanz 2011, S. 179–200.
[68] Günther (wie Anm. 36), S. 75, 170.
[69] Zu dieser Unterscheidung, G. Philipps, Lehrbuch des Kirchenrechts, Regensburg ²1871, S. 272; vgl. auch von Campenhausen/Thiele (wie Anm. 4) S. 252.

um ein Familienbegräbnis, liegt eine öffentlich-rechtliche Widmung nahe, wird ein Fürstengrab anzunehmen sein. Denkbar ist bei alledem, dass insgesamt kirchliches Eigentum besteht – etwa bei der Russisch-Orthodoxen Kirche der heiligen Elisabeth in Wiesbaden.

Auf den Widmungszweck ankommen dürfte es etwa im Braunschweiger Dom, ebenso im Doberaner Münster oder in der Schelfkirche in Schwerin. Ob die Grabstätten des Fürstenhauses von Mecklenburg-Schwerin im Zuge der Enteignungen der Jahre 1945–1948 Staatseigentum wurden, ist unklar, weil offenbar nur das Mobiliar- und Immobiliareigentum entzogen wurde[70]. Sondernutzungsrechte, wie das Erbbegräbnis eines ist, blieben – anders als in Thüringen – außen vor. So erscheint nur gewiss, dass die vor dem Krieg bestehenden, dem Patronat entspringenden Nutzungsrechte mittlerweile erloschen sind[71], so dass der Staat allenfalls noch die Bau- und Unterhaltungslast (mit)trägt[72]. Rückschlüsse auf das Eigentum an den in den Grüften verwahrten Särgen erlaubt das jedoch nicht. Klar ist die Rechtslage hinsichtlich der Mausoleen im Ludwigsluster Schlosspark. Sie gehören heute dem Staat. Keine Zweifel bestehen auch in der Stadt Dessau, der das Mausoleum der anhaltinischen Herzöge nahe des Georgiums gehört, das freilich seit dem Jahr 1956 leer steht.[73]

Ähnliche Erwägungen wie in Braunschweig oder Schwerin können auch außerhalb Deutschlands angestellt werden. Das Kapuzinerkloster in Wien etwa war eine kaiserliche Stiftung. Später ging es auf den von Kaiser Joseph II. (1741–1790) begründeten Religionsfonds über. Die Kapuziner waren »Hausherren« nicht nur des Klosters und seiner Kirche sondern auch der weltbekannten Gruft. Im Zuge der Auflösung des Religionsfonds wurde die Provinz des Kapuzinerordens Anfang der 1960er Jahre Grundeigentümerin von Kloster und Gruft. Die Gruft wird heute als Betrieb im Hoheitsbereich des Ordens geführt.[74] Die Familie von Habsburg nutzt die Gruft bekanntermaßen bis zum heutigen Tag. Das spricht für ein privates Erbbegräbnis auf dem fremden Grund des Kapuzinerklosters.

Diese Präzedenzfälle bestätigen die eingangs geäußerte Annahme, dass die Auseinandersetzungsverträge vom lehnrechtlichen Grundsatz, dass Begräbnisse beim Lehen blieben, ausgegangen sind. Die Aufrechterhaltung oder Begründung privater Rechte an den vormaligen Fürstengrüften bedurfte – insbesondere wenn diese auf Grundstücken

---

[70] Vgl. BVerwG, Beschluss vom 30.12.1987 – 3 B 67/86 – Juris.
[71] So zweifellos in Brandenburg (Art. 11 des Vertrages zwischen dem Land Brandenburg und den Evangelischen Landeskirchen in Brandenburg vom 8. November 1996, GVBl. 1997, Seite 4) und Sachsen-Anhalt (Art. 11 des Vertrages des Landes Sachsen-Anhalt mit den Evangelischen Landeskirchen in Sachsen-Anhalt vom 15. September 1994, GVBl. Seite 173 mit Ausnahmen für die Dome insbesondere in Magdeburg und Halberstadt), wohingegen in Mecklenburg lediglich die Patronatspflichten aufgehoben wurden, vgl. HARDER (wie Anm. 42), S. 313–396, 357.
[72] Art. 13 des Vertrages zwischen dem Land Mecklenburg-Vorpommern und der Evangelisch-Lutherischen Landeskirche Mecklenburgs und der Pommerschen Evangelischen Kirche vom 20. Januar 1994, GVOBl. Mecklenburg-Vorpommern, S. 559.
[73] http://www.mz-web.de/dessau-rosslau/dessau-rosslau-letzte-ruhe-nicht-nur-fuer-die-anhalts,20640938,17711500.html (abgerufen am 3.9.2015).
[74] Freundliche Auskunft des Archivs des Kapuzinerklosters Wien.

lagen, die dem Staat anheimfielen – besonderer Regelungen in den Auseinandersetzungsverträgen, es sei denn der private Widmungszweck war eindeutig erkennbar.

2. Das Eigentum an der Pforzheimer Fürstengruft

Obwohl sich im badischen Auseinandersetzungsvertrag von 1919 keinerlei Regelungen zur Fürstengruft in der staatlichen Schloss- und Stiftskirche St. Michael in Pforzheim finden, nehmen die zuständigen Behörden in Baden-Württemberg an, dem Hause Baden stünde das Eigentum, jedenfalls aber das Verfügungsrecht über die dort verwahrten Särge im Hinblick auf deren Erhaltung und Besichtigung durch die Öffentlichkeit zu[75].

Jedoch kommt privates Eigentum nicht in Betracht. Ein Erbbegräbnis des Hauses Baden wurde zu keinem Zeitpunkt begründet. Der Stiftschor und die Gruft waren vielmehr dem Domänenarar und damit jetzt dem Land vorbehalten. Gruft und Särge waren zudem öffentlich-rechtlich und gerade nicht privatrechtlich gewidmet. Die Pforzheimer Gruft war nicht die Familiengrablege des Hauses Baden, sondern die Grablege der badischen Regenten[76] und ihrer nächsten Angehörigen.

a) Zur Geschichte der Gruft

Der Bau der Schloss- und Stiftskirche St. Michael muss im frühen 13. Jahrhundert begonnen worden sein, als ein zum Pforzheimer Schloss gehöriger Sakralbau[77]. Stifter war wohl der Erbauer des Schlosses, Markgraf Hermann V. von Baden (1165–1243)[78]. Nach und nach wurde die Kirche aus- und umgebaut und erhielt um das Jahr 1470 mit dem Stiftschor einen beeindruckenden Raum, der als Grablege der Markgrafen von Baden genutzt wurde. Die vom Stiftschor aus zugängliche Gruft wurde in zwei Abschnitten angelegt, der südliche Teil um 1535 auf Geheiß von Markgraf Ernst (1482–1553)[79], der nördliche – nachdem das Patronatsrecht im Jahr 1555 auf die Markgrafschaft übergegangen war[80] – um 1673 auf Veranlassung von Markgraf Friedrich VI. (1617–1677)[81]. Beides spricht gegen eine private Widmung der Gruft, handelten die Markgrafen doch nicht als private Patrone der Kirche, sondern in Ausübung ihres Amtes.

Die Gruft war darüber hinaus von Anfang an weitgehend der jeweils regierenden markgräflichen Familie vorbehalten[82]. In der nördlichen Gruftkammer ruhen heute die im 17. und frühen 18. Jahrhundert verstorbenen Mitglieder der markgräflichen Familie,

---

[75] Schreiben Vermögen und Bau Baden-Württemberg, Amt Pforzheim vom 08.05.2012.
[76] V. Stoesser, Grabstätten und Grabschriften der Badischen Regenten 1074–1811, Heidelberg 1903.
[77] Allgemein zum grundsätzlich anzunehmenden Gleichlauf des Eigentums an Schloss und Schlosskirche, von Campenhausen/Thiele (wie Anm. 4), S. 244.
[78] E. Lacroix/P. Hirschfeld/W. Paeseler, Die Kunstdenkmäler der Stadt Pforzheim, Karlsruhe 1939, S. 66.
[79] Lacroix/Hirschfeld/Paeseler (wie Anm. 78), S. 82.
[80] Lacroix/Hirschfeld/Paeseler (wie Anm. 78), S. 70.
[81] Lacroix/Hirschfeld/Paeseler (wie Anm. 78), S. 82.
[82] A. Seeliger-Zeiss, Die Inschriften der Stadt Pforzheim, Wiesbaden 2003, S. XXXV.

meist in schweren, repräsentativen Zinnsärgen. In der Südgruft liegen die im späten 18. und frühen 19. Jahrhundert verstorbenen Mitglieder der Regentenfamilie, meist in nicht weniger repräsentativen, stoffbespannten Holzsärgen. Als Teil der Residenz gehörte die Schlosskirche zum Domänenvermögen. Da die im Kern wohl salische Siedlung Pforzheim, die seit 1082/91 Marktrechte besaß, schon früh von einer Burg auf dem Schlossberg beherrscht wurde (*Abb. 1*)[83], spricht einiges dafür, dass der Königshof Pforzheim, der zu Beginn des 13. Jahrhunderts dem Haus Baden zugefallen war[84], als früheres Reichslehen mit Burg und Kirche zu den Hofdomänen zählte, die als öffentlich-rechtlich belastet galten[85].

Am 12. September 1879 wurde die Schlosskirche aufgrund eines Ausschlussurteils auf das Domänenarear eingetragen[86]. Eines solchen Urteils bedurfte es, weil seinerzeit kein Erwerbstitel mehr vorhanden war, auf den sich das Eigentum an der Schlosskirche stützen ließ, eine Eintragung aber gesetzlich erforderlich geworden war. Im Jahr 1961 wurde die Eigentümerbezeichnung auf das Land Baden-Württemberg berichtigt[87]. Dass die Schlosskirche mitsamt den Grufträumen dem Land gehört, bezweifelt heute niemand. In Streit steht aber, wem die darin verwahrten Särge gehören[88]. Da es an einer Vereinbarung fehlt, die eine klare Eigentumszuordnung vornimmt, muss aus allgemeinen Rechtsgrundsätzen hergeleitet werden, wem das Eigentum zusteht.

b) Rechtsgrundsätze der Domänenfrage

Angesichts der früheren Zugehörigkeit der Schlosskirche zum Domänenvermögen ist Ausgangspunkt hierfür die Domänenfrage, also die Frage danach, wem bestimmte, zu Zeiten der Monarchie den jeweiligen Landesherren zugewiesene Liegenschaften gehören sollten, als der Staat mit einem Male nicht mehr so sehr als vom Regenten verkörpert, sondern als eigenständige Person wahrgenommen wurde. Nach herkömmlichem Verständnis gehörten die Domänen dem jeweiligen Träger der Landeshoheit, sie waren Pertinenz der Landeshoheit[89]. Eigentum und Herrschaft waren hier besonders eng mitein-

---

[83] G. Fouquet, St. Michael in Pforzheim. Sozial- und wirtschaftsgeschichtliche Studien zu einer Stiftskirche der Markgrafschaft Baden (1460–1559), in: H.-P. Becht (Hg.), Pforzheim im Mittelalter, Studien zur Geschichte einer landesherrlichen Stadt, Pforzheimer Geschichtsblätter Bd. 6, S. 107ff., 113.
[84] Dazu K. Ellwardt, Das Haus Baden, Werl 2008, S. 6.
[85] Vgl. die Nachweise in: A. Laufs/E. G. Mahrenholz/D. Mertens/V. Rödel/J. Schröder (Hgg.), Das Eigentum an Kulturgütern aus badischem Hofbesitz, Stuttgart 2008, S. 69 mit Anm. 77.
[86] Historisches Grundbuch Band 75 Heft 19 des Grundbuchamts Pforzheim.
[87] Historisches Grundbuch Band 75 Heft 19 des Grundbuchamts Pforzheim.
[88] LT-Drucks. 15/1955, Seite 2; dagegen W. Klein, F. A. Z. vom 05.06.2012, S. 29.
[89] J. J. Moser, Von der Teutschen Reichs-Stände Landen, Frankfurt/Leipzig 1769, S. 208, 212, der deutlich zwischen Eigentum des Landesherrn und Eigentum des Fürsten als Privatmann unterscheidet; J. S. Pütter, Anleitung zum Teutschen Staatsrechte 1, Bayreuth 1791, Nachdruck 2001, S. 243, der ausdrücklich formuliert, das Eigentum sei bei denjenigen zu suchen, »welchen das Recht der Landesregierung anklebet«; H. A. Zachariae, Das rechtliche Verhältnis des fürstlichen Kammerguts, Göttingen 1861, S. 24.; A. L. Reyscher, Die Rechte des Staats an den Domänen und Kammergütern, Leipzig 1863, S. 92f.

Abb. 1 Ausschnitt aus der Ansicht Pforzheims von Matthäus Merian (1593–1650) mit Schloss (G) und Schlosskirche (H)

ander verbunden⁹⁰. Die Domänen dienten der Staatsfinanzierung⁹¹, zuvörderst der Hoffinanzierung über die so genannte Zivilliste oder Kronrente⁹². Sie »klebten« gleichsam am jeweiligen Regenten⁹³. Erlosch eine regierende Linie, so sah das Lehnrecht einen Übergang der Domänen auf eine agnatische Nebenlinie der Regentenfamilie vor, sofern

---

[90] Diese Verbindung belegt in tatsächlicher Hinsicht einleuchtend J. EBERT, Domänengüter im Fürstenstaat. Die Landgüter der Landgrafen und Kurfürsten von Hessen (16./19. Jahrhundert). Bestand, Typen, Funktionen. Darmstadt u. Marburg: Hessische Historische Kommission u. Historische Kommission für Hessen, 2013, S. 340; vgl. ferner W. KLEIN, Nassauische Annalen 2014, 527, 528.
[91] Zu den Domänenfunktionen insgesamt: EBERT (wie Anm. 90).
[92] W. KLEIN, Die Domänenfrage im deutschen Verfassungsrecht des 19. Jahrhunderts, Berlin 2007, S. 69, 70.
[93] PÜTTER (wie Anm. 89), S. 243.

eine solche vorhanden war, andernfalls den Heimfall an den Lehnherrn[94]. Eine Privaterbfolge kam nur in Betracht, soweit der Erblasser im Privatgang Verfügungen getroffen hatte[95]. Alles andere erhielt, da nicht zum Privatnachlass gezählt[96], im Falle der Absonderung des Erbes vom Lehen der neue Lehnherr »mit allem und jedem Zubehör«[97]. Vermittelt durch die Designation der Domänenerträge ergriff der Rechtssatz der Pertinenz auch die aus dem Domänenvermögen unterhaltenen Grundstücke, Gebäude und Mobilien, so etwa die Hofausstattung[98].

c) Die Rechtslage unter der Geltung der Verfassung von 1818

In Baden zählten neben den bereits erwähnten Hofdomänen, die den Markgrafen zur Ausstattung ihrer Fürstenwürde als Reichslehen gegeben worden waren[99], die privat erworbenen Hausdomänen[100] zum Domänenbestand. Dieser erfuhr durch den Reichsdeputationshauptschluss, die Friedensverträge von Lunéville und Pressburg sowie die Rheinbundsakte eine beträchtliche Ausweitung. Die hinzugekommenen Ländereien wurden wegen des völkerrechtlichen Erwerbsgrundes überwiegend für Staatseigentum gehalten[101]. Wem der Domänenbestand insgesamt gehörte, war danach unklarer denn je. Im Jahr 1806 erließ Großherzog Karl Friedrich (1728–1811) ein erstes Gesetz über die Behandlung der Staatsschulden, die sogenannte erste Schuldenpragmatik[102]. Diese enthielt Aussagen zum öffentlichen Vermögen des Staates[103], eine Absonderung des großherzoglichen Privatvermögens vom Staatsvermögen nahm sie jedoch nicht vor[104].

Die Verfassung, die Großherzog Karl (1786–1818) dem Großherzogtum Baden im Jahr 1818 gab, enthielt mit den §§ 58 und 59 reichlich unscharf formulierte Regeln zu domänenrechtlichen Fragen. Klar schien nur, dass die Domänen nach § 59 ungeachtet der mittlerweile öffentlichen Designation ihrer Erträge *Patrimonial-Eigentum des Regenten und seiner Familie* sein und bleiben sollten. Das bedeutete jedenfalls, dass staatliches Eigentum auch dann nicht vermutet werden konnte, wenn man den Großherzog als bloßes Staatsorgan begriff[105]. Welche Domänen § 59 der Verfassungsurkunde an-

---

[94] LAUFS/MAHRENHOLZ/MERTENS/RÖDEL/SCHRÖDER (wie Anm. 85), S. 29 unter Verweis auf Pütter.
[95] A. F. H. POSSE, Über die Sonderung reichsständischer Staats- und Privatverlassenschaft, Göttingen 1790, § 33.
[96] LAUFS/MAHRENHOLZ/MERTENS/RÖDEL/SCHRÖDER (wie Anm. 85), S. 90.
[97] HOMMEL (wie Anm. 14), S. 20 f.; mit weiteren Differenzierungen grundsätzlich zustimmend POSSE (wie Anm. 95), § 39.
[98] KLEIN, Domänenfrage (wie Anm. 92), S. 98.
[99] KLEIN, Domänenfrage (wie Anm. 92), S. 91.
[100] KLEIN, Domänenfrage (wie Anm. 92), S. 91.
[101] E. J. PFISTER, Geschichtliche Entwicklung des Staatsrechts des Großherzogthums Baden, Teil I, Heidelberg 1836, S. 144; E. VON JAGEMANN, Das Staatsoberhaupt und sein Haus, in: Das Großherzogtum Baden, Karlsruhe 1885, S. 551–561.
[102] W. KLEIN, Herr oder Haupt? in: W. WIESE/K. RÖSSLER (Hgg.), Repräsentation im Wandel, Ostfildern 2008, S. 41–62, 55.
[103] Vgl. KLEIN, Herr oder Haupt? (wie Anm. 102), S. 55, 56.
[104] Vgl. KLEIN, Herr oder Haupt? (wie Anm. 102), S. 56.
[105] KLEIN, Domänenfrage (wie Anm. 92), S. 94.

sprach – nur die dem großherzoglichen Hause angestammten[106], also die vor dem Jahre 1803 beziehungsweise 1805 angefallenen Haus- und Hofdomänen oder auch die im Zuge der Säkularisation und Mediatisierung hinzugekommenen Liegenschaften[107] – lässt sich dem Wortlaut der Norm nicht entnehmen. Die Entstehungsgeschichte, die hier nicht näher beleuchtet werden kann[108], gibt freilich Aufschluss: Alle Domänen sollten unter das Regime des § 59 fallen und damit den *allgemein anerkannten Grundsätzen des Staats- und Fürstenrechts* unterworfen sein[109]. Da die Pertinenzregel zu diesen Grundsätzen zählte[110] und alle Domänen unter das Regime des § 59 fielen, hatten auch alle Pertinenzqualität[111]. Der unmittelbare Vermögensausgleich erfolgte im Rahmen der Zivilliste. Der Staatshaushalt erhielt, was infolge der Pertinenz zu beanspruchen war. Der Großherzog erhielt mit der Zivilliste einen Teil der Domänenerträge als Amtsausstattung, einen anderen Teil zur freien Verfügung.

Vereinzelt wird zwar die Meinung vertreten, die Einordnung als Patrimonialeigentum könne durch den Hinweis auf das geltende Staats- und Fürstenrecht nicht in Frage gestellt werden[112]. Abgesehen davon, dass nach herkömmlichem Staats- und Fürstenrecht mit Patrimonialeigentum genau das in Pertinenz der Landeshoheit stehende Vermögen gemeint war[113], erweist sich diese Behauptung aber als Zirkelschluss. Genauso gut könnte das Gegenteil behauptet werden, dass das Wort vom vermeintlich privaten Patrimonialeigentum nicht in Frage stellen könnte, was nach dem damals anerkannten Staats- und Fürstenrecht galt, was nach der bisherigen Domänengesetzgebung wahrscheinlich schien: das öffentliche Eigentum an den Domänen. Die Entstehungsgeschichte spricht allerdings dafür, dass beide Behauptungen nicht zutreffen und dass wir es hier mit einer sog. kompromisshaften Verfassungsnorm zu tun haben[114]. Reines Privateigentum an allen Domänen war nicht durchsetzbar, weil dies Ausgleichsansprüche des wie auch immer konstituierten Staates nach sich gezogen hätte, reines Staatseigentum deshalb nicht, weil die Ausgleichsansprüche des Großherzogs in der besonderen Situation des frühen 19. Jahrhunderts ebenfalls nicht zu bedienen gewesen wären. Daher vertagte man die Absonderung und den Vermögensausgleich und behielt den herkömm-

---

[106] E. WALZ, Das Staatsrecht des Großherzogthums Baden, in: G. JELLINEK/P. LABAND/R. PILOTY, Das öffentliche Recht der Gegenwart, Band V, Tübingen 1909, S. 38; W. DEGEN, Das Eigentumsrecht an den Domänen im Grossherzogtum Baden, Heidelberg 1903, S. 54.
[107] JAGEMANN (wie Anm. 100), S. 558; ähnliche auch E. SEUBERT, Die Finanzverwaltung, in: Das Großherzogtum Baden, Karlsruhe 1885, S. 721ff., 741.
[108] Dazu KLEIN, Domänenfrage (wie Anm. 92), S. 94ff.
[109] W. KLEIN, Eigentum und Herrschaft, in: P.-M. EHRLE/U. OBHOF (Hgg.), Die Handschriftensammlung der Badischen Landesbibliothek, Gernsbach 2007, S. 127–144, 136; ebenso KLEIN, Herr oder Haupt? (wie Anm. 101), S. 56f.
[110] MOSER (wie Anm. 89), S. 208, 21; PÜTTER (wie Anm. 89), S. 243; ZACHARIAE (wie Anm. 89), S. 24.; REYSCHER (wie Anm. 89), S. 92f.
[111] KLEIN, Eigentum und Herrschaft (wie Anm. 109), S. 136.
[112] Vgl. C. VON ARETIN, Herr und Haupt, in: W. WIESE/K. RÖSSLER (Hgg.), Repräsentation im Wandel, Ostfildern 2008, S. 63ff., 72f. sowie ders., Vom Umgang mit gestürzten Häuptern, in: T. BISKUP/M. KOHLRAUSCH (Hgg.), Das Erbe der Monarchie, Frankfurt am Main 2008, S. 161–183, 165.
[113] So ausdrücklich PÜTTER (wie Anm. 89), § 190, S. 242.
[114] S.-I. G. KOUTNATZIS, Kompromisshafte Verfassungsnormen, Baden-Baden 2010.

lichen Status der Domänen bei. Damit waren sämtliche Domänen mit der Landeshoheit verbunden. Sie wären bei einem Wechsel der Dynastie Patrimonialeigentum der neuen Regentenfamilie geworden[115]. Diese Meinung vertrat in Baden unter anderem auch der Leiter der badischen Zolldirektion Emil Seubert[116].

§ 59 der Verfassungsurkunde unterfielen danach vor allem die Haus- und Hofdomänen, also land- und forstwirtschaftliche Güter in einem Umfang von rund 114 000 ha nebst Zubehör. Die Rechtsregel der Pertinenz, die dieses Eigentum vermittelte, reichte jedoch weiter – weiter als die heutigen sachenrechtlichen Regelungen über das Zubehör in § 97 BGB. Die Pertinenzregel war nicht auf das Eigentum an Sachen beschränkt, sie erfasste auch Rechte. Sie war nach damaligem Staats- und Fürstenrecht geltendes Recht, so wie § 97 BGB heute geltendes Recht ist[117]. Mutatis mutandis könnte man sie in Anlehnung an § 97 BGB in folgende Worte fassen: *Pertinenzien sind Sachen, die dem Zweck der Hauptsache oder des Hauptrechts zu dienen bestimmt sind. Im Falle der Übertragung oder des Übergangs der Hauptsache oder des Hauptrechts geht die Pertinenz auf den neuen Eigentümer der Hauptsache oder den neuen Inhaber der Hauptrechts mit über*[118].

Die Pertinenzregel geht über den heute geltenden § 97 BGB hinaus, soweit sie auch sächliches Rechtszubehör anerkennt. Das ist uns heute zwar fremd. Allerdings gibt es auch heute mit einem Amt verbundene Nutzungsbefugnisse (Amtskette, Amtszimmer, Dienstwohnung, Dienstwagen, Flugbereitschaft etc.). Insoweit lebt die Pertinenzregel in abgeschwächter Form weiter. Sie stimmt aber mit dem heute geltenden § 97 BGB überein, als sie die Zubehöreigenschaft von einer entsprechenden Widmung abhängig machte. Was nun öffentlich-rechtlich gewidmet war, konnte nicht freies Privateigentum sein. Es musste vielmehr für von der Landeshoheit bestimmtes modifiziertes Privateigentum gehalten werden[119].

Die öffentlich-rechtliche Widmung der Domänen zeigte sich in der öffentlich-rechtlichen Designation derjenigen Erträge, die der Zivilliste zuflossen[120]. Dass ein Teil der Zivilliste dem Großherzog zur freien Verfügung überlassen wurde[121] und damit privater Natur war, erlaubt nicht den Schluss, die gesamte Zivilliste sei entsprechend zu behandeln. Vielmehr war sie von ihrem angelsächsischen Ursprung[122] her primär dazu ge-

---

[115] KLEIN, Eigentum und Herrschaft (wie Anm. 109), S. 136; vgl. auch LAUFS/MAHRENHOLZ/MERTENS/RÖDEL/SCHRÖDER (wie Anm. 85), S. 55.
[116] SEUBERT (wie Anm. 107), S. 741.
[117] LAUFS/MAHRENHOLZ/MERTENS/RÖDEL/SCHRÖDER (wie Anm. 85), S. 82f.
[118] Vgl. zum römischen und gemeinen Recht JICKELI/STIEPER (wie Anm. 5), § 97 RdNr. 1. Im Übrigen II. §§ 47, 107 ALR.
[119] Zur Wirkung der Widmung, C. SEILER, Examensrepetitorium Verwaltungsrecht, § 3 Rn. 61.
[120] F. WIELANDT, Das Staatsrecht des Großherzogthums Baden, in: H. MARQUARDSEN (Hg.), Handbuch des öffentlichen Rechts der Gegenwart in Monographien, dritter Band, erster Halbband, dritte Abteilung, Freiburg und Leipzig 1895, S. 38; H. REHM, Modernes Fürstenrecht, München 1904, Seite 342f.; a. A. JAGEMANN (wie Anm. 101), S. 559f.; nähere Einzelheiten bei KLEIN, Domänenfrage (wie Anm. 92), S. 98f.
[121] Art. 2 lit. a des Gesetzes die Civilliste betreffend vom 10. März 1854, Regierungsblatt, Seite 43.
[122] KLEIN, Domänenfrage (wie Anm. 92), S. 53.

dacht, die vom Monarchen angestellten Beamten zu bezahlen[123], den Aufwand der Hofhaltung zu tragen[124] und die zur Hofausstattung gehörigen Gebäude zu unterhalten[125]. Es wurde deutlich differenziert[126], und zwar zwischen dem, was der Großherzog zum eigenen privaten Unterhalt erhielt (nämlich die Handkasse bzw. die Schatullgelder),[127] und dem, was er zur Bestreitung des Regierungsaufwandes einschließlich der (öffentlich-rechtlich zu wertenden)[128] Repräsentation qua Gesetz zur Verfügung gestellt bekam[129] – mithin womit er und nur er Staat machen konnte[130]. Nach zutreffender herrschender Meinung im staatsrechtlichen Schrifttum war die Zivilliste in Baden öffentlich-rechtlicher Natur[131].

Die von ihr unterhaltene Hofausstattung mit ihren Vermögenskomplexen und Gebäuden nebst Inventar[132] und mit dem, was sonst von der Zivilliste im öffentlichen Sinne unterhalten war, teilte das Schicksal der Domänen selbst[133]. Dies galt unstreitig für das Residenzschloss in Karlsruhe und das Mannheimer Schloss. Ob ohne Weiteres auch die Bestände der Badischen Hof- und Landesbibliothek, das Münz-, Naturalien-, Gemälde- und Kupferstichkabinett dem Domänenvermögen zuzuordnen waren, ist bis heute umstritten[134]. Allerdings wurde die öffentlich-rechtliche Widmung der von der Zivilliste unterhaltenen Gebäude und Gegenstände mit der Zurverfügungstellung für die Öffentlichkeit nach außen hin sichtbar[135]; so bei der Hof- und Landesbibliothek, die bereits im Jahr 1688 Bücher außer Haus entlich[136]. Auch die sonstigen Sammlungen, die der Öffentlichkeit zugänglich waren, waren dadurch öffentlich-rechtlich gewidmet und wurden so Pertinenz der Landeshoheit[137]. Besondere Bedeutung kam dabei dem Aspekt der

---

[123] Art. 2 lit. c des Gesetzes die Civilliste betreffend vom 10. März 1854, Regierungsblatt, S. 43.
[124] Art. 2 lit. d, e des Gesetzes die Civilliste betreffend vom 10. März 1854, Regierungsblatt, S. 43.
[125] Art. 2 lit. f des Gesetzes die Civilliste betreffend vom 10. März 1854, Regierungsblatt, S. 43.
[126] So auch die Begründung zu einem Gesetzentwurf für die Lösung der Domänenfrage aus dem Jahr 1873, GLA 237 Nr. 36318 fol. 21r.
[127] Art. 2 lit. a des Gesetzes die Civilliste betreffend vom 10. März 1854, Regierungsblatt, S. 43.
[128] LAUFS/MAHRENHOLZ/MERTENS/RÖDEL/SCHRÖDER (wie Anm. 85), S. 121 zum Hausfideikommiss.
[129] Art. 2 lit. c–g des Gesetzes die Civilliste betreffend vom 10. März 1854, Regierungsblatt, S. 43.
[130] Das übersieht VON ARETIN, Herr und Haupt (wie Anm. 111), S. 70, wenn er ohne spezielle Nachweise zum badischen Recht behauptet, der Großherzog sei in seiner Entscheidung über die Verwendung der Zivilliste frei gewesen.
[131] WIELANDT (wie Anm. 119), S. 38; REHM (wie Anm. 120), S. 342 f.; a. A. JAGEMANN (wie Anm. 101), S. 559f.
[132] Vgl. § 1 Ziff. 6 des Auseinandersetzungsvertrages, BGVBl. 1919, 180.
[133] Die Zugehörigkeit zum Domänengrundstock lässt sich auch einem Vermerk des Finanzministeriums vom 29. April 1919 entnehmen, GLA 235 Nr. 48147 fol. 60.
[134] VON ARETIN, Vom Umgang (wie Anm. 112), S. 165, 175–181; dagegen MERTENS/RÖDEL, ZGO 162 (2014), S. 471ff., 479–485.
[135] Aktenvermerk des Kultusministeriums vom 13.10.1922, GLA 235 Nr. 48147 fol. 143r., 144.
[136] R. MUSSGNUG, StudZR 2007, S. 401ff., 408.
[137] Unter Hinweis auf die Türkenbeute, MUSSGNUG (wie Anm. 137), S. 419.

Repräsentation zu, der auch bei nicht öffentlich zugänglichen Gegenständen für eine öffentlich-rechtliche Widmung sprechen konnte[138]. So galten etwa der Thronsessel und die Krone als Staatssymbole und waren damit spätestens mit der Revolution Staatseigentum[139].

Der splendor familiae, von dem in diesem Zusammenhang gerne gesprochen wird, war beim Großherzog, der nach § 5 der Verfassungsurkunde von 1818 immerhin alle Rechte der Staatsgewalt in sich vereinte, also keineswegs privater Natur, sondern diente der öffentlichen Darstellung des Regenten und seines Hauses. Infolge der öffentlich-rechtlichen Widmung teilte auch das Inventar, zumindest das entsprechend gewidmete Zubehör, das Schicksal des Domänenvermögens. Dazu zählten auch die Särge in Pforzheim und die gleichfalls öffentlich-rechtlich gewidmete Gruft selbst. Sie dienten der Legitimierung des Herrscherhauses.

aa) Designation der Zivilliste

Kosten für Begräbnisse zählten regelmäßig zu den Rechnungsposten, die aus der Zivilliste zu bezahlen waren. Schließlich sollte der verblichene Landesherr auch in repräsentativer Hinsicht der Erste im Lande sein[140]. Damit waren die Särge grundsätzlich aus der Zivilliste zu bezahlen[141]. Dass von Fall zu Fall Kosten hierfür auf die Handkasse übernommen wurden, zwingt nicht zu dem Schluss auf »Allerhöchstes Privateigentum«. Ebenso möglich ist eine Zahlung auf fremde Schuld, etwa aus Ehrgefühl, obgleich die Zivilliste grundsätzlich einstandspflichtig war. Entscheidend war und ist der Widmungszweck[142].

Die Kosten für den baulichen Unterhalt der Pforzheimer Gruft wurden von der großherzoglichen Baudirektion Karlsruhe abgerechnet, ohne dass eine Übernahme der Kosten durch die Handkasse ersichtlich wäre[143]. Spätestens seit einem Erlass des Ministeriums der Finanzen vom 30. Juni 1877 waren die Kosten der Unterhaltung und Renovierung der Schlosskirche mit Chor und Gruft vom Domänenarar zu tragen[144]. Heutzutage sorgt das Land Baden-Württemberg für den Unterhalt der Gruft und sanierte diese einschließlich der großen Särge mit Steuermitteln[145].

---

[138] Vgl. KLEIN, Herr oder Haupt? (wie Anm. 102), S. 57.
[139] GLA Karlsruhe 235 Nr. 48147 fol. 71.
[140] GÜNTHER (wie Anm. 36), S. 23.
[141] Rechtsgrundlage hierfür war Art. 2 lit. g des Gesetzes die Civilliste betreffend vom 10. März 1854, Regierungsblatt, Seite 43.
[142] POSSE (wie Anm. 95), § 52; H. ZOEPFL, Grundsätze des gemeinen deutschen Staatsrechts, Band 1, Leipzig/Heidelberg 1863, S. 742.
[143] Abrechnung vom 10.05.1882, GLA 422 Nr. 1749, ohne Seitenangabe.
[144] Erlass des Ministeriums der Finanzen vom 30.06.1877, Seite 2, GLA 237 Nr. 42278, ohne Seitenangabe; bestätigt im Vermerk vom 07.05.1920, GLA 237 Nr. 42278, ohne Seitenangabe.
[145] FINANZMINISTERIUM BADEN-WÜRTTEMBERG, info bau 1/2006, Seite 16. Sollten im Zuge früherer Sanierungen Instandsetzungs- oder Pflegemaßnahmen an den Särgen von Seiten des Hauses Baden bezahlt worden sein, so wäre dies erneut als Zahlung auf fremde Schuld anzusehen (§ 267 BGB). Rückschlüsse auf das Eigentum des Hauses könnten daraus allein nicht gezogen werden. Entscheidend bleibt die Widmung.

bb) Die Legitimierungsfunktion der Grablege und
die Repräsentationsfunktion der Särge

Spricht damit bereits viel für die öffentlich-rechtliche Widmung von Gruft und Särgen, so könnte die Anlage der Gruft als solche für Privatheit sprechen. Man könnte meinen, eine Gruft sei das Gegenteil jener Funeralrepräsentation, welche die Fürsten früherer Jahre mit ihren Steingrabmälern und Steinsarkophagen gerade in Kirchenchören pflegten[146]. Indes entsprach die Einrichtung der Grablege in einem dem Residenzschloss benachbarten Kirchenbau (Schlosskirche) dem fürstlichen Selbstverständnis, für das nicht mehr so sehr die Wirkung in der Öffentlichkeit der städtischen Pfarrkirche, sondern der »sozial exklusive« und zugleich »sakral überhöhte Raum des Residenzschlosses«[147] relevant war. Und der Stiftschor erwies sich als repräsentative Vorhalle der Gruft (*Abb. 2*). Eine möglicherweise noch bestehende kirchliche Widmung von Chor und Gruft wurde mit dem Vertrag zwischen dem Domänenfiskus und der Evangelischen Kirchengemeinde Pforzheim vom 13. Februar 1880 aufgehoben, wobei das Eigentum des Domänenfiskus an der kompletten Schlosskirche unangetastet blieb[148].

Bei alledem war die Gruftbestattung besonders im 16. und 17. Jahrhundert eine Modeerscheinung in Deutschland und Europa[149]. Eine Gruft zu haben, gehörte zum guten Ton und war ein Zeichen von Macht und Einfluss. Das repräsentative Grab überhaupt war Statussymbol[150]. Die Särge waren Kunstwerke[151] und dienten der Repräsentation. Es gehörte sich, diese Särge zu zeigen, sie zumindest mithilfe der Funeraldrucke bekannt zu machen; zuweilen wurden sie auch Angehörigen anderer Häuser gezeigt[152]. So besichtigte etwa Herzog Johann Friedrich von Württemberg (1592–1628) am 10. Januar 1617 die Pforzheimer Gruft[153]. Und Markgraf Wilhelm von Baden (1792–1859) berichtet in seinen Denkwürdigkeiten davon, dass einige Särge anlässlich des Begräbnisses des Großherzogs Karl Friedrich geöffnet und die Leichname in Augenschein genommen wurden[154] – ein deutlicher Hinweis auf das Bedürfnis nach dynastischer Selbstvergewisserung des neuen Großherzogs Karl.

Doch nicht nur der Befriedigung dieses eher privaten Bedürfnisses diente die Pforzheimer Grablege. Sie sollte – wie andere Gruftanlagen auch – dynastische Herrschaftsansprüche durch die Veranschaulichung der langen Ahnenreihe legitimieren[155]. Daran musste den badischen Regenten gerade zu Beginn des 19. Jahrhunderts liegen, da das badische Staatsgebiet durch Mediatisierung und Säkularisation eine Größe angenom-

---

[146] Dazu umfassend: I. BRINKMANN, Grabdenkmäler, Grablegen und Begräbniswesen des lutherischen Adels, München 2010.
[147] SEELIGER-ZEISS (wie Anm. 82), S. XXIX.
[148] § 1 des Vertrages, Abschrift, Landeskirchliches Archiv, Karlsruhe, SpA 9307, ohne Seitenangabe.
[149] BRINKMANN (wie Anm. 146), S. 328; SEELIGER-ZEISS (wie Anm. 82), S. XXXI.
[150] T. MICHALSKY, Memoria und Repräsentation, Göttingen 2000, S. 23.
[151] SCHUKRAFT, Grablegen (wie Anm. 61), S. 12.
[152] BRINKMANN (wie Anm. 146), S. 328, 333, die freilich für den lutherischen Adel zahlreiche Ausnahmen nennt.
[153] SCHUKRAFT, Grablegen (wie Anm. 61), S. 12.
[154] BADISCHE HISTORISCHE KOMMISSION (Hg.), Denkwürdigkeiten des Markgrafen Wilhelm von Baden, Bd. 1 1792–1818, S. 122 f.
[155] BRINKMANN (wie Anm. 146), S. 346.

Abb. 2
Louis Friedrich Hoffmeister, Das Innere der Kirche zu Pforzheim, um 1850. Chor mit dem von Großherzog Leopold errichteten Denkmälern Großherzog Karl Friedrichs und der 400 Pforzheimer

men hatte, die mehr als das Vierfache der ursprünglichen Größe der vereinigten Markgrafschaft von Baden-Baden und Baden-Durlach entsprach[156]. Die deutliche Gebietserweiterung erforderte nicht nur eine sorgfältige Organisation des Gemeinwesens, sondern auch eine gesicherte Legitimation des Herrscherhauses. Letztere schien nicht unumstößlich, nachdem Großherzog Karl ohne männliche Nachkommen geblieben war. Sein erster – namenloser – Sohn, um den sich die Geschichte von Kaspar Hauser rankt, verstarb kurze Zeit nach der Geburt im Jahr 1812. Sein zweiter Sohn Alexander starb kurz nach Vollendung des ersten Lebensjahres im Jahr 1817. So ging die Thronfolge auf den späteren Großherzog Ludwig I. (1763–1830) über, dessen Kinder aus morganatischer

---

[156] K.-P. Schroeder, Das Alte Reich und seine Städte, München 1991, S. 259.

Ehe nicht erbberechtigt waren. Er war der letzte männliche Nachkomme Großherzogs Karl Friedrich aus ebenbürtiger Ehe. Aus dessen morganatischer Ehe mit Luise Karoline von Hochberg (1768–1820) waren aber drei Söhne hervorgegangen, die für die Thronfolge bereit standen. Deren Sukzessionsrecht, das sowohl die Disposition vom 20. Februar 1796 als auch die Sukzessionsakte vom 10. September 1806 bejaht hatte[157], war jedoch nicht gänzlich gesichert. Hatte Karl Friedrich doch zeitlebens darauf verzichtet, seine Söhne aus zweiter Ehe für ebenbürtig zu erklären[158]. Somit drängte die Zeit, als im Jahr 1817 nur noch Markgraf Ludwig als Thronfolger übrig geblieben war. Das am 4. Oktober 1817 mit agnatischem Konsens gegebene Hausgesetz behob mit Zustimmung der Großmächte das bisherige Manko der Unebenbürtigkeit[159]. Nun galt es, die Legitimation des Regentenhauses auch sichtbar zu machen. Ein Weg dazu sollte die Regelung der Domänenfrage in der Verfassungsurkunde von 1818 sein. Immerhin sprach der Wortlaut des § 59 der Verfassungsurkunde deutlich für ein Festhalten an der überkommenen patrimonialen Tradition, also für eine Absicherung der Herrschaft durch das Eigentum des Regentenhauses an Grund und Boden[160]. Ein anderer Weg war das Begräbnis von Luise Karoline von Hochberg, der Stammmutter des heutigen Hauses Baden in der Pforzheimer Gruft. Es liegt nahe, dass auch im Tode noch das Hausgesetz von 1817 seine Legitimation darin finden sollte, dass die alte und die neue Linie des Hauses Baden vereint wurden. Das unterstreicht die Legitimierungsfunktion der Pforzheimer Gruft als eine Art Keimzelle der neuen Linie des Regentenhauses.

Das Pforzheimer Begräbnis und der Umgang damit ist dabei kein Einzelfall. Olaf B. Rader schildert in seinem Standardwerk »Grab und Herrschaft« zahlreiche Beispiele, die *den Gedächtnisort Grab als ungeheuer universellen und wirkungsvollen »Legitimationsgenerator«* ausweisen[161]. Im Ergebnis kann er feststellen: *Herrschaft braucht Herkunft und wünscht Zukunft. Nirgends ließ sich das so augenfällig inszenieren, wie an den Begräbnisorten herrschender Familien. Alle diese Anlagen sollten Dauer inszenieren, eine Ewigkeit der Herrschaft und Hervorgehobenheit einer Personengruppe*[162]. Dies gelte, so Rader, gerade auch beim Bruch von Herrschaftslinien[163].

Memoria und Repräsentation bildeten damit die Grundlage weiterer Legitimation von Herrschaft, was – wie geschildert – gerade in Baden von Bedeutung gewesen ist. Bestätigung findet diese Einschätzung in der Historisierung des Begräbnisses und seinem Ausbau zur »dynastischen Gedenkstätte«[164]. Im Jahr 1833 ließ Großherzog Leopold (1790–1852), der erste Großherzog der neuen Linie, ein Denkmal in der Mitte des Stiftschores errichten, mit der Inschrift: *Carolo Friderico Patri Leopoldus Filius MDCCXXXIII*[165].

---

[157] H. SCHULZE, Die Hausgesetze der regierenden deutschen Fürstenhäuser, 1. Band, S. 165f.
[158] A. BORCHARDT-WENZEL, Eine kleine Geschichte des Hauses Baden, in: P.-M. EHRLE/U. OBHOF (Hgg.), Die Handschriftensammlung der Badischen Landesbibliothek, Gernsbach 2007, S. 49ff., 68.
[159] BORCHARDT-WENZEL (wie Anm. 158), S. 69.
[160] Vgl. KLEIN, Domänenfrage (wie Anm. 92), S. 211, 218.
[161] O. B. RADER, Grab und Herrschaft, München 2003, S. 27.
[162] RADER (wie Anm. 161), S. 81; ähnlich auch MICHALSKY (wie Anm. 149), S. 17, 18, 24, 27.
[163] RADER (wie Anm. 161), S. 60.
[164] SEELIGER-ZEISS (wie Anm. 82), S. XXVII.
[165] STOESSER (wie Anm. 76).

Die so öffentlich zur Schau gestellte Legitimation beschränkte sich nicht auf den privaten Bereich, war doch die Thronfolge in Baden bereits mit der Successionsakte von 1806, jedenfalls aber mit dem Hausgesetz von 1817 staatsrechtlich geregelt[166]. Die Legitimation des auf dieser Grundlage zur Herrschaft gelangten Großherzogs war und ist damit als öffentlich-rechtlich zu werten.

An dieser Legitimierungsfunktion der Gruft hatten die Särge Anteil. Nur wenn in der Gruft tatsächlich die Ahnen, insbesondere die vorherigen Regenten bestattet waren, konnte man sich auf deren Vermächtnis und Herkommen stützen. In einer Gruft bedurfte es dazu der Särge, die dementsprechend auch gestaltet waren. Beispielhaft sollen hier die Särge der beiden ersten Großherzöge, der Großherzogin Stephanie (1789–1860) und der beiden früh verstorbenen Erbprinzen dargestellt werden:

(1) Der Sarg des Markgrafen und späteren Großherzogs Karl Friedrich
Der Holzsarg des Großherzogs Karl Friedrich ist mit dunkelviolettem Samt bezogen und mit breiten Goldborten geschmückt. Auf dem Kopfteil des Sarges befindet sich ein Kissen mit Samtbezug, auf dem eine Krone liegt, die wiederum mit goldgewirkten Borten bezogen ist. Auf der Fußschmalseite ist eine Kupferplatte angebracht, auf der steht: *CARL FRIEDRICH GR: HERZOG ZU BADEN GEB: D: XXII. NOV: MDCXXVIII GEST: D: X. IUNI MDCCCXI IM LXV IAHR SEINER REGIERUNG*[167].

(2) Der Sarg des Großherzogs Karl
Auch Großherzog Karl ist in einem Holzsarg mit dunkelviolettem Samtbezug und Goldbortenschmuck beigesetzt. Wiederum liegt auf dem Kopfteil ein samtbezogenes Kissen, darauf eine mit Goldborten bezogene Krone. Die Inschrift auf der am Fußende angebrachten versilberten Platte lautet: *Carl Ludwig Friedrich Großherzog zu Baden, Herzog zu Zaehringen p: p: geboren den 8ten Juni 1786 succediert seinem Herrn Grosvater Carl Friedrich den 10ten Juni 1811 vermaehlt den 7ten April 1806 mit Stephanie Louise Adrienne Großherzogin gestorben Rastadt den 8ten December 1818. Deshen noch lebende Kinder Louise Amalie Stephanie, Josephine Friederike Louise, Marie Amalie Elisabeth.* Auf der Fußseite des Sandsteinsockels ist auf einem Eisenrahmen eine vergoldete Kupferplatte angebracht mit der Inschrift: *CARL LUDWIG FRIEDRICH GR. HERZOG ZU BADEN GEB. D. 8. JUNI 1786 GEST. D. 8. DEC. 1818 IM 8. JAHR S. REGIERUNG*[168].

(3) Der Sarg der Großherzogin Stephanie
Der Zinnsarg, in dem Großherzogin Stephanie bestattet ist, ist mit blauschwarzem Samt bedeckt. Die versilberte Platte am Fußende des Sarges ist wie folgt beschriftet: *Hier ruhet in Gott Ihre Kaiserliche Hoheit die Grossherzogin Stephanie Louise Adrienne Wittwe S. K. Hoheit des Grossherzogs Carl von Baden geboren 28. August 1789 gestorben 29. Januar 1860*[169].

---

[166] KLEIN, Domänenfrage (wie Anm. 92), S. 89 f.
[167] LACROIX/HIRSCHFELD/PAESELER (wie Anm. 78), S. 190.
[168] LACROIX/HIRSCHFELD/PAESELER (wie Anm. 78), S. 191.
[169] LACROIX/HIRSCHFELD/PAESELER (wie Anm. 78), S. 192.

(4) Der Sarg des namenlosen Erbprinzen

Die Gebeine des namenlosen Erbprinzen ruhen in einem mit weißem Samt bezogenen Holzsarg, der heute eher ockerfarben erscheint[170] und mit Goldborten verziert ist. An der Fußseite ist ein Täfelchen angebracht mit der Inschrift: *Der am 29ten Sept.b 1812 gebohrene und den 16.t Oct.b 1812 nach erhaltener Noth Taufe verstorbene Erbgrosherzog zu Baden Sohn des Grosherzogs Carl Kön. Hoh*[171].

(5) Der Sarg des Erbprinzen Alexander

Der Sarg des Erbprinzen Alexander gleicht dem Sarg seines Bruders. Auch er erscheint heute eher ockerfarben[172]. Auf dem versilberten Schildchen steht: *Alexander Maximilian Carl Erbgrosherzog zu Baden gebohren den 1ten May 1816 gestorben den 8ten May 1817*. Unter der Schrift ist das badische Wappen mit Krone auf dem oberen Rand eingraviert[173].

cc) Die Doppelgesichtigkeit des Fürsten im Tod

Die beiden ersten Großherzöge sind also als Regenten bestattet worden. Ihre Regierungszeit ist ausdrücklich genannt. Ihre Särge sind reich verziert und tragen jeweils eine Krone (*Abb. 3*). Die Krone aber war, wie der Thronsessel auch, als Staatssymbol Staatseigentum. Großherzog Friedrich II. (1857–1928) überließ sie nach der Revolution dem Land Baden[174]. Bezeichnenderweise wurde sie nicht getragen, sondern nur bei Begräbnisfeierlichkeiten gezeigt[175]. Auf dem Sarg des Erbprinzen Alexander ist immerhin das große badische Wappen mit Krone zu sehen, ein Umstand, der zugegebenermaßen zunächst nur auf die Zugehörigkeit zum Hause Baden verweist. Beim namenlosen Erbprinzen tritt freilich die private Existenz gänzlich hinter die öffentlich-rechtliche Funktion zurück, die ihm zugekommen wäre[176].

So zeigt sich auch im Tod der zeitgenössische Umgang mit der »doppelten Persönlichkeit« des Fürsten: Der Leichnam des Fürsten mag zwar nur noch der Überrest des privaten Menschen gewesen sein, die Funktion als Monarch legte er aber im Tode nicht ab. Vielmehr blieb ihm die Krone, wenn auch nicht im Original. Gruft und Särge erweisen sich angesichts dessen praktisch als Pendant zu Residenz und Thronsessel der Regenten, sozusagen als postmortale Residenz und postmortaler Thron[177]. Anders kann die reiche Verzierung der Särge der Großherzöge nicht verstanden werden – zumal diese nach der Aufbahrung im Audienzsaal des Residenzschlosses beim Leichenbegängnis

---

[170] Bericht der Restauratoren vom August 1983 zum Sarg mit der dortigen Nummer 20 – unveröffentlicht.
[171] LACROIX/HIRSCHFELD/PAESELER (wie Anm. 78), S. 194.
[172] Bericht der Restauratoren vom August 1983 zum Sarg mit der dortigen Nummer 21 – unveröffentlicht.
[173] LACROIX/HIRSCHFELD/PAESELER (wie Anm. 78), S. 195.
[174] GLA Karlsruhe 235 Nr. 48147 fol. 71.
[175] http://www.leo-bw.de/web/guest/highlights/die-badische-krone; zuletzt abgerufen am 25.07.2014.
[176] KLEIN, F. A. Z. (wie Anm. 88).
[177] KLEIN, F. A. Z. (wie Anm. 88).

Abb. 3 Südgruft der Pforzheimer Schlosskirche mit den bekrönten Särgen der beiden ersten Großherzöge und dem schlichten Sarg der Großherzogin Stephanie

zur Schau gestellt wurden[178] und mithilfe der Funeraldrucke der Öffentlichkeit bekannt wurden. Dass die Gruft nicht öffentlich zugänglich war, widerspricht dieser Einschätzung nicht. Weder Residenz noch Thronsaal waren zu Zeiten der Monarchie für jedermann frei zugänglich und sind doch jetzt Staatseigentum[179].

Die Historisierung der Grablege zu Pforzheim belegt, dass Gruft, Särge und Gebeine als eine Gesamtheit wahrgenommen wurden, die der Legitimierung der jeweils regierenden Linie des Hauses Baden als Regentenhaus dienen sollte. Dieser öffentlichkeitswirksame Zweck erfuhr durch die vereinzelte Bestattung etwas entfernterer Angehöriger keine Beeinträchtigung. Entscheidend war die Gesamtheit der in der Gruft Bestatteten. Da diese Bestattung in Prunksärgen geschehen war, waren diese Teil der Gesamtheit und dienten mit der Legitimierung des jeweils amtierenden Regenten. Auch die Särge waren folglich konkludent öffentlich-rechtlich gewidmet.

---

[178] Programm der Beisetzung von Großherzog Karl, GLA 422 Nr. 1750, ohne Seitenangabe; ebenso der Bericht über die Beisetzung von Friederike von Schweden, Karlsruher Zeitung vom 13.10.1826, Seite 1.

[179] Arg. e contrario § 1 Ziff. 6 des Auseinandersetzungsvertrages, BGVBl. 1919, Seite 180.

Wegen der gleichgelagerten öffentlich-rechtlichen Widmung von Stiftschor, Gruft und Särgen bestand zu Zeiten der Monarchie also kein privates Erbbegräbnis des Hauses Baden.

d) Das Hof- oder Hausfideikommissvermögen

Sollte man meinen, Gruft und Särge hätten nicht zum Domänenvermögen gehört, so wären sie als Teile des Hoffideikommisses gleichwohl öffentlich-rechtlichen Bindungen unterworfen gewesen.

Unter Fideikommiss verstand man das »zu treuen Händen Übertragene«[180]. Es handelte sich um diejenigen Einrichtungen, kraft derer ein Vermögensinbegriff durch Beschränkung der Veräußerung und Belastung und durch die Aufstellung einer den Mannesstamm bevorzugenden Erbfolgeordnung bestimmt wird, einer Familie in Person des jeweiligen Fideikommissbesitzers eine wirtschaftlich sichere und damit zugleich gesellschaftlich hervorragende Stellung zu verschaffen[181]. Dieser zu Zeiten der Weimarer Republik vom Staatsrechtler und Staatssekretär Otto Meißner (1880–1953) geprägte komplexe Fideikommissbegriff umfasste nicht nur die Fideikommisse der Stammherren, sondern auch der Landesherren, mithin die Kronfideikommisse. Die Kronfideikommisse hatten den Zweck, *diejenigen werthvollen Gegenstände, welche weder zum Staatsgute im engeren Sinne, noch zum Privateigenthum des Regenten gehörten, als ein unveräußerliches, untheilbares Eigentum der Regentenfamilie und dem Lande zu erhalten*[182]. Sie umfassten das *Mobiliar, welches der Aufsicht der Hofämter anvertraut und zum Bedarfe und Glanze des Hofes bestimmt ist, Marställe, Gold- und Silbergeräthe, Service, Sammlungen, Bibliotheken u.s.w.*[183].

Da der Zweck und Umfang eines Kronfideikommisses dem Zweck und Umfang der Hofausstattung im soeben beschriebenen Sinne entsprach, konnte man die Hofausstattung durchaus als Teil des Kronfideikommisses verstehen. Eine stillschweigende Stiftung[184] und auch Zustiftung genügte. Dass die badischen Akten des 19. Jahrhunderts vom Hof- oder Hausfideikommiss sprachen, steht dem nicht entgegen. Denn in der Sache war das Kronfideikommiss gemeint[185].

Angesichts der Regelung in § 59 der badischen Verfassungsurkunde fällt es schwer, Staatseigentum am Hausfideikommiss anzunehmen. Näher liegt die Zuordnung zum Patrimonialeigentum des Regenten und seiner Familie. Diese Annahme wird durch das Testament von Großherzog Friedrich I. (1826–1907) vom 8. September 1907 gestützt.

---

[180] LAUFS/MAHRENHOLZ/MERTENS/RÖDEL/SCHRÖDER (wie Anm. 85), S. 79.
[181] O. MEISSNER, Das Staatsrecht des Reichs und seiner Länder, Berlin ²1923, Seite 326.
[182] C. VON SALZA UND LICHTENAU, Die Lehre von Familien-, Stamm- und Geschlechts-Fideicommissen nach den Grundsätzen des gemeinen deutschen Privatrechts mit Rücksicht auf die Abweichung der einzelnen Particularrechte, Leipzig 1838, S. 22; ähnlich J. HELD, System des Verfassungsrechts der monarchischen Staaten Deutschlands, Würzburg 1856, Teil I, S. 217f.; REHM (wie Anm. 110), S. 324ff.
[183] SALZA UND LICHTENAU (wie Anm. 181), S. 23.
[184] MOSER (wie Anm. 89), S. 237.
[185] Vgl. LAUFS/MAHRENHOLZ/MERTENS/RÖDEL/SCHRÖDER (wie Anm. 85), S. 80.

Darin bekleidete der Großherzog *Kraft innehabender Rechte als Staatsoberhaupt und Chef des Großherzoglichen Hauses* in seinem Privatvermögen befindliche Gegenstände mit fideikommissarischer Eigenschaft und stiftete sie dem Hausfideikommiss des Großherzoglich Badischen Hauses zu[186]. Diese Gegenstände wurden der Fürsorge des Regierungsnachfolgers anempfohlen[187].

Das Hoffideikommiss wurde in der badischen Staatspraxis also ebenso wie die Domänen behandelt. Es hatte gleichfalls Pertinenzqualität[188]. Wäre das Hoffideikommiss nur Privateigentum des großherzoglichen Hauses gewesen, hätte der Großherzog nicht als Staatsorgan sprechen müssen und hätte auch nicht von seinem Regierungsnachfolger, sondern von seinem geliebten Sohn gesprochen, wie er es an anderen Stellen seines Testaments getan hat. Folgerichtig konnte Carl von Salza und Lichtenau (1802–1865) festhalten: *Solange das [durch die Thronfolge] staatsrechtliche Verhältnis zwischen der regierenden Familie und dem Lande besteht, geht der Besitz des Hausfideikommisses nach der für die Thronfolge staatsgrundgesetzlich bestimmten Successions-Ordnung auf den jedesmaligen Regenten über, dem die Benutzung derselben ausschließlich zukommt*[189].

Man kann daher davon ausgehen, dass das Haus- oder Hoffideikommiss so lange Patrimonialeigentum des Regenten und seiner Familie war, wie das staatsrechtliche Verhältnis zwischen Land und Regentenhaus bestanden hat[190], beim Haus Baden also bis zum November 1918. Wenn die Särge in Pforzheim also nicht zum Domänenvermögen zu zählen sein sollten, sondern infolge der zweifelsfreien öffentlich-rechtlichen Widmung zum Hoffideikommiss, so wären sie ebenso öffentlich gebunden gewesen wie das Domänenvermögen selbst. Für ein Erbbegräbnis des Hauses Baden war also auch insoweit kein Raum.

e) Die Handkasse bzw. das Schatullgut

Nur wenn man allein auf den möglichen Erwerb der Särge aus privaten Mitteln abstellte, käme die Zuordnung der Särge zum Schatullgut und die Einordnung des Gruftinnenraums als Erbbegräbnis überhaupt in Betracht. Dem stand freilich das bereits erwähnte Staats- und Fürstenrecht des 19. Jahrhunderts entgegen. Alles, was von dem verstorbenen Herrscher aus Staatsmitteln und aus Rücksicht auf den Staat erworben war, gleich ob aus staats- oder privatrechtlichen Titeln, wurde als Staatseigentum betrachtet. Dagegen wurde all das als Privateigentum angesehen, was der Herrscher vor dem Regierungsantritt erworben hatte und was mit diesem Vermögen oder sonst aus Privatmitteln ohne die Absicht der Erwerbung für den Staat angeschafft und vom Herr-

---

[186] § 11 des Testaments vom 8. September 1907, in: LAUFS/MAHRENHOLZ/MERTENS/RÖDEL/SCHRÖDER (wie Anm. 85), S. 305f.
[187] § 13 des Testaments vom 8. September 1907, in: LAUFS/MAHRENHOLZ/MERTENS/RÖDEL/SCHRÖDER (wie Anm. 85), S. 305f.
[188] So auch REHM (wie Anm. 120), S. 325.
[189] SALZA UND LICHTENAU (wie Anm. 182), S. 22f.; ähnlich HELD (wie Anm. 182), S. 217f.; REHM (wie Anm. 120), S. 324ff.
[190] Im Ergebnis LAUFS/MAHRENHOLZ/MERTENS/RÖDEL/SCHRÖDER (wie Anm. 85), S. 106.

scher auch nicht ausdrücklich oder stillschweigend dem Staatsvermögen einverleibt worden war[191].

Die Zuordnung zum freien Privatvermögen, zum »Allerhöchsten Privateigentum«, setzte also nicht nur die Anschaffung aus privaten Mitteln voraus. Vorausgesetzt war auch, dass die Sache nicht einmal stillschweigend öffentlichen Zwecken gewidmet wurde. Es kam also ungeachtet der Art der Finanzierung auf die Widmung an.

Angesichts der vorstehenden Ausführungen ist eine private Widmung praktisch auszuschließen. Doch selbst wenn eine private Widmung in Betracht gezogen werden könnte, hätte es nach dem in Baden angewandten Staats- und Fürstenrecht noch der ausdrücklichen Erwähnung im privaten Testament des den Erwerb getätigt Habenden bedurft, um den Gegenstand zum Privatnachlass zu zählen[192]. Solches ist in Pforzheim nicht ersichtlich. Das Testament Friedrichs I. schweigt jedenfalls zum Sarg der Großherzogin Stephanie.

f) Zwischenbetrachtung

Zum Privatvermögen des Hauses Baden gehörte die Pforzheimer Gruft nach alledem nicht. Vielmehr war sie öffentlichen Zwecken gewidmet und zählte also zum Domänenvermögen. Die Särge gehörten ebenfalls dazu, soweit man sie nicht dem Hoffideikommiss zurechnen sollte.

3. Die Pertinenzregel in der Revolution

a) Automatischer Eigentumsübergang?

Als der Großherzog im Jahr 1918 seine Regierungsbefugnisse ablegte, die Landeshoheit verlor und Privatier wurde, stellte sich damit nur noch die Frage, ob die Pertinenz, also die Anbindung an die Landeshoheit, genügte, um die Schlosskirche, die Gruft und die Särge und alles, was sonst zum Domänen- bzw. Hoffideikommissvermögen zählte, ipso iure auf den neuen Träger der Landeshoheit, das Volk, übergehen zu lassen oder nicht[193]. Die badische Regierung ging offenkundig von einem solch automatischen Übergang aus. In der Regierungsbegründung zum Auseinandersetzungsvertrag gab sie an: *Das Eigentum [...] ist unbestritten als solches der Krone und somit jetzt des Staates anzusprechen*[194].

---

[191] Posse (wie Anm. 95), § 52; Zoepfl (wie Anm. 142), S. 742; so auch in Baden Laufs/Mahrenholz/Mertens/Rödel/Schröder (wie Anm. 85), S. 88 unter Verweis auf den Geheimen Rat von Geusau.
[192] Laufs/Mahrenholz/Mertens/Rödel/Schröder (wie Anm. 85), S. 90.
[193] Für die letztgenannte Möglichkeit: H. Zoepfl, Bemerkungen zu A. L. Reyscher, Heidelberg 1864, S. 36. Für die erstgenannte Möglichkeit: Rehm (wie Anm. 120), S. 333f. Kritisch zu beiden: Klein, Herr oder Haupt? (wie Anm. 102), S. 45 mit Anm. 29.
[194] Verhandlungen des Badischen Landtages 1. Landtagsperiode, Beilage Nr. 21 zum Protokoll der 11. Sitzung vom 19. März 1919, S. 6.

Dieses Pertinenzverständnis bestätigte später auch das Reichsgericht in einem Urteil aus dem Jahr 1932. Danach stand das Domänenvermögen den landesherrlichen Familien *nur solange [zu], als sie die Herrschaft im Staat innehatten*[195]. Nichts anderes hätte das Reichsgericht wohl zur öffentlich-rechtlich belasteten Hofausstattung bzw. zum Hausfideikommiss judiziert. Doch konnte man sich so kurz nach der Revolution nicht sicher sein, dass Richter, die noch im Namen des Monarchen berufen worden waren, gegen ihre vormaligen Landesherrn entscheiden würden[196], wie es später das Reichsgericht tat. Außerdem galt es aus Billigkeitsgründen zu bedenken, dass in das Domänenvermögen auch vormalige Hausdomänen eingegangen waren, die nun entschädigungslos dem Staat zugefallen wären, hätte es keinen Ausgleich gegeben. Auch wenn viel dafür spricht, dass die Staatsumwälzung von 1918, in deren Folge sich der Staat Vermögen angeeignet hat, den Rechtsgrund in sich trug[197], ein Bereicherungsanspruch nach § 812 BGB also ausschied, so konnte man dessen nicht gewiss sein. Die politische Vorgabe für die Vergleichsverhandlungen war daher nicht, Rechtsfragen zu klären, sondern einen Prozess zu vermeiden und einen Vergleich nach Maßgabe der Billigkeit zu erzielen[198]. Offenbar einigten sich beide Seiten recht schnell darauf, eine Aufteilung danach zu bewerkstelligen, in welchem Umfang das Domänenvermögen bisher zum Staatsbedarf beigetragen und in welchem Umfang es private Aufwendungen des Großherzogs und seiner Familie finanziert hatte[199]. Die Begründung, die der Verfassungsausschuss gab, war in rechtlicher Hinsicht jedoch eindeutig: *Alle anderen [d. h. nicht im Vertrag ausdrücklich erwähnten] seither zur Hofausstattung gehörigen Besitzungen, die Schlösser in Karlsruhe, Mannheim, in Heidelberg, in Schwetzingen, Favorite, Scheibenhardt, Stutensee... fallen an den Staat zurück*[200].

Auch die Formulierungen des Auseinandervertrages sprechen dafür, dass man die Pertinenzregel zugrunde legte, so heißt es: *Dem Großherzog werden aus dem Domä-*

---

[195] RGZ 136, S. 211ff., 222.

[196] Vgl. H. KÖHLER, Lebenserinnerungen des Politikers und Staatsmannes 1878–1949, in: J. BECKER (Hg.), Stuttgart 1964, S. 109.

[197] Vgl. RGZ 100, 26, 27 ebenso BGH, Urteil vom 08.02.1952 – V ZR 6/50, Tz. 74 – Juris = BGHZ 5, 76–102.

[198] So die Vorgabe von Außenminister DIETRICH, GLA Karlsruhe 237 Nr. 36318, fol. 83; ebenso die Regierungsbegründung zum ersten Gesetzentwurf über den Auseinandersetzungsvertrag, Verhandlungen des Badischen Landtages 1. Landtagsperiode, Beilage Nr. 21 zum Protokoll der 11. Sitzung vom 19. März 1919, Seite 5. So auch der Abgeordnete Dietz (SPD) im Landtag: Die in § 59 enthaltene Anerkennung des Patrimonialeigentums an den Domänen treffe bis dato für einen *ganz erheblichen Teil des Domänenvermögens* auch zivilrechtlich zu. Mit der gütlichen Einigung wolle man langwierige und unsichere Zivilprozesse vermeiden, vgl. Verhandlungen des Badischen Landtages 1919, Seite 46.

[199] Diesen Weg hatte das von großherzoglicher Seite in Auftrag gegebene Rechtsgutachten von Rechtsanwalt MAX HACHENBURG vorgegeben, GLA Karlsruhe 233 Nr. 26655, Seite 20. So auch die Begründung des Verfassungsausschusses vom 25. März 1919, Verhandlungen des Badischen Landtages 1. Landtagsperiode, Beilage Nr. 21b zum Protokoll der 14. Sitzung vom 25. März 1919, Seite 2.

[200] Verhandlungen des Badischen Landtages 1. Landtagsperiode, Beilage Nr. 21b zum Protokoll der 14. Sitzung vom 25. März 1919, Seite 2; vgl. desweiteren die Formulierungen in § 2 Abs. 2 Satz 2 sowie § 5 des Auseinandersetzungsvertrages.

*nenvermögen als Privateigentum zugeschieden...*²⁰¹ Aus einer Vermögensmasse etwas zuscheiden kann aber nur, wer selbst Vermögensinhaber ist. Das Staatseigentum der Domänen war daher notwendigerweise Voraussetzung für die Auseinandersetzung mit dem Haus Baden.

§ 6 des Auseinandersetzungsvertrages löste schließlich die in § 59 der Verfassungsurkunde von 1818 vorbehaltenen Rechte an den Domänen ab und beseitigte die auf den fortan ausdrücklich als Staatseigentum verstandenen Domänen ruhenden Lasten²⁰². Die Domänen sollten fortan unbelastet und frei von Anrechten Dritter sein. Denkt man noch einmal daran, dass die badische Regierung dieses Eigentum *unbestritten als solches der Krone und somit jetzt des Staates*²⁰³ ansah, kommt man nicht umhin, das Pertinenzprinzip als maßgebend für die Vermögensauseinandersetzung zu sehen. Wegen des Vergleichscharakters des Auseinandersetzungsvertrages musste dies freilich nicht mit der Deutlichkeit betont werden, wie es der Fall gewesen wäre, wenn eine einseitige gesetzliche Regelung erfolgt wäre.

Bezeichnenderweise wurde der Auseinandersetzungsvertrag nahezu zeitgleich mit der badischen Verfassung²⁰⁴ von der verfassungsgebenden Versammlung verabschiedet. Dieser enge zeitliche Zusammenhang bestätigt letztlich die Wirksamkeit des Pertinenzprinzips²⁰⁵. Denn erst mit dem Inkrafttreten der Verfassung war der Übergang der Staatsgewalt auf das Volk endgültig vollzogen. In diesem Zusammenhang wurden die auf den Domänen ruhenden Anrechte des großherzoglichen Hauses aufgehoben. Die Domänen wurden freies und ausschließliches Staatseigentum. Dem Pertinenzprinzip war damit Genüge getan.

Als Bestandteil des Domänenvermögens ging die Pforzheimer Fürstengruft also auf den Staat über. Auch wenn man die Särge zum früheren Hoffideikommiss zählt, gilt nichts anderes. Denn Ausnahmeregelungen zugunsten des Hauses Baden sind nicht ersichtlich.

b) Gegenargumente

Die Argumente, die insbesondere Cajetan von Aretin gegen einen solchen Eigentumsübergang anführt, vermögen nicht zu überzeugen. So ist der Schluss aus den Verlautbarungen zu den Kunstsammlungen, es sei seinerzeit das Eigentum des entthronten Großherzogs am Hausfideikommiss vorausgesetzt worden²⁰⁶, keineswegs zwingend.

---

[201] § 1 des Auseinandersetzungsvertrages, BGVBl. 1919, Seite 180. Darauf stellen auch Mertens/Rödel ab, (wie Anm. 134), S. 484.
[202] So auch die Regierungsbegründung zum Auseinandersetzungsvertrag, die von Anrechten des Großherzogs und seiner Familie sprach und das Wort Eigentum nur in Anführungszeichen gebrauchte, Verhandlungen des Badischen Landtages 1. Landtagsperiode, Beilage Nr. 21 zum Protokoll der 11. Sitzung vom 19. März 1919, Seite 5.
[203] Verhandlungen des Badischen Landtages 1. Landtagsperiode, Beilage Nr. 21 zum Protokoll der 11. Sitzung vom 19. März 1919, S. 6.
[204] BGVBl. 1919, Seite 279ff.
[205] Noch deutlicher wurde dies in Hessen-Darmstadt erkennbar, dazu M. HORN, in: D. DIRBACH/S. RICHTER (Hgg.), Der Thronverzicht, Köln/Weimar/Wien 2010, S. 267–290, 283.
[206] So VON ARETIN, Vom Umgang (wie Anm. 112), S. 177, 178.

Immerhin ist in der durch § 8 des Auseinandersetzungsvertrages für maßgeblich erachteten Erklärung des Präsidenten der Generalintendanz der Großherzoglichen Zivilliste nur davon die Rede, dass *die Kunstwerke der Kunsthalle.. die Privateigentum des Großherzogs sind*, solches bleiben. Es heißt dort also nicht, dass die Kunstwerke der Kunsthalle Privateigentum des Großherzogs sind. Es ist nur von den dort befindlichen privaten Kunstwerken die Rede. Auch in § 8 des Auseinandersetzungsvertrages ist nichts davon zu lesen, dass die Kunstwerke der Kunsthalle dem Großherzog verbleiben sollten, sondern nur davon, dass hinsichtlich der im Privateigentum stehenden Kunstwerken »in« der Kunsthalle, die vorbezeichnete Erklärung maßgeblich sei. Damit erscheint es sehr gewagt, pars pro toto auf die Gesamtheit der Kunstwerke, ja auf das Hausfideikommissvermögen insgesamt Rückschlüsse zu ziehen. Ebenso gut vorstellbar ist, dass man im Vertrag die Eigentumsfrage schlicht offen ließ und nur sichergehen wollte, dass Gegenstände, welche der Großherzog für Privateigentum hielt, nicht ohne weiteres der Öffentlichkeit entzogen werden. Eine ausdrückliche Regelung zugunsten einer privatrechtlichen Einordnung des gesamten Hausfideikommisses können im Übrigen auch die Kritiker der Expertenkommission nicht vorweisen[207]. Die Einschätzung verschiedentlich erwähnter Behördenvertreter[208] ersetzt als bloße Rechtsansicht nicht das vorgefundene Recht, wie es sich beispielsweise im Testament von Großherzog Friedrich I.[209] gezeigt hat. Die Motive, die den vormaligen Großherzog zum Abschluss des Auseinandersetzungsvertrages bewogen haben mögen, sind – wie aus dem Text des Vertrages und den Motiven des Gesetzgebers hervorgeht – einseitig geblieben und damit rechtlich ohne Belang[210].

4. Zwischenbetrachtung

Die badischen Domänen wurden im Zuge der Revolution 1918/1919 Staatseigentum und mit ihnen auch das Gelände des ehemaligen Residenzschlosses Pforzheim mit der Schlosskirche. Ebenso wurde auch das Hoffidekommissvermögen Staatseigentum. Da eine ausdrückliche privatrechtliche Absonderung der Pforzheimer Gruft und ihrer Särge nicht erfolgt ist, kommt privates Eigentum des Hauses Baden an der Grablege der früheren badischen Regenden nicht in Betracht. Ein privates Erbbegräbnis scheidet wegen der eindeutigen öffentlich-rechtlichen Widmung von Gruft und Särgen aus.

---

[207] Vgl. VON ARETIN, Vom Umgang (wie Anm. 112), S. 178; vgl. ferner G. ROLLECKE, F. A. Z. vom 9. April 2008, S. 35.
[208] Vgl. VON ARETIN, Vom Umgang (wie Anm. 112), S. 179.
[209] LAUFS/MAHRENHOLZ/MERTENS/RÖDEL/SCHRÖDER (wie Anm. 85), S. 90.
[210] R. SINGER in: J. VON STAUDINGER Kommentar zum Bürgerlichen Gesetzbuch (2011) Vorbem zu §§ 116ff. RdNr. 32.

5. Staatseigentum auch bei Ablehnung der »Pertinenztheorie«

Doch selbst wenn man die Pertinenz der Domänen für bloße Theorie hält und den Großherzog als privaten Eigentümer der Domänen betrachtet, kann das staatliche Eigentum an Gruft und Särgen gleichwohl nicht in Zweifel gezogen werden. Auch dann ist für die Annahme eines Erbbegräbnisses kein Raum, gerade wenn man dem badischen Staat bis zur Revolution von 1918 keine eigene Rechtspersönlichkeit zubilligt und ihn nur als vom Großherzog verkörpert ansieht.

a) Kein privates Erbbegräbnis wegen Konfusion

Denn unter dieser Prämisse wäre der Großherzog Grundeigentümer und zugleich Berechtigter eines Erbbegräbnisses gewesen. Das Recht zur Nutzung hätte derselben Person zugestanden, die zur Nutzungsüberlassung verpflichtet war. In einer solchen Situation konnte schon kein (erblicher) Anspruch entstehen, ein eventuell bestehender Anspruch erlosch (Konfusion) mit der Zuweisung in das landesherrliche Vermögen[211], so dass etwaige vom Eigentum losgelöste Nutzungsrechte und damit auch dingliche Rechte des Regenten und seiner Familie an der Grablege von vornherein ausschieden[212]. Dies gälte insbesondere dann, wenn es sich um ein privates Nutzungsrecht gehandelt haben sollte[213]. Trotz seiner Doppelgesichtigkeit blieb der Monarch doch eine natürliche Person. So wie heute ein Kaufmann, dem sein Ladenlokal gehört, mit sich als Privatperson keinen Mietvertrag abschließen könnte[214], so konnte der Landesherr auch nicht mit sich selbst eine Nutzungsberechtigung vereinbaren. Zumindest hätte es einer ausdrücklichen Regelung bedurft[215], etwa einer Absicherung im Grundbuch. Eine solche ist bis heute nicht bekannt. Dass der Großherzog an die Bestimmungen des Landrechts nicht gebunden war, zwingt keineswegs zu einer anderen Beurteilung. Ein für verbindlich erachteter, ungeschriebener anderslautender Brauch hätte auch dann deutlich sichtbar werden müssen, was nicht zu beobachten ist. Bekannt ist nur ein Vorbehalt zugunsten des Domänenfiskus im Vertrag vom 13. Februar 1880, nicht aber ein Vorbehalt

---

[211] D. OLZEN in: J. VON STAUDINGER (Hg.), Kommentar zum Bürgerlichen Gesetzbuch (2011), Einl zu §§ 362ff RdNr. 25 unter Verweis auf die Motive zum BGB; BGH, NJW 1982, 2381, Tz. 36 – Juris; vgl. ferner Landrechtssatz 1234 – Rechtsvermischung.

[212] Anders in Württemberg, wo die auch nach Inkrafttreten der Verfassungsurkunde von 1819 aktiv genutzte Gruft im Ludwigsburger Schloss dem Königreich als Rechtsperson gehörte, während der König als natürliche Person und sein Haus als eigenständige Rechtsperson eigene Nutzungsrechte begründen oder erhalten konnten – vgl. § 102, 103 der Verfassungs-Urkunde für das Königreich Württemberg, Amtliche Ausgabe, Stuttgart 1819.

[213] Insbesondere wenn man der Auffassung VON ARETINS folgt, wonach das Domänenvermögen etwa in Baden Privatvermögen gewesen sei, VON ARETIN, Vom Umgang (wie Anm. 112), S. 165, 167.

[214] Vgl. dazu den ähnlichen Fall des BFH, Urteil vom 16.08.1973 – V R 21/70, V R 22/70, V R 21–22/70, Tz. 14 – Juris = BFHE 110, 155 sowie BGH, Urteil vom 17.12.2008 – VIII ZR 13/08 –, Tz. 16 – Juris = NJW 2009, 1076–1078.

[215] C. MEURER, Der Begriff und Eigenthümer der heiligen Sachen, II. Band, Düsseldorf 1885, S. 36. Zur Bindung des Großherzogs an das Landrecht vgl. LAUFS/MAHRENHOLZ/MERTENS/RÖDEL/SCHRÖDER (wie Anm. 84), S. 103.

zugunsten des Großherzogs in Person bzw. ein Vorbehalt »Allerhöchsten Privateigentums«.

Auch nach gemeinem Recht erlosch ein beschränkt dingliches Recht in dem Moment, in dem es derselben Person gehörte, wie das belastete Grundstück[216]. Dies wäre hier schon vor Inkrafttreten des BGB geschehen. Daher kann nicht bezweifelt werden, dass die Pforzheimer Grablege insgesamt schon vor 1918 einem Eigentümer gehörte[217], also kein Scheinbestandteil war. Infolge des vertraglich vereinbarten Übergangs wurde die Gruft spätestens im Jahr 1919 komplett Staatseigentum.

Davon abgesehen hätte ein etwaiges Erbbegräbnis am – hier landesherrlichen – Patronat gehangen[218], das sich in der Zugehörigkeit der Schlosskirche zum Domänenvermögen zeigte[219]. Dieses Patronatsrecht war mit dem Grund und Boden verhaftet und ging daher – da nichts Gegenteiliges bestimmt war – mit allen Rechten an den neuen Eigentümer, die Republik Baden über[220]. § 18 Abs. 3 Satz 5 der Badischen Verfassung von 1919 hob die ehemals landesherrlichen Patronate auf[221]. Selbst wenn man dem Patronatsrechts also eine von Grund und Boden losgelöste Geltung zubilligen sollte, entfaltete es praktisch zeitgleich mit dem Inkrafttreten des Auseinandersetzungsvertrages keine Wirkung mehr[222].

Dem Land blieb damit nur noch die Bau- bzw. Unterhaltungslast hinsichtlich der in seinem Eigentum stehenden Gebäude[223] und Gegenstände. Da der Stiftschor und die Gruft jedenfalls seit 1880 zu keinem Zeitpunkt kirchlichen Zwecken gewidmet waren, ist das Pforzheimer Begräbnis im Übrigen nicht von der Widmungsgarantie des Kirchenvertrages von 2007 erfasst[224].

b) Die Särge als Gruftzubehör und ihr eigentumsrechtliches Schicksal

Auch ungeachtet der Rechtswirkungen der Konfusion spricht bei konsequenter Fortführung des Gedankens, die Domänen seien im 19. Jahrhundert privates Eigentum des Regenten gewesen, heutzutage viel für staatliches Eigentum, nicht nur an den Grufträumen, sondern auch an den dort verwahrten Särgen. Denn unter dieser Prämisse regelte

---

[216] K.-H. GURSKY in: J. von Staudinger (Hg.), Kommentar zum Bürgerlichen Gesetzbuch (2013) § 889 RdNr. 1.
[217] Vgl. Landrechtssatz 617, 703.
[218] WITTKEN (wie Anm. 8), S. 662, 667; RICHTER (wie Anm. 8), § 191 a.E., S. 689. Zum Beispiel Hessen-Kassel: C. PRESCHE, ZHG 107 (2002), S. 17–69, 33.
[219] Vgl. H. R. JUNG, Baulast und Patronat an der katholischen Pfarrkirche St. Pankratius in Odenthal, Diss. Maschinenschriftlich, Köln 1986, S. 119.
[220] PHILIPPS (wie Anm. 70), S. 279; JUNG (wie Anm. 219), S. 119.
[221] Dazu HARDER (wie Anm. 42), S. 313–396, 339.
[222] PHILIPPS (wie Anm. 71), S. 286.
[223] Artikel 19 des Vertrages des Landes Baden-Württemberg mit der Evangelischen Landeskirche in Baden und mit der Evangelischen Landeskirche in Württemberg vom 17.10.2007, GBl. 2008, Seite 1, nachdem das iur patronatus 1555 an die Markgrafschaft zurückgefallen war, FOUQUET (wie Anm. 82), S. 107ff., 119.
[224] Vgl. Artikel 19 des Vertrages des Landes Baden-Württemberg mit der Evangelischen Landeskirche in Baden und mit der Evangelischen Landeskirche in Württemberg vom 17.10.2007, GBl. 2008, S. 1.

der Auseinandersetzungsvertrag von 1919 das Eigentum an den dem Staat zugewiesenen Grundstücken neu, wirkte also unmittelbar auf die Rechtslage ein. So heißt es etwa im Übereinkommen zwischen dem Bayerischen Staat und dem vormaligen Bayerischen Königshause, das Haus erkenne das Eigentum des Staates an und übertrage es auf den Staat, *soweit ihm noch Eigentum oder sonstige Rechte* zustehen[225]. So verstanden waren alle Auseinandersetzungsverträge, auch der badische, Verfügungsgeschäfte im Sinne des § 926 BGB. Zubehörstücke gingen danach im Zweifel mit dem Grund und Boden über (§ 926 Abs. 1 Satz 2 BGB).

Das BGB setzte insoweit kein neues Recht, sondern knüpfte an bereits bestehende Rechtsordnungen an. Auch wenn danach Eigentum auf fremdem Grund und Boden grundsätzlich möglich war, so galt doch, dass etwa der Umstand, den Gegenstand auf eigene Kosten erstellt zu haben, allein kein Eigentum begründete. Vielmehr bedurfte es zur Begründung oder Aufrechterhaltung separaten Eigentums eines Rechtsgeschäfts oder der Ersitzung[226]. Dem Grundeigentümer, der verhindern wollte, dass mit dem Grundeigentum das Zubehör überging, stand es frei, die Sache vor der Verfügung über die Hauptsache zu entfernen[227]. Tat er dies nicht, verlor er sein Mobiliareigentum. Gemeinrechtlich hatten Zubehörstücke in der Regel ohnehin als Bestandteile der Hauptsache gegolten und deren Schicksal geteilt[228]. Und nach dem im Fürstenrecht fortlebenden Lehnrecht blieben Begräbnisse beim Lehen[229]. Sie galten also nach der Verkehrsauffassung (§ 97 Abs. 1 Satz 2 BGB) als Zubehör, das bei der Hauptsache blieb. So war es auch in Pforzheim und zwar selbst dann, wenn man der Auffassung sein sollte, die Särge seien Bestandteil des Hausfideikommisses gewesen und man diesem die staats- und fürstenrechtliche Pertinenzqualität abspricht.

Nun mag man einwenden, Särge seien anders als etwa die Maschinen einer Fabrik kein Zubehör im wirtschaftlichen Sinne. Doch darf der Wortlaut des § 97 BGB, der jedenfalls 1918/1919 anzuwenden war, nicht darüber hinwegtäuschen, dass es nicht um einen wirtschaftlichen Zusammenhang im ökonomischen Sinne geht, sondern darum, ob ein Gegenstand der Hauptsache dauerhaft zu dienen bestimmt ist[230]. Auch kulturelle[231] oder persönliche Zwecke können genügen[232]. Unter der Geltung des BGB wird die Zubehöreigenschaft etwa bejaht bei den Glocken[233] und der Orgel einer Kirche[234],

---

[225] § 3 Abs. 1 des Übereinkommens zwischen dem Bayerischen Staate und dem vormaligen Bayerischen Königshause vom 24.01.1924, Verhandlungen des Bayerischen Landtags 1922/1923, BeilagenBand XI., München 1923, S. 498ff.
[226] MEURER (wie Anm. 215), S. 36.
[227] J. BRAUER, Erläuterungen über den Code Napoléon und die großherzoglich badische Gesetzgebung, Erster Band, Karlsruhe 1809, Satz 524 Ziff. 12, S. 377.
[228] JICKELI/STIEPER (wie Anm. 5), § 97 RdNr. 1.
[229] HOMMEL (wie Anm. 14), S. 20, 67; mit weiteren Differenzierungen grundsätzlich zustimmend POSSE (wie Anm. 94), § 39; vgl. im Übrigen §§ 311c, 926 Abs. 1 Satz 2, 2164 BGB, die auf einen allgemeinen Rechtsgrundsatz bzw. eine Beweislastregel hindeuten; vgl. auch OLG Düsseldorf, NJW 1992, 3246.
[230] JICKELI/STIEPER (wie Anm. 5), § 97 RdNr. 13 m.w.N.
[231] BGH, NJW 1984, 2277, 2278; STRESEMANN (wie Anm. 6), § 97 RdNr. 15.
[232] JICKELI/STIEPER (wie Anm. 5), § 97 RdNr. 13 m.w.N.
[233] BGH, NJW 1984, 2277, 2278.
[234] STRESEMANN (wie Anm. 6), § 97 RdNr. 15 unter Verweis auf RG, Gruchot 54, 881, 883.

aber auch abseits kultureller Zwecke etwa bei der Einrichtung eines Hotel- und Gaststättengrundstücks[235].

Entscheidend ist stets, dass ein Abhängigkeitsverhältnis zwischen der Hauptsache und dem Zubehör auf Dauer begründet wird[236]. Für ein solch dauerndes Abhängigkeitsverhältnis spricht schon der Umstand, dass der Bestand der Särge in den allermeisten Grüften mit ungeklärter Eigentumslage seit dem Ende der Monarchie kaum mehr verändert worden ist. Zu bedenken ist weiter, dass das Gruftbegräbnis dem Wunsch nach einer dauerhaften Bewahrung des Leichnams bis zum Jüngsten Tag entsprang. Schon die Bauweise der Grüfte mit ihrem durchdachten Belüftungssystem sollte für eine natürliche Mumifizierung des Leichnams sorgen[237].

Ob dieser Wunsch nun eher auf religiösen Motiven beruhte – was angesichts der jahrhundertealten christlichen Praxis des Abräumens von Gräbern und der Unerheblichkeit eines konservierten Leibes[238] für die von Gott zu bewirkende Auferweckung zu bezweifeln ist[239] – oder doch eher der Hervorhebung der gesellschaftlichen Stellung geschuldet war[240], kann dahinstehen. Jedenfalls war eine dauerhafte Aufbewahrung der Toten in den in der Gruft aufgestellten Särgen bezweckt. Eine Ortsveränderung war und ist mit diesem Zweck nicht vereinbar.

Erinnert sei nochmals an die Worte Raders: »Herrschaft braucht Herkunft und wünscht Zukunft. Nirgends ließ sich das so augenfällig inszenieren, wie an den Begräbnisorten herrschender Familien. Alle diese Anlagen sollten Dauer inszenieren, eine Ewigkeit der Herrschaft und Hervorgehobenheit einer Personengruppe«[241].

Hinzu tritt – jedenfalls in Pforzheim – noch ein weiterer Umstand: Die bei der Balsamierung entnommenen Organe wurden offensichtlich zu Füßen der Sargpodeste im Boden bestattet. Sie sollten also in räumlicher Verbindung zu den sonstigen sterblichen Überresten stehen.

Sowohl nach lehnrechtlichen wie auch nach bürgerlichrechtlichen Grundsätzen ist damit von der Zubehöreigenschaft der Särge in der Gruft auszugehen. Mit der Verfügung über das Grundeigentum ging damit auch das Eigentum an den Särgen über[242]. So verhielt es sich jedenfalls in Pforzheim; ging doch der badische Auseinandersetzungsvertrag eindeutig davon aus, dass das Inventar grundsätzlich mit dem neuen Grundeigentümer geht. Besonders erwähnt sind nur (potenzielle) Konfliktfälle[243]. Anhalts-

---

[235] STRESEMANN (wie Anm. 6), § 97 RdNr. 36.
[236] JICKELI/STIEPER (wie Anm. 5), § 97 RdNr. 14, 18 m.w.N.
[237] R. SÖRRIES, Ruhe sanft, Kevelaer 2011, S. 116.
[238] T. AQUINATIS, Summae contra gentiles, libri quattuor, Darmstadt 1996, S. 514.
[239] AUGUSTINUS, Vom Gottesstaat, München 2007, Erstes Buch, 12. und 13. Kapitel, S. 24, 26; K. BARTH, Die Auferstehung der Toten, München ²1926, S. 112; F. Kamphaus, Eine Fortsetzung findet nicht statt, F. A. Z. vom 11.11.2004, S. 8; W. KLEIN, Rechtsforum des LACDJ Baden-Württemberg, 2013, S. 8–10, 10.
[240] Vgl. insoweit SÖRRIES (wie Anm. 237), S. 107.
[241] RADER (wie Anm. 161), S. 81; ähnlich auch MICHALSKY (wie Anm. 150), S. 17, 18, 24, 27.
[242] §§ 311c, 926 Abs. 1 Satz 2 BGB.
[243] § 1 Ziff. 5, 6 des Vertrages über die Auseinandersetzung zwischen dem badischen Staat und dem vormaligen Großherzoglichen Haus, GVBl. 1919, Seite 180. Darin wurde nur das Inventar der ausdrücklich dem Privatvermögen zugeschiedenen Liegenschaften sowie dasjenige der Hofausstattung angesprochen. Die Schlosskirche zählte dazu aber nicht, sodass im Um-

punkte dafür, dass ein gleichlaufender Eigentumsübergang in Pforzheim nicht gewollt war, gibt es nicht. Selbst wenn man also meint, es habe im 18. und 19. Jahrhundert keinen Rechtssatz der Pertinenz gegeben, so wäre die Gruft in Pforzheim mitsamt der Särge dennoch staatliches Eigentum geworden.

Sollte man dagegen meinen, mit der Revolution habe sich die zuvor bestehende öffentliche Legitimierungsfunktion der Gruft erschöpft, stünde die zivilrechtliche Zubehöreigenschaft der Särge gleichfalls nicht in Frage. Denn für deren Begründung kam es auf die Legitimierung von Herrschaft nicht zwingend an. Entscheidend war und ist die räumlich-ideelle Verbindung bis zum Jüngsten Tag.

c) Keine Ersitzung, kein Besitzmittlungsverhältnis

Daraus, dass möglicherweise angenommen wurde, die Särge stünden im Eigentum des Hauses Baden, lassen sich im Übrigen keine Rechtswirkungen herleiten. Die bloß irrtümliche Annahme des wahren Eigentümers, einem anderen zur Herausgabe verpflichtet zu sein, begründet nämlich noch keinen, zur so genannten Ersitzung führenden, unmittelbaren Besitz des anderen; und eine Ersitzung an einer öffentlichen Sache scheidet ohnehin aus[244]. Ein Besitzmittlungsverhältnis kommt auch deshalb nicht in Frage, weil das Haus Baden seit dem Ende der Monarchie keinen eigenen Zugang zur Gruft mehr hat[245]. Soweit Vertreter des Hauses Baden die Gruft besucht haben, geschah dies nach Absprache mit der zuständigen Stelle des Landes. Während solcher Besuche waren jeweils Vertreter des Landes anwesend. Die Öffnung und Schließung der Gruft erfolgte durch den Vertreter des Landes[246].

6. Zwischenbetrachtung

Nach alledem waren die Särge schon vor der Revolution Zubehör der Gruft bzw. Pertinenzstücke des Domänenvermögens oder Teil des Hoffideikommisses. Infolge dessen ist nicht nur die Schlosskirche 1918/1919 Staatseigentum geworden, sondern auch sämtliche ihrer Bestandteile und Pertinenzstücke, darunter die Gruft nebst den Särgen. Die Abgeltungsklauseln in den Verträgen von 1919 und 2008 stehen einer Berufung auf dieses staatliche Eigentum nicht entgegen, weil die Zubehöreigenschaft schon vorher bestanden hat. Privateigentum scheidet unter jedem denkbaren Gesichtspunkt aus.

Anders als in Stuttgart kam deshalb die Begründung eines Erbbegräbnisses durch stillschweigende Billigung des Belassens privater Särge nach der Revolution in Pforzheim nicht in Betracht. Die Särge gehörten und gehören vielmehr demjenigen, dem auch der Gruftraum gehört – heute dem Land Baden-Württemberg.

---

kehrschluss aus § 1 Ziff. 5, 6 zu schließen ist, dass im Übrigen § 926 Abs. 1 Satz 2 BGB gelten sollte.
[244] LAUFS/MAHRENHOLZ/MERTENS/RÖDEL/SCHRÖDER (wie Anm. 85), S. 141; BGHZ 10, 81, 87.
[245] Stellungnahme der MARKGRÄFLICH BADISCHEN VERWALTUNG vom 24. Juli 2012.
[246] Stellungnahme der MARKGRÄFLICH BADISCHEN VERWALTUNG vom 21. Juni 2012.

Infolge der gleichgelagerten Widmung der Grabbeigaben – auch hier ging es um Repräsentation und Zuordnung zum Regentenhaus im Tode – teilten diese in Anwendung der Pertinenzregel auch das eigentumsrechtliche Schicksal von Gruft und Särgen.

Hält man den Rechtssatz der Pertinenz dagegen für bloße Theorie, so kann man nur daran zweifeln, ob auch die Grabbeigaben Staatseigentum geworden sind, denn ihr wirtschaftlicher Zweck war ein anderer als derjenige der Särge[247]. Bestandteil der Gruft oder der Särge sind sie in der Regel nicht[248]. Ob sie freilich im Eigentum der Erben des Gebers stehen[249], ist ebenso zweifelhaft. Denn anders als beim gemeinen Volk, sollten sie dauerhaft den sterblichen Überresten zugeordnet sein und könnten daher so etwas wie Leichenzubehör sein. Dann wären sie Staatseigentum, wenn man die menschlichen Überreste, welche in den Särgen verwahrt werden, dem Staat zuordnen könnte.

7. Das Eigentum an den sterblichen Überresten

Wegen des zunächst fortwirkenden Persönlichkeitsrechts der Toten waren die bestatteten Leichen anfangs nicht eigentums- oder verkehrsfähig[250]. Sie konnten insoweit weder Gegenstand des Nachlasses[251] noch Zubehör von Sarg und Gruft sein. Also stand es auch nicht den Erben zu, über die Toten zu entscheiden, sondern den Totenfürsorgeberechtigten (dazu unter a)[252]. Mit dem Erlöschen des Persönlichkeits- bzw. Totenfürsorgerechts (dazu unter b) fiel das dann mögliche Eigentum[253] dem Grufteigentümer zu – als Folge der (jedenfalls konkludenten) Ausübung seines Aneignungsrechts[254].

a) Berechtigung zur Totenfürsorge

Auch wenn das Reichsgericht in Anlehnung an das gemeine Recht kurze Zeit annahm, die Totenfürsorge stehe den hinterbliebenen Angehörigen oder den Erben zu[255], oblag

---

[247] Möglich ist die Begründung der Zubehöreigenschaft dabei ohne weiteres, auch wenn die Hauptsache Mobilie ist, JICKELI/STIEPER (WIE ANM. 5), § 97 RdNr. 8.
[248] JICKELI/STIEPER (wie Anm. 5), Vorbem zu §§ 90–103 RdNr. 27.
[249] JICKELI/STIEPER (wie Anm. 5), Vorbem zu §§ 90–103 RdNr. 27.
[250] JICKELI/STIEPER (wie Anm. 5), § 90 RdNr. 48.
[251] JICKELI/STIEPER (wie Anm. 5), § 90 RdNr. 40.
[252] J. GAEDKE/J. DIEFENBACH, Handbuch des Friedhofs- und Bestattungsrechts, Köln [10]2010, S. 115.
[253] STRESEMANN (wie Anm. 6), § 90 RdNr. 31; J. ELLENBERGER in: O. PALANDT, Kommentar zum Bürgerlichen Gesetzbuch, Überblick vor § 90 BGB RdNr. 11; JICKELI/STIEPER (wie Anm. 5), § 90 BGB RdNr. 51, 52; HÖNINGS (wie Anm. 6), S. 23–34, 26; C. ROTH, Das Eigentum an Körperteilen – Rechtsfragen der Kommerzialisierung des menschlichen Körpers, Berlin, Heidelberg 2009, S. 156; ferner VGH Mannheim, Urteil vom 29.11.2005 – 1 S 1161/04, Tz. 34 – Juris = VBlBW 2006, 186–189; VGH München, Beschluss vom 21.02.2003 – 4 CS 03 462, Tz. 19 – Juris = BayVBl 2003, 339–342.
[254] JICKELI/STIEPER (wie Anm. 5), Vorbem zu §§ 90–103 RdNr. 27.
[255] RGZ 100, 171, 172; RGZ 108, 217, 220 mit gleichen Erwägungen auch G. F. PUCHTA, Pandekten, Band 1, Leipzig [9]1863, § 318; J. A. BAURIEDEL,Theoretisch-praktischer Commentar über die Pandekten, 1. Band, Bayreuth 1789, § 772, der auch darauf verweist, dass bei Nichterfüllung der Totenfürsorgepflicht jeder eintreten kann.

sie gewohnheitsrechtlich doch den Hinterbliebenen, in der Regel den nächsten Verwandten, also denjenigen, die dem Toten im Leben nahe gestanden hatten[256]. Ratio der reichsgerichtlichen Erwägungen war die Pflicht zur Kostentragung der Bestattung aus der Erbschaft[257]. Allerdings wandelte sich die Rechtsprechung und stützte sich mehr und mehr auf den Schutz des postmortalen Persönlichkeitsrechts. Dessen Geltendmachung erforderte keinen vermögensrechtlichen Bezug zum Verstorbenen mehr, sondern einen persönlichen (Liebes-, Lebens- oder sonstige persönliche Beziehung), und zwar zu Lebzeiten[258].

Diesen Bezug können und konnten nur die nächsten Angehörigen haben[259], nicht aber eine Familie als Kollektiv[260]. Soweit privatfürstenrechtliche Regelungen zu Zeiten der Monarchie gerade solches vorgesehen haben mögen, so verloren sie durch Art. 109 Abs. 3 Satz 1 der Verfassung des Deutschen Reiches in Verbindung mit Art. 9 Abs. 2 der Badischen Verfassung vom 31. März 1919 ihre Bedeutung[261]. Als nächste, zur Totenfürsorge verpflichtete und berechtigte[262] Angehörige galten und gelten danach der überlebende Ehegatte, die volljährigen Kinder bzw. die Eltern oder Enkel[263]. Dies zugrunde gelegt, gibt es heute niemanden mehr, der im Hinblick auf die in der Fürstengruft Bestatteten totenfürsorgeberechtigt ist.

Davon abgesehen schwindet der persönliche Bezug mit zunehmendem zeitlichem Abstand, selbst wenn weiterhin ein Verwandtschaftsverhältnis besteht. Was für die zeitliche Dimension gilt, gilt auch für die räumliche und umgekehrt. Panajiotis Nikoletopoulos weist zutreffend darauf hin, dass ein in Australien lebender Neffe, anders als ein in Deutschland ortsnah lebender, mit dem Verstorbenen nicht derart eng verbunden sein dürfte, dass er das postmortale Persönlichkeitsrecht wahren könnte[264]. Erst recht muss dies gelten, wenn das Verwandtschaftsverhältnis durch die Zeit und Generationenfolge weit mehr gelockert ist, als es auf Erden überhaupt distanziert sein könnte. Nehmen die Menschen in den Worten des großen französischen Romanciers Marcel Proust (1871–1922) doch *im Gegensatz zu dem begrenzten Anteil an Raum, der für sie ausgespart ist,*

---

[256] H. Gareis, Seuffert's Blätter für Rechtsanwendung, 60 (1905), S. 308ff., 320; in diesem Sinne auch RGZ 45, 170, 173.
[257] So auch J. von Staudinger, Kommentar zum Bürgerlichen Gesetzbuch (1902), § 1922 Anm. IV. 2. d); Puchta (wie Anm. 255), § 318.
[258] Gareis (wie Anm. 256), S. 320; P. Nikoletopoulos, Die zeitliche Begrenzung des Persönlichkeitsrechts nach dem Tode, Frankfurt am Main/Bern/New York, 1984, S. 134.
[259] Zuletzt BGH, Urteil vom 17.11.2011 – III ZR 53/11, Tz. 11; grundlegend BGHZ 50, 133 – Mephisto, ebenso H. Sprau in: O. Palandt, Kommentar zum Bürgerlichen Gesetzbuch, § 823 RdNr. 90.
[260] Nikoletopoulos (wie Anm. 258), S. 129.
[261] Dazu W. Klein, Der Monarch wird Privatier, in: D. Dirbach/S. Richter (Hgg.), Der Thronverzicht, Köln, Weimar, Wien 2010, S. 152ff., 155f.
[262] W. Marotzke in: J. von Staudinger (Hg.) Kommentar zum Bürgerlichen Gesetzbuch (2008), § 1922 RdNr. 118; Gaedke/Diefenbach (wie Anm. 251), S. 115.
[263] § 8 Abs. 2 Satz 2 des Gesetzes, die Feuerbestattung betreffend vom 30.12.1920, Sächsisches Gesetz- und Verordnungsblatt, S. 483; § 21 Abs. 1 Nr. 1 des Gesetzes über das Friedhofs- und Leichenwesen vom 21.07.1971, GBl. BW, S. 395.
[264] Nikoletopoulos (wie Anm. 258), S. 130.

einen umso größeren Platz ein in der Zeit[265]. Der räumliche Abstand, der die Menschen verbindet, ist – zumal in der Gegenwart – verschwindend gering gegenüber dem zeitlichen Abstand, der sie von ihren Vorfahren trennt[266]. Ein Totenfürsorgerecht für spätere Nachkommen im Umgang mit lange verstorbenen Angehörigen kommt also nicht in Betracht[267]. Demnach scheidet eine Totenfürsorgeberechtigung der Nachfahren der in der Pforzheimer Gruft Bestatteten aus.

b) Zeitliche Reichweite der Totenfürsorge nach Maßgabe des postmortalen Persönlichkeitsrechts

Damit ist aber nichts dazu gesagt, ob das postmortale Persönlichkeitsrecht noch zu achten wäre. Schon zu Beginn des 19. Jahrhunderts stritt man um die Reichweite des postmortalen Persönlichkeitsschutzes und damit auch um die Frage, wann der Leichnam eines Menschen Sache wird. Vertreten wurde von einigen, dass der Körper nicht schon im Moment des Todes, sondern erst dann, wenn der Zusammenhang zwischen den Teilen des Körpers durch Verwesung aufgehoben wird, Sache werden kann[268]. Von anderen wurde bereits der Leichnam, also die entseelte Hülle des Menschen, als Sache angesehen[269].

Auch wenn die überwiegende Meinung in Rechtsprechung und Schrifttum heute davon ausgeht, dass es auf den Fortschritt des Verwesungsprozesses ankommt[270], so herrscht doch noch immer Streit darüber, welcher Zeitraum erfahrungsgemäß zugrunde gelegt werden kann. Gelegentlich wird auch hier darauf abgestellt, dass für die Wahrnehmung des postmortalen Persönlichkeitsrechts an sich nur Raum ist, wenn noch zu Lebzeiten eine persönliche Beziehung zum Toten existiert hat[271]. Mitunter wird ein Zeitraum zwischen 30 und 40 Jahren als objektives Kriterium für das Ende des Persönlichkeitsschutzes angesehen[272]. Ähnlich dürfte auch Großherzog Friedrich I. gedacht haben als er im Jahr 1902 den Zugang zum Begräbnis lockerte[273].

Jedenfalls schwindet das Persönlichkeitsrecht, das ohnedies nur noch bei grober Entstellung verletzt ist[274], mit zunehmendem Abstand vom Todeszeitpunkt, so dass zusehends eine Abwägung möglich wird und aktuell relevante Abwägungsgesichtspunkte an

---

[265] M. PROUST, Auf der Suche nach der verlorenen Zeit – Die wiedergefundene Zeit, Frankfurt am Main 1979, S. 4185.
[266] Das physikalische Raum-Zeit-Verhältnis ist davon gesondert zu betrachten (dazu S. W. HAWKING, Eine kurze Geschichte der Zeit, Berlin/Darmstadt/Wien 1988, S. 29ff), es kann für die menschlichen Beziehungen jedoch keine Aussagekraft besitzen.
[267] HÖNINGS (wie Anm. 6), S. 23–34, 27 mit Anm. 31.
[268] GAREIS (wie Anm. 256), S. 320.
[269] V. SCHWERIN, Seuffert's Blätter für Rechtsanwendung, 60 (1905), S. 653, 659, 662.
[270] VGH Mannheim, Urteil vom 29.11.2005 – 1 S 1161/04, Tz. 34 – Juris = VBlBW 2006, 186–189; VGH München, Beschluss vom 21.02.2003 – 4 CS 03 462, Tz. 19 – Juris = BayVBl 2003, 339–342 mit jeweils weiteren Nachweisen zum Schrifttum.
[271] NIKOLETOPOULOS (wie Anm. 258), S. 128.
[272] JICKELI/STIEPER (wie Anm. 5), § 90 BGB RdNr. 51.
[273] KLEIN, F. A. Z. (wie Anm. 88) unter (unausgesprochenem) Verweis auf K. KRIMM, Die Gruft des Hauses Baden, Pforzheim 2006.
[274] BGH, Beschluss vom 29.10.2014 – XII ZB 20/14, Tz. 31 – Juris = NJW 2014, 3786–3789.

Bedeutung gewinnen[275]. Über 150 Jahre nach der letzten Bestattung wird dem Persönlichkeitsrecht in der Pforzheimer Fürstengruft keine Relevanz mehr zukommen.

Anders könnte es sich mit dem in früherer Zeit womöglich gehegten Wunsch verhalten, bis zum Jüngsten Tag ruhen zu können[276]. Könnte man den Wunsch einer vor ein- oder zweihundert Jahren verstorbenen Person überhaupt der Glaubensfreiheit des Grundgesetzes zuordnen (vom zeitlichen Geltungsbereich her dürfte das ausgesprochen schwierig sein)[277], müssten freilich ähnliche Erwägungen gelten wie beim postmortalen Persönlichkeitsschutz. Es müssten also mit der Zeit verstärkt die Grundrechtspositionen der Lebenden zum Durchbruch kommen. Nichts anderes gilt schließlich in den staatlichen Archiven (so die Sperrfristen in § 6 Abs. 2 Satz 2 des Landesarchivgesetzes) oder auch beim testamentarischen letzten Willen, der nach spätestens zwei Generationen keine tatsächliche Bedeutung mehr hat[278]. Davon abgesehen wussten die Menschen früherer Jahrhunderte darum, dass Gräber abgeräumt wurden. Wenn nun wenige Privilegierte dauerhafte Grabstätten erhielten, so deutet das weniger auf einen Glaubenssatz als vielmehr darauf hin, dass sie ihre gesellschaftliche und politische Stellung hervorheben wollten. Dieser Wille ist unter der Fortgeltung des Art. 9 Abs. 2 der Badischen Verfassung vom 31. März 1919 in Verbindung mit Art. 109 der Weimarer Reichsverfassung (Art. 123 GG) unbeachtlich[279]. Legt man mit der im einschlägigen Schrifttum wohl herrschenden Meinung das heutige Glaubensverständnis zugrunde, so fällt es ohnehin schwer, die Vorstellung eines konservierten Leichnams als Voraussetzung der leiblichen Auferstehung der Glaubensfreiheit zuzuordnen.

8. Schlussbetrachtung

Über 150 Jahre nach der letzten Bestattung kann somit unter keinem Gesichtspunkt mehr von einem Achtungsanspruch des Individuums gesprochen werden. Dadurch ist eine Lage entstanden, die mit der nach Ablauf der Ruhezeit entstehenden Situation vergleichbar ist. Die sachenrechtlichen Regeln treten wieder hervor. Der Friedhofseigner ist aneignungsberechtigt[280] – hier das Land Baden-Württemberg als Eigentümer der Gruft[281]. Es spricht viel dafür, dass diese Aneignung spätestens im Zuge der jüngsten

---

[275] Vgl. zum Abnehmen des Schutzes BGH, Urteil vom 09.11.2011 – I ZR 216/10 – Juris = GRUR 2012, 172 – Stuttgart 21; VGH Mannheim, Urteil vom 29.11.2005 – 1 S 1161/04, Tz. 47–53 – Juris = VBlBW 2006, 186–189; in diese Richtung auch BVerfG, Beschluss vom 25.08.2000 – 1 BvR 2707/95, Tz. 8 – Juris = NJW 2001, 594–596.

[276] Grundlegend dazu D. PREUSS, ... et pulverem in reverteris, München 2007, S. 50f. In diese Richtung tendiert auch die ältere Rechtsprechung, etwa VGH Kassel, Urteil vom 07.09.1993 – 11 UE 1118/92, Tz. 57 – Juris = DVBl. 1994, 218–222, die aber nichts zur zeitlichen Reichweite des Ruheschutzes sagt. Eindeutig dagegen BGH, Beschluss vom 29.10.2014 – XII ZB 20/14, Tz. 31 – Juris = NJW 2014, 3786–3789.

[277] Vgl. BVerfG, Urteil vom 23.04.1991 – 1 BvR 1170/90, 1 BvR 1174/90, 1 BvR 1175/90, Tz. 130 – Juris = BVerfGE 84, 90–132.

[278] PREUSS (wie Anm. 276), S. 10.

[279] KLEIN, Rechtsforum (wie Anm. 239), S. 10.

[280] JICKELI/STIEPER (wie Anm. 5), § 90 BGB RdNr. 52.

[281] Allgemein zum Aneignungsrecht des Grufteigentümers, HÖNINGS (wie Anm. 6), S. 29.

Restaurierungsarbeiten konkludent erfolgt ist. Hält man, wie oben angedeutet, die Grabbeigaben für Leichenzubehör, so sind sie vom Aneignungsrecht umfasst.

Genauso wie das postmortale Persönlichkeitsrecht mit der Zeit schwindet und den Anwendungsbereich des Sachenrechts eröffnet, schwindet auch der strafrechtliche Schutz der Totenruhe. Ist die Individualität nicht mehr erkennbar und der körperliche Zusammenhalt durch Verwesung aufgehoben, so gibt es keinen Schutzgegenstand der Norm (§ 168 StGB) mehr[282].

Ist das so, so steht es im Ermessen des Landes als Eigentümer der Gruft, über den Zugang der Öffentlichkeit zu befinden und mit wissenschaftlich berechtigten Anfragen umzugehen. Sind konservatorische Belange gewahrt, dürften die Grundrechte der Lebenden dabei dem allgemeinen Pietätsinteresse vorgehen. Die besondere Intimität einer Gruft zu wahren ist dabei weniger ein rechtlicher denn ein moralischer, gleichwohl aber bedeutender Aspekt.

Geht man dagegen davon aus, dass das postmortale Persönlichkeitsrecht jedenfalls insoweit fortwirkt, als die Toten weiterhin von der Allgemeinheit geehrt werden,[283] so ergibt sich im Hinblick auf das Bestimmungsrecht nichts wesentlich Anderes: Angesprochen ist auch dann die Allgemeinheit, also der Staat.

9. Schlussfolgerungen

Die gewonnenen Erkenntnisse erlauben Rückschlüsse auf andere Fürstengrablegen, weil Baden mit seinem Staats- und Fürstenrecht eine Mittelposition zwischen den größeren, staatsrechtlich geprägten Monarchien (Preußen und Württemberg etwa) und den kleineren, patrimonial geprägten Fürstentümern (beispielsweise Sachsen-Weimar-Eisenach, Sachsen-Meiningen, Mecklenburg-Schwerin) innehatte. Mal kamen mehr die patrimonialen Traditionen zum Tragen, mal mehr die staatsrechtlichen Neuerungen.

Wurden in einem patrimonial geprägten Fürstentum Grablegen von einem Landesherrn angelegt oder genutzt, der selbst den Staat verkörperte und als solcher zugleich Grundeigentümer war, so konnte ein privates Erbbegräbnis des Herrscherhauses nicht entstehen. Beim Übergang des Grundvermögens auf den Staat im Zuge der Revolution – sei es nun auf der Grundlage des Pertinenzprinzips oder auf vertraglicher Grundlage – bedurfte es einer ausdrücklichen Absonderung zugunsten des ehemaligen Landesherrn oder seiner Familie. Unterblieb diese, so wurde die Grablege komplett Staatseigentum. Davon abgesehen hing ein etwaiges Erbbegräbnis am Patronat[284]. Dieses Patronatsrecht war mit dem Grund und Boden verhaftet und ging – soweit nichts Gegenteiliges bestimmt war – mit allen Rechten an den neuen Eigentümer über[285]. Es besteht – soweit die Patronatsrechte nicht aufgehoben wurden – heute zugunsten bzw.

---

[282] T. Lenckner in: A. Schönke/H. Schröder (Hgg.), Strafgesetzbuch Kommentar, § 168 StGB RdNr. 3; K. Dippel, in: B. Jähnke/ H. W. Laufhütte/W. Odersky (Hgg.), Strafgesetzbuch Leipziger Kommentar § 168 RdNr. 23–26; AG Berlin-Tiergarten, NJW 1996, 3092.
[283] Vgl. Stresemann (wie Anm. 6), § 90 RdNr. 31.
[284] Wittken (wie Anm. 7), S. 662, 667; Richter (wie Anm. 7), § 191 a.E., S. 689.
[285] Jung (wie Anm. 219), S. 119.

zulasten des jeweiligen Landes, das damit aber allenfalls verpflichtet ist, das immerwährende Begräbnis in der Gruft zu garantieren und für den baulichen und restauratorischen Unterhalt zu sorgen.

Verweigert ein solches Land gleichwohl den Zutritt zu einer Grablege unter Verweis auf das fehlende Einvernehmen des Vertreters der Nachfahren, so lässt es sich dabei schlicht von dem leiten, was die Völkerrechtler Courtoisie nennen – von einer höflichen Gewohnheit –, die aber nicht zum Gewohnheitsrecht erstarkt. Das Wort vom »Privateigentum« ist jedenfalls fehl am Platze.

Gab es dagegen einen rechtspersönlichen Staat – wie etwa in Württemberg –, so war es immerhin denkbar, dass das Staatsoberhaupt als Chef des rechtspersönlichen Herrscherhauses auf staatlichem Grund ein Nutzungsrecht erlangen konnte. In einem solchen Fall bedurfte es eigentlich keiner Absonderung im Zuge der Vermögensauseinandersetzung, solange die private Widmung eindeutig war. Wenn dennoch vertragliche Klarstellungen in die eine oder andere Richtung erfolgten, haben diese freilich Vorrang.

Wurde oder blieb der Grund, auf dem eine Grablege angelegt war, Privateigentum des vormaligen Landesherrn, so ist vom Privateigentum des heutigen Chefs des vormaligen Herrscherhauses auszugehen. Wurde eine Grablege dagegen auf fremdem Grund Dritter angelegt – etwa auf kirchlichem Boden – und trat keine spätere Konfusion ein, so ist von einem Erbbegräbnis auszugehen, das landläufig als Privateigentum verstanden wird, wenn es nicht gerade am landesherrlichen Patronat hing (siehe oben). Dabei handelt es sich aber regelmäßig nur um ein Nutzungsrecht[286], das freilich sachenrechtlich wirken kann. Auch wenn die Särge in einem solchen Fall als vom Nutzungsberechtigten eingebrachte Sachen zu betrachten sind, muss dies ihrer Zubehöreigenschaft nicht widersprechen. Denn anders als bei der Miete oder Pacht ist das Nutzungsverhältnis kein zeitweiliges, sondern ein immerwährendes[287]. Je nach Art des Erbbegräbnisses können die Särge und Grabbeigaben also entweder Zubehör des Grundstückseigentümers oder des Eigentümers eines möglichen Scheinbestandteils sein. Sind die Särge mit dem Grund und Boden fest verbunden, stellen sie einen wesentlichen Bestandteil des Grundstücks dar, sofern sich aus dem Erbbegräbnisrecht nichts anderes ergibt (§ 94 BGB).

Fehlen Anhaltspunkte für ein noch bestehendes Erbbegräbnis – etwa weil die Nutzungsberechtigung aufgehoben worden ist oder auf sie verzichtet wurde –, dann spricht bei unklarer Widmung einiges dafür, das Eigentum am Mobiliar infolge einer jedenfalls konkludent ausgeübten Aneignung mit dem Eigentum der Hauptsache gleichzusetzen (vgl. § 958 BGB). Gleiches gilt für die in den Särgen verwahrten Wertgegenstände und – soweit das Persönlichkeitsrecht nicht mehr fortwirkt – für die sterblichen Überreste.

---

[286] BGH, Urteil vom 18.09.1957 – V ZR 153/56 – NJW 1958, 59, 61.
[287] Dazu JICKELI/STIEPER (wie Anm. 5), § 97 RdNr. 18, 19.

Dem Verfall begegnen

Sie schläft… Es ist besser mit ihr geworden
Nord- und mitteldeutsche Gruftanlagen der Neuzeit[1]

VON REGINA STRÖBL

Neuzeitliche Gruftanlagen gelangen derzeit zunehmend in das öffentliche Interesse. Immer öfter werden bei Arbeiten in Kirchen Grüfte (wieder-)entdeckt, geöffnet und stellen die Verantwortlichen vor Probleme. Häufig sind die Befunde, vor allem, wenn die fast immer eingebauten Belüftungsöffnungen inzwischen verschlossen wurden, durch Feuchtigkeit beschädigt und/oder durch Vandalismus stark gestört. Gruftbestattungen waren wohlhabenden Schichten, dem Adel und dem vermögendem Bürgertum, vorbehalten und über die Jahrhunderte weckten in den Särgen vermutete reiche und wertvolle Beigaben Begehrlichkeiten.

Wie nun ist mit einem solchen, oftmals in einen würdelosen Zustand versetzten Befund umzugehen? Immer wieder kam und kommt es vor, dass Grüfte beräumt werden, weil man den Raum für eine Heizungsanlage o. ä. benötigt, keinen weiteren Wert bzw. Sinn in der Erhaltung sieht oder ganz einfach nicht weiß, wie ein solch besonderes Inventar zu behandeln ist. Dabei stellen Gruftanlagen, Särge und Bestattungen ein erhaltenswertes Kulturgut dar, dessen wissenschaftliche Untersuchung und Auswertung vielfältige Erkenntnisse zur Sepulkralkultur der Neuzeit ermöglicht. Die Forschungsstelle Gruft in Lübeck hat es sich zur Aufgabe gemacht, derartige Befunde interdisziplinär zu untersuchen und wieder als würdigen Bestattungsort herzurichten[2]. Im Folgenden sollen die verschiedenen Möglichkeiten zur Erhaltung von Gruftinventaren anhand einzelner Projekte der vergangenen Jahre vorgestellt werden.

Wie bereits angeführt, sind Grüfte in den meisten Fällen geplündert bzw. aus verschiedenen Gründen stark beschädigt (*Abb. 1*). Trotzdem sind immer Aussagen zur ursprünglichen Gestaltung der Grablege und der Bestattungen möglich. Am Beginn jeglicher Maßnahmen ist eine Zielstellung unabdingbar, bei der das endgültige Aussehen und

---

[1] Dieser Beitrag vereinigt die beiden Vorträge »in die ewige Freude und Seeligkeit« Nord- und mitteldeutsche Grüfte der Neuzeit von Dr. Andreas Ströbl und »Sie schläft … Es ist besser mit ihr geworden« Adelsgrüfte in Mecklenburg-Vorpommern von Dr. Regina Ströbl.

[2] Die Forschungsstelle Gruft wurde 2011 gegründet und besteht im Kern aus drei Wissenschaftlern, die sich bereits unabhängig voneinander seit dem Jahr 2000 wissenschaftlich mit Gruftbestattungen beschäftigen. Regina Ströbl ist dabei auf Textilien und organische Reste, Andreas Ströbl auf die Gesamtanlage, die Särge und deren kunstgeschichtliche Einordnung und Dana Vick auf die Anthropologie spezialisiert. Eine seit Jahren etablierte Zusammenarbeit besteht mit Restauratoren verschiedener Gewerke.

Abb. 1 Die Gruft der Familie von Eickstedt unter der Dorfkirche von Rothenklempenow kurz nach der Öffnung

der spätere Umgang mit der Anlage festgelegt werden. Nicht immer ist eine umfangreiche Restaurierung erforderlich, mitunter lässt sich mit geringem Aufwand ein würdiger Zustand wieder herstellen. Immer ergibt sich dabei die Frage, in wieweit eine öffentliche Präsentation gewollt wird. Private Eigentümer halten ihre Familiengrüfte meist verschlossen, Kirchen ermöglichen überwiegend eine zumindest eingeschränkte Zugänglichkeit. Bei einer Drittmittelförderung besteht zudem seitens der Geldgeber ein Anspruch auf entsprechende Präsentation. Bestattungen berühmter oder zeitgeschichtlich bedeutender Personen stehen immer auch im öffentlichen Interesse. Sie gehören durch ihre mitunter prunkvollen Särge und die aus ihnen zu ziehenden wissenschaftlichen Erkenntnisse ebenso wie beispielsweise Bilder, Bauwerke oder Skulpturen zum kulturellen Erbe, das unbedingt erhalten werden sollte. Vor Ort, vor allem auf dem Land, tragen Grablegen ehemals regierender Häuser zum Geschichtsbewusstsein und letztlich auch zur Identität der Region bei. Nicht zu unterschätzen ist dabei auch eine gewisse Wirkung auf den Tourismus.

Demgegenüber steht die Würde der Toten. Zwar ist davon auszugehen, dass die seit oft mehreren hundert Jahren Verstorbenen weniger ein juristisches als ein ethisches Recht auf ihre Totenruhe haben; dennoch gehören Gruft, Sarg und Bestatteter zusammen. Eine Gruft mit leeren Särgen ist ein Sargmuseum, keine Grablege. Das Wissen um die Anwesenheit des Leichnams verstärkt die Wirkung der Anlage, nimmt aber auch Rücksicht auf den letzten Willen des Toten, in der Gruft beigesetzt zu sein[3]. Dazu gehört auch das Recht nicht »ausgestellt« zu werden. Fast ausnahmslos wurden die Verstorbenen in zwei verschlossenen Särgen, Innen- und Außensarg, bestattet. So wollten sie ab dem Tage der Bestattung den Jüngsten Tag und die erhoffte Auferstehung ungestört erwarten.

---

[3] Siehe hierzu Beiträge C. v. Aretin und W. Klein in diesem Band.

Aber nicht nur die Prunksärge mit ihrer teilweise umfangreichen und kostbaren Ausstattung in Form von reichem Figuren- und/oder Inschriftenprogrammen, wertvollen Stoffbespannungen, Griffen und Beschlägen sind kunstgeschichtlich bedeutend. Gerade gestörte Anlagen geben die Möglichkeit, die innenliegende Bestattung wissenschaftlich interdisziplinär zu untersuchen[4]. Das Einbeziehen unterschiedlicher Wissenschaften ergibt den größtmöglichen Erkenntnisgewinn zur Sepulkralkultur. Die Erfahrung zeigt, dass in jeder Gruft zuvor nie Gesehenes vorkommt. Zwar sind gewisse überregionale Entwicklungen in der Sargform erkennbar, dennoch bleiben Ausführung und Dekoration sowie vor allem die Kleidung, die Beigaben und die weitere Ausstattung des Toten individuell[5]. Dabei hat alles innerhalb einer Bestattung eine Bedeutung. Das gilt für das Material der Bettung[6], weitere Kräuterbeigaben (Sträuße), die Totenkleidung[7] und Beigaben, unter denen mitunter heute kaum erklärbare Dinge vorkommen[8].

Die direkten Arbeiten vor Ort in einer Gruft beginnen mit der ausführlichen Dokumentation des Ist-Zustandes und der Einteilung in Einzelbefunde zur besseren Übersicht und der späteren Zuweisung einzelner Funde. Je nach Zerstörungsgrad werden die einzelnen Befunde abgebaut, größere Funde entnommen und der Rest in zwei Fraktionen gesiebt. Nach der Sortierung aller Objekte werden diese von den entsprechenden Wissenschaftlern dokumentiert. Vor Ort können so die Särge, die sterblichen Überreste sowie die Kleidung, die weitere textile Ausstattung und die unterschiedlichen Beigaben untersucht werden. Zudem erfolgen für weitere Spezialuntersuchungen Probenentnahmen, vornehmlich botanische sowie mitunter auch die tierischen Reste.

Je nach Zielstellung des Projekts erfolgen nach der vorläufigen Beräumung der Grablege dort bauliche Maßnahmen, zu denen vor allem die Wiederherstellung der Belüftung gehört. Des Weiteren werden nun, soweit vorgesehen, die Särge restauriert, wobei man bei vielen Befunden mit einfachen Maßnahmen wie Absaugen oder die Trockenreinigung von Holzsärgen mit einem speziellen Schwamm, einem Akapad, hervorragende Resultate erzielen kann (Abb. 2). Aufwendigere Arbeiten wie beispielsweise Rückformungen bei Metallsärgen, Ergänzungen bei Holzsärgen sowie das Sichern und Befestigen von Textilbespannungen übernehmen jedoch Fachrestauratoren. Häufig sind vor allem die Innensärge kaum wieder aufzubauen und müssen durch neue, schlichte Kisten

---

[4] Prinzipiell wird bei Untersuchungen durch die Forschungsstelle Gruft kein verschlossener Sarg geöffnet, sofern dies nicht im Falle einer Restaurierung absolut nötig ist.
[5] Siehe hierzu den Beitrag A. STRÖBL in diesem Band.
[6] So hat der häufig für die Polsterung unterhalb des Leichnams verwendete Hopfen mehrere Bedeutungsebenen. Zunächst duftet er stark, das kompensiert ein wenig den Leichengeruch, vor allem bei einer Aufbahrung des Toten. Zudem ist er saugstark und kann austretende Körperflüssigkeiten gut aufnehmen. Hopfen wirkt antimykotisch und sorgt beruhigend für einen guten Schlaf.
[7] Die Kleidung war wie auch heute noch individuell. Zwar lassen sich verschiedene Entwicklungen über die Zeiten erkennen, doch sind auch innerhalb von Familien, ja, sogar innerhalb der einzelnen Grablegen deutliche Unterschiede in der Totenausstattung zu beobachten.
[8] Dazu gehören beispielsweise mehrere Kopfbedeckungen an verschiedenen Stellen im Sarg von Friedrich Herzog zu Mecklenburg, 1638–1688 oder ein kleiner runder Samtball, möglicherweise ein Nadelkissen, im Sarg seiner Frau, Christine Wilhelmine von Hessen-Homburg, 1653–1722.

Abb. 2 Trockenreinigung mit einem Akapadschwamm, Gruft der Familie von Viereck, Weitendorf bei Lage

Abb. 3 Aussegnung nach Abschluss der Arbeiten in der Gruft der Familie Greiner in Limbach/Steinheid

ersetzt werden. In diese werden zum Abschluß der Arbeiten die sterblichen Überreste mit allen Beigaben zurückgebettet. Mit einer Aussegnung sind die Arbeiten, über die ein umfangreicher Bericht erstellt wird, abgeschlossen (*Abb. 3*)[9].

Ob und in welcher Form Grüfte zugänglich gemacht werden, obliegt den Auftraggebern in Rücksprache mit allen Beteiligten. Gerade für Anlagen in kleineren Orten bzw.

---

[9] Über die Arbeiten in Grüften und Mausoleen aus u. a. ethischer, theologischer, juristischer, denkmalpflegerischer, restauratorischer und archäologischer Sicht informiert D. Preuss/ A. Ströbl/R. Ströbl/D. Vick (Hgg.), »Grüfte retten« Ein Leitfaden zum pietätvollen Umgang mit historischen Grüften, Frankfurt am Main 2014.

Kirchen, in denen beispielsweise nicht dauerhaft eine Beaufsichtigung möglich ist, wird eine Besichtigung eher vermieden. Dies kann aber auch bei Familiengrüften in Privatbesitz oder aus anderen, pragmatischen Gründen der Fall sein.

Die beiden Mausoleen der Familie von Viereck stehen östlich der Kirche auf dem Friedhof von Weitendorf/Lage. Die Bauten wurden im 19. Jahrhundert kurz hintereinander errichtet und beherbergten die Särge der Nachfahren des preußischen Staatsministers Adam Otto von Viereck (1684–1758). Zu einem unbekannten Zeitpunkt war in den Gebäuden umgeräumt worden und so wird das kleinere Gebäude mittlerweile als Schuppen genutzt. Im größeren Mausoleum standen bei Maßnahmebeginn noch acht Särge, überwiegend aus dem 19. Jahrhundert. Raum und Inventar waren besonders durch die heruntergebrochene Decke aus Putz und Reet verschmutzt. Lediglich ein Sarg war geöffnet und der Inhalt gestört worden. Von den anderen fehlten jedoch Inschriftenbleche und andere Metallverzierungen. Etliche Kleinteile konnten aus den 4,5 m³ Schutt, die aus dem Gebäude geräumt wurden, geborgen und wieder an den Särgen angebracht werden. Diese sind zunächst abgesaugt worden. Anschließend wurden offene Holzverbindungen wieder geschlossen und Bruchstellen mit Paraloid gefestigt. Eine intensivere Reinigung mit Akapad-Schwämmen stellte den ehemaligen Oberflächenglanz der Särge wieder her (*Abb. 2*). Auch die teilweise mit Goldfarbe akzentuierten Metallapplikationen an einigen Särgen erhielten durch vorsichtige Säuberung durch mit Speichelersatzflüssigkeit getränkten Wattestäbchen wieder Glanz und Leuchtkraft. Das größere Grufthaus mit den Bestattungen erhielt neue Fensterrahmen, in die ein engmaschiges Silikonnetz eingearbeitet wurde[10]. Dadurch wird das Eindringen von Tieren, Blättern und Schmutz verhindert. Zudem ist es ein Sichtschutz, denn die Grablege ist ausschließlich der Familie zugänglich.

Ganz ähnlich war die Vorgehensweise bei der Grablege der Familie von Eickstedt im vorpommerschen Rothenklempenow. Die Gruft unter der von der Familie im 17. Jahrhundert gestifteten Dorfkirche besteht aus zwei Räumen, zwischen denen in der Decke noch die ehemalige Sargsenkanlage zu sehen ist. Neben dem Steinsarkophag des Stifters Georg von Eickstedt von 1753 standen ursprünglich 19 Holzsärge, davon acht Kinderbestattungen aus der Zeit zwischen 1761 und 1880. Etliche Särge trugen einst u. a. Wappen und große Inschriftentafeln aus teilweise vergoldetem Metall. Über einen längeren Zeitraum hatte fast ein halber Meter Wasser in den Grufträumen gestanden (*Abb. 4*). Inwieweit auch anthropogene Eingriffe zur starken Beschädigung beigetragen haben, ist nicht ganz geklärt. Sämtliche Särge waren zerstört und hatten sich mit den Leichnamen zu einer lehmartigen, festen Masse verbunden (*Abb. 1*). Nur wenige Bretter, Griffe und überaus zahlreiche lose Beschläge konnten noch einen kleinen Eindruck von der ehemals üppigen Pracht der Bestattungen vermitteln. Nach Bergung und Untersuchung des Befundes sind alle Gebeine gereinigt und in zwei neu angefertigten Eichensärgen bestattet worden (*Abb. 5*)[11]. Alle erhaltenswerten Sargteile wurden im zweiten Raum in Kisten

---

[10] Die zur Zeit der Maßnahme in Weitendorf lebenden Vorerbinnen ließen ebenfalls auf eigene Kosten die beiden Grufthäuser auch äußerlich instand setzen.

[11] Hervorzuheben ist auch hier das Engagement der Familie, die, obwohl nicht mehr Eigentümer der Anlage, sich nicht nur finanziell an den Kosten beteiligte. An mehreren Tagen arbeitete Christian von Eickstedt bei Bergung, Reinigung und Rückbettung tatkräftig mit.

Abb. 4 Der Stiftersarg in der Gruft unter der Dorfkirche Rothenklempenow. Am Untersarg ist die Höhe des Wasserstandes noch deutlich sichtbar

Abb. 5 Der vordere Gruftraum unter der Dorfkirche Rothenklempenow nach Abschluss der Arbeiten

und Regalen untergebracht. Nach der Aussegnung hat man die Grufttür verschlossen. Eine Begehung der Grablege ist nicht mehr möglich.

Die Kirche St. Trinitatis in Warlitz, Landkreis Ludwigslust-Parchim/MV, 1767–1770 errichtet, beeindruckt durch ihre nahezu unberührte Rokokoausstattung im Inneren. Zum Abschluß der mehrjährigen Sanierungsarbeiten an und in der Kirche ist 2013 noch die Gruft des Stifters, des Hof- und Kanzleirats Maximilian Henrich Ferdinand von Schütz (1692–1773) unter dem Altar dokumentiert und die Würde der Bestattungen wiederhergestellt worden[12]. Durch Plünderungen und gutgemeinte Aufräumaktionen wa-

---

[12] Obwohl ohne familiären Bezug zu Kirche und Stifter hat sich die Familie von Busch der Restaurierung und Instandsetzung der Kirche verschrieben. Über viele Jahre konnte durch

Abb. 6 Die drei restaurierten Särge mit den sterblichen Überresten der Familie von Schütz unter der St. Trinitatis-Kirche in Warlitz/Ldkr. Ludwigslust-Parchim

ren nur noch Reste der Särge und Körper erhalten. Außer dem Leichnam des Stifters konnten weitere Gebeine zwei Frauen unterschiedlichen Alters zugewiesen werden. Wahrscheinlich handelt es sich bei ihnen um seine jung verstorbene Frau sowie um seine Schwester. Die Bestattung eines Kleinkindes konnte nur aufgrund des erhaltenen Sarges belegt werden. Drei Särge sind fachmännisch restauriert und die Gebeine rückgebettet worden (*Abb. 6*). Im Rahmen einer Andacht wurde der Eingang zur Gruft mit einer großen Steinplatte verschlossen, der Raum ist nicht öffentlich zugänglich (*Abb. 7*).

Im thüringischen Limbach/Steinheid (Stadt Neuhaus) hatte die Familie Greiner anfänglich eine Glasmanufaktur betrieben, wandte sich aber im 18. Jahrhundert mit zunächst großem Erfolg der Porzellanherstellung zu[13]. Auf dem Hang gegenüber in Sichtachse des Herrenhauses ließ die Familie im 19. Jahrhundert ein kleines Mausoleum im neogotischen Stil errichten. Dort wurden mehrere Generationen von Familienangehörigen zunächst im unteren Raum in Holzsärgen, später auch im oberen in verschiedenen Urnen beigesetzt. Eine Besonderheit innerhalb der Grablege stellt ein trockengemauerter Trog in der Nordwestecke dar. Im Raum stand nur beschränkter Platz für die Särge zur Verfügung. Brachte man einen neuen Sarg ein, wurde der älteste oder am stärksten beschädigte in den Trog gestellt, wo er weiter verging. Durch Vandalismus wurden die Bestattungen 1972 nahezu vollständig zerstört. Aufmerksame Bürger brachten die auf der Wiese herumliegenden Überreste wieder in die Gruft, die ohne Belüftung verschlossen wurde (*Abb. 8*). Wurzeln der um das Mausoleum herumstehenden Bäume drangen ebenso wie Feuchtigkeit in den unteren Raum ein und wirkten ebenfalls zerstö-

persönlichen Einsatz zusätzlich zur Förderung mit öffentlichen Mittel und Spenden ein großer Beitrag zur Rettung der Rokokokirche geleistet werden.
[13] Mit ihrer Fabrik prägten sie die gesamte Umgebung und noch heute gibt es im weiteren Umkreis etliche von Nachfahren der Familie geführte Glasbläsereien.

Abb. 9 Schäden an den Särgen in der Äbtissinnengruft unter der Barbarakapelle im Kloster Lüne/Lüneburg

Abb. 7 Die Abdeckplatte über der Gruft in der Kirche St. Trinitatis zu Warlitz

Abb. 8 Der Zustand der Greiner-Gruft in Limbach/Steinheid 2012

rend[14]. Die starken Schäden an den Särgen ließen eine Restaurierung nicht mehr zu. Einzelne Bretter, Innensärge aus Zink und die Urnen wurden beiderseits an den Wänden in Regale gestellt. Alle Leichname, der Leichenbrand und die Funde wie Kleidung und Schuhe wurden sorgfältig in den Trog gelegt. Darüber sind mehrere Schaufeln Kalk gestreut und zur Abdeckung eine dicke Schicht von grobem Kies aus porösem Kalkstein aufgebracht worden. Auch hier schloss sich nach der Aussegnung die Tür, ein Fenster ermöglicht aber einen Einblick in den Raum (*Abb. 3*)[15].

Die Äbtissinnen-Gruft unter der Barbarakapelle von Kloster Lüne wurde zwischen 1634 und 1838 mit den sterblichen Überresten von 11 Äbtissinnen belegt. Deutlich steht bei der Ausführung der Särge das Wort als Ausdruck tiefer Gläubigkeit im Vordergrund. Sie sind nahezu flächendeckend mit aufgemalten Bibelsprüchen und am Kopfhaupt mit dem Familienwappen verziert. Infolge des Verschließens der Belüftungskanäle und Entstehung von Feuchtigkeit sowie durch kleinere anthropogene Eingriffe sind die Särge stark beschädigt worden (*Abb. 9*). Die Bodenplatten waren gebrochen und Teile der Bestattungen herausgefallen. Eingedrungene Tiere hatten, wie es in vielen Grüften zu beobachten ist, dort eine Weile gelebt, sich eingerichtet und so ebenfalls zu den Beschädigungen beigetragen. Nach der Dokumentation der Bestattungen wurden die Oberflächen der Särge gereinigt (*Abb. 10*). Einige erhielten innen ein Stützgerüst, anschließend sind die Bestattungen wieder in die Särge gelegt worden[16]. Da der Raum sehr klein ist, wird die Klappe mit dem Zugang nur für Wartungsarbeiten und gelegentlich zum Tag des offenen Denkmals gehoben.

Der Nikolaifriedhof in Görlitz ist durch die seit dem 17. Jahrhundert dort errichteten Grufthäuser geprägt. Direkt gegenüber der Kirche steht die Jakobigruft, in deren ebenerdigen Raum zwei Epitaphien der ersten Besitzer von vermutlich 1616 und 1646 hängen. Offenbar sind das Grufthaus zu einem nicht bekannten Zeitpunkt verkauft und die barocken Särge im darunter liegenden Bestattungsraum samt Inhalt entfernt worden. Alle 12 gefundenen Särge sind ins 19. Jahrhundert zu datieren. Dazu paßt ein weiteres Epitaph im Erdgeschoß, das den Tod von Emilie Koebe und ihrem zwei Tage alten Sohn Gustav 1869 anzeigt. Das Grufthaus liegt am Ende eines Hanges und auch an der ihm zugewandten Seite befindet sich bodennah eine Belüftungsöffnung. Sie ist vor einiger Zeit verschlossen worden. Durch anthropogene Eingriffe wurde das gesamte Inventar stark gestört. Der von Norden nach Süden leicht abfallende Boden des Bestattungsraums war mit Schutt belegt, der die in gleicher Richtung verlaufende Ablaufrinne für das eindringende Regenwasser zentimeterhoch überdeckte. Die aufgestaute Feuchtigkeit hatte bereits sämtliche Untersärge zerstört, so dass einige Deckel direkt auf dem Boden standen (*Abb. 11*). Weitere Särge waren fast vollständig zerfallen und lediglich durch wenige Bretter oder Bestattungsreste belegbar. Insgesamt konnten 12 Bestattungen nachgewiesen werden, von denen zu Beginn der Maßnahme nur sechs sichtbar waren. Nach der

---

[14] Der obere Raum ist nun zu einem ständig geöffneten »Raum der Stille« geworden, in dem vornehmlich Wanderer auf ihrem Weg über den Rennsteig pausieren.

[15] Zu den Befunden in Limbach, Weitendorf, Warlitz und Görlitz liegen außer Arbeitsberichten noch keine Publikationen vor.

[16] A. STRÖBL/ D. VICK, »... in die ewige Freude und Seeligkeit ...« Die Äbtissinnengruft unter der Barbarakapelle im Kloster Lüne, in: Denkmalpflege in Lüneburg 2005, S. 17–26.

Abb. 10 Die restaurierten Särge in der Äbtissinnengruft unter der Barbarakapelle im Kloster Lüne

Abb. 11 Die Nordhälfte des unteren Raums der Jakobigruft auf dem Nikolaifriedhof in Görlitz zu Beginn der Arbeiten

wissenschaftlichen Dokumentation wurden die vier gut erhaltenen Sargdeckel gereinigt und partiell mit dem Festigungsmittel Paraloid gefestigt. Vier neue Untersärge sind für die Rückbettung angefertigt worden (*Abb. 12*). Zwei Blockbergungen wurden in zwei Särge gebettet; in einem weiteren ruhen, einzeln von Leinentüchern umhüllt, die anderen sterblichen Überreste. Funde und lose Sarggriffe befinden sich im vierten Sarg. Die nicht mehr verbaubaren aber erhaltenswerten Sargteile wie Bretter und Füße sind an verschiedenen Stellen des Raumes sorgsam gestapelt bzw. abgelegt worden. Leider war es nicht möglich, den nördlichen Belüftungsschacht zu öffnen, so dass die Feuchtigkeit in der Gruft zwar geringer geworden ist, jedoch weiterhin problematisch bleibt.

Abb. 12 Die Nordhälfte des unteren Raums der Jakobigruft auf dem Nikolaifriedhof in Görlitz nach Abschluss der Arbeiten

Im Jahr 1695 wurde der Grundstein für die Parochialkirche der Reformierten Gemeinde in Berlin-Mitte gelegt. Im Souterrain ist eine Gruftanlage mit zwei Gängen in Nord-Süd- und Ost-Westrichtung eingebaut worden, die 30 Kammern umfasst. Zwischen 1703 und 1878 fanden 560 Personen, darunter 151 Kinder, dort ihre letzte Ruhe. Sie alle waren Angehörige sowohl der adeligen als auch der bürgerlichen Familien, die den jungen preußischen Staat mitaufgebaut hatten. Somit ist diese Grablege nach der Hohenzollerngruft im Dom die wichtigste der Stadt. Lange Jahre stand die Gruft für jedermann offen; Verwahrlosung und Vandalismus waren die Folge (*Abb. 13*). In den 1990er Jahren plante man, die Gruft zu beräumen und dort eine Weinstube sowie Garderobe und Toiletten einzubauen. Durch den Einsatz einer interdisziplinären Wissenschaftlergruppe konnte die gesamte Anlage ab 1999 schließlich dokumentiert, untersucht, restauriert und somit erhalten werden[17]. Mit vergleichsweise geringem Aufwand sind die Särge sukzessive gereinigt und, soweit nötig und möglich, wieder zusammengebaut worden (*Abb. 14*). Zu seltenen Gelegenheiten wie dem Tag des offenen Denkmals ist es möglich, von den Gängen aus durch die Türfenster in die Kammern zu schauen.

Besonders große Anziehungskraft haben naturgemäß Grablegen von Adeligen, bei denen man mit besonderer Pracht rechnet. Im ostfriesischen Dornum befindet sich unter dem Altar der Kirche St. Bartholomäus die Gruft der Familien Kankena und von Closter, Nachfahren der sog. Häuptlinge[18]. Sie besteht aus einem Vor- und einem Hauptraum, in dem nach alten Dokumenten 12 Särge gestanden hatten. Um die Anlage im 2. Welt-

---

[17] A. STRÖBL, Das letzte Möbel – Entwicklung der Särge in der Gruft der Parochialkirche in Berlin-Mitte, in: Mitteilungen der Berliner Gesellschaft für Anthropologie, Ethnologie und Urgeschichte 23 (2002), S. 53–60.

[18] Aus der grundsätzlich gleichberechtigten Gesellschaft der »freien Friesen« im 12. und 13. Jahrhundert entwickelte sich ab dem 14. Jahrhundert eine Vormachtstellung der reichen Gutsbesitzerfamilien, die ein ausgeprägtes Standesbewußtsein entwickelten und sich als Abgrenzung zu den Bauern Häuptlinge nannten.

Abb. 15 Zusammengebundene Sargreste in der Gruft unter der Kirche St. Bartholomäus zu Dornum

Abb. 13 Blick in eine der Gruftkammern unter der Berliner Parochialkirche im Jahr 2001

Abb. 14 Kammer 21 der Gruftanlage unter der Berliner Parochialkirche nach der Restaurierung

Abb. 16 Die Gruft unter der Kirche St. Bartholomäus zu Dornum nach Ende der Arbeiten

krieg als Luftschutzbunker für die Kinder der nahegelegenen Schule zu nutzen, hatte man die aufwendig bemalten Holzsärge in das benachbarte Wasserschloss überführt. Nach dem Krieg benötigte man dieses als Lazarett und brachte die Särge auf Leiterwagen über das Kopfsteinpflaster wieder in die Gruft zurück. Einige von ihnen sind dabei offenbar herabgestürzt und zerbrochen, wurden aber samt der Inhalte geborgen. Plünderungen in den Nachkriegswirren sowie »Besuche« durch Konfirmanden fügten den Bestattungen weiteren Schaden zu. Mit Ausnahme der beiden Kindersärge waren alle anderen stark fragmentiert. Teilweise hatte man aus einzelnen Brettern neue Behelfs-Behältnisse zusammengenagelt und mit Draht umwickelt (*Abb. 15*). Nach Dokumentation und Beräumung der Grablege konnte der Raum umfänglich saniert werden[19]. Die Belüftung ist wiederhergestellt worden, zudem wurden der Boden erneuert, Strom und diskrete Beleuchtung installiert und schwache Reste der ehemaligen Wandbemalung gesichert. Die Katalogisierung der vielen einzelnen Sargbretter ergab passende Teile, aus denen zu den erhaltenen noch weitere Deckel zusammengebaut werden konnten. Bis auf einen war kein Untersarg mehr zu retten; sie wurden durch neue Nadelholzkisten ersetzt (*Abb. 16*). Insgesamt stehen in der Gruft sechs Erwachsenen- und zwei Kindersärge, die aus der Zeit zwischen 1666 und 1715 stammen. Weitere Bestattungen sind urkundlich erwähnt, lassen sich aber nicht durch Funde belegen[20]. Die Gruft ist eingeschränkt besuchbar. Vom Mittelgang vor dem Altar aus gelangt man über die alte Treppe

---

[19] A. STRÖBL/R. STRÖBL/D. VICK, Häuptlingsgruft in neuem Glanz – Die Grablege unter der St. Bartholomäuskirche in Dornum, in: Berichte zur Denkmalpflege in Niedersachsen 1/2013, S. 26–29.

[20] Die anthropologische Untersuchung ergab, dass weit mehr Personen in den improvisierten Kisten lagen. So konnten mindestens 28 Individuen nachgewiesen werden. Es ist wahrscheinlich, dass einige von ihnen ursprünglich in den Grüften unter dem Kirchenschiff bestattet waren, bei Heizungsarbeiten in den 1930er Jahren jedoch ausgegraben und in die Gruft gelegt worden waren. Sie alle wurden in eine schlichte, neu angefertigte Kiste gebettet.

Abb. 17 Vorraum der Gruft mit Infotafel und Glastür zum Gruftraum

Abb. 18 Extreme Schimmelbildung an Boden und Särgen in der Herzoglichen Gruft unter der Schelfkirche zu Schwerin

in den Vorraum, in dem eine Informationstafel zur Gruft hängt (*Abb. 17*). Durch eine große, verschlossene Glastür können die Särge im zweiten Raum betrachtet werden.

Ganz ähnlich verfuhr man mit der herzoglichen Gruft unter der Schelfkirche in Schwerin. Die Grablege unter dem Altar war im Zuge des Kirchenneubaus 1708–1713 auf Wunsch des Stifters Herzog Friedrich Wilhelm von Mecklenburg-Schwerin (1675–1713), erbaut worden. Zwischen 1713 und 1813 fanden dort 17 Mitglieder der herzoglichen Familie ihre letzte Ruhe.[21] Bei Umbaumaßnahmen in der gesamten Kirche wurde in der zweiten Hälfte des 19. Jahrhunderts auch die Gruft umgeräumt. Dabei verschloss man auch eine der beiden Belüftungsöffnungen in der Kirche, so dass Frischluft und somit auch Feuchtigkeit lediglich durch ein Fenster in der Außenhaut der Ostwand in den Raum gelangte. Da das Grundwasser im Bereich der Kirche zudem schon zu Bauzeiten sehr hoch stand, waren die Mauern bereits wenige Jahre nach Bauende schon bis zu 100% gesättigt. Die Einschränkung der Luftzirkulation führte sowohl zu extremer Schimmelbildung und als auch zur Entstehung von Echtem Hausschwamm (*Abb. 18*). Der über viele Jahre durch das Außenfenster eingebrachte Müll wie zum Beispiel Fahrradteile, Gehwegplatten, Schulranzen, Hausmüll etc. bedeckte große Teile des Bodens. Im August 1989 wurde der Boden zunächst von allem Unrat befreit, später der Schimmel mit handelsüblichen Mitteln bekämpft und schließlich an Nord- und Westseite je eine Belüftungsöffnung gebohrt. Im Jahre 2006 begannen die ersten Arbeiten zur Bestandsaufnahme und Dokumentation der Bestattungen[22]. Da die Särge auch innen von

---

[21] Vier Särge, darunter eine Kinderbestattung, waren jedoch 1725 aus dem brennenden Schloß in Grabow gerettet und nach Schwerin verbracht worden. Sie sind die ältesten Bestattungen und stammen aus der Zeit vor 1713.

[22] Die Finanzierung für die wissenschaftliche Untersuchung, Sanierung des Raumes und Restaurierung des gesamten Sargbestandes setzte sich zusammen aus einer großzügigen Förde-

Abb. 19 Durch die Feuchtigkeit stark beschädigte Särge in der Herzoglichen Gruft unter der Schelfkirche zu Schwerin

verschiedenen Pilzen befallen waren, mussten die bis dahin unberührten Bestattungen geöffnet und vorübergehend umgebettet werden. Dies ermöglichte einen äußerst seltenen Einblick in die Bestattungskultur des Mecklenburger Adels. Die Särge waren alle individuell gestaltet und mit Ausnahme von dreien aus Holz gearbeitet. Die meisten trugen Bespannungen mit schwarzem Samt und Borten mit Metallfäden, es kamen aber auch wertvolle Seidenbrokatstoffe und sogar roter Samt vor (*Abb. 19, 20*).[23] Die Toten waren, mit Ausnahme der Kinder, mit langen Hemden und Strümpfen bestattet, auf den Körpern lagen meist mit Nadeln zu Gewändern zusammengesteckte Bahnen aus Seiden- oder Brokatstoff. Bei den Herren kamen Kopfbedeckungen oder Perücken vor, die Damen trugen Hauben. Die Leichname sind komplett in die restaurierten Särge zurückgebettet worden.[24] Die im 19. Jahrhundert überbaute Originaltreppe aus dem 18. Jahrhundert wurde freigelegt, dazu entstand eine Konstruktion, die den Zugang zur Gruft bei Gottesdiensten oder Veranstaltungen verschließt, sich aber mit wenigen Handgriffen öffnen läßt und den Gang hinab zur Glastür ermöglicht (*Abb. 21*). Um den abgedunkelten Raum, der nicht öffentlich begehbar ist, für wenige Minuten zu

---

rung durch die Ostdeutsche Sparkassenstiftung zusammen mit der Stiftung der Sparkasse Mecklenburg-Schwerin, dem Landesamt für Kultur und Denkmalpflege und Eigenmitteln der Kirche. Das Engagement der Beteiligten ist nicht genug zu würdigen, zeigt es doch, was möglich ist. Leider ist dies eher die Ausnahme.

[23] In dem Sarg ist Sophie Louise, Königin in Preußen, 1685–1735, bestattet. Sie heiratete 1708 Friedrich I., König in Preußen und war seine dritte Ehefrau.

[24] Der Sarg des Stifters kam als erster am 15. Mai 2008 wieder in die sanierte Gruft zurück, auf den Tag genau am 300. Jahrestag der Grundsteinlegung. Die letzten Rückbettungen waren Anfang September 2013, so dass der festliche Gottesdienst zum Abschluß der Arbeiten im Rahmen der Festwoche zum 300. Kirchweihjubiläum am 24. September 2013 begangen werden konnte.

Abb. 20 Zwei herzogliche Särge nach der Restaurierung und Aufstellung in der Gruft unter der Schelfkirche zu Schwerin

erhellen, muss eine Münze eingeworfen werden. Durch die Einnahmen können die Betriebskosten der neu eingebauten computergesteuerten Heizung mitfinanziert werden[25].

Im Laufe der Sanierungs- und Restaurierungsarbeiten in der Gruft der Herzöge von Pommern-Wolgast unter dem Altar der Kirche St. Petri zu Wolgast entschied man sich für eine Umgestaltung.[26] In dem Raum, der über die alte Treppe durch einen Gang zu erreichen ist, standen sieben Erwachsenensärge aus Zinn, dazu zwei ebenfalls zinnerne

---

[25] R. Ströbl, Die Gruft der Herzöge von Mecklenburg-Schwerin in der Schelfkirche (St. Nikolai) zu Schwerin; in: KulturERBE in Mecklenburg-Vorpommern 5 (2009), S. 129ff.

[26] Wie in Schwerin gelang dieses umfassende und aufwendige Projekt durch die großzügige Förderung der Ostdeutschen Sparkassenstiftung gemeinsam mit der Sparkasse Vorpom-

Abb. 21 Zugang zur herzoglichen Gruft vor dem Altarraum in der Schweriner Schelfkirche

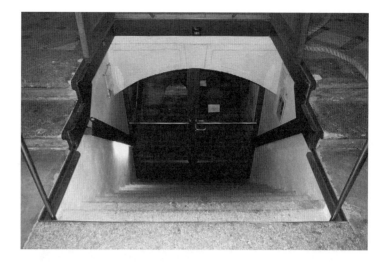

Abb. 22 Zustand der herzoglichen Gruft unter der Kirche St. Petri zu Wolgast im Jahr 1995

Kindersärge die jedoch nicht zur herzoglichen Familie gehören. Bestattet waren die letzten drei regierenden Herzöge mit ihren Frauen bzw. Töchtern aus der Zeit zwischen 1560 und 1631.[27] Schon wenige Jahre nach der letzten Bestattung wurde die Gruft erst-

---

    mern, dem Landesamt für Kultur und Denkmalpflege, Eigenmitteln der Kirche und umfänglichen Spenden.

[27] Wie eine Inschrift an der Wand belegt, wurde dieser Raum 1587 fertiggestellt. Da aber ältere Bestattungen dort standen, ist von einer Umbettung auszugehen. Es wird vermutet, dass der heutige Gang die alte Gruft war und gegen Ende des 16. Jahrhunderts um den großen Raum erweitert wurde.

Abb. 23 Die Gruft der Herzöge von Pommern-Wolgast unter der St. Petri-Kirche Wolgast nach der Restaurierung 2007

mals von Plünderern heimgesucht. Der zu Beginn der Maßnahme vorgefundene Zustand von Särgen und Sarginhalten war aufgrund etlicher weiterer anthropogener Störungen desolat (*Abb. 22*). Mit Hilfe der wissenschaftlichen Untersuchung konnten die Inhalte wieder den einzelnen Bestattungen zugeordnet und würdig bestattet werden. Um alle sieben Prachtsärge nach der Restaurierung gut sichtbar hinter einer Glastür zu präsentieren, reichte der Platz dort nicht aus (*Abb. 23*). Frühzeitig war schon entschieden worden, die Särge der drei regierenden Herzöge, Philipp I. (1515–1560), Ernst Ludwig (1545–1592) und Philipp Julius (1584–1625) in der nicht mehr genutzten und nun zur »Greifenkapelle« umgestalteten nördlichen Taufkapelle aufzustellen[28]. Dort fand auch Philipps Frau, Maria von Sachsen (1515–1583) an der Seite ihres Mannes ihre letzte Ruhe (*Abb. 24*). Das Paar war 1536 von Martin Luther getraut worden und sollte zusammenbleiben. Beide Grablegen sind durch eine Glastür (unten) bzw. hinter einer Absperrung (Kapelle) zu sehen. Das Projekt »Wolgaster Fürstengruft« wurde 2010 in Istanbul mit dem Europa-Nostra-Preis ausgezeichnet[29].

Nicht immer bedarf es eines auch finanziell großen Aufwands zur Erhaltung einer Gruft und ihrer Bestattungen. Oftmals gelingt es mit wenigen Maßnahmen, ein wertvolles Kulturgut in einen würdigen Zustand zu bringen und so zu erhalten. Andere Projekte wiederum erfordern weit umfangreichere Arbeiten und entsprechend eine umfassendere Finanzierung. Verschiedene Großprojekte haben gezeigt, was mit Hilfe vieler Zuwendungen und Zeit möglich ist. In jedem Fall gestattet es die wissenschaftliche Dokumentation, umfangreiche Erkenntnisse über die Geschichte der Sepulkral-

---

[28] Bei den dreien handelt es sich um Vater, Sohn und Enkel.
[29] R. STRÖBL, Die Bestattungen der pommerschen Herzöge in der Wolgaster Petrikirche – Grabinhalte und Rekonstruktion; in: N. BUSKE/J. Krüger/R.-G. WERLICH (Hgg.), Die Herzöge von Pommern. Zeugnisse der Herrschaft des Greifenhauses, Wien, Köln, Weimar 2012, 343 ff.

Abb. 24 Die Särge der regierenden Herzöge in der »Greifenkapelle« der St. Petri-Kirche zu Wolgast

kultur in allen ihren Facetten und in ihrer Individualität zu sichern und die Verstorbenen wieder würdig zur ewigen Ruhe zu betten. In allen Fällen ist damit nicht nur dem letzten Willen der Bestatteten nachgekommen, sondern auch ein Stück unserer Geschichte gerettet.

Nachhaltige Denkmalpflege für Grab- und Gruftanlagen

VON REINER SÖRRIES

Nachhaltigkeit spielt heutzutage in der politischen, ökonomischen und ökologischen Diskussion eine zentrale Rolle. Der Begriff selbst ist schon 300 Jahre alt und wurde erstmals 1713 von Hans Carl von Carlowitz in seinem Werk *Silvicultura oeconomica* in Bezug auf die Waldwirtschaft gebraucht. Seine gegenwärtige Aktualität erhielt er durch die 1983 von den Vereinten Nationen eingesetzte Weltkommission für Umwelt und Entwicklung, die sog. Brundtland-Kommission. Mittlerweile spricht man auch von einer nachhaltigen Denkmalpflege, in der u. a. die Frage nach einer Fort- oder Umnutzung aufwändiger restaurierter Denkmale aufgeworfen wird. Dauerhaft lässt sich ein Denkmal nur erhalten, wenn es einer Nutzung zugeführt werden kann, die bestenfalls eine Refinanzierung der aufgewendeten Kosten verspricht.

In Bezug auf die Denkmalpflege auf Friedhöfen wurde das, was Nachhaltigkeit hier bedeuten könnte, bislang nur wenig systematisiert, allerdings durchaus praktiziert. In Köln führte die ehemalige Kölner Stadtkonservatorin Hiltrud Kier 1981 das Modell der Grabmalpatenschaften ein, das mittlerweile auf vielen deutschen Friedhöfen praktiziert wird. Damit konnte bisher ein großer Teil denkmalwerter Grabstätten nicht nur vor dem Verfall gerettet, sondern einer denkmaladäquaten Fortnutzung zugeführt werden.

Nachhaltige Denkmalpflege auf dem Friedhof steht insofern unter einem Vorbehalt, dass es wenige Nutzungsmöglichkeiten gibt, die mit dem Bestattungszweck und der mit ihm verbundenen Würde konform sind. Grabstätten bzw. mit der Friedhofsfunktion verbundene Gebäude sind deshalb auch bei einer weiteren Nutzung vorwiegend für vergleichbare Zwecke einzusetzen.

Neben einzelnen Grabstätten, die in Form von Patenschaften weiter individuell von ihren Paten für Bestattungszwecke genutzt werden, stehen nun vor allem ganze historische Ensembles zur Disposition. Dies gilt bspw. für Friedhofskapellen oder Trauerhallen, die in ihrer ursprünglichen Funktion nicht mehr gebraucht werden. Von den zahlreichen Friedhofskapellen auf dem Ohlsdorfer Friedhof in Hamburg wurden mittlerweile einige zu Kolumbarien umgewidmet und der Bestattungsfunktion zugeführt. Dabei muss zugestanden werden, dass hier Umbauten notwendig sind, die durchaus den ehemaligen Charakter des Gebäudes verändern. Solche Kompromisse muss die Denkmalpflege im Sinne der geforderten Nachhaltigkeit eingehen.

Freilich ist bei der Nutzung historischer Friedhöfe eine besondere Sensibilität erforderlich, dies darf aber die Maßgabe der Nachhaltigkeit nicht beeinträchtigen, denn entweder droht sonst der völlige Verfall oder die Finanzierung muss zu 100% durch den Träger des Denkmals erfolgen. Dass selbst historisch besonders wertvolle Friedhöfe nicht im Dornröschenschlaf versinken müssen, sondern weiterhin der Bestattung (mit Einnahmen) dienen können, lässt sich an einigen Beispielen verdeutlichen. Der Stadtgottesacker in Halle, der zu den bedeutendsten Beispielen aus reformatorischer Zeit stammt, wurde mit dem am 13.10.2000 veröffentlichten Stadtratsbeschluss wieder für Urnenbeisetzungen in den Schwibbögen geöffnet[30]. Die Wiedernutzung historischer Friedhöfe gilt vielen als die beste Form denkmalpflegerischer Substanzerhaltung. Auch sprechen in vielen Fällen die Wünsche aus der Bevölkerung dafür, und die Gebühreneinnahmen erleichtern die Finanzierung der notwendigen Maßnahmen.

Ähnlich agiert man seit einigen Jahren auf dem Aeschacher Friedhof von Lindau, der zu den bedeutendsten Renaissance-Friedhöfen Deutschlands zählt. Der engagierter Förderverein Lindauer Kulturerbe Alter Friedhof e. V. sorgte sich nicht nur um die fachgerechte Denkmalpflege der reich geschmückten Wandgrabstellen, sondern erreichte 2010 die Wiedereröffnung des geschlossenen Friedhofs für Urnenbeisetzungen. Ziel der Bemühungen ist es, durch die erneute Nutzung Geld in die Stadtkasse fließen zu lassen, das dem Friedhof zugutekommt, und zudem sei ein Friedhof, der genutzt wird, auch geschützter und steigt im Ansehen, erklärt der Vorsitzende des Fördervereins Peter Borel.

Dies sei nur als kurzer Vorspruch für die Frage des Umgangs mit historischen Grüften gedacht, die einerseits vielfach der Restaurierung harren, andererseits vor erheblichen Finanzierungsproblemen stehen. Ausgaben für Instandsetzungen lassen sich nicht allein durch ihren besonderen historischen oder pädagogischen Wert rechtfertigen, sondern die Frage der ökonomischen Nachhaltigkeit müssen hier genauso gestellt werden. Da Grüfte ursprünglich der Bestattung gedient haben, liegt ihre Nachnutzung als Begräbnisorte nahe, wenngleich andere Nutzungsmöglichkeiten nicht völlig ausgeschlossen sind.

Noch wurde von dieser Möglichkeit nur selten Gebrauch gemacht, doch kann auf das Beispiel des Wipertifriedhofs in Quedlinburg verwiesen werden. Die in Terrassen am Hang angelegten barocken Grufthäuser gelten als einzigartig (*Abb. 1*). Die über 50 Familiengrüfte wurden in den letzten 10 Jahren aufwendig saniert und neu verpachtet. In einer weiteren Gruft des benachbarten Servatiifriedhof befindet sich zudem eine neue Urnengemeinschaftsgruft (*Abb. 2*). Die Nachfrage nach Grüften, deren Nutzungsgebühr je nach Nutzungsdauer zwischen 2 500,– und 7 000,– € schwankt ist derart groß, dass bereits 2012 alle Grüfte verkauft bzw. bereits reserviert waren. Das finanzielle Potenzial solcher Grüfte lässt sich daraus sehr schnell erschließen, selbst wenn man die aufwändigen Restaurierungskosten gegenrechnet. Die Kirchengemeinde als Friedhofsträger kann es sich dadurch auch erlauben, Sozialbestattungen auf dem Friedhof St. Servatii/Wiperti bei einer 20jährigen Ruhezeit für 100,– € in der Urnengemeinschaftsgruft anzubieten.

---

[30] U. ALBRECHT, Der Stadtgottesacker – erneut Bestattungsstätte, damit bleibender Ort ewiger Ruhe und Beschaulichkeit, in: Der hallesche Stadtgottesacker. Einzigartige Friedhofsanlage der deutschen Renaissance, Stadt Halle 22003, S. 64.

Abb. 1   Quedlinburg Servatii Gemeinschaftsgruft

Dieses Beispiel mag zeigen, dass die Wiedernutzung historischer Grüfte, die es in großer Zahl gibt, zu einem Win-win-Geschäft werden kann, an dem sogar die Minderbemittelten Anteil haben können. Freilich ist keine Gruft wie die andere, schon von der jeweiligen Größe her bestehen große Unterschiede. Unterschieden werden muss auch zwischen privaten Grüften und Mausoleen sowie Kirchengrüften. Auch bei letzteren wurden erste Überlegungen in diese Richtung angestellt. Am weitesten fortgeschritten waren sie bei der Wiederbelegung der großen Gruftanlage unter der St. Michaeliskirche in Hamburg, in der von 1762–1817 mehr als 2000 Menschen ihre letzte Ruhe fanden. Reiche Hamburger Familien und Mitglieder von Bruderschaften, von Ämtern und Sterbekassen hatten hier Grabstätten erwerben können. Und diesen Brauch wollte man 2007 wieder aufleben lassen. In einem bisher nicht zugänglichen Teil der Krypta sollte eine Urnengrabstätte für 1000 Urnen eingerichtet werden; dabei plante man eine soziale Komponente, die Gebühren nach dem Vermögen der Menschen zu staffeln. Allerdings wurden diese Überlegungen wieder aufgegeben bzw. zurückgestellt.

Gleichwohl könnten künftig gerade von privater Hand ähnliche Planungen angestellt werden, wie dies bereits bei den Forstbesitzern verbreitet ist, Waldflächen für Naturbestattungen zur Verfügung zu stellen. Die Umnutzung von nicht mehr benötigten Gotteshäusern zu Kirchenkolumbarien kann hier ebenfalls zum Vergleich herangezogen

Abb. 2   Quedlinburg Wiperti

werden. Neben rechtlichen und organisatorischen Fragen ist allerdings der Kosten-Nutzen-Faktor zu berücksichtigen. Allerdings würde das ganze Verfahren erheblich dadurch erleichtert, dass aus hygienischen Gründen allein Urnenbestattungen sinnvoll sein würden.

Insgesamt ist jedoch festzuhalten, dass nachhaltige Denkmalpflege auf Friedhöfen und anderen Begräbnisplätzen nur gelingen kann, wenn es ein tragfähiges Konzept für die Fortnutzung gibt. Man kann wie etwa im Fall der Hamburger Michelgruft natürlich auch kulturelle und künstlerische Nutzungsformen in Betracht ziehen, adäquat ist jedoch am ehesten die Bestattungsfunktion.

Literaturverzeichnis

BEARBEITET VON WINFRIED KLEIN

Memoria und Memorialkultur

ACKERMANN, V., Nationale Totenfeiern in Deutschland von Wilhelm I. bis Franz Josef Strauß. Eine Studie zur politischen Semiotik, Stuttgart 1990

ALBRECHT, U., Der Stadtgottesacker – erneut Bestattungsstätte, damit bleibender Ort ewiger Ruhe und Beschaulichkeit, in: Der hallesche Stadtgottesacker. Einzigartige Friedhofsanlage der deutschen Renaissance, Stadt Halle ²2003, S. 64

ANDERMANN, K., Das großherzogliche Mausoleum im Fasanengarten, in: Residenzen im Kaiserreich. Karlsruhe um 1890, bearb. von K. KRIMM und W. RÖSSLING, Karlsruhe 1990, S. 62–65

ANDERMANN, K., Kirche und Grablege. Zur sakralen Dimension von Residenzen, in: DERS. (Hg.), Residenzen. Aspekte hauptstädtischer Zentralität von der frühen Neuzeit bis zum Ende der Monarchie, Sigmaringen 1992, S. 159–187

ASSMANN, A., Erinnerung/Gedächtnis, in: Metzler Lexikon Religion. Gegenwart-Alltag-Medien, Bd. 2, Stuttgart/Weimar 1999

ASSMANN, A., Erinnerungsräume. Formen und Wandlungen des kulturellen Gedächtnisses, München 1999

ASSMANN, A./HARTH, D. (Hgg.), Mnemosyne. Formen und Funktionen der kulturellen Erinnerung, Frankfurt am Main 1991

ASSMANN, J., Das kulturelle Gedächtnis. Schrift, Erinnerung und politische Identität in den frühen Hochkulturen, München 1992

ASSMANN, J., Der Tod als Thema der Kulturtheorie. Todesbilder und Totenriten im Alten Ägypten, Frankfurt am Main 2000

BABENDERERDE, C., Sterben, Tod, Begräbnis und liturgisches Gedächtnis bei weltlichen Reichsfürsten des Spätmittelalters, Ostfildern 2006

BADER, K. S., Die fürstenbergischen Erbbegräbnisse. Kirchen-, rechts- und hausgeschichtliche Studien (Veröffentlichungen aus dem Fürstlich Fürstenbergischen Archiv 11), Donaueschingen 1941

Badische Historische Kommission (Hg.), Denkwürdigkeiten des Markgrafen Wilhelm von Baden, Bd. 1, 1792–1818, Heidelberg 1906

BARLOEWEN, C. VON (Hg.), Der Tod in den Weltkulturen und Weltreligionen, München 1996

BARLOEWEN, C. VON, Der lange Schlaf. Der Tod als universelles Phänomen der Weltkulturen und Weltreligionen, in: DERS., (Hg.), Der Tod in den Weltkulturen und Weltreligionen, München 1996, S. 9–91

BARTH, K., Die Auferstehung der Toten, München ²1926

BAUCH, K., Das mittelalterliche Grabbild. Figürliche Grabmäler des 11. bis 15. Jahrhunderts in Europa, Berlin-New York 1976

BEHRMANN, C., Reanimation eines Papstes im Grabe. Berninis Grabmal Urbans VIII. Papstrepräsentation, Klientelismus und symbolisches Kapital, in: A. KARSTEN/PH. ZITZLSPERGER (Hgg.), Tod und Verklärung, Grabmalskultur in der Frühen Neuzeit, Köln 2004, S. 49–67

C. BERNARD, Schloßkirche Saarbrücken. Die Bestattung des Fürsten Wilhelm Heinrich von Nassau-Saarbrücken; DIES., Die Bestattung des Fürsten Ludwig von Nassau-Saarbrücken; DIES., Die Untersuchung der Gruftbestattungen der Fürsten Wilhelm Heinrich und Ludwig von Nassau-Saarbrücken, in: H. WITTMER, Historischer Verein Pirmasens e. V. (Hg.), Jahrbuch 2013, S. 61–68

BLASCHKE, K., Der Fürstenzug zu Dresden. Denkmal und Geschichte des Hauses Wettin, Leipzig-Jena-Berlin 1991

BLENK, B., Die Großherzogliche Grabkapelle in Karlsruhe. Ein Beitrag zur Stadtgeschichte, Hohenwestedt ⁴1985

BOECK, U., Das Mausoleum, in: M. VON KÖNIG (Hg.), Herrenhausen. Die Königlichen Gärten in Hannover, Göttingen 2006, S. 207–209

BORKOWSKA, U., The Funeral Ceremonies of the Polish Kings from the Fourteenth to the Eighteenth Centuries, in: Journal of Ecclesiastical History 36 (1985), S. 513–534

BOURDIEU, P., Über die symbolische Macht, in: Österreichische Zeitschrift für Geschichtswissenschaft 8 (1997), S. 556–564

BOURDIEU, P., Zur Soziologie der symbolischen Formen, Frankfurt am Main 1970

BREDEKAMP, H./REINHARDT, V. (Hgg.), Totenkult und Wille zur Macht. Die unruhigen Ruhestätten der Päpste in St. Peter, Darmstadt 2004

BRINKMANN, I., Grabdenkmäler, Grablegen und Begräbniswesen des lutherischen Adels, München 2010

BRÜGGEMANN, L., Herrschaft und Tod in der frühen Neuzeit. Das Sterbe- und Begräbniszeremoniell preußischer Herrscher vom Großen Kurfürsten bis zu Friedrich Wilhelm II. (1688–1797), München 2012

CARMEL, A./ Eisler, E. J., Der Kaiser reist ins Heilige Land. Die Palästinareise Wilhelm II. 1898, Stuttgart 1999

CASSIRER, E., Der Begriff der symbolischen Form im Aufbau der Geisteswissenschaften, in: DERS., Wesen und Wirkung des Symbolbegriffs, Darmstadt ⁸1994

CIARLA, R. (Hg.), Krieger für die Ewigkeit. Die Terrakotta-Armee des ersten Kaisers von China, Vercelli 2011

DAHLINGER, S. A., Die Darmstädter Rosenhöhe. Führung durch Geschichte und Botanik, Darmstadt 2014

DAVIES, P. J.E., Death and the Emperor. Roman Imperial Funerary Monuments from Augustus to Marcus Aurelius, Cambridge 2000

DEINERT, H./JEGUST, W. u.a., Todesfall und Bestattungsrecht, Düsseldorf 2014

DEMANDT, P., Das Mausoleum. Vom Tempel privater Erinnerungen zum preußischen Nationaldenkmal, in: Stiftung Preußische Schlösser und Gärten Berlin-Brandenburg (Hg.), Luise. Leben und Mythos einer Königin. Begleitpublikation zur Ausstellung im Schloss Charlottenburg, Potsdam 2010, S. 66–95

DEMANDT, P., Luisenkult. Die Unsterblichkeit der Königin von Preußen, Köln/Weimar/Wien 2003

Dibold, T., Die Gruft-Kirche des fürstlichen Hauses Fürstenberg zu Mariahof, Stuttgart 1873

DORGERLOH, A., Gartengräber – Legitimationslinien einer neuen Gestaltungsaufgabe, in: Landesamt für Denkmalpflege (Hg.), Monumente im Garten – der Garten als Monument, Stuttgart 2012, S. 51–58

DORGERLOH, A., Strategien des Überdauerns. Das Grab- und Erinnerungsmal im frühen deutschen Landschaftsgarten, Düsseldorf 2012

DORGERLOH, A., Zwischen Vergänglichkeit und Dauer. Grab und Erinnerung in der Gartenkunst des 18. Jahrhunderts, in: Zeitschrift des deutschen Vereins für Kunstwissenschaft 56/57 (2002/2003), S. 194–210

DORGERLOH, A./NIEDERMEIER, M./BECKER, M. (Hgg.), Grab und Memoria im frühen Landschaftsgarten, Paderborn 2015

EHLERS, J., Kontinuität und Tradition als Grundlage mittelalterlicher Nationsbildung in Frankreich, in: H. BEUMANN, Beiträge zur Bildung der französischen Nation im Früh- und Hochmittelalter, Sigmaringen 1983, S. 15–47

EPPLER, G., Buy now...! Das letzte Möbel, in: Arbeitsgemeinschaft Friedhof und Denkmal e. V. Zentralinstitut und Museum für Sepulkralkultur (Hg.), Crazy Coffins. Verrückte Särge aus England, Kassel 2005, S. 47–52

ERLANDE-BRANDENBURG, A., Le roi est mort. Étude sur les funérailles, les sépultures et le tombeaux des rois des France jusqu'à la fin du XIIIe siècle, Genf 1975

EVERS, B., Mausoleen des 17.–19. Jahrhunderts. Typologische Studien zum Grab- und Memorialbau, Diss. Universität Tübingen 1983

FEHRMANN, A., Grab und Krone. Königsgrabmäler im mittelalterlichen England und die posthume Selbstdarstellung der Lancaster, München, Berlin 2008

FRANÇOIS, E./SCHULZE, H. (Hgg.), Deutsche Erinnerungsorte, 3 Bde., München 2001

FRÖLICH, M., Das Mausoleum auf der Rosenhöhe, in: DIES./H.-G. SPERLICH, Georg Moller. Baumeister und Künstler der Romantik, Darmstadt 1959, S. 170–173

FRÖLICH, M., Mollers Mausoleum und Rauchs Kindergrabmal auf der Rosenhöhe zu Darmstadt, in: Adreßbuch der Stadt Darmstadt 1952/53, S. XXIV-XXX

GERNTRUP, W., Das Mausoleum im Schlosspark, Gifkendorf 2010

GEUENICH, D./OEXLE, O. G. (Hgg.), Memoria in der Gesellschaft des Mittelalters, Göttingen 1994

GLASER, H., Der Tod der Königin Therese von Bayern und das Grabmalprojekt König Ludwigs I. in St. Bonifaz in München, in: W. AUGUSTYN/I. LAUTERBACH (Hgg.), Rondo. Beiträge für Peter Diemer zum 65. Geburtstag, München 2010, S. 183–198

GRAUS, F., Lebendige Vergangenheit. Überlieferung im Mittelalter und in den Vorstellungen vom Mittelalter, Köln-Wien 1975

GUNDERMANN, I., Beisetzungen der Hohenzollern im 18. und 19. Jahrhundert, in: Oberpfarr- und Domkirche zu Berlin (Hg.), Die Gruft der Hohenzollern im Berliner Dom, Berlin 2005, S. 27–70

HALBWACHS, M., Das Gedächtnis und seine sozialen Bedingungen, Frankfurt am Main 1985

HARTMANN, P., Repertorium Rituum. Übersichtliche Zusammenstellung der wichtigsten Ritualvorschriften für die priesterlichen Functionen, 2 Bde, Paderborn 1873

HASKELL, F., Die Geschichte und ihre Bilder. Die Kunst und die Deutung der Vergangenheit, München 1995

HAUSER. A., Von den letzten Dingen. Tod, Begräbnis und Friedhöfe in der Schweiz 1700–1990, Zürich 1994

HAWLIK-VAN DE WATER, M., Der schöne Tod. Zeremonialstrukturen des Wiener Hofes bei Tod und Begräbnis zwischen 1640 und 1740, Wien/Freiburg/Basel 1989

HAWLIK-VAN DE WATER, M., Die Kapuzinergruft. Begräbnisstätte der Habsburger in Wien, Wien/Freiburg/Basel ²1993

HECK. K., Genealogie als Monument und Argument. Der Beitrag dynastischer Wappen zur politischen Raumbildung der Neuzeit, Berlin-München 2002

HEMBERGER, H., Die neue Grabkapelle im Fasanengarten, in: Badische Landeszeitung 80/81 (1896)

HERRBACH-SCHMIDT, B., Grabmal der Großherzogin Luise, in: Jahrbuch der Staatlichen Kunstsammlungen Baden-Württemberg 34 (1997), S. 137ff.

HERRBACH-SCHMIDT, B., Zwei Gipsbozzetti für ein Grabmal, in: H. SIEBENMORGEN (Hg.), »Für Baden gerettet«. Erwerbungen des Badischen Landesmuseums 1995 aus den Sammlungen der Markgrafen und Großherzöge von Baden, Karlsruhe 1996, S. 236f.

HERRMANN, H.-W., Trauerrede auf den Tod des Fürsten Wilhelm Heinrich von Nassau-Saarbrücken, in: Saarheimat 12 (1968), S. 183–186

HOTH, R., Die Gruft der Hohenzollern im Dom zu Berlin, München ²1995

HUTHWELKER, T., Tod und Grablege der Pfalzgrafen bei Rhein im Spätmittelalter (1327–1508), Heidelberg 2009

JANSEN, H. H., Der eigene Sarg zu Lebzeiten. Brauchtum, Geschichte, Dichtung, Kunst, in: Arbeitsgemeinschaft Friedhof und Denkmal e.V., Kassel. Zentralinstitut und Museum für Sepulkralkultur (Hg.), Vom Totenbaum zum Designersarg. Zur Kulturgeschichte des Sarges von der Antike bis zur Gegenwart, Kassel 1993, S. 93–95

JOHANEK, P., Die Schreiber und die Vergangenheit. Zur Entfaltung einer dynastischen Geschichtsschreibung an den Fürstenhöfen des 15. Jahrhunderts, in: H. KELLER/K. GRUBMÜLLER/ N. STAUBACH (Hgg.), Pragmatische Schriftlichkeit im Mittelalter. Erscheinungsformen und Entwicklungsstufen, München 1992, S. 195–209

KÄPPLINGER, J., Die Särge der fränkischen Hohenzollern zu Ansbach und Bayreuth (1603–1791). Studien zum Prunksarg des Barock, Regensburg 2015

KALVELAGE, A., Die Großherzogliche Grabkapelle (1888–1896) in Karlsruhe. Magisterarbeit Karlsruhe, Institut für Kunstgeschichte, 2011 (Typoskr.)

KAMPHAUS, F., Eine Fortsetzung findet nicht statt, in: F. A. Z. vom 11.11.2004, S. 8

Karlsberg Brauerei AG (Hg.), Marianne von der Leyen. Überführung des Sarges mit den Erdenresten der Reichsgräfin Marianne von der Leyen aus der Gruft der Pfarrkirche St. Cäcilia in Heusenstamm in die Krypta der Schloßkirche Blieskastel. Dokumentation 28.-30.08.1981, Homburg 1984

KARSTEN, A./ZITZLSPERGER, PH. (Hgg.), Tod und Verklärung, Grabmalskultur in der Frühen Neuzeit, Köln 2004

KEMPF, P., Die Hedinger Kirche in Sigmaringen, Sigmaringen 2011

KJELLBERG, J., To organize the dead, in: META Historiskarkeologisk tidskrift 2015, S. 163–171

KLITSCHER, E., In memoriam Gustav Adolph (1632–1677). Gustav Adolph von Nassau-Saarbrücken. Heimkehr nach 320 Jahren. Eine Dokumentation, Saarbrücken o. J. [1998]

KLITSCHER, S. E., In memoriam Wilhelm Heinrich (1718–1768) und Ludwig von Nassau-Saarbrücken (1745–1794). Eine Dokumentation, Saarbrücken o. J. [1996]

KNAUF, R., Die Saarbrücker Schlosskirche als Grablege, in: Monatshefte für Evangelische Kirchengeschichte des Rheinlandes 57 (2008), S. 199–220

KOLMER, L. (Hg.), Der Tod des Mächtigen. Kult und Kultur des Todes spätmittelalterlicher Herrscher, Paderborn 1997

KÖRNER, H., Grabmonumente des Mittelalters, Darmstadt 1997

KOSELLEK, R./JEISMANN, M. (Hgg.), Der politische Totenkult. Kriegerdenkmäler in der Moderne, München 1994

KRETSCHMER, A., Häuser der Ewigkeit. Mausoleen und Grabkapellen des 19. Jahrhunderts. Eine Einführung in die Sepulkralarchitektur am Beispiel Mecklenburg Vorpommerns, Hamburg 2012

KRIMM, K., Die Fürstenkapelle – ein Monument der vaterländischen Geschichte, in: H. SIEBENMORGEN (Hg.), 750 Jahre Zisterzienserinnen-Abtei Lichtenthal. Faszination eines Klosters, Sigmaringen 1995, S. 147–158

KÜMMEL, B., Christian Daniel Rauch, Ausführungsmodell zum Grabmal der Prinzessin Elisabeth von Hessen-Darmstadt, 1827–1828, in: DIES./B. MAAZ (Hgg.), Christian Daniel Rauch Museum Bad Arolsen, Berlin 2002, S. 188ff.

KUNDE, A., Die Sammlungen barocker Totenbildnisse der Residenzen Merseburg und Zeitz, in: V. CZECH (Hg.), Fürsten ohne Land. Höfische Pracht in den sächsischen Sekundogenituren Weißenfels, Merseburg und Zeitz, Berlin 2009, S. 172–211

LANGE, D., Das Mausoleum im Berggarten, in: G. KOKKELINK/H. HAMMER-SCHENK (Hgg.), Laves und Hannover. Niedersächsische Architektur im 19. Jahrhundert, Hannover 1989, S. 186–188

LAUER, H., Die Fürstlich Fürstenbergische Gruftkirche Mariahof, in: Der Baaremer Landbote. Geschäftskalender 2 (1911)

LEMBERG, M., Die Grablegen des hessischen Fürstenhauses, Marburg 2010

LENIAUD, J.-M., Der zweite Tod der französischen Könige oder: die *damnatio memoriae*, in: M. KRAMP (Hg.), Krönungen. Könige in Aachen. Geschichte und Mythos, 2 Bde., Mainz 2000, S. 690–698

LENIAUD, J.-M., Saint-Denis de 1760 à nos jours, Paris 1996

LINNEBACH, S. A., Übersärge aus Holz von der Barock- bis zur Biedermeierzeit aus der Grablege der Familie von Stockhausen in der evangelischen Kirche zu Trendelburg, in: Zentralinstitut und Museum für Sepulkralkultur (Hg.), Vom Totenbaum zum Designersarg. Zur Kulturgeschichte des Sarges von der Antike bis zur Gegenwart, Kassel 1993, S. 43–64

LITTEN, J., The English Way of Death. The Common Funeral Since 1450, London 1991
MACHO, T. H., Der zweite Tod. Zur Logik doppelter Bestattungen, in: Paragrana 7, 2 (1998), S. 43–60
MACHO, T. H., Tod und Trauer im kulturwissenschaftlichen Vergleich, in: J. ASSMANN (Hg.), Der Tod als Thema der Kulturtheorie. Todesbilder und Totenriten im Alten Ägypten, Frankfurt am Main 2000, S. 89–120
MACHO, T. H., Todesmetaphern. Zur Logik der Grenzerfahrungen, Frankfurt am Main ²1990
MEIER, T., Die Archäologie des mittelalterlichen Königsgrabes im christlichen Europa, Stuttgart 2002
MEYER, R. J., Königs- und Kaiserbegräbnisse im Spätmittelalter. Von Rudolf von Habsburg bis zu Friedrich III. Köln-Weimar-Wien 2000
MICHALSKY, T., Memoria und Repräsentation, Göttingen 2000
MINNEKER, I. S., Vom Kloster zur Residenz. Dynastische Memoria und Repräsentation im spätmittelalterlichen und frühneuzeitlichen Mecklenburg, Münster 2007
MINNEKER, I. S./POECK, D. W., Herkunft und Zukunft. Zu Repräsentation und Memoria der Mecklenburgischen Herzöge in Doberan, in: Mecklenburgische Jahrbücher 114 (1999), S. 17–47
LE MINOR, J. M., L'anatomiste E. A. Lauth (1803–1837) et les momies de l'église Saint-Thomas à Strasbourg, in: Journal Méd. Strasbourg 21 (1990), 9, S. 559ff.
MOEGLIN, J.-M., Dynastisches Bewußtsein und Geschichtsschreibung. Zum Selbstverständnis der Wittelsbacher, Habsburger und Hohenzollern im Spätmittelalter, in: Historische Zeitschrift 256 (1993), S. 593–635
MOERS-MESSMER, W. VON, Schicksale und Identifikationsversuch der Gebeine Friedrichs I. (des Siegreichen) von der Pfalz, Forschungen und Berichte der Archäologie des Mittelalters in Baden-Württemberg, 8 (1983), S. 185–208
NIEDERMEIER, M., Gedächtniskonstruktionen – Pyramiden und deutsche Adelsgenealogien in Literatur und Gartengestaltung, in: Pückler-Pyramiden-Panorama. Neue Beiträge zur Pücklerforschung, Cottbus 1999, S. 54–74
NIEDERMEIER, M., Semantik: Ikonographische Gartenprogramme, in: S. SCHWEIZER/S. WINTER (Hgg.), Gartenkunst in Deutschland. Von der Frühen Neuzeit bis zur Gegenwart. Geschichte – Themen – Perspektiven, Regensburg 2012, S. 327–352
NIPPERDEY, TH., Der Kölner Dom als Nationaldenkmal, in: Historische Zeitschrift 233 (1981), S. 595–613
NIPPERDEY, TH., Nationalidee und Nationaldenkmal in Deutschland im 19. Jahrhundert, in: Historische Zeitschrift 206 (1968), S. 529–585
NORA, P., Zwischen Geschichte und Gedächtnis, Berlin 1990
OEXLE, O. G. (Hg.), Memoria als Kultur, Göttingen 1995
OEXLE, O. G., Memoria als Kultur, in: DERS. (Hg.), Memoria als Kultur, Göttingen 1995, S. 9–78
OEXLE, O. G., Memoria und Memorialbild, in: K. SCHMID /J. WOLLASCH (Hgg.), Memoria. Der geschichtliche Zeugniswert des liturgischen Gedenkens im Mittelalter, München 1984, S. 384–440
ORTENBURG, H., Üröm und die Grabkapelle daselbst, die letzte Ruhestätte Ihrer k. H. der verewigten Erzh. Großfürstin Alexandra Pawlowna, Pest 1860
OTTO, K. H./KOLJADA, A., Alexandrowka und die Alexander-Newski-Gedächtniskirche, Potsdam 2004
PANOFSKY, E., Tomb sculpture. Four lectures on its changing aspects from ancient Egypt to Bernini, New York 1992
PAPENHEIM, M., Der Tod des Herrschers in der politischen Kultur Alteuropas. Einige Überlegungen, in: C. KAMPMANN/M. PAPENHEIM (Hgg.), Der Tod des Herrschers. Aspekte der zeremoniellen und literarischen Verarbeitung des Todes politischer Führungsfiguren, Marburg/Lahn 2009, S. 7–14
PHILIPP, K., Die Grabkapelle auf dem Rotenberg, in: Oberfinanzdirektion Stuttgart Referat Staatliche Schlösser und Gärten (Hg.), Giovanni Salucci. Hofbaumeister König Wilhelms I. von Württemberg, Stuttgart 1995, S. 261–277

PHILIPP, K. J., »Teutschgotischer« versus »ächt antiker« Geschmack. Die Planungsgeschichte der Grabkapelle auf dem Württemberg bei Stuttgart im Jahr 1819/20, in: A. DORGERLOH (Hg.), Klassizismus – Gotik. Karl Friedrich Schinkel und die patriotische Baukunst, München/Berlin 2007, S. 261–277

PINNAU, P., Gruft, Mausoleum, Grabkapelle. Studien zur Sepulkralarchitektur des neunzehnten und des zwanzigsten Jahrhunderts, mit besonderer Hinsicht auf Adolf von Hildebrand, 1992

PRESCHE, C., Die fürstlichen Grabstätten in der Kasseler Martinskirche, Zeitschrift für hessische Geschichte und Landeskunde 107 (2002), S. 17–69

PREUSS, D./STRÖBL, A./STRÖBL, R./VICK, D. (Hgg.), Grüfte retten!, Frankfurt am Main 2014

RADER, O. B., Alter Stein für neue Särge. Zur Materialität ottonischer und staufischer Kaisergräber, in: W. HUSCHNER/E. BÜNZ/C. LÜBKE (Hgg.), Italien – Mitteldeutschland – Polen. Geschichte und Kultur im europäischen Kontext vom 10. bis zum 18. Jahrhundert, Leipzig 2013, S. 385–393

RADER, O. B., Aufgeräumte Herkunft. Zur Konstruktion dynastischer Ursprünge an Begräbnisstätten, in: U. HOHENSEE/M. LAWO u. a. (Hgg.), Die Goldene Bulle. Politik – Wahrnehmung – Rezeption, 2 Bde, Berlin 2009, S. 403–430

RADER, O. B., Damnatio corporis – damnatio memoriae: Zur Logik politischer Leichenschändungen, in: T. MACHO/K. MAREK (Hgg.), Die neue Sichtbarkeit des Todes, München 2007, S. 97–113

RADER, O. B., Denkmal, Gräber, Wunderblut. Gebrochenes Gedächtnis und Geschichte am Beispiel der Mark Brandenburg, in: P. MORAW (Hg.), Akkulturation und Selbstbehauptung. Studien zur Entwicklungsgeschichte der Lande zwischen Elbe/Saale und Oder im späten Mittelalter, Berlin 2001, S. 391–413

RADER, O. B., Der umgebettete Onkel. Der Leichnam Philipps von Schwaben und Speyer, in: A. RZIHACEK/R. SPREITZER (Hgg.), Philipp von Schwaben. Beiträge der internationalen Tagung anlässlich seines 800. Todestages, Wien, 29. bis 30. Mai 2008, Wien 2010, S. 59–68

RADER, O. B., Die Grablegen der Staufer als Erinnerungsorte, in: B. SCHNEIDMÜLLER/S. WEINFURTER/A. WIECZOREK (Hgg.), Verwandlungen des Stauferreiches. Drei Innovationsregionen im mittelalterlichen Europa, Mainz 2010, S. 20–33

RADER, O. B., Erinnern für die Ewigkeit. Die Grablegen der Herrscher des Heiligen Römischen Reiches, in: M. PUHLE/C.-P. HASSE (Hgg.), Heiliges Römisches Reich Deutscher Nation 962 bis 1806. Von Otto dem Großen bis zum Ausgang des Mittelalters, 2 Bde., Dresden 2006, S. 167–178

RADER, O. B., Erinnerte Macht. Zu Symbol, Form und Idee spätmittelalterlicher Herrschergräber, in: J. FAJT/A. LANGER (Hgg.), Kunst als Herrschaftsinstrument. Böhmen und das Heilige Römische Reich unter den Luxemburgern im europäischen Kontext, Berlin-München 2009, S. 173–183

RADER, O. B., Grab und Herrschaft. Politischer Totenkult von Alexander dem Großen bis Lenin, München 2003

RADER, O. B., Neuer Sinn aus alten Knochen. Zur Konstruktion kollektiver Erinnerungen durch Gräberkulte, in: P. EIDEN/N. GHANBARI/T. WEBER/M. ZILLINGER (Hgg.), Totenkulte. Kulturelle und literarische Grenzgänge zwischen Leben und Tod, Frankfurt am Main-New York 2006, S. 23–35

RADER, O. B., Prismen der Macht. Herrschaftsbrechungen und ihre Neutralisierung am Beispiel von Totensorge und Grabkulten, in: Historische Zeitschrift 271 (2000), S. 311–346

RADER, O. B., Profaner Wandel und geheiligte Ordnung. Die numinose Kraft von Heiligenreliquien in gesellschaftlichen Umbruchprozessen, in: DERS. (Hg.), Turbata per aequora mundi. Dankesgabe an Eckhard Müller-Mertens, Hannover 2001, S. 271–303

RADER, O. B., Von Lorch bis Palermo. Die Grablegen der Staufer als Erinnerungsorte, in: Gesellschaft für Staufische Geschichte e.V. (Hg.), Von Palermo zum Kyffhäuser. Staufische Erinnerungsorte und Staufermythos, Göppingen 2012, S. 46–63

RADER, O. B., Legitimationsgenerator Grab. Zur politischen Instrumentalisierung von Begräbnisanlagen, in: C. BEHRMANN/A. KARSTEN/PH. ZITZLSPERGER (Hgg.), Grab – Kult –

Memoria. Studien zur gesellschaftlichen Funktion von Erinnerung, Köln-Weimar-Wien 2007, S. 7–21

RAMISCH, H. (Hg.), Das Grabmal Kaiser Ludwigs des Bayern in der Münchner Frauenkirche, Regensburg 1997

RAVE, P. O., Das Mausoleum zu Charlottenburg, Berlin 1970

ROTH, E., Die spätmittelalterlichen und neuzeitlichen Grabungsbefunde, in: H.-W. HERRMANN (Hg.), Die Stiftskirche St. Arnual in Saarbrücken, Köln 1998, S. 155–175

SAAM, R., Thomaskirche zu Straßburg. Letzte Ruhestätte eines Saarbrücker Grafen, in: Saarbrücker Bergmannskalender 1981, S. 66–68

SCHLECHTE, G., Die Gruft des Sächsischen Königshauses Wettin in der Kathedrale Sankt Trinitatis – Hofkirche zu Dresden, Dößel 2004

SCHMID, K./WOLLASCH, J. (Hgg.), Memoria. Der geschichtliche Zeugniswert des liturgischen Gedenkens im Mittelalter, München 1984

SCHMID, P., Sterben – Tod – Leichenbegängnis König Maximilians I., in: L. KOLMER (Hg.) Der Tod des Mächtigen. Kult und Kultur des Todes spätmittelalterlicher Herrscher, Paderborn 1997, S. 185–215

SCHMIDT, K. H., Grüfte und Sarkophage in der Unionskirche zu Idstein, in: Nassauische Annalen 107 (1996), S. 79–95

SCHMIDT, M., Tod und Herrschaft. Fürstliches Funeralwesen der Frühen Neuzeit in Thüringen, Erfurt 2002

SCHMITZ-ESSER, R., Der Leichnam im Mittelalter. Einbalsamierung, Verbrennung und die kulturelle Konstruktion des toten Körpers, Ostfildern 2014

SCHNEEGANS, L., L'église de Saint-Thomas à Strasbourg et ses monuments. Essai historiques et descriptif, Strasbourg 1842

SCHNEIDER, C., Die Friedhöfe in Darmstadt, Darmstadt 1991

SCHNEIDMÜLLER, B., Karolingische Tradition und frühes französisches Königtum. Untersuchungen zur Herrschaftslegitimation der westfränkisch-französischen Monarchie im 10. Jahrhundert, Wiesbaden 1979

SCHÖNDORF, M., Bemerkungen und Beobachtungen zur Restaurierung der polychromen Grabmäler und der Spuren alter Wandfassungen in der Stiftskirche St. Arnual, in: H.-W. HERRMANN (Hg.), Die Stiftskirche St. Arnual in Saarbrücken, Köln 1998, S. 303–344

SCHÜTTE, U., Sakraler Raum und die Körper der Fürsten. Schloßkapellen und genealogisches Denken in den thüringischen Territorien um 1700, in: K. HECK/B. JAHN (Hgg.), Genealogie als Denkform in Mittelalter und Früher Neuzeit, Tübingen 2000, S. 123–135

SCHUHMANN, G., Die Hohenzollern-Grablegen in Heilsbronn und Ansbach, München/Zürich 1989

SCHUKRAFT, H., Die Grablegen des Hauses Württemberg, Stuttgart 1989

SCHUKRAFT, H., Die Stiftskirche in Stuttgart als Grablege des Hauses Württemberg, Lindenberg 2013

SCHWARZ, M. V., Felix Bohemia Sedes Imperii. Der Prager Veitsdom als Grabkirche Kaiser Karls IV. in: DERS. (Hg.), Grabmäler der Luxemburger. Image und Memoria eines Kaiserhauses 1997, S. 123–156

SCHWARZ, V. M., Liturgie und Illusion. Die Gegenwart der Toten sichtbar gemacht (Naumburg, Worms, Pisa), in: W. MAIER/W. SCHMID/M. SCHWARZ (Hgg.), Grabmäler. Tendenzen der Forschung, Berlin 2000, S. 147–177

SIMON, K., Die Grablege der Landgrafen von Hessen-Darmstadt in der evangelischen Stadtkirche von Darmstadt: Überlegungen zu Programm und Ausstattung, 2 Bde., Magisterarbeit, Wiesbaden 1999

SIMSON, J. VON, Christian Daniel Rauch, Berlin 1996

SÖRRIES, R. (Hg.), Geschichte und Tradition der Mumifizierung in Europa (Kasseler Studien zur Sepulkralkultur Band 18), Kassel 2011

SÖRRIES, R., Ruhe sanft. Kulturgeschichte des Friedhofs, Kevelaer 2011

STEPHAN, R., Die Grabkapelle auf dem Württemberg, Schwetzingen 1997

STOESSER, V., Grabstätten und Grabschriften der Badischen Regenten 1074–1811, Heidelberg 1903

STRÖBL, A., Das letzte Möbel – Entwicklung der Särge in der Gruft der Parochialkirche in Berlin-Mitte, in: Mitteilungen der Berliner Gesellschaft für Anthropologie, Ethnologie und Urgeschichte 23 (2002), S. 53–60

STRÖBL, A., Die Entwicklung des Holzsarges von der Hochrenaissance bis zum Historismus im nördlichen und mittleren Deutschland, Düsseldorf 2014

STRÖBL, A./STRÖBL, R./VICK, D., Häuptlingsgruft in neuem Glanz – Die Grablege unter der St. Bartholomäuskirche in Dornum, in: Berichte zur Denkmalpflege in Niedersachsen 1 (2013), S. 26–29

STRÖBL, A./VICK. D., »… in die ewige Freude und Seeligkeit …« Die Äbtissinnengruft unter der Barbarakapelle im Kloster Lüne, in: Denkmalpflege in Lüneburg 2005, S. 17–26

STRÖBL, R., Die Bestattungen der pommerschen Herzöge in der Wolgaster Petrikirche – Grabinhalte und Rekonstruktion; in: N. BUSKE/J. KRÜGER/R.-G. WERLICH (Hgg.), Die Herzöge von Pommern Zeugnisse der Herrschaft des Greifenhauses, Wien – Köln – Weimar 2012, S. 343–362

STRÖBL, R., Die Gruft der Herzöge von Mecklenburg-Schwerin in der Schelfkirche (St. Nikolai) zu Schwerin; in: KulturERBE in Mecklenburg-Vorpommern 5 (2009), S. 129ff.

STUDT, B., Das Land und seine Fürsten. Zur Entstehung der Landes- und dynastischen Geschichtsschreibung in Hessen und Thüringen, in: I. BAUMGÄRTNER/W. SCHICH (Hgg.), Nordhessen im Mittelalter. Probleme von Identität und überregionaler Integration, Marburg 2001, S. 171–196

TROM, D., Frankreich. Die gespaltene Erinnerung, in: M. FLACKE (Hg.), Mythen der Nationen: Ein europäisches Panorama, München-Berlin ²2001, S. 129–151

UNGERN-STERNBERG, J. VON, Das Grab des Theseus und andere Gräber, in: W. SCHULLER (Hg.), Antike in der Moderne, Konstanz 1985, S. 321–329

VERDERY, K, The Political Lives of Dead Bodies. Reburial and Postsocialist Change, New York 1999

VOLKELT, P., Grabmäler in der Stiftskirche St. Arnual, in: H.-W. HERRMANN (Hg.), Die Stiftskirche St. Arnual in Saarbrücken, Köln 1998, S. 461–488

VOLKELT, P., Das Grabdenkmal des Fürsten Wilhelm Heinrich in der Schloßkirche zu Saarbrücken, in: Zeitschrift für Geschichte der Saargegend, 16 (1968), S. 282–312

WEBER, E., Auf der Rosenhöhe zu Darmstadt. Die Mausoleen und Gräber der großherzoglich hessischen Familie (Notizen zur Ortsgeschichte 17), Egelsbach 2005

WEERTH, O., Die herrschaftliche Gruft in der Kirche zu Detmold, in: Mitteilungen aus der lippischen Geschichte und Landeskunde 9 (1911), S. 209ff.

WENZLER-FIEDERER, C., Die Hedinger Kirche. Grabeskirche des Fürstlichen Hauses Hohenzollern-Sigmaringen. Versuch einer Einordnung, Magisterarbeit Universität Stuttgart 1990 (Typoskr.)

WINTER, S., »Gerne gebe ich meinen Lebensodem der wohltätigen Natur zurück«. Bestattungsformen, Begräbnisriten und Grabkulte in Gärten und Parks des 18. Jahrhunderts, in: S. SCHWEIZER (Hg.), Gärten und Parks als Lebens- und Erlebnisraum. Funktions- und nutzungsgeschichtliche Aspekte der Gartenkunst in Früher Neuzeit und Moderne, Worms 2008, S. 125–136

WINTER, S., Grabmalkultur und Gartenkunst um 1800, in: Arbeitsgemeinschaft Friedhof und Denkmal/Museum für Sepulkralkultur (Hg.), Grabkultur in Deutschland, Kassel, Berlin 2009, S. 35–65

WINTER, S., Memorialort und Erinnerungslandschaft. ›Naturbegräbnisse‹ des Adels in der Landgrafschaft Hessen-Kassel im späten 18. Jahrhundert, in: E. CONZE/A. JENDORFF/H. WUNDER (Hgg.), Adel in Hessen. Herrschaft, Selbstverständnis und Lebensführung, Marburg 2010, S. 471–498

WINTER, S., Zwischen Kirche und Friedhof. Der Landschaftsgarten als Bestattungs- und Erinnerungsort um 1800, in: C. DENK/J. ZIESEMER (Hgg.), Der bürgerliche Tod. Städtische Bestattungskultur von der Aufklärung bis zum frühen 20. Jahrhundert, Regensburg 2007, S. 132–143

WOLLSCHLÄGER, D., Das Stuckmarmor-Grabdenkmal des Grafen Karl Ludwig von Nassau-Saarbrücken (nach 1723). Erfassung der Technologie und der Schadensphänomene, Überlegungen

zur Konservierung, in: Zeitschrift für Kunsttechnologie und Konservierung 14 (2000), S. 33–76
WREN, CHR. (Hrsg.), Parentalia or Memoirs of the family of the Wrens, London 1750
ZEDLER, J., Konfrontation zwischen König und Kurie. Der Streit um die Grablege von Königin Therese von Bayern in der Abteikirche St. Bonifaz 1854–1857, in: Historisches Jahrbuch 133 (2013), S. 277–311
ZÖLLNER, R., Stein- und Metall-Särge schleswig-holsteinischer Adliger in der St. Jürgen-Kirche zu Gettorf. Ein Untersuchungsbericht anläßlich der Kirchen-Renovierung 1972/73 und ein Beitrag zur Geschichte des Adels-Sarges in Schleswig-Holstein, in: Nordelbingen 43 (1974), S. 180–215

Allgemeine Geschichte, Landesgeschichte, Kunstgeschichte

AHRENS, K.-H., Residenz und Herrschaft. Studien zu Herrschaftsorganisation, Herrschaftspraxis und Residenzbildung der Markgrafen von Brandenburg im späten Mittelalter, Bern u. a. 1990
ARCHIMANDRIT, A., Die Kirche der Apostelgleichen Maria Magdalena zu Weimar. Studien zu ihrer Geschichte (Quellen und Studien zur orthodoxen Theologie 38), Erlangen 1999
ARETIN, K. O. v., Friedrich der Große. Größe und Grenzen des Preussenkönigs. Bilder und Gegenbilder, Freiburg im Breisgau 1985
BAUMÜLLER, B., Der Chor des Veitsdomes in Prag. Die Königskirche Kaiser Karls IV. Strukturanalyse mit Untersuchung der baukünstlerischen und historischen Zusammenhänge, Berlin 1994
BENGEL, S., Das Straßburger Münster. Seine Ostteile und die Südquerhauswerkstatt, Petersberg 2011
BEUCHEL, D./TREICHEL, U., St. Nikolai in Potsdam, München/Berlin ³1999
BLASCHKE, K., Geschichte Sachsens im Mittelalter, Berlin 1990
BORCHARDT-WENZEL. A., Eine kleine Geschichte des Hauses Baden, in: P.-M. EHRLE/U. OBHOF (Hgg.), Die Handschriftensammlung der Badischen Landesbibliothek, Gernsbach 2007, S. 49–80
BOURDIEU, P., Die feinen Unterschiede. Kritik der gesellschaftlichen Urteilskraft, Frankfurt am Main 1982
BRUSS, S., Das Werk des Architekten Ludwig Maier (1848–1915), Kiel 1999
BÜLOW, I. VON, Joseph Christian Lillie (1760–1827) – ein Architektenleben in Norddeutschland, München/Berlin 2007
CLEMENS, E., Luxemburg-Böhmen, Wittelsbach-Bayern, Habsburg-Österreich und ihre genealogischen Mythen im Vergleich, Trier 2001
CZOK, K. (Hg.), Geschichte Sachsens, Weimar 1989
DAVID-SIROCKO, K., Georg Gottlieb Ungewitter und die malerische Neugotik in Hessen, Hamburg, Hannover und Leipzig, Petersberg 1997
DOBSON, R. B., Westminster, in: Lexikon des Mittelalters 9, München 1998
ELLRICH, H./WISCHNIEWSKI, A., Barockschloss Mannheim, Karlsruhe 2013
ELLWARDT, K., Das Haus Baden, Werl 2008
ELTZ, E. H., Die Modernisierung einer Standesherrschaft. Karl Egon III. und das Haus Fürstenberg in den Jahren nach 1848/49, Sigmaringen 1980
ESBACH, F.-C., Fürst Leopold von Hohenzollern. Ein Lebensbild, Sigmaringen u. Friedrichstanneck 1906
Evangelische Kirchengemeinde Donaueschingen (Hg.), 100 Christuskirche Donaueschingen 1912–2012, Donaueschingen 2012
FECKER, H., Stuttgart, die Schlösser und ihre Gärten. Das Werden der Schlösser und Gärten von der gräflichen Residenz bis zur Internationalen Gartenausstellung, Stuttgart 1992
FEIGE, G., Die Orthodoxen Kirchen in Deutschland von den Anfängen bis zur Gegenwart, in: Orthodoxes Forum 10 (1996), S. 201–230

FELDMANN, H.-C. (Bearb.), Handbuch der Deutschen Kunstdenkmäler. Mecklenburg-Vorpommern, München/Berlin 2000
FOUQUET, G., St. Michael in Pforzheim. Sozial- und wirtschaftsgeschichtliche Studien zu einer Stiftskirche der Markgrafschaft Baden (1460–1559), in: H.-P. Becht (Hg.), Pforzheim im Mittelalter, Studien zur Geschichte einer landesherrlichen Stadt, Pforzheimer Geschichtsblätter Bd. 6, S. 107–169
FRANZ, E. G. (Hg.), Haus Hessen. Biografisches Lexikon (Arbeiten der Hessischen Historischen Kommission NF 34), Darmstadt 2012
FRIES, G./HEISS, N. (Bearb.), Denkmaltopographie der Bundesrepublik Deutschland. Kulturdenkmäler in Hessen. Stadt Darmstadt, Kassel 1994
FRÖLICH, M./SPERLICH, H G., Georg Moller. Baumeister der Romantik, Darmstadt 1959
GÄSSLER, F.-S., Berliner Eleganz am Rand der rauhen Alb. Die evangelische Stadtkirche in Sigmaringen – Werk des Architekten Friedrich August Stüler, in: Hohenzollerische Heimat 62 (2012), S. 49–57
GÄSSLER, F.-S., Sigmaringen, Fürstliche Präsenz im Stadtbild. Der Ausbau zur Residenz- und Landeshauptstadt im 19. Jahrhundert, in: Adel im Wandel. Oberschwaben von der Frühen Neuzeit bis zur Gegenwart 1, Ostfildern 2006, S. 439–460
GESSNER, A., Die Entwicklung des gotischen Kapitells in Südwest- und Westdeutschland im 13. Jahrhundert, Würzburg 1935
GOERLIPP, G., Das Museum in Donaueschingen 150 Jahre – Die Museumsgesellschaft 170 Jahre, in: Fürstenberger Waldbote 34 (1988), S. 18–22
GREISCHEL, W., Der Magdeburger Dom, Berlin/Zürich 1939
GROSS, R., Geschichte Sachsens, Leipzig 2000
GROSSMANN, J./BERNER, E. u.a. (Hgg.), Genealogie des Gesamthauses Hohenzollern, Berlin 1905
GRUND, C., Deutschsprachige Vorlagenwerke des 19. Jahrhunderts zur Neuromanik und Neugotik, Eichstätt 1997
HÄFNER, K. (Hg.), Großherzog Leopold von Baden. 1790–1852. Regent –Mäzen – Bürger, Karlsruhe 1990
HAMMERSCHMIDT, V., Anspruch und Ausdruck in der Architektur des späten Historismus in Deutschland (1860–1914), Stuttgart 1985
HAUPT, G., Die Bau- und Kunstdenkmäler der Stadt Darmstadt, Darmstadt 1952
HERMANT, D., Destructions et Vandalisme pendent la Révolution Francais, in: Annales, Juli-August 1978
HERRMANN, H.-W., Saarbrücken und St. Johann von den Anfängen städtischen Lebens bis zum Niedergang im 30jährigen Krieg, in: R. WITTENBROCK (Hg.), Geschichte der Stadt Saarbrücken, Bd. 1, Saarbrücken 1999, S. 199–298
HEYDT, H. (Hg.), Die Schlosskirche zu Alt-Saarbrücken und die Glasfenster von Georg Meistermann, Saarbrücken 1993
HINTZE, O., Die Hohenzollern und ihr Werk, Berlin [8]1916
JENA, D., Katharina Pawlowna. Großfürstin von Russland – Königin von Württemberg, Regensburg 2003
JUNG, H. R., Baulast und Patronat an der katholischen Pfarrkirche St. Pankratius in Odenthal, Diss. Köln 1986 (Typoskr.)
KARGE, H., Neorenaissance – die Kanonisierung eines neuen Stils in der deutschen Architektur des 19. Jahrhunderts, in: E. KEPETZIS/S. LIEB/S. GROHÉ (Hg.), Kanonisierung, Regelverstoß und Pluralität in der Kunst des 19. Jahrhunderts, Frankfurt a. M./Berlin//Bern 2007, S. 212–231
KARSTEN, A., Bernini. Der Schöpfer des barocken Rom, München 2006
KARSTEN, A., Künstler und Kardinäle. Vom Mäzenatentum römischer Kardinalnepoten im 17. Jahrhundert, Köln-Weimar-Wien 2003
KLEINSCHMIDT, H./BUFE, T. (Bearb.), Denkmälerverzeichnis Sachsen-Anhalt, Sonderband, Dessau-Wörlitzer Gartenreich, Halle 1997
KLITSCHER, E., Zwischen Kaiser und französischer Krone, Saarbrücken [4]1997

KLOEVEKORN, F., Geschichte der Evangelischen Kirchengemeinde Alt-Saarbrücken, Saarbrücken 1961

KNODT. M., Evangelische Stadtkirche in Darmstadt. München/Zürich 1980

KÖHLER, H., Lebenserinnerungen des Politikers und Staatsmannes 1878–1949, in: J. Becker (Hg.), Stuttgart 1964

KÖLLNER, A., Geschichte der Städte Saarbrücken und St. Johann, 2 Bde., Saarbrücken 1865

KÖLLNER, F., Geschichte des vormaligen Nassau-Sarbrück'schen Landes und seiner Regenten, Saarbrücken 1841

KÖTZSCHKE, R./KRETZSCHMAR, H., Sächsische Geschichte. Werden und Wandlungen eines deutschen Stammes und seiner Heimat im Rahmen der deutschen Geschichte, 2 Bde., Dresden 1935, ND Frankfurt am Main 1965

KRAUSE, W./LAUDEL, H. (Hg.), Neorenaissance – Ansprüche an einen Stil. Zweites Historismus-Symposium Bad Muskau (Muskauer Schriften 4), Dresden 2001

KRIMM, K., Archivbau und Residenzarchitektur. Der Neubau des Generallandesarchivs in Karlsruhe von 1905, in: Aus der Arbeit des Archivars. FS für Eberhard Gönner (Veröffentlichungen der Staatlichen Archivverwaltung Baden-Württemberg 44), Stuttgart 1986, S. 211–235

KRÜGER, J., Rom und Jerusalem. Kirchenbauvorstellungen der Hohenzollern im 19. Jahrhundert, Berlin 1995

KÜHN, M. (Bearb.), Die Bauwerke und Kunstdenkmäler von Berlin. Schloss Charlottenburg, Berlin 1970

LACROIX, E./HIRSCHFELD, P./PAESELER, W., Die Kunstdenkmäler der Stadt Pforzheim, Karlsruhe 1939

Landesdenkmalamt Baden-Württemberg (Hg.), H. HUTH (Bearb.), Die Kunstdenkmäler in Baden-Württemberg, Die Kunstdenkmäler des Stadtkreises Mannheim, München 1982

Landesdenkmalamt Berlin/Oberpfarr- und Domkirche Berlin (Hg.), Die Hohenzollerngruft und ihre Sarkophage, München, Berlin 2005

LE GOFF, J., Ludwig der Heilige, Stuttgart 2000

LEHNERT. U., Der Kaiser und die Siegesallee. Réclame Royale, Berlin 1998

LIEB, S., Der Rezeptionsprozess in der neuromanischen Architektur. Studien zur Rezeption von Einzelformen in restaurierter romanischer und in neuromanischer Architektur (Veröffentlichung der Abteilung Architekturgeschichte des Kunsthistorischen Instituts der Universität Köln 82), Köln 2005

MAASS, R., Gartenkunst im Osten Darmstadts: Die Anfänge der Rosenhöhe, in: Kunst in Hessen und am Mittelrhein NF 7 (2012), S. 77–91

MANN, A., Die Neuromanik. Eine rheinische Komponente im Historismus des 19. Jahrhunderts, Köln 1966

MARQUIS, B., Meißnische Geschichtsschreibung im späten Mittelalter (ca. 1215–1420), München 1998

MATERNA, I./RIBBE, W. (Hgg.), Brandenburgische Geschichte, Berlin 1995

MELCHER, R., Die Saarbrücker Schlosskirche. Kirche und Museum, Saarbrücken 2009

MERHAUTOVÁ, A. (Hg.), Katedrála sv. Víta v Praze, Prag 1994

MEYER, F. S., Handbuch der Ornamentik, München ^{12}1985

MEYER, T. (Hg.), 1000 Jahre christliches Russland – zur Geschichte der russisch orthodoxen Kirche, Recklinghausen 1988

MILDE, K., Neorenaissance in der deutschen Architektur des 19. Jahrhunderts. Grundlagen, Wesen und Gültigkeit, Dresden 1981

MUCK, G., Geschichte von Kloster Heilsbronn von der Urzeit bis zur Neuzeit. Band 3, Nördlingen 1880, ND Neustadt/Aisch 1993

MÜNZER, M., Die Geschichte des Dorfes Neudingen mit Kaiserpfalz, Kloster Maria auf Hof und Pfarrkirche, Villingen 1973

NEININGER, F., Konrad von Urach († 1227). Zähringer, Zisterzienser, Kardinallegat (Quellen u. Forschungen aus dem Gebiet der Geschichte N. F. 17), Paderborn/München/Wien/Zürich 1994

NIEDERMEIER, M., Das Gartenreich Dessau-Wörlitz als kulturelles und literarisches Zentrum um 1780, Dessau 1995
NIPPERDEY, TH., Deutsche Geschichte 1866–1918, Bd. 1: Arbeitswelt und Bürgergeist, München ³1993
NOWIKOFF, A., 400 Jahre Haus Romanow – die Zarenkirchen in Deutschland, Bad Ems 2013
Oberfinanzdirektion Stuttgart Referat Staatliche Schlösser und Gärten (Hg.), Rußland in Württemberg. Russisches Kirchengerät aus der Grabkapelle auf dem Rotenberg, Stuttgart 1991
PANZER, M. A., Die Große Landgräfin Caroline von Hessen-Darmstadt, Regensburg 2005
PASTOR, L. FREIHERR VON, Geschichte der Päpste seit dem Ausgang des Mittelalters, Bd. 13,2: Geschichte der Päpste im Zeitalter der katholischen Restauration und des Dreißigjährigen Krieges Grogor XV. und Urban VIII. (1621–1644), Freiburg im Breisgau 1929
PAY, J. de, Die Renaissance in der Kirchenbaukunst, Berlin 1884
PLATEN, A. VON, Karl Egon II. Fürst zu Fürstenberg 1796–1854, Stuttgart 1954
PLÖSE, D. (Hg.), Der Berliner Dom, Geschichte und Gegenwart der Oberpfarr- und Domkirche zu Berlin, Berlin 2001
Prague Castle Administration (Hg.), The Story of Prague Castle, Prag 2003
RALL, H./IMMLER, G., Wittelsbacher Lebensbilder von Kaiser Ludwig bis zur Gegenwart. Führer durch die Münchner Fürstengrüfte, München 2011
REHM, C., Versöhnung in Stein, in: K. KRIMM/W. RÖSSLING (Bearb.), Residenz im Kaiserreich. Karlsruhe um 1890, Karlsruhe 1990, S. 89–96
ROCHAU, A. L. v., Geschichte Frankreichs, Bd. 1, Leipzig 1858, S. 159f.
ROTH, E. R., Memorabilia Europae […], Ulm 1723
ROTH, E., Die spätmittelalterlichen und neuzeitlichen Grabungsbefunde, in: H.-W. HERRMANN (Hg.), Die Stiftskirche St. Arnual in Saarbrücken, Köln 1998, S. 155–175
RUPPERSBERG, A., Geschichte der ehemaligen Grafschaft Saarbrücken, Saarbrücken ²1910
RUPPERSBERG, A., Geschichte der evangelischen Gemeinde Alt-Saarbrücken, Saarbrücken 1924
RUPPERT, A., Friedrichstaler Kanal Detmold (Lippische Kulturlandschaften 14), Detmold 2009
SAUER, P., Reformer auf dem Königsthron. Wilhelm I. von Württemberg, Stuttgart 1997
SCHAUZU, G., Der Fürstlich Fürstenbergische Hofbaumeister Theodor Dibold in Donaueschingen, Magisterarbeit Universität Freiburg 1981 (Typoskr.)
SCHELL, R., Das Zisterzienserinnenkloster Maria Hof bei Neudingen, Konstanz 2011
SCHLIE, F. (Bearb.), Die Kunst- und Geschichtsdenkmäler des Grossherzogtums Mecklenburg-Schwerin, Bd. 3, Schwerin 1899
SCHÖNDORF, M., Bemerkungen und Beobachtungen zur Restaurierung der polychromen Grabmäler und der Spuren alter Wandfassungen in der Stiftskirche St. Arnual, in: H.-W. HERRMANN (Hg.), Die Stiftskirche St. Arnual in Saarbrücken, Köln 1998, S. 303–344
SCHRÖDER, J., Die Baugestalt und das Raumprogramm des Berliner Doms als Spiegel der Ansprüche und Funktionen des Bauherrn Kaiser Wilhelms II., Marburg 2002
SCHROEDER, K.-P., Das Alte Reich und seine Städte, München 1991
SCHULTZE, J., Die Mark Brandenburg, 5 Bde., Berlin ²1989
SCHURR, M. C., Die Baukunst Peter Parlers. Der Prager Veitsdom, das Heiligkreuzmünster in Schwäbisch Gmünd und die Bartholomäuskirche zu Kolin im Spannungsfeld von Kunst und Geschichte, Ostfildern 2003
SCHWARZ, H.-P./AUER, R. L., Begleitheft zur Ausstellung: Die Elisabethkirche Architektur in der Geschichte, Marburg 1983
SEELIGER-ZEISS, A., Die Inschriften der Stadt Pforzheim, Wiesbaden 2003
SIGHART, J., Die Frauenkirche zu München. Ihre Geschichte und Schilderung, zunächst vom kunsthistorischen Standpunkte aus entworfen, Landshut 1853
SPEIDEL, W., Giovanni Salucci, der erste Hofbaumeister König Wilhelms I. von Württemberg, Stuttgart 1936
STEIM, K. W., Das Kloster Hedingen (Sigmaringen), in: E. E. WEBER (Hg.), Klöster im Landkreis Sigmaringen in Geschichte und Gegenwart (Heimatkundliche Schriften des Landkreises Sigmaringen 9), Lindenberg 2005, S. 501–549

STILLFRIED-RATTONITZ, R., Alterthümer und Kunstdenkmale des erlauchten Hauses Hohenzollern, 3 Bde, Berlin 1839–1867

STILLFRIED-RATTONITZ, R., Kloster Heilsbronn. Ein Beitrag zu den Hohenzollerischen Forschungen, Berlin 1877

STILLFRIED-RATTONITZ, R., Monumenta Zollerana. Urkundenbuch zur Geschichte des Hauses Hohenzollern, 8 Bde., Berlin 1852–1866

STÜRZENACKER, A., Jakob Friedrich Alois Hemberger, in: Badische Biographien, Bd. 6, Heidelberg 1927, S. 419–421

THIEME, U./BECKER, F. ET AL. (Hgg.), Allgemeines Lexikon der Bildenden Künstler von der Antike bis zur Gegenwart, Bd. 32, Leipzig 1938

TREPESCH, C., Zum Leben und Werk des Bildhauers Jacques Pierrard de Coraille (um 1670–1724/25), in: Zeitschrift für Geschichte der Saargegend 46 (1998), S. 25–66

TUMBÜLT, G., Das Fürstlich Fürstenbergische Hoftheater zu Donaueschingen 1775–1850. Ein Beitrag zur Theatergeschichte, Donaueschingen 1914

UNGEWITTER, G. G., Sammlung mittelalterlicher Ornamentik in geschichtlicher und systematischer Anordnung, Leipzig 1863

VALDENAIRE, A., Die Kunstdenkmäler der Stadt Karlsruhe, hg. von J. KLEINMANNS, Petersberg 2014

VETTER, A., Fürstenberg. Stadtteil von Hüfingen. Die Geschichte der einstigen Bergstadt in der Baar, Hüfingen 1997

VIOLETT-LE-DUC, E., Dictionnaire raisonné de l'architecture française du XIe au XVIe siècle, Bd. 2, Paris 1854

VOLKELT, P., Der Historische Verein und die Denkmalpflege seit 1950, in: Zeitschrift für Geschichte der Saargegend 37 (1989), S. 190–216

VONES, L., Ludwig IX. (1226–1270), in: J. EHLERS/H. MÜLLER/B. SCHNEIDMÜLLER, B. (Hgg.), Die französischen Könige des Mittelalters von Odo bis Karl VIII. 888–1498, München 1996, S. 176–193

WAGNER, W. E., Universitätsstift und Kollegium in Prag, Wien und Heidelberg. Eine vergleichende Untersuchung spätmittelalterlicher Stiftungen im Spannungsfeld von Herrschaft und Genossenschaft, Berlin 1999

WEBER, E., Battenberg-Mountbatten. Jugenheim an der Bergstraße, Schloss Heiligenberg (Notizen zur Ortsgeschichte 19), Egelsbach 2006

WEBER, E. E., Adlige Modernisierungsstrategien im 19. Jahrhundert. Die Fürsten Anton Aloys, Karl und Karl Anton von Hohenzollern-Sigmaringen, in: Adel im Wandel. Oberschwaben von der Frühen Neuzeit bis zur Gegenwart 1, Ostfildern 2006, S. 399–414

WEISS, G. (Bearb.), Handbuch der deutschen Kunstdenkmäler, Niedersachsen, München 1992

WEX, R., Ordnung und Unfriede. Raumprobleme des protestantischen Kirchenbaus im 17. und 18. Jahrhundert in Deutschland, Braunschweig 1984

WILLMS, J., Tugend und Terror. Geschichte der Französischen Revolution, München 2014

WILTS, A., Fürst Karl Aloys zu Fürstenberg. K. K. Feldmarschalleutnant, in: Gemeinde Emmingen – Liptingen (Hg.), Schlacht bei Liptingen 1799. Gedenkschrift, Emmingen-Liptingen 1999

WIMMER, C. A., Die Gärten des Charlottenburger Schlosses (Gartendenkmalpflege 2), Berlin 1984

WOLF, J. R., »Femina sexu – Ingenio vir.« Die »große Landgräfin« Henriette Karoline und ihr Kreis, in: Hessen in der Geschichte. Festschrift E. G. Franz (Arbeiten der Hessischen Historischen Kommission NF 11) Darmstadt 1996, S. 130–133

WOLF-HOLZÄPFEL, W., Der Architekt Max Meckel (1847–1910). Studien zur Architektur und zum Kirchenbau des Historismus in Deutschland (Institut für Baugeschichte der Universität Karlsruhe und Südwestdeutsches Archiv für Architektur und Ingenieurbau, Materialien zu Bauforschung und Baugeschichte 10), Lindenberg 2002

ZIMDARS, D. (Bearb.), Handbuch der Deutschen Kunstdenkmäler. Baden-Württemberg I. Die Regierungsbezirke Stuttgart und Karlsruhe, München/Berlin 1993

ZIMMERMANN, W., Die Kunstdenkmäler der Kreise Ottweiler und Saarlouis, Düsseldorf 1934
ZIMMERMANN, W., Die Kunstdenkmäler der Stadt und des Landkreises Saarbrücken, Düsseldorf 1932

Staat und Recht

ARETIN, C. von, Piloty, die Königsseeangelegenheit und das Eigentum am Königreich Bayern. Rechtsüberzeugungen und Staatspraxis, in: ZBLG 77/2 (2014), S. 571–613
ARETIN, C. von, Herr und Haupt, in: W. WIESE/K. RÖSSLER (Hgg.), Repräsentation im Wandel, Ostfildern 2008, S. 63–76
ARETIN, C. von, Vom Umgang mit gestürzten Häuptern, in T. BISKUP/M. KOHLRAUSCH (Hgg.), Das Erbe der Monarchie, Frankfurt am Main 2008, S. 161–183
BACHOF, O., Die Unzulässigkeit der Entziehung von Erbbegräbnisrechten, in: H. CONRAD/ H. JAHRREISS u. a. (Hgg.), Gedächtnisschrift Hans Peters, Berlin, Heidelberg, New York 1967, S. 642–666
BAURIEDEL, J. A., Theoretisch-praktischer Commentar über die Pandekten, 1. Bd., Bayreuth 1789
BEYERLE, K., Das Haus Wittelsbach und der Freistaat Bayern. Rechtsgrundlagen für die Auseinandersetzung zwischen Staat und Dynastie, München 1921
BRAUER, J., Erläuterungen über den Code Napoléon und die großherzoglich badische Gesetzgebung, 1. Bd., Karlsruhe 1809
CAMPENHAUSEN, A. VON/THIELE, C. (Hgg.), Göttinger Gutachten II, Tübingen 2002
DEGEN, W., Das Eigentumsrecht an den Domänen im Grossherzogtum Baden, Heidelberg 1903
EBERT, J., Domänengüter im Fürstenstaat. Die Landgüter der Landgrafen und Kurfürsten von Hessen (16./19. Jahrhundert). Bestand, Typen, Funktionen, Darmstadt u. Marburg 2013
GAEDKE, J./DIEFENBACH, J., Handbuch des Friedhofs- und Bestattungsrechts, Köln [10]2010
GÜNTHER, T., Die Fürstenentschädigung, Leipzig 1928
HELD, J., System des Verfassungsrechts der monarchischen Staaten Deutschlands, Teil I, Würzburg 1856
HOMMEL, C. F., Pertinenz, Leipzig 1767
HORN, M., Zwischen Abdankung und Absetzung, in: D. DIRBACH/S. RICHTER (Hgg.), Der Thronverzicht, Köln-Weimar-Wien 2010, S. 267–290
JAGEMANN, E. VON, Das Staatsoberhaupt und sein Haus, in: Das Großherzogtum Baden, Karlsruhe 1885, S. 551–561
KLEIN, W., Der Monarch wird Privatier, in: D. DIRBACH/S. RICHTER (Hgg.), Der Thronverzicht, Köln, Weimar, Wien 2010, S. 152–171
KLEIN, W., Die Domänenfrage im deutschen Verfassungsrecht des 19. Jahrhunderts, Berlin 2007
KLEIN, W., Eigentum und Herrschaft, in: P.-M. EHRLE/U. OBHOF (Hgg.), Die Handschriftensammlung der Badischen Landesbibliothek, Gernsbach 2007, S. 127–144
KLEIN, W., Herr oder Haupt? in: W. WIESE/K. RÖSSLER (Hgg.), Repräsentation im Wandel, Ostfildern 2008, S. 41–62
KLEIN, W., Kann das Rätsel um Kaspar Hauser doch gelöst werden? Die Fürstengruft in Pforzheim gehört dem Land Baden-Württemberg, in: F. A. Z. vom 05.06.2012, S. 29
KLOSE, H.-U., Die Rechtsbeziehungen zwischen dem Staat und den Evangelischen Landeskirchen unter besonderer Berücksichtigung des Hessischen Kirchenvertrages vom 18.02.1960, Berlin 1966
KORVES, R., Eigentumsunfähige Sachen? (Studien zum Privatrecht 40), Tübingen 2014
LANG, W., The case of the distinguished corpses, in: Life, 06.03.1950, S. 65–70
LAUFS, A./MAHRENHOLZ, E. G. u. a. (Hgg.), Das Eigentum an Kulturgütern aus badischem Hofbesitz, Stuttgart 2008
MEISSNER, O., Das Staatsrecht des Reichs und seiner Länder, Berlin [2]1923
MERTENS, D./RÖDEL, V., Sine ira et studio? Eine Nachlese zum »Badischen Kulturgüterstreit« 2006–2009, in: ZGO 162 (2014), S. 471–503

MEURER, C., Der Begriff und Eigenthümer der heiligen Sachen, 2. Bd., Düsseldorf 1885
MOSER, J. J., Neues teutsches Staatsrecht. Zusäze zu seinem neuen Teutschen Staatsrecht, 2. Bd., Frankfurt 1782
MOSER, J. J., Von der Teutschen Reichs-Stände Landen, Frankfurt/Leipzig 1769
MUSSGNUG, R., Die Großherzoglich Badischen Sammlungen zwischen Monarchie und Republik, Studentische Zeitschrift für Rechtswissenschaft 2007, S. 401–420
NIKOLETOPOULOS, P., Die zeitliche Begrenzung des Persönlichkeitsrechts nach dem Tode, Frankfurt am Main/Bern/New York 1984
PFISTER, E. J., Geschichte der Verfassung des Wirtembergischen Hauses und Landes, Bd. 1, Heilbronn 1838
PFISTER, E. J., Geschichtliche Entwicklung des Staatsrechts des Großherzogthums Baden, Teil I, Heidelberg 1836
PHILIPPS, G., Lehrbuch des Kirchenrechts, Regensburg ²1871
POSSE, A. F. H., Über die Sonderung reichsständischer Staats- und Privatverlassenschaft, Göttingen 1790
PREUSS, D., ...et pulverem in reverteris, München 2007
PÜTTER, J. S., Anleitung zum Teutschen Staatsrechte 1, Bayreuth 1791, ND 2001
REHM, H., Modernes Fürstenrecht, München 1904
REYSCHER. A. L., Die Rechte des Staats an den Domänen und Kammergütern, Leipzig 1863
RICHTER, A. L., Lehrbuch des katholischen und evangelischen Kirchenrechts, Leipzig ⁸1886
ROTH, C., Das Eigentum an Körperteilen – Rechtsfragen der Kommerzialisierung des menschlichen Körpers, Berlin, Heidelberg 2009
SCHULZE, H., Die Hausgesetze der regierenden deutschen Fürstenhäuser, 1. Band, Jena 1862
SALZA UND LICHTENAU, C. VON, Die Lehre von Familien-, Stamm- und Geschlechts-Fideicommissen nach den Grundsätzen des gemeinen deutschen Privatrechts mit Rücksicht auf die Abweichung der einzelnen Particularrechte, Leipzig 1838
SEUBERT, E., Die Finanzverwaltung, in: Das Großherzogtum Baden, Karlsruhe 1885, S. 721–760
SPILKER, B., Postmortale Organspende auf dem verfassungsrechtlichen Prüfstand. Auswirkungen der Schutzpflicht des Art. 2 II GG, in: ZRP 47 (2014), S. 112–16
STIENICZKA, N., Die Vermögensauseinandersetzung des Volksstaates Hessen und seiner Rechtsnachfolger mit der ehemals großherzoglichen Familie 1918–1953, in: Archiv für Hessische Geschichte NF 56 (1998), S. 255–308
WALZ, E., Das Staatsrecht des Großherzogthums Baden, in: G. JELLINEK/P. LABAND/R. PILOTY, Das öffentliche Recht der Gegenwart, Band V, Tübingen 1909
WIELANDT, F., Das Staatsrecht des Großherzogthums Baden, in: H. MARQUARDSEN (Hg.), Handbuch des öffentlichen Rechts der Gegenwart in Monographien 3/1/1, Freiburg und Leipzig 1895
WILTS, A., *Ausgelöscht aus der Zahl der immediaten Reichsfürsten*. Die Mediatisierung und Neupositionierung des Fürstentums Fürstenberg 1806, in: Adel im Wandel. Oberschwaben von der Frühen Neuzeit bis zur Gegenwart 1, Ostfildern 2006, S. 333–348
WOHLEB, J. L., Der Übergang der Sammlungen Joseph von Laßbergs an das Haus Fürstenberg, in: ZGO 97 (1949), S. 229–247
ZACHARIAE, H. A., Das rechtliche Verhältnis des fürstlichen Kammerguts, Göttingen 1861
ZOEPFL, H., Grundsätze des gemeinen deutschen Staatsrechts, Band 1, Leipzig/Heidelberg 1863

Abkürzungen

AG	Amtsgericht
AHG	Archiv für hessische Geschichte
ALR	Allgemeines Landrecht für die Preußischen Staaten
BayVBl	Bayerische Verwaltungsblätter
BFH	Bundesfinanzhof
BFHE	Entscheidungen des Bundesfinanzhofs (amtliche Sammlung)
BGB	Bürgerliches Gesetzbuch
BGH	Bundesgerichtshof
BGHSt	Entscheidungen des Bundesgerichtshofs in Strafsachen (amtliche Sammlung)
BGVBl	Badisches Gesetz- und Verordnungsblatt
BVerfG	Bundesverfassungsgericht
BVerfGE	Entscheidungen des Bundesverfassungsgerichts (amtliche Sammlung)
BVerwG	Bundesverwaltungsgericht
BVerwGE	Entscheidungen des Bundesverwaltungsgerichts (amtliche Sammlung)
DVBl	Deutsches Verwaltungsblatt
EGBGB	Einführungsgesetz zum Bürgerlichen Gesetzbuch
EWHC	High Court of England and Wales
GBl. BW	Gesetzblatt des Landes Baden-Württemberg
GBOBl	Gesetz- und Verordnungsblatt
GLA	Generallandesarchiv Karlsruhe
GutA	Gutachten
GVBl	Gesetz- und Verordnungsblatt
KircheE	Entscheidungen in Kirchensachen
LMZ	Landesmedienzentrum Baden-Württemberg
NJW	Neue Juristische Wochenschrift
OLG	Oberlandesgericht
RegBl	Regierungsblatt
RG	Reichsgericht
RGSt	Entscheidungen des Reichsgerichts in Strafsachen (amtliche Sammlung)
RGZ	Entscheidungen des Reichsgerichts in Zivilsachen (amtliche Sammlung)
SächsGBl	Sächsisches Gesetzblatt
VBlBW	Verwaltungsblätter Baden-Württemberg
VG	Verwaltungsgericht
VGH	Verwaltungsgerichtshof
ZBLG	Zeitschrift für bayerische Landesgeschichte
ZGO	Zeitschrift für Geschichte des Oberrheins
ZGS	Zeitschrift für die Geschichte der Saargegend
ZRP	Zeitschrift für Rechtspolitik

Bildnachweis

Brandenburg
Abb. 1   GLA 424 K_Karlsruhe 103–1.5
Abb. 2   GLA 56a Nr. 24
Abb. 3   Aufn. Matthias Roth
Abb. 4   Aufn. Verfn.
Abb. 5   F. S. Meyer, Handbuch der Ornamentik, Leipzig 1927, S.123, Taf. 70
Abb. 6–10   Aufn. Verfn.
Abb. 11   GLA 424 K_Karlsruhe 103–2.21.
Abb. 12   Aufn. Verfn.
Abb. 13   Foto Marburg Aufnahme-Nr. 36 446
Abb. 14   Georg Gottlieb Ungewitter, Sammlung mittelalterlicher Ornamentik,
             in geschichtlicher und systematischer Anordnung, Leipzig 1863, Taf. 14
Abb. 15   Aufn. Verfn.
Abb. 16–17   Eugène Viollet-le-Duc: Dictionnaire raisonné de l'architecture française du XIe au
             XVIe siècle, Bd. 2, Paris 1854, Fig. 42 u. 43
Abb. 18–20   Aufn. Verfn.
Abb. 21   Foto Marburg, Foto: Appuhn, Horst, Aufn.-Nr. 509 638
Abb. 22   Aufn. Verfn.
Abb. 23   Georg Gottlieb Ungewitter, Sammlung mittelalterlicher Ornamentik,
             in geschichtlicher und systematischer Anordnung, Leipzig 1863, Taf. 4
Tafel 1   LMZ 328963
Tafel 2   GLA 424 K_Karlsruhe 103–2.55
Tafel 3   GLA 424 K_Karlsruhe 103–2.3
Tafel 4   Aufn. Verfn.
Tafel 5   LMZ 330236
Tafel 6   Aufn. Verfn.
Tafel 7   LMZ 330232

Brinkmann
Abb. 1–2   (wie Anm. 5)
Abb. 3   Zeitung für die elegante Welt 6 (1806)
Abb. 4   Aufn. Verfn.
Abb. 5–6   Kühn (wie Anm. 5)
Abb. 7–8   Boeck (wie Anm. 14)
Abb. 9   Aufn.: Verfn.
Abb. 10   Kleinschmidt/Bufe (wie Anm. 18)
Abb. 11   Aufn. Verfn.
Abb. 12   Gerntrup (wie Anm. 19)
Abb. 13–14   Denkmaltopographie (wie Anm. 12)
Abb. 15   Lichtbildarchiv Marburg
Abb. 16   Schuhmann (wie Anm. 33)

Franz
Abb. 1   Stadtarchiv Darmstadt, ST 53 Fotosammlung 2–37
Abb. 2   Stadtarchiv Darmstadt, ST 53 Fotosammlung 2–37

Abb. 3   Stadtarchiv Darmstadt, ST 53 Fotosammlung 2-37
Abb. 4   Stadtarchiv Darmstadt, ST 53 Fotosammlung 3-1-1-07-09
Abb. 5   Stadtarchiv Darmstadt, ST 53 Fotosammlung 3-1-1-07-09
Abb. 6   Stadtarchiv Darmstadt, ST 53 Fotosammlung 4-2-3
Abb. 7   Stadtarchiv Darmstadt, ST 53 Fotosammlung 3-1-1-15-09
Abb. 8   Stadtarchiv Darmstadt, ST 53 Fotosammlung 3-1-1-15-09
Abb. 9   Staatsarchiv Darmstadt, D 27 B Nr. 879
Abb. 10   Stadtarchiv Darmstadt, ST 53 Fotosammlung 3-1-1-15-09
Abb. 11   Stadtarchiv Darmstadt, ST 53 Fotosammlung 3-1-1-15-09
Abb. 12   Stadtarchiv Darmstadt, ST 53 Fotosammlung 3-1-1-15-08
Abb. 13   Stadtarchiv Darmstadt, ST 53 Fotosammlung 3-1-1-15-08

Käpplinger
Abb. 1   Stadtarchiv Ansbach
Abb. 2-7   Aufn. Verf.

Klein
Abb. 1   M. Merian, Topographia Sueviae, Frankfurt 1643
Abb. 2   E. Huhn, Das Großherzogtum Baden in malerischen Originalansichten,
            Darmstadt 1850, nach S. 308
Abb. 3   Aufn. Atelier Altenkirch, Druck mit frdl. Genehmigung von Vermögen und Bau
            Baden-Württemberg, Amt Pforzheim
Tafel 1   Aufn. Rose Hajdu, Druck mit frdl. Genehmigung des Hauses Württemberg

Knauf
Abb. 1   Landesdenkmalamt des Saarlandes KD 1_16 654
Abb. 2   Landesdenkmalamt des Saarlandes KD 1_31 509
Abb. 3   Landesdenkmalamt des Saarlandes KD 1_2002
Abb. 4   Landesdenkmalamt des Saarlandes KD 1_35 082
Abb. 5   Zeitschrift für die Geschichte der Saargegend 16 (1968), Tafel 43
Abb. 6-9   Aufn. Verf.

Krimm
Abb. 1   Staatliche Schlösser und Gärten Baden-Württemberg
Abb. 2   Adress-Buch für die Haupt- und Residenz-Stadt Karlsruhe, 1897
Abb. 3   Aufn. Harald Kucharek, mit freundl. Genehmigung
Abb. 4   Stadtarchiv Karlsruhe 8 PBS XV 0794
Abb. 5   Stadtarchiv Karlsruhe 8 PBS XV 0798
Abb. 6   Stadtarchiv Karlsruhe 8 PBS XV 0795
Abb. 7   GLA 424 K Karlsruhe 103-1.4 Ausschnitt
Abb. 8   GLA 424 K Karlsruhe 103-1.7 Ausschnitt
Abb. 9   GLA 424 K Karlsruhe 103-1.4 Ausschnitt
Abb. 10   Aufn. Verf.
Abb. 11   GLA 424 K Karlsruhe 103-1.1
Abb. 12   GLA 424 K Karlsruhe 103-1.5 Ausschnitt
Abb. 13   GLA 424 K Karlsruhe 103-1.5 Ausschnitt
Abb. 14   GLA 424 K Karlsruhe 103-1.6
Abb. 15   GLA 424 K Karlsruhe 103-2.6
Abb. 16   GLA 498-1 Nr. 6978
Abb. 17   GLA 424 K Karlsruhe 103-2.4
Abb. 18   Aufn. Verf.
Abb. 19   GLA 424 K Karlsruhe 103-20
Abb. 20   GLA 56-1 Nr. 680
Abb. 21   GLA 424 K Karlsruhe 103-1.5

BILDNACHWEIS

Abb. 22	Aufn. Verf.
Abb. 23	Aufn. Landesmedienzentrum Baden-Württemberg, 330224, Ausschnitt
Abb. 24	Aufn. Michael Zoll
Abb. 25	Aufn. Staatliche Schlösser und Gärten Baden-Württemberg, Ausschnitt
Abb. 26	GLA 424 K Karlsruhe 103–2.42
Abb. 27	es.google.de/imgres?imgurl=https://upload.wikimedia.org/wikipedia/commons/2/20/Frederick_III_Mausoleum,_Potsdam,_Berlin,_Germany-LCCN2002713635.jpg&imgrefurl=https://de.wikipedia.org/wiki/Friedenskirche_(Potsdam)&h=2748&w=3655&tbnid=YjDRNKKp2wfLqM:&docid=GgG-hF2kzIw0rM&ei=BalRVumBFISzUZK9tqAP&tbm=isch&iact=rc&uact=3&page=1&start=0&ved=0ahUKEwipmLbK-KPJAhWEWRQKHZKeDfQQrQMIHjAA, Aufruf 22.11.2015
Abb. 28	Aufn. Landesmedienzentrum Baden-Württemberg, 330233
Abb. 29	Aufn. Badisches Landesmuseum
Abb. 30	Aufn. Badisches Landesmuseum
Abb. 31	GLA 56a Nr. 288
Abb. 32	Aufn. Staatliche Schlösser und Gärten Baden-Württemberg
Abb. 33–34	GLA 56a Nr. 289
Abb. 35	GLA 56a Nr. 288
Abb. 36	GLA 56a Nr. 289
Abb. 37–38	Aufn. Verf.
Tafel 1	Aufn. Anna-Mara Brandenburg
Tafel 2	Auf. Verf.
Tafel 3	Auf. Andreas Linnenschmidt

Peschel

Abb. 1–3	Staatliche Schlösser und Gärten Baden-Württemberg, Schloss Ludwigsburg
Abb. 4–8	Staatliche Schlösser und Gärten Baden-Württemberg, Schloss Ludwigsburg
Abb. 9	Landesmedienzentrum Stuttgart
Abb. 10	Aufn. R. Möhler, 2007
Abb. 11	Aufn. Conord, 2013
Tafel 1	Landesmedienzentrum Stuttgart
Tafel 2–4	Staatliche Schlösser und Gärten Baden-Württemberg, Schloss Ludwigsburg
Tafel 5–6	Landesmedienzentrum Stuttgart
Tafel 7–8	Staatliche Schlösser und Gärten Baden-Württemberg, Schloss Ludwigsburg
Tafel 9	Landesmedienzentrum Stuttgart
Tafel 10–12	H. Ortenburg, Üröm und die Grabkapelle daselbst, die letzte Ruhestätte Ihrer k. H. der verewigten Erzh. Großfürstin Alexandra Pawlowna, Pest 1860
Tafel 13	Aufn. Conord, 2013

Sörries

Abb. 1–2	Aufn. Verf.

Ströbl, Andreas

Abb. 1	Aufn. Wolfgang Bauch
Abb. 2–4	Aufn. Verf.
Abb. 5–6	Aufn. Harald Schukraft
Abb. 7	Aufn. Verf.
Abb. 8–10	Aufn. Harald Schukraft
Abb. 11	Aufn. Regina Ströbl
Abb. 12	Aufn. Joakim Kjellberg, Upplandsmuseet

Ströbl, Regina
Abb. 1–9   Aufn. Forschungsstelle Gruft
Abb. 10   Aufn. S. Wehking, Inschriftenkommission an der Akademie der Wissenschaften Göttingen
Abb. 11–13   Aufn. Forschungsstelle Gruft
Abb. 14   Aufn. C. Hammer, Göttingen
Abb. 15   Aufn. Forschungsstelle Gruft
Abb. 16   Aufn, M. Tillwick, Fa. Blohm & Tillwick, Holzrestaurierung, Lüneburg
Abb. 17   Aufn. Forschungsstelle Gruft
Abb. 18–21   Aufn. L. Dornau, Schelfkirche Schwerin
Abb. 22–24   W. Hofmann, Restaurierungswerkstatt Metall, Peenemünde

Wilts
Abb. 1–2   Aufn. Verf.
Abb. 3   Fürstlich Fürstenbergisches Archiv Donaueschingen Pläne Gruftkirche Neudingen
Abb. 4   Fürstlich Fürstenbergisches Archiv Donaueschingen Fotosammlung Neudingen
Abb. 5   Fürstlich Fürstenbergische Sammlungen Donaueschingen
Abb. 6   Fürstlich Fürstenbergisches Archiv Donaueschingen Fotosammlung Neudingen
Abb. 7   Fürstlich Fürstenbergisches Archiv Donaueschingen Pläne Gruftkirche Neudingen
Abb. 8   T. DIBOLD, Die Gruft-Kirche des fürstlichen Hauses Fürstenberg zu Mariahof, Stuttgart 1873, Tafel 2
Abb. 9   Fürstlich Fürstenbergisches Archiv Donaueschingen Pläne Gruftkirche Neudingen
Abb. 10   Fürstlich Fürstenbergisches Archiv Donaueschingen Fotosammlung Neudingen
Abb. 11   (Foto Herbert Burkarth, Gammertingen (†), entnommen aus P. KEMPF, Die Hedinger Kirche in Sigmaringen, Sigmaringen 2011, Abb. 10)
Abb. 12–17   Fürstlich Hohenzollernsche Sammlungen Sigmaringen
Tafel 1–2   Aufn. Erwin Reiter, Oy-Mittelberg
Tafel 3   Fürstlich Hohenzollernsche Sammlungen Sigmaringen; Aufn. Reiner Löbe, Bingen

Orts- und Personenregister

Albrecht
  (1620–1667) Markgraf von Branden-
    burg-Ansbach 41
Albrecht IV.
  (1447–1508) Herzog von Bayern
    222
Alexander
  (1816–1817) Erbgroßherzog von
    Baden 265
  (1823–1888) Prinz von Hessen 77
Alexandra Pawlowna
  (1783–1801) Großfürstin von
    Russland 114
Altshausen 211
Altzella
  Kloster 27, 248
Amberg 233
Andechs 234, 235, 238
Andermann, Kurt 144
Anhalt 252
Anna Amalia
  (1595–1651) Gräfin von Nassau-
    Saarbrücken 47
Ansbach 35, 36, 41
  Hof- und Stiftskirche St. Gumbertus
    34, 36
  Stadtpfarrkirche St. Johannis 33, 34,
    36
Auguste
  (1734–1787) Fürstin von Thurn und
    Taxis 211
August II.
  (1697–1733), König von Polen 27

Bad Doberan
  Münster 252
Baden 245, 256
  Markgrafschaft, Großherzogtum
    214
Baden-Baden 122
  Stiftskirche 245
Baden-Württemberg 281
Baer, Franz 179, 182, 185
Barberini, Francesco 19
Barère de Vieuzac, Bertrand 13
Bär, Franz 151, 154, 157, 165

Bayern 246
Bayreuth 35, 36, 41
  Schlosskirche 39
  Stadtpfarrkirche zur Heiligen
    Dreifaltigkeit 37
Begas, Reinhold 167
Berlin 24, 40, 41, 233
  Charlottenburg 91
  Dom 25, 26, 243, 248
  Hohenzollerngruft 33
  Mausoleum Charlottenburg 166
  Parochialkirche 297
  Schloss Charlottenburg 84, 93, 127,
    247
Bernini, Gianlorenzo 19
Bernterode 237
Berthold von Baden (1906–1963)
  Chef des Hauses Baden 245
Binz, Fidel 185
Bischweiler 233
Blenk, Bodo 143
Bologna 165
Bonelli, Vincent 109
Börner, Eugen 149, 168, 170–172
Brandenburg 211
Branitz 29
Braunschweig
  Dom 252
Bruchsal 181
Büchenberg 89
Bückeburg 96
  Schloss 91, 251

Cappeller, Viktor 110
Carl Alexander
  (1818–1901) Großherzog von Sachsen-
    Weimar-Eisenach 115
Carl Friedrich
  (1783–1853) Großherzog von Sachsen-
    Weimar-Eisenach 115
Carlowitz
  Carl von 307
Carl Philipp (1651–1742)
  Kurfürst und Pfalzgraf 245
Chorin
  Zisterzienserkloster 24

Christian
   (1581–1655) Markgraf von Branden-
      burg-Kulmbach 36, 41
   (1763–1830) Landgraf von Hessen-
      Darmstadt 72
Christian Ernst
   (1644–1712) Markgraf von Branden-
      burg-Bayreuth 41
Coburg 251

Dänemark 60
Darmstadt 60, 69, 72, 74, 75, 77, 81
   Rosenhöhe 87, 91, 93, 247
   Schlosskirche 247
Dessau
   Georgium 252
Dessau-Wörlitz 29
Detmold 96, 251
Deutschland 207, 215
Dibold, Theodor 125, 128
Dickhart, Nikolaus 70
Diemer, Ludwig 151, 152
Dijon
   Notre Dame 191
Doberan
   Münster 27, 28
Donaueschingen 119, 120, 122, 124, 139, 140
Doorn 25
Dornum
   St. Bartholomäus 297
Dresden
   Hofkirche 27, 97, 248
Durm, Josef 150, 151, 180
Düsseldorf 233

Ebert, Friedrich
   (1871–1925) Reichspräsident 236
Eleonora Clara
   (1632–1709) Gräfin von
      Nassau-Saarbrücken 48
Eleonore
   (1552–1618) Landgräfin von Hessen-
      Darmstadt 69
Elisabeth Dorothea
   (1640–1709) Landgräfin von Hessen-
      Darmstadt 72
Emil Nolde
   (1867–1956) 227
England 215, 217
Erbprinz, namenloser 265
Erdmuthe Sophia
   (1644–1670) Markgräfin von Branden-
      burg-Kulmbach 41

Ernst (1482–1553)
   Markgraf von Baden 253
Ernst Ludwig
   (1545–1592) Herzog von Pommern-
      Wolgast 304
   (1868–1937) Großherzog von
      Hessen 78–80
Eutin 251

Ferdinand
   (1763–1834) Herzog zu Württemberg 213
Ferdinand I.
   (1503–1564) Kaiser 21
Florenz 165
   Cappella dei Principi 127
Franz Simon, Freiherr von Pfaffenhofen 125
Freiberg
   Dom 27, 248
Freiburg 179
Friederike
   (1778–1841) Königin von Hannover 89
Friedrich
   (1711–1763) Markgraf von Branden-
      burg-Bayreuth 39
   (1759–1802) Landgraf von Hessen 72
Friedrich Christian
   (1708–1769) Markgraf von Branden-
      burg-Bayreuth 39
Friedrich Franz I.
   (1756–1837) Großherzog von Mecklen-
      burg-Schwerin 87
Friedrich I.
   (1657–1713) König in Preußen 94
   (1754–1816) König von Württemberg 110
   (1826–1907) Großherzog von Baden 93, 145, 160, 167, 173, 182, 267, 269
Friedrich II.
   (1712–1786) König in Preußen 72
   (1712–1786) König von Preußen 232, 237, 238, 240
   (1857–1928) Großherzog von Baden 175, 265
Friedrich III. (1831–1888)
   Deutscher Kaiser 247
Friedrich Ludwig
   (1778–1819) Erbgroßherzog von Mecklen-
      burg-Schwerin 87
   (1778–1819) Erbprinz von Mecklen-
      burg-Schwerin 112
Friedrich V.
   (1596–1632) König von Böhmen 23
Friedrich VI.
   (1617–1677) Markgraf von Baden 253

Friedrich Wilhelm
  (1675–1713) Herzog von Mecklenburg-Schwerin   300
Friedrich Wilhelm I.
  (1675–1713) Herzog zu Mecklenburg   211
Friedrich Wilhelm II.
  (1744–1797) König von Preußen   25
Friedrich Wilhelm IV.
  (1795–1861) König von Preußen   96, 139
Fürstenberg   122
  Burg   120
  Frauenkloster   121

Geck, Adolf   170
Gelnhausen   233
Georg
  (1669–1706) Vizekönig von Katalonien   70
Georg Donatus
  (1906–1937) Erbgroßherzog von Hessen   80
Georg Friedrich I.
  (1539–1603) Markgraf von Brandenburg-Kulmbach   94
Georg Friedrich Karl
  (1688–1735) Markgraf von Brandenburg-Kulmbach   37
Georg I.
  (1547–1596) Landgraf von Hessen-Darmstadt   69
Ghana   217
Gizeh   221
Göring, Carin   29
Görlitz
  Jakobigruft   295
  Nikolaifriedhof   295
Gustav Adolph
  (1632–1677) Graf von Nassau-Saarbrücken   45, 47, 49, 66, 67
Gustav Gründgens
  (1899–1963)   227

Halbwachs, Maurice   16
Halikarnassos   221
Halle an der Saale
  Petersberg   27
  Stadtgottesacker   308
Hamburg   207
  Ohlsdorfer Friedhof   307
  St. Michaeliskirche   309
Hanau   213
Hannover   96
  Herrenhäuser Gärten   89, 127

Hedingen   24, 119, 131, 133, 135, 138–141, 251
Heer, Adolf   186
Heidelberg   233, 246, 270
Heilsbronn   24, 35, 95
  Zisterzienserkirche   35
Heinrich
  (1768–1797) Erbprinz von Nassau-Saarbrücken   68
Heinrich VII.
  (1278–1313) Deutscher Kaiser   221
  (1308–1313) Kaiser   19
Helena Pawlowna
  (1784–1803) Großfürstin von Russland   87, 112
Hemberger, Hermann   148, 152, 159, 161, 162, 167, 179–182, 185, 191, 192, 195, 196, 201–204
Hemberger, Jakob   152, 159, 179–181
Hermann
  (1785–1871) Fürst von Pückler-Muskau   29
Hermann V. (1165–1243)
  Markgraf von Baden   253
Hessen-Darmstadt   247
Hetsch, Gustav Friedrich von   104
Himmelkron   35, 36, 39
Hintze, Otto   26

Idstein   52
Innozenz X. Pamphili
  (1644–1655) Papst   19
Isle of Wight   77

James F. Byrnes
  (1879–1972) Außenminister der Vereinigten Staaten von Amerika   237
Jerusalem
  Heiliggrabkapelle   127
Joachim
  (1923–2002) Fürst zu Fürstenberg   131
Joachim Ernst
  (1583–1625) Markgraf von Brandenburg-Ansbach   35, 94
Joachim I. Nestor
  (1484–1535) Kurfürst von Brandenburg   25
Johann Albrecht
  (1857–1920) Herzog zu Mecklenburg   27
Johann Cicero
  (1455–1499) Kurfürst von Brandenburg   25
Johannes Paul II.
  Papst (1920–2005)   211

Johann Friedrich
    (1592–1628) Herzog von Württemberg 261
Johann III.
    (1423–1472) Graf von Nassau-Saarbrücken 46
Johann Ludwig
    (1472–1545) Graf von Nassau-Saarbrücken 46
Joseph Anton
    (1776–1847) Erzherzog von Österreich 114
Jugenheim 68, 77

Kaffenberger, Heinrich 186, 196
Kalvelage, Annegret 143
Karl
    (1786–1818) Großherzog von Baden 256, 261, 262, 264
    (1809–1877) Prinz von Hessen 78
    (1839–1914) König von Rumänien 132
Karl (1786–1818) Großherzog von Baden 232
Karl Aloys
    (1760–1799) Fürst zu Fürstenberg 128
Karl Anton
    (1811–1885) Fürst von Hohenzollern-Sigmaringen 132, 134, 137, 139
Karl Egon II.
    (1796–1854) Fürst zu Fürstenberg 121
Karl Egon III.
    (1820–1892) Fürst zu Fürstenberg 121, 131
Karl Friedrich
    (1728–1811) Großherzog von Baden 256, 261, 263, 264
Karl I.
    (1823–1891) König von Württemberg 110
    (1887–1922) Kaiser von Österreich 221
Karl Ludwig
    (1665–1723) Graf von Nassau-Saarbrücken 52
    (1755–1801) Erbprinz von Baden 144
Karls IV.
    (1346–1378) Kaiser 19
Karlsruhe 122, 180, 214, 221, 270
    Grabkapelle 91, 231, 245
    Großherzogliche Grabkapelle 143, 179
    Konkordienkirche 145
    Kunsthalle 272
    Pyramide 145
    Schloss 259
    Stadtkirche 143, 144, 245
    St. Bernhard 145, 147

Karl Theodor
    (1724–1799) Pfalzgraf und Kurfürst von Bayern 222, 234
Karl Wilhelm
    (1679–1738) Markgraf von Baden-Durlach 145
    (1679–1738) Markgraf von Baden-Durlach 221
Karoline
    (1721–1774) Landgräfin von Hessen-Darmstadt 72
Kaspar Hauser 232
Katharina
    (1821–1898) Prinzessin von Württemberg 214
Katharina Pawlowna
    (1788–1819) Großfürstin von Russland 87
    (1788–1819) Königin von Württemberg 101, 102, 105, 108–112, 114
Kier
    Hiltrud 307
Knapp, Johann Michael 104, 105
Kohl, Helmut
    (*1930) 238
Köln
    Dom 25
Krakau
    Wawel 27
Kulmbach 35, 36
    Petrikirche 37

Landshut 233
Lauingen 233
Lehnin
    Zisterzienserkloster 24
Leicester 221, 239, 240
Leopold
    (1790–1852) Großherzog von Baden 148, 263
    (1835–1905) Fürst von Hohenzollern-Sigmaringen 132, 134, 137, 139, 140
Leopold II.
    (1796–1851) Fürst zur Lippe-Detmold 89
Leopold III.
    (1821–1875) Fürst zur Lippe-Detmold 89
Leopold III. Friedrich Franz
    (1740–1817) 29
Lichtenthal
    Kloster 148
    Klosterkirche 245
Liemann, Ludwig Theodor 104
Limbach 293
Limburg 199

Lindau
  Aeschacher Friedhof   308
Louise
  (1756–1808) Herzogin von Mecklenburg-Schwerin   87
Louis Ferdinand
  (1907–1994) Chef des Hauses Hohenzollern   238
Ludwig
  (1229–1294) Pfalzgraf bei Rhein   223
  (1286–1347) Deutscher Kaiser   222
  (1577–1626) Landgraf von Hessen-Darmstadt   69, 70
  (1745–1794) Fürst von Nassau-Saarbrücken   45, 63, 64
  (1854–1921) Prinz von Battenberg   77
Ludwig Crato
  (1663–1713) Graf von Nassau-Saarbrücken   48, 51, 61
Ludwig I.
  (1753–1830) Großherzog von Hessen   74, 76
  (1763–1830) Großherzog von Baden   262
  (1786–1868) König von Bayern   97
Ludwig II.
  (1777–1848) Großherzog von Hessen   74, 76
Ludwig III.
  (1806–1877) Großherzog von Hessen   76
  (1845–1921) König von Bayern   233
Ludwig IV.
  (1837–1892) Großherzog von Hessen   78
  (1837–1892) Großherzog von Hessen-Darmstadt   91
Ludwig IX.
  (1719–1790) Landgraf von Hessen-Darmstadt   72
Ludwig IX. der Heilige
  (1226–1270) König von Frankreich   12
Ludwigsburg   211, 214
  Schloss   101, 249
Ludwigslust   96
  Mausoleum   113
Ludwigs XVIII.
  (1755–1824) König von Frankreich   30
Ludwig VI.
  (1630–1676) Landgraf von Hessen-Darmstadt   72
Ludwig Wilhelm
  (1865–1888) Prinz von Baden   91, 93, 143, 148, 186, 202, 204
Luise
  (1776–1810) Königin von Preußen   29, 84, 91
Lüne
  Kloster   295
Lützelstein   233

Madeira   221
Magdalena
  (1552–1587) Landgräfin von Hessen-Darmstadt   69
  (1582–1616) Landgräfin von Hessen-Darmstadt   70
Magdeburg
  Dom   199
Maier, Ludwig   196
Mannheim   270
  Heilig-Geist-Kirche   196
  Schloss   259
  Schlosskirche   245
Marburg   237
  St. Elisabeth   147, 201, 237
Maria Pawlowna
  (1786–1859) Großfürstin von Russland   115
Marie-Antoinette
  (1755–1793) Königin von Frankreich   13
Masaryk, Thomas   21
Mathilde
  (1813–1862) Großherzogin von Hessen   74
Max III. Joseph
  (1727–1777) Kurfürst von Bayern   222, 233
Max I. Joseph
  (1756–1825) König von Bayern   234
Maximilian I.
  (1459–1519) Kaiser   21
  (1573–1651) Herzog von Bayern   222
Maximilian II.
  (1527–1576)   21
Max IV. Joseph
  (1756–1826) Herzog von Bayern   246
Meckel, Max   147
Mecklenburg-Schwerin   252, 282
Mecklenburg-Strelitz   251
Meiningen
  Gruftkapelle   249
Meisenheim   233
Meißen
  Dom   27, 248
Meißner, Otto   267
Mirow
  Großherzogliche Gruft   251
München   222
  Franziskanerkirche   222
  Frauenkirche   222, 233–235

Michaelskirche 246
St. Bonifaz 97, 233, 235, 238
St. Michael 233–235
Theatinerkirche 233–236, 238, 246

Neuburg a. d. Donau 233
Neudingen 119, 120, 124, 131, 138, 141, 251
Nikolskoe 247
Nürnberg
Rathaus 182

Oldenburg
Begräbniskapelle 251
Osten, Peter 69
Otto I.
(912–973) Kaiser 199
Ottweiler 47

Palermo 216
Pay, Johannes de 127, 132–135, 142
Pforzheim 181
Schloss- und Stiftskirche St. Michael 148, 245, 253, 254, 260, 261, 263, 266, 269, 271, 272, 274–277, 280, 281
Philipp
(1504–1567) Landgraf von Hessen 69
(1671–1736) Gouverneur von Mantua 70
Philipp I.
(1515–1560) Herzog von Pommern-Wolgast 304
Philipp Julius
(1584–1625) Herzog von Pommern-Wolgast 304
Philipp Wilhelm
(1576) Erbprinz von Hessen-Darmstadt 69
Pirmasens 72
Pisa 221
Pius IX.
(1792–1878) Papst 238
Postdam
Sanssouci 247
Potsdam 25
Friedenskirche 167, 247
Nikolaikirche 128
Schloss Sanssouci 237
Prag
Veitsdom 19
Preußen 247, 282
Pribislaw
(gest. 1178), Slawenfürst 27
Proust, Marcel 279

Quedlinburg
Servatiifriedhof 308
Wipertifriedhofs 308

Rathenau, Walter
(1867–1922) Reichsaußenminister 236
Ravenna 78
Grabmal der Galla Placida 91
Redslob, Edwin
(1884–1973) Reichskunstwart 236
Rhoden
Erbbegräbnis 251
Richard III. 485)
(1452–1485) König von England 221, 239, 240
Rom
Pantheon 105
St. Peter 18, 127
Rotenberg
Grabkapelle 101, 144, 249
Roth, Eberhard Rudolph 33
Rothenklempenow 291
Ruprecht III.
(1352–1410) Pfalzgraf bei Rhein 23

Saarbrücken 47
Halberg 68
Schlosskirche 45
Stift St. Arnual 46, 47, 60
Sachsen 248
Sachsenhausen
Dreikönigskirche 182
Sachsen-Meiningen 282
Sachsen-Weimar-Eisenach 282
Saint-Denis 12, 13, 20, 30
Klosterkirche 11
Salucci, Giovanni 102, 104–107, 109, 111, 116
Salza und Lichtenau
(1802–1865) Carl von 268
Sauer, Wilhelm 199
Schilling, Albert 46
Schinkel, Karl Friedrich 128
Schütz
(1692–1773) Maximilian Henrich Ferdinand von 292
Schweden 60
Schwerin 211
Schelfkirche 27, 252, 300
Schwetzingen 270
Seubert, Emil 258
Sigmaringen 119
St. Johann Evangelist 132, 133
Simmern 233

Simmler, Franz 170
Sofia 77
Sophie
  (1581–1655) Markgräfin von Branden-
    burg-Kulmbach 41
Sophie Charlotte
  (1668–1705) Königin in Preußen 94
Spencer, Diana 29
Speyer
  Dom 243
  Kaiserdom 20
Stadthagen
  St. Martini 251
Stegeborg 233
Stéphanie (de Beauharnais)
  (1789–1860) Großherzogin von
    Baden 264
Stockholm 233
Stotz, Paul 195
Straßburg 45
Streichhan, Carl Heinrich Ferdinand
  115
Stresemann, Gustav
  (1878–1929) Reichsaußenminister
    236
Stüler, Friedrich August 134, 149
Stuttgart 211, 213
  Altes Schloss 249
  Neues Schloss 112
  Stiftskirche 101, 250
Suleiman Shah
  (um 1178–1236) 15
Sulzbach 233

Thüringen 249
Thürmer, Joseph 104, 105
Tillys
  (1559–1632) Johann T'Serclaes von
    35
Todi
  Santa Maria della Consolazione
    135
Trier
  Erlöserkirche 139
Tübingen 211
Twer 112

Uffenbach, Philipp 70
Ulm 33
Ungewitter, Georg Gottlieb 191
Ungewitter, Georg Gottlob 148
Uppsala 216
Urban VIII. Barberini
  (1623–1644) Papst 18

Üröm
  Grabkapelle 114
Usingen 45

Vereinigte Staaten von Amerika 215
Vicari, Hermann von 128
Viereck
  (1684–1758) Adam Otto von 291
Violanta Theresia Gräfin von Thurn und
  Taxis (1683–1734) 245

Wagner, Christian 76
Waldhaus
  Schloss 249
Warlitz
  St. Trinitatis 292
Warth, Otto 152, 180
Wdidzen/Sanddorf 213
Weferlingen 39
Weimar
  Fürstengruft 115, 249
Weinbrenner, Adolf 147, 151, 180
Weitendorf 291
Wien 41
  Kapuzienergruft 26
  Kapuzinergruft 33, 97, 252
Wilhelm
  (1792–1859) Markgraf von Baden 261
  (1798–1800) Prinz von
    Hessen-Kassel 213
Wilhelm Friedrich
  (1686–1723) Markgraf von Branden-
    burg-Ansbach 41
Wilhelm Heinrich
  (1718–1768) Fürst von
    Nassau-Saarbrücken 48, 54, 61, 64
Wilhelm I.
  (1781–1864) König von Württem-
    berg 101, 106, 117, 118
  (1797–1888) Deutscher Kaiser 93
Wilhelm II.
  (1848–1921) König von Württemberg 110
Wilhelmine
  (1788–1836) Großherzogin von
    Hessen 75, 78
Wilhelmine von Hessen
  (1788–1836) Herzogin von Hessen-
    Darmstadt 87
Wilhelm Ludwig
  (1590–1640) Graf von Nassau-
    Saarbrücken 47
Wilhelms II.
  (1859–1941) Deutscher Kaiser 139
Williard, August 150, 151

Williard, Franz 147
Wintermantel, Joseph 125
Wolfsberg 149
Wolgast
   St. Petri 302

Württemberg 249, 282, 283
   Stammburg 101

Zweibrücken 233
   Alexanderkirche 234

Mitarbeiterverzeichnis

Dr. Cajetan von Aretin, München
Alma-Mara Brandenburg, Stuttgart
Dr. Inga Brinkmann, Marburg
Prof. Dr. Eckart G. Franz (†), Darmstadt
Dr. Jakob Käpplinger, Karlsruhe
Dr. Winfried Klein, Karlsruhe
Dr. Rainer Knauf, Saarbrücken
Prof. Dr. Konrad Krimm, Karlsruhe
Dr. Patricia Peschel, Stuttgart
Prof. Dr. Olaf B. Rader, Berlin
Prof. Dr. Reiner Sörries, Kassel
Andreas Ströbl, Lübeck
Dr. Regina Ströbl, Lübeck
Dr. Andreas Wilts, Donaueschingen